戦後教育学と教育実践

竹内常一に導かれて

宮原廣司【著】

高文研

はじめに

　私は、1999年春に中学校を定年退職した時から、時間をじっくりとって竹内常一先生の研究の跡をたどってみたいと思っていた。自分が、生活指導教師として最も多くの研究・実践上の示唆を受け、大きな影響を受けた人は竹内常一先生だったからだ。時代の時々に自分が課題を抱えた時に、先生の理論解明がいつも先の見通しと自信を与えてくれた。その先生が、いつ、どのようにして時代や全国生活指導研究協議会（以下全生研と略称）の研究課題を切り開いてきたのかを跡づけてみることは、自分の教師人生を振り返ることにもなると考えたからだ。
　しかし、その機会はすぐにはつくれなかった。定年退職と同時に、國學院大學と都留文科大学の二つの大学から道徳教育・生活指導、特別教育活動の講座を持つことを依頼されて、その授業や授業準備、授業通信などのデスクワークに忙しかった。また、若い頃から好きで続けてきた山登りで残っていた二つの課題、日本百名山完登と関東外周県境山歩き踏破が道半ばだったのを、体力のあるうちにやり遂げようと山に出かけたからだった。
　日本百名山完登は2004年11月まで掛かり、2005年から関東外周県境山歩きに取り掛かった。しかし、2007年3月に病を得て大学も退職することになり、中断した。一年間の療養生活の後、また関東外周県境山歩きに取り組んで、2011年9月にようやく達成できた。
　大学を辞めたあと療養生活を続けながら、また、回復してきたあと、山に行かない間も、じっくりと難しい論文を読み続けていく気力はまだ持てなかったから、竹内常一研究には踏み出せず、書棚の夏目漱石全集や宮沢賢治全集その他の文学書を読んで過ごした。
　そのうちに、2011年9月に山登りに区切りがついたので、ようやく2012年の春から、かねて時間をかけてやりたいと思っていた「竹内常一研究」をやろうと思い立った。
　ここで少し長くなるが、なぜ「竹内常一研究」なのかを知ってもらう上で、竹内先生が主導した全生研の理論・実践と私との出会いについて書いておきたい。
　私は1961年の4月に新採用で東京の下町、江戸川区立小松川第一中学校に赴

任した。ちょうど戦後ベビーブームの子たちが中学校にさしかかった時代で、高校が足りずに中学浪人が出るのではないかという心配から受験競争が過熱していた。当時三割いた就職組の子たちは蚊帳の外に置かれて、受験組の生徒との軋轢も起こって学校が荒れていた。

　その学校は、開校から三年間、地域の事情で男子ばかりの中学校だったこともあって、バンカラの伝統があり、江戸川区北部の総武線沿線を仕切る総番長校であった。だから、番長グループの跡目争いのグループ間の抗争、また、他校との抗争もあり、番長組織を通じた卒業生からのカツアゲも横行していた。そんな中で、三年生では、受験突破のために、定期テストの成績張り出しや、7時間目の補習授業が行われ、それを恨めしそうに横目で見ながら下校していく就職組の子たちの姿を見送るのに心が痛んだ。それかあらぬか、成績張り出し表が誰かによって破られたり、ガラスや羽目板が壊されたり、喫煙、ボンド吸引、桃色遊戯もあり、授業妨害や騒々しさのため授業もままならず、荒れていた。私も、着任早々三年生の授業も一部持ったので、授業不成立に苦しみ、廊下にたむろするグループの生徒に足を引っ掛けられるチョッカイも出されて苦慮した。

　こういう状況の中で、教師は、出来の悪い生徒たちを「ゴキブリ」呼ばわりし、生徒たちは、教師を「先公」と呼んで、不信の連鎖が蔓延していて、三年勤めるとさっさと転勤していく教師が多く、人事の入れ替わりが多くて落ち着かない学校だった。

　その生徒たちをベテラン教師たちは、職員室に連れてきての体罰とお仕置きで押さえつけて授業をしていた。その反動が大量に採用された若い教師と女性教師の時間に噴き出て、授業が困難をきたした。一年生の副担任に配属され、主として一年生の授業に出ていた私の授業も、私語や手いたずらで集中しない状況で、自分の指導力の足りなさを痛感させられて、もう4月のうちに、授業に行く廊下の足取りが重くなっていた。

　幸い、大学を卒業する時、クラスのメンバーと、月一度新宿の喫茶店に集まって交流するクラス会をしようと約束していたので、第三土曜日を待ちかねてそこに出かけて行き、それぞれの悩みを語り合ったり、授業の工夫を交流しあったりしたことが支えになった。

　一方、職場にも新しい動きが生まれてきた。受験偏重の差別教育と授業不成立

に悩んできた若い教師たちで、ベテラン教師に対抗すべく、あるべき教育の姿を求めて読書会がはじめられたのだ。図書館担当だった由井鈴枝さんの音頭取りで、発刊され始めた岩波講座『現代教育学』でルソーやペスタロッチを学んだ。生活綴方の実践記録も読み合った。

　私は、1年目一年生の副担任だったが、夏に高校へ転出した教師のあとを受けて、2学期から臨時担任が回ってきた。当時では珍しかった母子家庭の数人の女子、早くもできはじめた番長グループ予備軍の一派に入っているヤンチャな男子数人など、気になる子がいたので、学び始めた生活綴方を借りて、見よう見真似で生活記録を書かせて考え合っていこうとした。しかし、生徒たちはろくに文章を綴ってはくれなかった。「何を書いたらいいのかわからない」という生徒にどう書かせたらいいか苦慮してしまい、自分の指導力のなさを痛感した。だが、それだけでもなさそうだった。読書会の仲間の一人、美術教師の関誠君からは「生活を耕さなくては書けないよ」といわれた。だが、受験を中心にしてただ毎日が流れていく中では、彼らは書くべき生活を見出せないのではないかと思われた。では、どう生活を耕していくことができるのか、と思いあぐねていた。

　ヤンチャな男子たちとは、昼休みに教室前の狭い第二校庭に出て一緒にバスケットボールに興じたりして少しずつ繋がりができ、女子たちのなかにはそれでも少しずつ生活記録を書いて来る子がいたので繋がりが持てるようになったが、全く手がかりが得られず心配だったのはT君だった。T君はいわゆる長欠児で、よく学校を休み、出てきてもうつろな目をしてボーッと座席に座っていて、全く学習意欲がなかった。このままでは進級も危ういと思い、ある日家庭訪問をした。

　T君の家は、6畳一間のアパートで、そこに両親と弟妹二人との5人家族で住んでいた。訪ねた時、タクシー運転手の父親が夜勤に備えて蒲団に入って寝ていた。その脇で、まだ小さな弟妹二人が座敷に敷き詰めた蒲団の上でゴロゴロしていた。母親がその蒲団の端をめくった隙間に招じ入れてくれて面談をした。T君は宿題も全くやってこないのだったが、勉強する場所さえもとれないこの境遇を前にして、私は宿題のことは持ち出せなかった。ただ、進級が心配だから学校は休ませないようにして欲しいことだけを母親に頼んだ。この子に対しては、勉強は学校だけが勝負の場だと思いながら家をあとにした。

　そんな状況に思い悩んで一年目を終わった春休みに、読書会メンバーの先輩格

だった由井鈴枝さんが全生研の「第2回合宿学習ゼミナール」に参加し、「班づくり、核づくり、話しあいづくり」を学んできて読書会で報告してくれた。由井さん自身もベテラン教師たちのやり方に太刀打ちできないもどかしさを打開したくて参加したのだった。生き生きと報告する由井さんの話を聞いて、この方法なら何かできるかもしれないと感じた。それが、私たちが「学級集団づくり」という教育方法に出会ったはじめだった。ちなみに、このゼミナールは若くして事務局長になっていた竹内先生が責任者になって開催したものだった。

そして、2年目の1962年の4月から、読書会のメンバーたちは、1年生、2年生、3年生のそれぞれの学級に班をつくって学級づくりを始めた。各々の学び方に違いがあったから、実践はまちまちだった。新しく出発する由井さん、関君たちの1年生では、学年会に提案して7クラス全部に班をつくり、学年合同班長会をやって活動の交流もできるようになった。私は2年生で単独で始めたが、学年主任がまねて班を作ったので、両クラスの班長同士の交流をしたりした。3年生担当の仲間は、受験もあり、班を作り、班ノートを書かせるくらいまでだった。

ともかくこうして、学び方は不十分だったが、私の学校でも班活動をもとに集団づくりらしきものが始まった。生徒を主体に育て、生徒集団の教育力を発揮させることによって、生徒たちの生活の改善、進展を図ることができるようになって、私たちは、ベテラン教師に対抗するちからをもつことができるようになっていった。その延長線上に、その後の生徒自治活動を中心にした学校づくりへ進んでいくみちすじが生まれてくるのだが、それはもっと後のことになる。

こうして私たちの実践の武器となり、その後も教育活動の軸になり続けた「集団づくり」が、竹内先生を中心にどのように理論形成され、発展させられてきたのかを明らかにしたいというのが「竹内常一研究」の動機なのである。

さて、研究の方法についてであるが、竹内先生の本は、すでに読んだ13、4冊の単行本の他、著作集『竹内常一　教育のしごと』全5巻（青木書店、1995年）を持っている。『教育のしごと』は、『生活指導』誌他に書いた論文を先生自身が分野別に分類し、目次を付けて、内容で整理しているので必ずしも暦年順ではない。私の関心は、先生のその時々の時代や全生研の課題への関わりと研究であったから、先生の著作を暦年順にたどってみたいと思い、また、同時期の他の

はじめに

研究者や実践家との関係はどうだったかも共に見ていきたいと思って、手元にある雑誌『生活指導』（明治図書発刊）700冊を創刊から繙き、先生の論文他をとりだして読み解き、時代の課題へコミットしていく様子を跡づけたいと思った。だから、私のこの研究はほとんどを『生活指導』誌に依り、手元の単行本に依っていて、それ以上のものではない。高校問題にかかわった竹内先生についてはあまりよく知らなかったので取り上げなかった。

そして、その時代の先生の研究と私たちの実践の関わりを明らかにするために、合い間に自分自身の実践のことも書き込んでいくことにした。現場の実践を先生の理論がどう導き、また、先生の仕事と現場の実践がどう響き合ったかの証左になると思ったからである。

それにしても、50年間の雑誌を読んでのまとめの作業は、遅々としたものになるだろうから、最低三年はかかるだろうと予想した通り、やはり三年余を費やしてしまった。

まとめるにあたっては、先生の言いたいことの論旨を損なわないように、先生の表現を尊重して引用も多くなった。その結果、まとめあげてみたら、Ａ４版480枚、原稿用紙換算1700枚余の長大なものになってしまった。出版にあたっては、枝葉をきって半分のＡ４版300枚余に切りつめたので、舌足らずのところも生まれたかもしれない。

以下の記述では、煩瑣さを避けるために、人名は先生も含めてすべて敬称を略して呼び捨てにさせていただくことにした。お許し願いたい。また、生徒名は全て仮名である。それに、先に述べた通り、文献は『生活指導』誌が大部分なので、出典を示すのにいちいち『生活指導』を表記することはやめた。何年何月号第何号というのは、とくに断りがない限り、すべて『生活指導』誌のことであることをご承知いただきたい。

ところで、研究の本論に入る前に、竹内先生自身が後に、「私の教育学研究のすべてが少年期と青年期のなかにあることを痛感した」と述懐されている（2013年日本教育学会「戦後教育学の遺産」の記録・資料集No.1、57頁）ので、竹内先生が研究生活に入るまでの生い立ちをプロローグとしておくことにした。

※──目次

はじめに 1

プロローグ　竹内常一の生い立ち
　　　　　　　──研究者として登場するまで... 12

第Ⅰ章　生活指導をめぐる論争

1．大学院生として... 26
2．大西忠治との出会い... 29
3．仲間づくり論から集団づくり論への移行....................................... 32
4．全生研の創始期の研究者たちは.. 37
　　1）宮坂哲文の場合
　　2）春田正治の場合
　　3）川合章の場合
5．集団主義教育を擁護する.. 43
　　1）集団主義教育の台頭のなかで
　　2）竹内常一「学級集団づくりの系統的計画化のために」
　　3）集団主義教育の探究
　　4）竹内常一「学校教育における生徒集団づくりの位置
　　　　──生活指導の学校論的把握の発展のために──」
6．全生研運動を広げる... 69
　　1）第3回全国大会を準備するなかで
　　2）集団主義教育の地すべり的な広がり
　　3）第4回全国大会へ向けて
　　4）『学級集団づくり入門』の発刊をめぐって

第Ⅱ章　生活指導と集団づくりのめざす教育像

1．「班・核・討議づくり」路線への批判 …………………………………… 80
  1）小川・竹内論争
  2）解放教育の側に立っての批判
2．批判を受けて ……………………………………………………………… 92
  1）組織として対応する
  2）大西忠治『核のいる学級』『班のある学級』の出版
  3）宮坂哲文の死
3．新しい課題追求へ向かって ……………………………………………… 98
  1）今後の研究視点の確立
  2）第8回全国大会基調提案「集団の人格形成作用を究明しよう」
  3）集団のちからと討議づくり
  4）第10回全国大会基調提案「教師の指導性と集団のちからを明確にする」
  5）総会問題を解明する
4．『生活指導の理論』の出版 ……………………………………………… 120
  第一部　学習法的生活指導の理論―宮坂哲文の生活指導理論―
  第二部　生活綴方と生活訓練
  第三部　生活指導の理論的諸問題

第Ⅲ章　学級集団づくりの発展的展開

1．『学級集団づくり入門　第二版』の刊行 ……………………………… 148
2．組織活動の前進 …………………………………………………………… 148
3．『学級集団づくり入門　第二版』刊行の時期の研究・実践動向 …… 151
  1）第12回全国大会基調提案
4．取り組み領域の拡大 ……………………………………………………… 155
  1）教師集団づくり
  2）文化活動と行事
  3）全校集団づくり

4）地域子ども組織と「ひまわり学校」

第Ⅳ章　子どもの発達疎外、非行・校内暴力にきりこむ

1．子どもの変化……………………………………………………………… 186
　　1）のってこない子どもたち
　　2）〝できない子〟、〝遊び型非行の子〟
2．子どもの発達疎外をもたらしたものの探究…………………………… 189
　　1）第17回全国大会基調提案「子どもの発達を保障する民主的学校の創造」
　　2）第17回全国大会基調を受けて
3．さらに新しい事態の中で………………………………………………… 203
4．「ゆとりの時間」と生活指導…………………………………………… 207
　　1）竹内常一「生活指導の全体計画をどう考えるか
　　　　　―教科外教育の編成原理―」
　　2）竹内常一「〝ゆとり〟の問題―学校の文化性を問う（上）」
　　3）「ゆとり」の時間の問題その後
5．非行・問題行動事態への取り組み……………………………………… 215
　　1）噴き出てきた校内暴力
　　2）竹内常一「いま非行・問題行動に取り組む意義（上）
　　　　　―自他の生命に攻撃的である傾向について―」
　　3）竹内常一「いま非行・問題行動に取り組む意義（下）
　　　　　―自他の生命に攻撃的である傾向について―」
　　4）第23回全国大会基調提案「今こそ、学校と地域を通して社会的正
　　　　　義を追求する子どもを育てよう」
　　5）竹内常一「非行・校内暴力克服の視点とすじみち」

第Ⅴ章　「子どもの自分くずしと自分つくり」
　　　　　不登校問題―思春期における人格の再統合

1．子どもの成長・発達の基盤を問い直す………………………………… 242

1）竹内常一「成育史の中で子どもをとらえる」
2．**人格的自立の探究──いじめ・登校拒否をめぐって** 245
　　1）いじめ問題
　　2）「登校拒否」問題
3．**『子どもの自分くずしと自分つくり』の刊行** 255
　　第Ⅰ章　いじめと友情
　　第Ⅱ章　いじめと迫害
　　第Ⅲ章　登校と不登校をくり返す子ども
　　第Ⅳ章　強迫的登校と登校拒否
　　第Ⅴ章　非行・不登校と思春期統合
　　終　章　現代社会における思春期統合
4．**家庭と地域の再建の可能性** 289
　　1）竹内常一「現代家族の現実と課題─家庭崩壊と教育の再建─」
　　2）第27回全国大会基調提案「生活と公教育の危機に対して、地域と学校をつらぬく生活指導の原則を明らかにしよう」
　　3）竹内常一「地域生活指導運動とはなにか」

第Ⅵ章　集団づくりの新しい展開・世界に開かれた学校へ

1．**『学級集団づくり　第二版』の改訂に向けて** 308
　　1）現代の社会状況のなかでの集団づくり実践の再考
　　2）『学級集団づくり入門　第二版』改訂の流れ
2．**『新版学級集団づくり入門』の刊行へ** 317
　　1）『新版学級集団づくり入門』の内容の特色
3．**「子どもの権利条約」と湾岸戦争が提起したもの** 325
　　1）『新版』と「子どもの権利条約」
　　2）湾岸戦争と日本の教育の課題
　　3）グローバル・エデュケーションへの試み
4．**「新学力観」と対峙する** 337
　　1）竹内常一「『落ちこぼれ』問題をどうとらえ直すか」

2）竹内常一「新しい学習観の創造」
　　　3）竹内常一「参加・学習・自治―『新しい学力観』と子どもの権利条約―」
　5．学校論三部作と『教育のしごと』の刊行..357
　　　1）学校論三部作
　　　2）『竹内常一　教育のしごと』

第Ⅶ章　新たな荒れ―発達異変のなかの子どもたち

　1．再びいじめ・迫害による自殺の多発...366
　　　1）照本祥敬「『水平暴力』のもとでの『パワーゲーム』の対象化を」
　　　　―『いじめ』克服のための基本的視点として―
　2．『子どもの自分くずし、その後
　　　──〝深層の物語〟を読みひらく』の出版..369
　　　プロローグ　「遍歴から再生へ」
　　　Ⅰ章　生まれること、死ぬこと
　　　Ⅱ章　"深層の物語"を読みひらく
　　　Ⅲ章　"からだとこころ"の異変
　　　Ⅳ章　不登校・いじめを超えて
　3．「新たな荒れ」「学級崩壊」..392
　　　1）ムカつき、キレる子と「新たな荒れ」
　　　2）「学級崩壊」をどう超えていくか

第Ⅷ章　21世紀の生活指導を求めて

　1．21世紀へ向けての「教育改革」を読み解く..404
　　　1）竹内常一「教育改革の深層―教育改革のトポス」
　　　2）竹内常一「教育改革の意図を読み解く」
　2．「90年代を振り返り、21世紀の生活指導を探る」の連載...........................413
　　　1）連載第1回「意味ある経験を生み出す活動を」

　　　　──中野譲「たまごから見える世界」
　2）連載第2回「あらためて子どものグループづくりを考える」
　　　　──新居琴「『何でもあり』から『ぼくらの学校』へ」
　3）連載第4回「学校の中にいま一つの学校をつくる」
　　　　──柏木修の94年、97年、98年、99年、2002年の
　　　　『生活指導』所収の一連の実践報告
　4）連載第5回「子どもの世界を生きる─障害児学級の中の教師と子ども─」
　　　　──篠崎純子「『合点、ゆっきはあっしが捜すでござる』
　　　　……人と人との話・輪・和づくり」
　5）連載第7回「友だちのいるクラス─『いじめの文化』から
　　　　『ケアと応答の文化』へ─」
　　　　──田所恵美子「『やっぱり子どもがかわいい』が原点」
　6）連載第10回「『奉仕活動』から『ボランティア活動』へ」
　　　　──豊田健三郎「ボランティアの向こうに見えるもの」
3．21世紀初頭の生活指導の課題 ……………………………………………… 433
　1）第56回全国大会新潟大会基調報告「『ケアと自治』を基本とする生活指導と集団づくり」
　大会基調委員会　文責竹内常一（2014年8／9月号715号）

戦後教育関連年表 ……………………………………………………………… 450

人名索引 ………………………………………………………………………… 454

おわりに ………………………………………………………………………… 458

装丁／藤田美咲

プロローグ　竹内常一の生い立ち──研究者として登場するまで

『教育のしごと』第1巻、第2巻の〝はじめに〟および第1巻の序章に竹内自身が記したところをもとにしてまとめると、次のようになる。

1．小学校時代

1935年、大阪府泉大津市に生まれる。父は機屋の町工場を経営していた。
1941年、泉大津市立旭国民学校に入学する。虚弱で、おとなしく、騒々しさに気おされる竹内は、学校になかなかなじめなかったが、学校に引き込んでくれたのは6年生の姉と、大正期自由教育・昭和前期生活教育の流れをくむのではないかと思われる担任のO先生だった。彼はよく、子どもたちを田圃や大津川の土手に連れ出して、生活学習的な活動をさせた。そのO先生のおかげで学校を恐れなくなったが、ボンボンであった竹内は下町の子どもたちや朝鮮人集落の子どもたちからよくいじめられたという。
4年生の時に、旭国民学校から浜国民学校が分離独立し、移った。空襲が近づいてきた5年の1学期、泉南の葛城山中の国民学校に転校することになった。戦争が激化するにつれて授業はほとんどなくなり、いろんな作業に動員されることが多くなった。そして、1945年8月15日の敗戦を迎える。敗戦後の5年の2学期半ばに浜国民学校に復帰した。
敗戦後の実家は破産寸前の状態だった。父が兵役に行けない身体を苦にしてか、敗戦寸前に織機をすべて兵器生産のために軍に供出した。そして、供出で手にしたお金も、敗戦後の新円切り替えのために紙くずになり、家は窮迫状態に陥り、父は生きる気力を失った。
そのために、母を中心に女子供で苦境から抜け出そうとした。かせとり機[*1]を自転車のペダルを漕いで人力で動かしたり、慣れぬ手つきで染色の仕事をしたり、その

1）かせとり機──かせは桛。紡錘で紡いだ糸を掛けて巻き取っていく「エ」字形の用具を桛といい、それを回して糸を巻き取っていく機械。

後、工場に製粉・精米の機械を置いて粉だらけで働いたりして、一家総出で働いた。

そんな「生活学習」を地でいく生活が竹内を鍛え、友だち関係も大きく変えた。低学年以来いじめられっ子だったのが、あるケンカをきっかけにして、いじめてきたものの仲間に入ることになった。廃屋の屋根裏を根城とし、ヤミ市に出没するハックルベリー的な生活にうつつをぬかした。ワンパクたちは、食べ物を手に入れる方法、それを金に換える方法、サーカスや映画をただでみる方法、パチンコで稼ぐ方法などを手ほどきしてくれた。そのおかげで、生来のひよわさから抜け出し、生きる力を身に着けることができたが、両親には迷惑をかけた。

2．中学校時代

1947年、発足したばかりの新制中学、泉大津市立第一中学校に進学した。竹内たちは、授業などはそっちのけで自治活動に熱中し、新制中学をつくるのに余念がなかったという。

自分たちで自治会規約をつくり、自治会新聞を発行し、学校経営にも参加して校長と一緒に年間行事計画を立てた。また、運動場や登校路の整備に数キロもある浜から全校生徒で砂を運ぶことを全校集会で決定し、実行したがサボったものは一人もいなかった。

成績順位が張り出される学期末テストの時には、ワンパクたちは竹内を教師にして自主学習会を開いた。一万メートルの遠泳の時には、最後まで泳ぎ切った5，6人のワンパク仲間の中に竹内も入っていたので、初めて自分の身体に自信を持つことができ、彼らも竹内に一目を置くようになったという。

「私たちは敗戦直後の混乱のなかで新制中学校の自由と自治を全身で享受していた。私たちは小学校時代の労働と地下組織的な自治を新制中学校のなかにもちこみ、〝民主主義〟という理想を行動的に追い求めたといってよい。」「その意味では、新制中学校は私たちの〝コミューン〟であった。」(『教育のしごと』第1巻10頁) と述懐している。

ただ、しかし、当時自治会規約や自治会新聞はGHQ[*2]に届け出ねばならなかっ

---

2) GHQ——General Headquarters の略。総司令部。日本占領中の連合国最高司令官総司令部の略称。対日講和条約発効とともに廃止。

たので、教師たちの代わりに自治会役員の竹内たちが堺市のGHQに届けに行くと、"OFF LIMITS"という看板のある門の前でアメリカ兵から入場許可をもらわねばならなかった。「その度ごとに、私たちの"コミューン"は"OFF LIMITS"という看板によって囲いこまれた幻のコミューンであることをいやというほど意識させられた」(同10頁)という。

　1949年、中学三年の二学期、父が祖父の一族の住む岸和田の高校に竹内を越境入学させるために、岸和田市立岸城中学校に転校させられた。転校してショックだったのは、授業内容が高度で、進度も先まで行っていたことだったが、ここではじめて新制中学校の教師らしいT先生という学級担任に出会った。彼は、のちに「仲間づくり」といわれるような試みを行い、生徒を縦横に結びつけてくれた。このクラスのなかで、竹内はいじめられっ子という自己イメージから解放され、対等の友だちを持つことができた。T先生とクラスメートによって越境入学のうしろめたさを癒され、人間的な温もりのある学級を体験した。

3. 高校時代

　1950年、最初の新制中学校出身者として新制高校・岸和田高校に入学した。しかし、そこには今までの新制中学校でのような自由闊達さがなかった。朝鮮戦争(*3)がはじまり激化していく中で、種々の強制が復活し、生徒の自由と自治が年ごとにせばめられていった。

　その中でも、下駄ばき禁止や襟章着用も在校生には適用しない約束を学校から取り付けたり、ストックホルム・アッピール署名(*4)、講和問題討論会(*5)、メーデー事件(*6)

---

3) 朝鮮戦争——韓国と北朝鮮とが、第二次大戦後の米・ソの対立を背景として、1950年6月に開戦し、それぞれアメリカ軍を主体とする国連軍と中国義勇軍の支援の下に国際紛争にまで発展した戦争。1953年7月に38度線を臨時国境線とした休戦協定が成立し、今日に至っている。

4) ストックホルム・アッピール——1950年3月、米・ソの核軍拡競争が高まる中、ストックホルムで開かれた平和擁護世界大会第3回常任委員会が、原爆の無条件使用禁止をうたったアッピールを採択し、世界の人々に署名を呼びかけた。

5) 講和問題——第二次世界大戦の終結と国交回復について、日本と連合国との間で1951年9月に講和条約を結ぼうとしたが、米・ソ対立を背景として日米安全保障条約が同時に調印されようとすることにソ連等が反発して参加しなかったので、ソ連等を含む全面講和にするか自由主義国とだけの片面講和にするかで国論が対立したが、結局片面講和になった問題。

真相発表会を組織して激動する時代と社会に参加し始めはしたが、高校時代は、じわじわと首をしめられ、呼吸困難な状態に追い込まれるような三年間だった。

そこで、竹内は次のようにまとめていう。

「いま、このように被教育体験と学校体験を想い返してみると、私にとっての戦後民主主義とは、私たち生徒がヘゲモニーをとっていた新制中学校のそれであって、教科書『民主主義』の中に説明されていたそれではなかったと思う。私たちの世代、私個人にとって、もし戦後民主主義なるものが存在したというのなら、それは第二次世界大戦終結から朝鮮戦争開始までのわずか四、五年の戦間期のなかにだけあったといわねばなるまい。それと同じく、私にとってもし戦後民主主義教育というものが存在したというのなら、それはあの〝幻のコミューン〟であった新制中学校の三年間のなかだけにあったといわねばなるまい。」「そのために、私はあの敗戦直後の〝幻のコミューン〟を追い求めて、それ以後の時代を生きることになった。」(同14頁) と。

この原体験への思いが、後の竹内の研究生活に投影され続けたことについては後述する。

4．大学時代

1953年、東京大学に進学する。そして、東大・亀有セツルメント[*7]に参加し、子どもの勉強会の世話をするようになる。人手不足から入学早々に亀有セツルメントの副委員長にされ、東大セツルメントの中央委員会に出るようになった。

竹内の学生時代 (1953～56年) は、朝鮮戦争 (1950～53年) を背景とする政治の復古的反動の時期から、単独講和条約・日米安保条約のもとで経済の高度成長へとひた走り始める時期に対応していた。またそれは、日本共産党が五全協[*8]

---

6) メーデー事件──1952年5月1日、対日講和条約が発効した直後の東京でのメーデーで、日比谷公園で解散したデモ隊の一部が、皇居前広場に進み、待機していた警官隊と衝突して流血事件となり、警官隊に鎮圧された事件。
7) セツルメント──宗教家や学生などが、都市の貧困地区に宿泊所、授産所、託児所その他の設備を設け、住民の生活向上のための協力をする社会事業のこと。
8) 五全協──朝鮮戦争下でレッドパージを受けていた日本共産党の幹部は、ソ連・中国共産党の指示を受けて、1951年10月に第5回全国協議会 (五全協) を開いて、武装革命路線をとる綱領を決めた。

(1951年)によって武装闘争を具体化し始めた時期から、六全協(1955年)に よってその闘争方針を転換して以後の時代に対応していたという。そのなかでセ ツルメント活動と、自治会活動の中で時代の転換と日本共産党の方針転換に間接 的に触れることになったという。

亀有セツルメント時代、先輩の影響でセツルメントに新中国の教育建設 のひとつの民営学校をつくれないかと夢想したりした。また、無着成恭の 『山びこ学校』の発刊(青桐社、1951年・現在岩波文庫所収)をきっかけにして始 まった戦後生活綴方復興に関心を持ち、国分一太郎『新しい綴方教室』(新評論 社、1952年)、日本作文の会編『生活綴方の伝統』(百合出版、1953年)などを読 み、セツルメントの勉強会にくる子どもたちに作文を書かせたりした。

それにもかかわらず、教育学部に進学後、戦後生活綴方に違和感を感じるよう になった。

そのわけは、ひとつに戦後生活綴方リアリズムが、戦前生活綴方の「調べる綴 方」を継承していない、また、「赤い鳥」以来の生活詩の抒情性も継承されてい ないのではないかという疑いを持ったからである。

いま一つは、戦後生活綴方と仲間づくりが、ノンセクトであった竹内をふくめ て、過激な学生運動に参加していたものの心身を癒すものとして受け入れられて いるのではないかという疑いに苦しんだためである。そればかりか、戦後生活綴 方運動の中に、六全協以前のハードな政治主義・心情主義に代わるソフトな政治 主義・心情主義がひそんでいることを過敏に感じていた。そういう二重の意味で 戦後生活綴方復興に違和感を感じたのである。

そうした違和感に苦しんだのには、この時期における竹内の学内での位置が関 係していた。この時期、竹内は教育学部自治会副委員長として、東京大学自治

---

9) 六全協——いろいろの内紛を経て、日本共産党は、1955年7月に第6回全国協議会(六 全協)を開き、それまでの中国革命の影響を受けた「農村から都市を包囲する」式の武装 闘争方針を放棄することを決定した。
10) 民営学校——新中国の教育建設は、公立学校と民営学校とで行なわれた。民営学校は私 立学校とは異なり、人民の中の大衆団体が自発的に経営する学校。抗日戦争中の「老解放区」 で郷村の大衆組織によって小学校教育が行なわれたのが民営学校のもとになった。1958年 には全小学校の半数を占めた。民営学校は民営公助であり、公立学校は公営民助である。
11) 『山びこ学校』——山形県山元村の小学校教師無着成恭が、指導した教え子たちの生活作 文をまとめて1951年に出版した。戦後民主主義教育の一典型として大きな反響を呼んだ。

プロローグ　竹内常一の生い立ち

会・中央委員会の再建に関わり、それを矢内原総長に承認させるところまでこぎつけつつあった。

　この時期とは、学生運動が六全協による方針転換によって解体的危機に陥った1955年から、革命的共産主義者同盟(*12)・共産主義者同盟(*13)が結成される1957〜58年までの時期のちょうど中頃にあたる。そうした状況のなかで竹内たちは東大自治会・中央委員会を再建しようとしたのだが、それは学生運動の分裂のために水泡に帰してしまった。

　竹内は、任期満了ということもあって学生自治会から離れ、地域活動にもはや積極的な意義を見出せないという理由から地域からの総引き上げ論がさかんに行われていた川崎セツルメントに復帰し、上平間の勉強会に携わった。「セツルメント引き上げ論がさかんな折になぜわざわざセツルメントに復帰してきたのか」という質問も受けたが、セツルメントに復帰したのは、生活世界のなかでいま一度、平和と民主主義という戦後理念を確かめなおしたいからだと返答したという。

　「さきのような政治状況のなかで自治会活動に関与していた私にとっては、生活綴方と仲間づくりへののめりこみは問題状況からの撤退ではないかと思われることがたびたびあった。そのために、私は生活綴方復興に過敏に反応したのだと思う。私は学生運動と学生自治会の分裂のなかにあっても中学校以来の自治活動とセツルメント活動の経験を放棄する気にならなかった。それを放棄することは、学生運動に参加したために傷つけた多くの友だちに対する背徳のように思われ、民主主義の復権の可能性を生活世界のなかに、いいかえればミクロポリティックスの圏域に求めることになったのだと思う。」(『教育のしごと』第1巻〝はじめに〟x頁)と竹内は当時を述懐している。また、

　「だから私は、戦後自治活動をゴッコ遊びと断定し、仲間づくりへと急激に

---

12) 革命的共産主義者同盟（革共同）——六全協の決定は、武装闘争の担い手と自覚していた急進的な学生に深刻な動揺をもたらした。その中で、1956年のフルシチョフのスターリン批判とハンガリー動乱を受けて、日本の共産主義者の一部が日本トロツキスト連盟を母体にして、日本共産党とスターリニズムを批判する革共同を立ち上げた。ここから後に中核派が生まれた。
13) 共産主義者同盟（ブント）——六全協以後の日本共産党やスターリン批判・ハンガリー動乱後のソ連にあきたらなくなって、全学連に結集していた学生らが1958年12月にブントを結成した。安保闘争で学生を組織して華々しく活動したが、1960年に解体。1966年に再建されたが、赤軍派などの多くの分派に分かれ、その武装闘争で当局に弾圧され、衰退した。

転換しつつあった1950年代後半の生活指導運動に異議を申し立て、折からの勤評・安保闘争をバックにして、子どもの自治と学校自治を復権することを提唱して、60年代生活指導論争に介入することになったのである。」(同x頁)とも述べている。

　ここで補足をさしはさませていただきたい。
　ここまでの生い立ちを『教育のしごと』に記したところに依ってまとめてきたが、新たな資料を得たので付け加えたい。
　年賀状で「竹内常一研究」のことを先生に知らせたら、見たいというので1960年代の終わりまでの分をお送りした。すると、2013年8月末にある日本教育学会大会の「戦後教育学の遺産」の記録の発表で使われる資料をメールで送ってくださった。ご紹介により私もその教育学会に参加させてもらい、発表者の報告を拝聴した。発表は、「戦後教育学」の担い手として大田堯と竹内常一が取り上げられ、二人からの聞き書きの報告であったが、そのとき配布されたのが『戦後教育学の遺産』の記録・資料集No.1」だった。(以下「資料集」と略称する)竹内の分は、竹内自身がリライトしたもので、「第Ⅰ部　教育学研究以前」と「第Ⅱ部　民間教育研究運動への参加と教育学研究」からなっている。第Ⅰ部をつけ加えたことについて、竹内は、「資料集」の「はじめに」で次のように述べている。
　「リライトするにあたって、私の国民学校入学から小学校卒業までの経験と新制中学校から新制高校までの経験を聞き取りに加えることにした。そうしたのは、語るうちに私の教育学のすべてが少年期と青年期のなかにあることを痛感したからである。それを書き込まなければ、私の軌跡は聞く人にはもちろんわたし自身

---

14) 勤評闘争——任命制教育委員会が発足した下で、1957年から58年にかけて、文部省が教員に対する勤務評定を強行しようとしたのに対して、それは教職員の団結を破壊し、教育の権力統制を図るものだと、教職員組合を中心に全国的に激しい反対闘争が展開された。
15) 安保闘争——1959〜60年、日米安全保障条約の改定をめぐって国論が賛成反対に二分し、反対の人々が1000万人の請願を届けたが、改訂を強行しようとする岸信介内閣に対して60年5〜6月に、連日国会の周囲に数万人の反対のデモが展開された。強行採決したことへの人々の怒りの前に岸内閣は倒れたが、一カ月後条約は自然成立になった。
16) 太田堯——(1918年〜)教育学者。東京大学、都留文科大学名誉教授。日本教育学会会長、子どもを守る文化会議会長を歴任。戦後の日本を代表する教育学者として著名。

にもわからないままで終わると思えたからである。」
　「第Ⅰ部　教育学研究以前」の大学までの生い立ちの部分は、『教育のしごと』に記したよりも詳しく語られているが、そこでの経験の大筋は、私がまとめたこととあまり変わらないので書き直さないことにした。が、その終わりの、学部時代の「7．宮坂哲文先生との出会い」<*17>と大学院時代の「8．非常勤講師から『詩人同盟』へ」の二節に書かれたことは、『教育のしごと』にも触れられていなかったことなので付け加えておきたいのである。

＜宮坂先生との出会い＞

　教育学部１年目の３年の時も「学校教育学特講」として宮坂の生活指導の講義を聴いたが、それは氏の著作の焼き直しだったので、自治会活動を理由にサボりがちだった。ところが、４年の時に履修した講義とゼミは、意欲的な「生活指導」論だったのでサボらずに出た。講義は、続々刊行されていた生活綴方の実践記録を生活指導の観点から解読して、新しい生活指導の理論を構築するものだった。その中で、戦前は生活綴方運動に関与し、戦後はちえおくれの子どもに取り組んだ近藤益雄の言葉を引いて、〝生活指導とはなによりも「子どもの声をきく」ことを基本にして、子どもの生き方を高め深めていくことである〟と言明したことに興味を引かれた。
　「宮坂さんは、『子どもの声をきく』ことをつうじて明らかにされてくる、『のっぴきならない』生活現実のなかで揺れ動いている一人ひとりの子どもの『個人的、特殊的』な事態、『個人的、主観的』な事態のなかに人間的な要求が息づいていることを信じて、一人ひとりの子どもの生き方を指導することが『生活指導』としたのである。」
　「その語り口を聞いていて、私は『この人は子どもを内側からとらえなければ、子どもと出会うことができないことを知っている人なのではないか』という印象を強く持った。そう感じていたのは、私が苦しい自分史のただなかにあり、やっと抜け出すことができそうだと感じていたからかもしれない。その意味では、私

17）宮坂哲文──（1918〜1965）教育学者。東京大学教育学部教授。1959年、全国生活指導研究（者）協議会結成の中心となり、初代代表となって文部省の打ちだした特設道徳に反対した。

はこのとき宮坂さんとまっとうな意味において『出会った』ということができる。」と書いている。(「資料集」72, 73頁)

　これは、宮坂の「生活指導」のとらえ方に親近感を持てたことの表明である。しかし、宮坂はこのような立場を生活指導にとったために、「生活指導」というものが内在的に子どもの生き方を指導するものだとしても、「のっぴきならない」生活現実を生きている一人ひとりの子どもの生活と生き方をどのように、またどのような方向に指導すべきかという新しい分岐点に立たざるを得ないことになったという。そして、それはすでに日教組教研集会で議論が交わされていた「生活指導と集団教育」にコミットしていかざるを得ないところに立ったのだ。

　そうした理論研究の分岐点にあった宮坂は、学部生にすぎなかった竹内に二つの論文を課した。すなわち、「生活指導の本質と集団指導」と「愛媛集団教育批判」である。

　前者の論文では、「私は『ありのままの生活を書く』といわれがちな綴方教育を批判して、生活指導のいう『主体としての子ども』にとっての現実とは、所与の受動的な現実ではなく、自己と環境との相互交渉によって織りなされる現実であると論じた。」そして、「一人ひとりの子どもの個人的、主観的な事態にもとづいて生活現実をつくりかえていくところに生活指導の意義があるとした。」

　後者の論文は、「愛媛集団教育研究会の主張は、マカレンコ[*18]の集団主義教育の機械的な適用にとどまり、彼が最も問題にした集団発展の考察が抜け落ちていることを指摘して、いま『学級づくり』という形をとって展開されつつある『集団の民主的な発展』の構想に注目すべきではないかというものであった。」という。(同74頁)

　このようにして、「生活指導」をめぐる響きあいをとおして、二人の間に師弟関係ができていったのである。

---

18) マカレンコ——(1888〜1939) ソ連の教育学者、社会活動家。革命後の浮浪児や未成年法律違反者の施設ゴーリキー・コローニャやジェルジェンスキー・コムーナの所長を務め、その矯正教育に携わった。この二つの施設で約3000人を社会主義建設者に育てた。『愛と規律の家庭教育』など著書多数。明治図書より1964年に『マカレンコ全集』全8巻が出版されている。

5．大学院時代

＜非常勤講師から「詩人同盟」へ＞

　竹内は、1957年大学院修士課程に進学したとき、生計のためと教師の仕事に関心があったので、三つの校名の異なる学校を抱えた中学・高校を持つ私学で非常勤講師として働いた。週三日、20時間以上の授業を持ち、付属中学部と二つの職業高校で、中学の国語、高校の社会・英語を担当した。一つの職業高校では、中途退学が多く、高3の時のクラスは一つになり、64人の詰め込みになった。

　人数の多いのは苦にならなかったが、このクラスの英語の授業は騒がしくて授業にならなかった。質問しても投げやりで、立ち歩く、黒板に物を投げる、タバコを吸うなどの混乱に見舞われた。無機質の沈黙と騒然とした拒否の前で、型通りの授業を一方的にするしかなかった。質問すると机を蹴り倒す乱暴をするので、生徒は何一つわかっていないのを暴かれるのがいやで授業破壊をするのではないかと思い、あるとき、英語の人称代名詞の変化の理解を調査したところ、間違いなく答えたのはごくわずかであった。

　彼らの学習からの疎外と絶望の深さを知ってからは、わからない授業を押しつけてきたことを詫び、教科書を使うことをきっぱりやめた。そして、生徒たちが知っている英語・日本語の単語をあげてもらい、その和訳、英訳、意味を確かめ、それをどのような文脈で使われるかを教えたり、自分から日本語、英語の単語をあげて、それを使って英語の短文をつくらせたりというように、生活の中から学習するように改めた。そうした中でやっと生徒と言葉を交わすことができるようになり、彼らの相談に応じられるようにもなった。

　しかし、もうこれ以上講師生活を続けていると、自分がだめになってしまうという思いがつのり、辞職を考え始めた。夏の終わりに高校時代からかかわりの深かった友だちと会った直後に、彼が自死したことに衝撃を受け、人と会うこともできなくなり、退職した。

　その後、57年の秋から半年ばかりはほとんど下宿にこもりきりになり、内外の文学者や哲学者の本を乱読して暮らした。そのときに、だれかの誘いで、後に「詩人同盟」を名乗るようになる『現代詩』のグループの人たちの会に参加する

ようになった。

　そうこうするうちに、自死した友だちの弔いのために帰郷していた竹内のもとに、宮坂が竹内の放浪生活を心配したのか電話してきて、國學院大學で副手（専任）を募集しているのに応募しないかと誘ってくれた。これに応募したら、思いがけず採用通知が来た。大学の国粋的な傾向に対する迷いもあったが、学長が、新任者の質問に答えて、「世間ではいろいろ言われているが、本学では教員一人ひとりの学問研究の自由を大切にしてきた」というのを聞いて、1958年４月から修士課程に学籍を置いたまま文学部副手に就任した。

　さて、以上が生い立ちの補足なのだが、ここでもう一つ私のコメントをさしはさみたい。それは、竹内が「資料集」の「はじめに」で書いた「語るうちに私の教育学のすべてが少年期と青年期のなかにあることを痛感した」という言葉に関してである。
　私はここから先、時代の変遷のなかでその時々の課題をとらえて、竹内がどのような教育学的な提起をしていったかをたどろうとするのだが、「私の教育学のすべてが少年期と青年期のなかにある」というのはどういうことなのか、先取りして見解を述べておきたい。
　たとえば、「いじめ問題」が問題になったとき、竹内はこれを「いじめ・いじめられ問題」と呼んだ。それは、いじめる方のいじめをやめさせることで終わりでなく、いじめる者のいじめに至る心の屈折を解いてやる指導が必要であると同時に、いじめられる方のいじめられる弱さをのりこえさせていく指導が必要で、共に彼らが抱えている発達的課題に関わっていくことなしには問題の解決に迫れないからである。これは、少年時代いじめられっ子だった自分が、家業を立て直すために家族と共に働いた「生活教育」のなかで得たたくましさをもとに、ワンパク少年たちと交われるようになり、１万メートルの遠泳を泳ぎ切った自信や、ワンパク仲間たちの学習の面倒をみることで一目置かれるようになって、いじめられっ子を抜け出すことができた竹内の体験が、双方の課題を意識させたのだろう。
　また、同じく自分が生活の中で身につけたわざや遠泳のちからで自信を持てた体験が、70年代に子どもの行動のおかしさや交わり能力の衰退が問題になって

きた時に、子どもが発達環境の変化のなかで、生活していくためのわざやちからを体に刻みこんで育っていないという問題に気づかせ、「文化としての身体」の未発達問題を提起させたのであろう。

　そして、あの〝幻のコミューン〟のなかで、戦後民主主義を行動的に体験できたことが、子どもの民主的な成長・発達にとって民主主義的な自治活動をつくりあげることに参加することが大切だと確信させ、生活指導を集団づくりとして築きあげていく教育学の構築に向かわせたのだろう。

　さらに、高校から大学への青年期のなかで、傷つきながら自らを癒し、新しい自分の道を求めた青春遍歴の経験が、後に、非行や登校拒否の子ども・青年に伴走してつきあった時、彼らのなかに起こっている思春期葛藤を発見させ、「自分くずしと自分つくり」の思春期統合理論を生みだすもとになったと考えられる。

　これらのことも以下の論考のなかで確かめていきたいと思う。

第 I 章

生活指導をめぐる論争

1．大学院生として

　先述のように、竹内は、58年には東京大学大学院生でありながら、國學院大學文学部副手として働いたが、59年からは助手を務めるようになる。しかも、全生研が結成された1959年1月の日教組第8次全国教研大阪集会に宮坂哲文の手伝いとして参加し、59年7月には全生研常任委員会事務局員になってもいるのである。これは、指導教官であった宮坂哲文の信頼と期待がいかに大きかったかを示すものであるが、院生でありながら研究者の一員に遇されたことも示している。この急な展開について竹内は次のように書いている。

　「わたしは、1959年、故宮坂哲文氏にさそわれて全国生活指導研究者協議会に参加した。いや、参加したというよりは、否応なく参加させられたといったほうが正しい。というのは、宮坂氏は事前になんの了解もなしにわたしを全生研常任委員会事務局の一員に加え、雑誌『生活指導』第二号（1959年7月号－宮原注）に私の氏名を発表したからである。もちろん、わたしは即座に抗議の電話を入れたが、発表されたわたしの氏名は消えるはずもなかった。」（竹内常一著『生活指導の理論』明治図書、1969年、〝まえがき〟1頁）

　当時まだ、竹内は岐路に立って迷っていたようである。次のように述べている。
　「私が教育学研究を選ぶかどうかまだ迷っていた1960年前後、私のまえに二つの教育学研究の道が開かれていた。そのひとつは、ヨーロッパ世界の学校と非ヨーロッパ世界の『学校』（教育）の比較をとおして近代学校を批判的に吟味していく道であった。いまひとつは、発足したばかりの国民学校に一年生として入学し、戦後六・三・三制の実施とともに新制中学校に進学した私たちの世代（1934～35年生まれ）だけが知っている戦後民主主義をひきついで、子どもの自治を基本とする生活指導論―学校自治論を展開していく道であった。」（『教育のしごと』第1巻〝はじめに〟ⅲ頁）

　それが、前者に強い未練を残しつつ後者を選ぶことになったのは、宮坂が春田正治[*19]や勝田守一[*20]らとともに特設道徳に反対して全生研を結成したためであり、その六年後宮坂が全生研を残して急逝したという、運命のいたずらのためであるという。ただ、この運命を受動的に受け入れたわけではなく、敗戦直後のあ

の〝幻のコミューン〟を求めて、中学・高校の自治活動に、セツルメント運動・学生運動に参加してきた、その延長として生活指導論—学校自治論を研究テーマとして選択したのだと言っている。

また、この選択はそう簡単なものではなかったと言っている。その簡単でなかった事情はまだ言葉にできないが、その一端は、竹内が経てきた戦後体験、学校体験にあるという。

先にも書いたように、竹内たちの世代は、新制中学校のなかで自由と民主主義を行動的に満喫し、学校の主人公、生活の主人公として稀有の経験ができた世代である。

しかし、新制高校に進学したとともに、朝鮮戦争を契機に戦後民主主義は引き潮となり、教育の復古的反動が新制高校を覆い、戦後民主主義は圧殺されていった。だから、自分たちは戦後民主主義のしんがりの世代なのだという。

そのひそかな思いが、生活綴方復興に沸いていた当時の教育運動・教育研究を横目に見ながら、戦後自治活動の伝統を引き継ぐものとして生活指導—学校自治を追求させたのだという。だが、それは選択を方向づけはしたが、決定づけはしなかった。決定的なものにしたのは大学生活だという。

これも前に書いたが、日本共産党の政策転換による学生運動の分裂のために、東大自治会・中央委員会の再建に失敗して、またセツルメント活動に復帰していった竹内は、「民主主義の復権の可能性を生活世界のなかに、いいかえればミクロポリティックスの圏域に求めた」のだという。そして、その後に、「だから私は、戦後自治活動をゴッコ遊びと断定し、仲間づくりへと急激に転換しつつあった1950年代後半の生活指導運動に異議を申し立て、折からの勤評・安保闘争をバックにして、子どもの自治と学校自治を復権することを提唱して、60年代生活指導運動に介入することになったのである。」(前出)と書いているが、大きな挫折体験をのりこえて、〝幻のコミューン〟の自治の再現を追求する世界に踏み出す決意をもった選択だったから、簡単ではなかったと言ったのではなかろ

---

19) 春田正治——(1916〜2004) 教育学者。和光大学教授。コアカリキュラム連盟、後の生活教育連盟の実験校であった和光学園の校長を務め、高校、大学の創設に携わるなど理事長としても功績を残す。全生研の結成にも参加し、第二代の代表を務める。
20) 勝田守一——(1908〜1969) 教育学者。東京大学教育学部教授。同僚の宮原誠一、宗像誠也とともに東大の三羽烏として、戦後の教育学をリードしてきた。

うか。
　ところで、竹内は大学院生の間にすでに全生研の事務局に参加していたが、機関誌『生活指導』にはまだあまりものを書いていない。彼が初めて書いた単独論文は、連載されていた「リレー討論・生活指導の本質をめぐって」の第4回に書いた「生活指導に教育史的照明を」である。(1960年3月号8号) だから、大学院の終わりのあたりである。
　この中で竹内は、「いままでになされてきた生活指導の概念規定や定義づけに賛成しかねる」とし、〝概念規定よりも具体的に子どもの生活をどうとらえ、子どもの願いや要求に、どう受けこたえするか、そこからお互いの実践をつきあわせていくことが、生活指導の本質を探るのに、もっとも大切なことだ〟、という、生活指導の実践家たちの意見に同意する。」といっている。(8号84頁) そして、同時に連載されていた「私の歩んだ生活指導の道」の執筆者―戦前生活指導運動を担った人たち―の回顧を引きながら、戦前生活綴方運動、北方教育運動がいかにして生活指導であったかを検証している。[21]
　「子どもの生活、生産労働を全面的にとらえ、子どもの生活知性を高める教育運動としての生活指導の立場を確立することによって、北方教育運動が、日本公教育を実質的に変革する拠点を、北方の生活台＝生産労働に見出し、そこから日本の学校教育の体制をくつがえす教育実践を展開しはじめたのである。この教育実践の思想こそ生活指導であり、この変革的な教育実践の形態こそ生活指導である。」(8号87頁)
　このような見方をもとに竹内は結論する。
　「私は……生活指導が、教育の機会均等という原則の形式的保障のみならず実質的実現を意欲する教育実践であり、生活指導が、ひとりひとりの子どもの生活現実を大事にし、彼の生活認識・生活感情を生活とのたたかいのなかで育てることによって、日本公教育を変革し、学校教育の体制を組みかえる教育実践である、と主張したい。」(同85頁)
　ここに見られるように、竹内にとっては、子どもの生活を育てる中で「日本公教育を変革し、学校教育の体制を組みかえる教育実践」であってこそ生活指導な

---

21) 北方(性)教育運動——1929年に秋田市に設立された北方教育社を拠点として、東北地方で展開された生活綴方を中心とした教育運動。

第Ⅰ章　生活指導をめぐる論争

のである。

　だが、竹内には、現実の教育実践にそういうものがまだ見えてなかった。当時主流であった戦後生活綴方の上に立つ仲間づくりの実践に彼が違和感を持ち続けてきたのも、そういう変革性を戦前生活綴方運動から引き継いでいないという思いがあったからなのだろう。

　では、竹内はどこにその可能性を見出していこうとしたのか。それについては、この論文の付記3に次のように示唆的に書いている。

　「今日の生活指導は、戦前の生活指導運動が学校教育をくつがえすために生活の深層にはいり込むことによって、教育の自由と学習の自由を発見したのとは逆の方向に、つまり、教育的に、生活指導的にもっとも貧しい学校そのものを拡充するたたかいを展開する必要がある。もっとも貧困なのは学校である。この点にふれることはできなかったのは残念である。それは、生活指導と集団（主義）教育との関係である。」（同87頁）

　集団（主義）教育に生活指導の期待を見出せるか、という表明と言えないだろうか。

　その竹内が集団主義教育にアプローチしていったのは、大西忠治[*22]との出会いを大きな契機にしたようだが、大学院生を終わる前後からのことで、この論文執筆の後のことになる。

2．大西忠治との出会い

　竹内常一と大西忠治の出合いは1960年1月である。そのことについて竹内は『教育のしごと』第2巻の〝はじめに〟でこう語っている。長いが、二人の関わりの様子がよく語られているので引用してみる。

　　私がかれに最初に接したのは、かれが「生活指導における集団主義と学級づくり」と題する報告書をひっさげて登場した第9次全国教育研究集会生[*23]

22）大西忠治──（1930〜1992）教育者、教育理論家。北海道・香川の中学に勤め、集団主義教育、国語教育の実践・理論開拓に功績を残す。全生研常任委員、のち都留文科大学教授。『核のいる学級』『学習集団の基礎理論』など著書多数。

活指導分科会の全体会においてである。かれの報告は、全体会においても、中学校部会においても、他の正会員のみならず助言者からも厳しい批判を受けた……。

このとき私は勝田守一の代役として高校分科会に参加し、学園民主化を追求する生徒自治活動とホームルーム活動の実践に触れ、分科会参加者有志とともにのちに全国高校生活指導研究協議会を結成することになるが、その全体会においてはげしい批判をあびながらも、屈することなく反批判をつづける大西忠治の言説にも強くひかれた。

そのために、教研集会のあと、かれの報告書についての私見とマカレンコの集団主義教育についての私の理解をかれに書き送り、当時のかれの勤務校であった瀬戸内の本島中学校を訪ねる約束をした。そして、六〇年安保闘争が一段落した夏、本島を訪ねた……。

そこで、かれの授業を見学したあと、深夜までかれと話し合った。その時の話題はつぎの二つであったと記憶している。

そのうちのひとつは、私がまえもってかれに書き送ったメモを素材にして、集団教育の構造をどうとらえるかというものであった。……それは横軸に第一次集団と指導部と総会と集団の美学（集団の感情表現のこと。そのスタイル・トーンや文化活動・行事を含む）を、縦軸に集団の発展段階を位置づけ、第9次教研集会に提出されたかれの報告書との共通性を指摘したものであった……。

かれは私の手紙について興味を示しながらも、方法技術的に練り上げる必要があることを強く主張したように記憶している。かれは、思想は語るが方法技術を語ることのない教育学にたいして批判的、というよりは絶望的であり、思想は直接的に語るものではなく、方法技術にまで練り上げられて語られるべきものだといいつづけた。この生活指導・集団づくりについての、強い方法意識・実践意識は、もしかしたら宮坂と大西と私を繋ぐものであったかもしれない。

---

23) 全国教育研究集会──朝鮮戦争が始まり、再軍備や戦後新教育の見直しの逆コースの中で、日本教職員組合は民主教育を守るために「教え子を再び戦場に送るな」を合言葉に、全国各都道府県の教職員の参加する教育研究集会を、1951年の栃木県日光市での第1回を皮切りに毎年1月に全国各地の持ち回りで開催してきている。

このメモを参考にしてかどうかはわからないが、かれは翌年の第10次教研集会の報告書「中学校における学級づくり」のなかで、「①班づくり　②核づくり　③追求深め」という学級づくりの三つの側面と「Ⅰよりあい的班　Ⅱ前期の班　Ⅲ後期の班」という学級づくりの発展段階を提起した。またその末尾においてかれは、宮坂の所説を受けて、学級づくりの過程を解放の過程と建設の過程からなるものとしてとらえるという見解を打ち出した。

　いまひとつの話題は、高校の生活指導実践にくらべると、かれの実践と理論は防衛的にすぎるのではないかという私の批判についてであった。それについてかれは、勤務評定の実施と教職員組合の崩壊という香川の現状、組合員がほとんどいなくなったという元の勤務校の丸亀中学校の状況、そしてすでに過疎化のただなかにある本島の状況について語り、「職場に自由と民主主義がある学校の教師であったならば、もっとちがった実践をしていたかもしれない」といった。その後も、全生研がかれの学級づくり論を取り入れ、それを普及しようとしていたときも、私にたいして「自由な職場にいる教師は私をまねるべきではなく、もっと意欲的な実践をすべきだ」ともらしていた。

　翌日、私は島を歩いてまわったが、日陰に坐っている老人としか出会うことはなかった。共同体が崩壊し、それからはみだした人々が企業をはじめとする社会的集団に組織される時代がはじまっていたのだった。私は美しい島のなかを歩きながら、この時代のはじまりのなかで、社会的集団のひとつである「学校」の民主化に戦闘的に取り組んでいる高校生活指導実践と、その抑圧的構造のなかで早くも防衛戦を強いられることになっている香川の教師たちの生活指導実践という二つの実践に出会うことになったことのなかに、私は自分の「運命」ともいっていいものを感じていた。

　この出会いを機縁にして、大西と私との相互批判的な交わりは、かれが亡くなるまでつづくことになった。(『教育のしごと』第2巻〝はじめに〟ⅴ～ⅶ頁)

　この最後のくだりの、〝二つの実践に出会うことになったことのなかに、私は自分の「運命」ともいっていいものを感じていた〟とはどういうことを意味する

のだろうか。
　それは、自分がどちらの実践からも離れられなくなる運命を感じたということなのか。はたまた、自分が二つの実践を結ぼうとする作業に携わらざるを得ない運命を感じたということなのだろうか。どちらをも意味しているように思える。
　二つの実践の前者は、竹内が自らの戦後民主主義体験をもとに求めてやまない、「子どもの自治と学校自治を復権」させたいという願いに沿う実践だし、後者は、民主主義の後退する中で最も厳しい地点に立たされている実践である。この後者の立たされている地点から前者の目標点へどのようにして達するのかを解明することが、生活指導運動に求められている課題であり、竹内自身の課題としてとらえられたのではないか。
　大西忠治との出会いは、そういう課題を自覚させられたということではなかろうか。

3．仲間づくり論から集団づくり論への移行

　さて、竹内は、『教育のしごと』第1巻〝はじめに〟xv頁で、「『マカレンコの集団教育』は修士論文を要約したものであり、……私はこの論文を契機にして仲間づくり論から集団づくり論へと移行していったといっていいだろう」と述べている。
　「この論文を契機にして」とはどういうことだろうか。
　この論文の執筆は、大西忠治との出会いから一年余の後のことになる。この論文は、マカレンコの集団教育の理論の紹介が主で、それがどう「集団づくり論への移行」につながったのかは何も語られていないので、読み解いて推測するしかない作業になる。
　そこで、この論文の少し前の1961年2月号19号に書いた「生活指導の歴史―教研集会における生活指導研究の経過」のなかで、集団主義教育にたいする期待が書かれているので、それをまず見ていくことにしよう。
　この論文は、副題の通り日教組全国教研集会のなかで、何がどう論じられてきたのかを整理してたどったものだが、第7次から第9次にわたって仲間づくりに対して集団主義教育の立場から批判が出されて論争になった。その論争に関

わってこう書いた。

「そこには、基本的な問題がひそんでいたが問題はえぐり出されなかった。それは、集団主義教育の方法をささえる集団としての目的、集団として取り組まねばならない対象に関する問題である。それは、集団主義とは何か、ということに関することであった。この問題を不明確にして、一学級における集団主義教育の一方法の採用にのみとどまったことが、学級づくりに対する批判の弱さとしてあらわれたといえよう。」（19号58頁）

つまり、集団主義教育は何を、どのようにして実現しようとする教育なのかということが明確にされなかったというのである。しかし、竹内のなかでもまだそれは明確にできていなかったようだ。別のところでこう述べている。

「学級づくりの実践と理論が第6次集会を契機に高まり、広まっていくかたわら、特別教育活動、特に自治活動の停滞がますます顕著なものとなり、ビッコの現象がますます拡大されていった。自治活動の停滞をうち破るために、学級づくりの法則をそれに適用しようとする試みがなされたけれど、その意図の積極性にもかかわらず、自治活動の停滞は日本公教育の学校機構そのものに由来しており、下からの、一人ひとりからの民主主義のつみあげを特徴とする学級づくりだけでは解決しがたい問題をふくんでいた。」（同57頁）

そして、この自治活動の停滞状況のなかで、第9次全国教育研究集会で高知をはじめとする高校の学校民主化の生徒会実践に接して、大いなる希望を見出したことから、「学級・ホームルームづくりは、この学校づくりという基本目的のもとにおいてとらえなおす必要がある。学級づくりの、一人ひとりからの、下からの民主主義のつみあげを、教師集団の上からの系統的な指導による民主主義と正しく結びつけていくことによって、学級づくりの偶発的な発展を克服しようとした、学級づくりと学校づくりの関連が今後明らかにされることによって、学級づくりの方法はさらに豊富になるとともに、再構成されなければならないときがあるだろう。それは、集団主義教育と生活指導を正しく統一することの問題として提起されるにちがいない。」（同58頁）

ここからはこう読める。

仲間づくりの理論と実践は進んだが、自治活動は停滞したままである。この自治活動の停滞をうち破るためには、一人ひとりからの民主主義のつみあげを特徴

とする学級づくりからだけでは無理である。教師集団の系統的指導による民主主義＝生徒会を中心にした学校づくりと学級づくりを結び合い、統一して展開していかねばならない。そして、それは「集団主義教育と生活指導を正しく統一することの問題として提起されるに違いない。」という。つまり、学校づくりと統一していく学級づくりは仲間づくりではなく、集団主義教育だろうというのである。

では、「マカレンコの集団教育」（1961年5月号22号）ではどうだろうか。

まず、この論文はどのような内容だろうか。竹内の解説を簡略化してたどってみよう。

「マカレンコの集団教育」論を五つの側面から紹介している。

(1) 集団主義教育の人間像

どんな人間を育てるかという教育の目的はとりわけ大切である。それは、ソヴェト社会の目的を実現する文化的で、ソヴェト的な労働者を育てることである。

(2) マカレンコの集団観

教育目的を実現する教育の形態は、ソヴェト的な社会・集団の形態それ自身である。

「たとえば、規律の重要な側面であるところの、意志、勇気、目的追求性の教育は、そういうものを必要とする状況に人間を置かなければ、たとえそれらにたいする憧れや意識を教えたとしても、それを教育したとはいいきれない。……集団のなかでの特別な訓練なしに育てることができない。」（22号45頁）そのためには、「教育目的としての人間の性格は、社会的集団的形態を組織することによって、人間のなかに教育することができる。とりわけ、集団の目的をもっとも立派に達成することのできるための形式としての規律は、ソヴェト的な典型的集団を組織することによって、人間のなかに教育することができる。」（同46頁）

「……したがって、集団主義的性格の教育の論理にしたがえば、教育の目的は実践的には典型的集団の育成として現れる。つまり、典型的集団の創造が教育の目的となり、集団活動それ自身が教育活動を展開するのである。」（同46頁）

(3) 集団の内部組織

結論的にいえば、集団の内部組織は次のものを備えるべきである。

① 集団の目的を決定し、全活動を審議する単一的な全集団―総会

② 全集団から全権を委任されている統一指導部（隊長会議）と、単独指導・単

独責任制を原則とする委員会・単位集団
③ 直接的に集団的諸活動をともにおこなう成員からなる第一次集団
④ 個人、個々の委員会・機関・単位集団・第一次集団を全集団に統合していく集団の開いたシステム

(4) 集団の組織化

校長の総会に対する仕事の依頼・行動に対する要求から集団の組織化は始められる。要求内容が理性的であり、集団成員に切実なものは断固とした要求を提出する。

そのような要求に対し、集団のなかからその要求を自分の要求として発言するアクチーフ（活動家）が出てくる。このアクチーフをすぐに組織し、要求内容に沿う活動をさせ、彼らとともに集団内部の様々な矛盾を総会という場で解決していくことによって規則・レジムを作り上げていく。

(5) 第一次集団

全集団での活動が規律を内部に定着するのではなく、教育的に組織された第一次集団を媒介として規律は定着するのである。したがって、第一次集団が教育の対象となり、その中の個人は対象としない。個人の問題はすべて第一次集団の問題として全集団のなかで取り上げられ、単独責任者が全集団のなかで批判されたり、賞罰を受ける。しかも、責任者は第一次集団のなかの会議で当の個人をつるし上げたり、仲間外しにすることは許されない。当の個人に対して集団的援助を組織していくことだけができるのである。

「このような第一次集団は、その性格上、全集団からの評価によってたえず内部の矛盾を激化させながらも、それにたいして内部に実に気の長い努力を要求するというメカニズムをもち、その結果、個人の内部に規律を根づかせるのである。こうしてはじめて、規律は個人の精神的複合体となるとともに、集団の生きた規律ともなるのである。」（同50頁）

以上が紹介の概略であるが、ここには集団の教育力が強調されている。

マカレンコによれば、教育の目的はソヴェト社会の目的を実現する人間の育成である。そして、その教育目的を実現する教育の形態は、ソヴェト的な典型的集団それ自身である。典型的集団を創造すれば、その集団活動それ自身が教育活動を展開するというのである。

竹内は、マカレンコを見直してみて、この集団の教育力に注目し直したのではないか。
　大西忠治の「話しあいづくり」「核づくり」「班づくり」という実践構想も、このマカレンコの「集団の内部構造」「集団の組織化」「第一次集団」から取り出したものであることは明らかだが、竹内は、そういう方法のもとにある、集団をつくることこそ教育になるのだというテーゼをつかみ直したのだといえる。
　だから、「仲間づくり」の集団観の甘さ、つまり「一人の問題を皆の問題にすることによる仲間意識の確立」というのを乗り越えていくためには、集団のなかでもっと厳しく切磋琢磨していかなくては本当の人間形成はできないという集団主義教育の批判の側を支持し、そちらの側に移行していったのだと思われる。
　だが、集団の教育力に注目し、集団主義教育を支持するようになったが、それが生徒自治を中心とした学校づくりとどうつながっていくのかまだ明らかではなかった。
　そこで、竹内は、急速に集団主義教育実践に取り組み始めた全国の実践家や研究者とそのあり方を探ろうとして、1961年8月の全生研第3回全国大会の夜に「集団主義教育を語る会」を組織した。また、「私は、荒川勇喜（東京）、池上芳彦（長野）、遠藤亮、大西忠治（香川）、服部潔（埼玉）、吉岡時男（京都）とともに、『集団主義教育研究会』という同人組織をつくり、『集団主義教育』（創刊号、1961年11月）と題する同人誌においてじっくり議論を重ねていくことにした。」という。（『教育のしごと』第2巻〝はじめに〟x頁）
　しかし、「それは全生研におけるフラクション活動であるとみなされ、第2号（1962年4月）でもって発刊停止となった」（『教育のしごと』第1巻〝はじめに〟xxiii頁）という。
　だが、そのフラクション活動であるという批判は、「学級づくりが短期間に仲間づくりから集団づくりへと地すべり的に移行する」（『教育のしごと』第2巻〝はじめに〟x頁）状況になっていた中では、一部で論議するのではなく、もっと全生研全体で議論すべきであるという批判だったのではないかと思われる。
　事実、1963年5月には、一年の作業を経て全生研常任委員会の手で、「班づくり」「核づくり」「討議づくり」を中心にした『学級集団づくり入門』が発刊されるのだから、集団主義教育の議論は一両年の間に全生研全体に急速に広げられ

ていったのである。

　では、同じ時期他の研究者は集団主義教育をめぐってどのような態度をとっていたのだろうか。

4．全生研の創始期の研究者たちは

1）宮坂哲文の場合

　周知のように宮坂は、全生研結成の中心的呼びかけ人であり、初代全生研代表であるが、戦後生活綴方の流れをくむ仲間づくりの実践を理論づけてきた研究者である。

　宮坂が大西忠治の提起に最初に言及したのは、1960年8月の全生研第2回全国大会の後である。1960年10月号15号の「生活指導運動をどう進めるか」でこう書いている。

　「今度の全生研第二回大会においても、たとえば香川の大西忠治氏の報告した班づくりを中核とした学級づくりの図式化の努力は注目されてよいものであった。集団主義教育を基本的に一つの思想だと主張する大西氏が、同時に〝だれにでもできる方法〟の確立を叫んだことには大切な意味がふくまれていた。おおげさにいえば新しい教育技術論が提起されたともいえるかもしれない。」(15号6頁)

　宮坂は、大西の〝学級づくりの図式化の努力〟を〝だれにでもできる方法〟の確立への新しい教育技術の提起だとして評価したが、ここではそこまでの評価にとどまっている。

　それが、1961年1月の第10次教研での大西忠治の三つの側面と三つの段階に基づく学級づくり論の展開以来、集団主義教育は無視できないものになっていく。

　そこで、宮坂は、竹内が「マカレンコの集団教育」を書いた同じ1961年5月号22号に、「現段階における集団主義教育の位置」を書いているのである。

　ここで宮坂は、学級集団にはたらきかける教師の立場を、第一は学級管理的立場、第二は適応指導的立場、第三は集団主義的立場、と三つ挙げ、それぞれ教師としての教育的要求度がどのようなあらわれ方をするか、それぞれの立場の相互

関係を検討している。

そのなかで、仲間づくりと集団主義教育を次のように対比している。

前者は、「第三の立場を教師としては見通しとしてひそめながら、いずれかといえば第二の立場つまり個々の子どもの人間性の発現……をたいせつにし、それらを集団の共有財産にしながら、そこからやがて集団の構造的矛盾が激化し、集団の質的発展の契機がおのずから醸成されていく実践である。小西健二郎氏の『学級革命』[*24]はその典型的な実践といえる。」後者は、「はじめから第三の立場に立って子どもたちを矛盾激化の場面にいやおうなく追いこみながら、その問題へのとりくみの過程において、いわば副次的に第二の立場があらわれてくるような実践である。香川の大西忠治氏は学年当初から気の合う者同士のグループを学級の正規の小集団組織としてつくらせ、同時に、一人一人の生徒に〝自分の不利益には黙っていないことを要求する〟ことによって、学級集団に内在する日本社会の構造的歪みにつながる本質的矛盾に子どもたちを積極的にとりくませ、集団の質的発展の過程を着実につみあげる指導を展開している。」（22号8頁）

しかし、「現実の生活綴方的実践では、集団の構造的矛盾に子どもをとりくませるところまで進みえないで」、「集団化という観点は生活綴方的実践において必ずしも支配的ではない。」だから、「生活綴方は、こんにち、ひろく民主的集団体制の確立とそれをとおしての人格の発達を教育課題として前面に出した集団教育思想に学ぶことによって、自己の思想体系の改造を迫られているように思われる。」（同9頁）といっている。

これにたいして、集団主義教育の側では、「教師中心の教条主義や、子どものいない教育に陥らない用意をつねに怠ってはならないだろう。」「日本の社会現実のなかでの個々の子どもおよび子ども集団をどうとらえるか、子どもの現実をどう見るかをぬきにして、これからの集団主義教育の発展はありえない。」（同10頁）と警告している。

そして、こう結論付けている。

「こうした意味で日本におけるいわゆる集団教育実践も、集団化による人間形

---

24)『学級革命』——1955年に国土社から出版された本。兵庫県の小学校教師小西健二郎が、ボスに支配されていた6年生の学級の子どもたちに、作文を綴らせることによってボス退治に立ちあがらせた実践記録の書。

成という独自な理論に基づきながらも、子どもの意識の真実化をとおしての自己主張の育成という生活綴方の方法をとりこむことによって体制づくりと意識づくりの統一的実践にまで自己を高めることがこれからの課題となるだろう。それとは逆に、子どものありのままの意識や感情をたいせつにすることを土台とし現実直視の指導によってそこからの矛盾の激化をはかる集団づくりの方法は、人間疎外の体制のなかで育ち、またそれに順応させられている子どもを一挙に民主的な生活体制に引きこみ、まさにそのことによって子どもの認識の矛盾激化を強力に促進させる体制づくりの手法をとりこまねばならないだろう。」(同10頁)

ここに見るように、宮坂は、生活綴方的学級づくりは集団主義教育の手法に、集団主義教育は生活綴方の方法に、相互に学び合う必要をはっきりと述べている。両者は相互に対立するものではなく、相互補完し合いながら融合、統一していけるものという認識を宮坂が抱いていることがわかる。

2) 春田正治の場合

春田は宮坂哲文亡き後の全生研代表を引き継いだ人であり、機関誌『生活指導』の初期の頃の編集の有力メンバーであった。日本生活教育連盟の役員でもあった。

春田は、「生活指導と道徳教育のつながりをこう考える」(1959年5月号1号) という論文で、日本の教育界にある次の五つの生活指導観、(1) しつけとしての生活指導 (2) 特別教育活動による自主性の育成 (3) ガイダンスによる心理学的治療 (4) 学級づくりによる生き方の指導 (5) 集団主義指導による規律的人間形成 (傍点春田) を挙げて、「われわれは今の日本の歴史的時点をみつめ、それに対応するものとしての〝学級づくり〟に立とうとする」(1号11頁) と学級づくりの路線を支持しているのである。

その学級づくりの路線を支持した春田も、その一年後の論文「生活指導の現段階」(1960年4月号9号) において、第9次全国教研千葉集会での山梨、東京、香川代表らの「仲間づくり」に立つ学級づくり実践への厳しい批判を聞いて、これまでの「仲間づくり」の解放理論の情緒主義的な甘さを認めている。

これまでの解放理論では、社会の矛盾からの解放を扱うにしても、個人の背景にある家庭的社会的遠景に当人の責任を解消して、社会の矛盾への厳しい直視と

追求をさせきれず、仲間へのあたたかさへすりかえられる甘さがあったという。

「学級づくりの実践の発展のなかで、解放理論はおおよそこの三段階の深まりを見せてきているが、このどれか一つが正しくて他は誤りであるというのではなく、統一的な展望のなかに位置づけられ、学年の発達段階におろされて、いま一度ちみつにすじみちだてられる必要がある。この意味で学級づくり論もまた、新たな地平にのぞんだというべきである。」(9号14頁)と述べて、集団主義教育からの批判を受けとめている。

けれども、春田は一年近くあとの1961年3月号20号の「生活指導における〝生活〟の概念」のなかで次のように書いている。

「生活指導運動そのもののなかにも、教研千葉集会における『解放と規律』をめぐる討論にみられるような、きわめて重大な対立もあらわれてきている。生活綴方運動のなかから発展してきた『学級づくり』と、ソヴェトや中国の集団主義教育に学んだという『規律づくり』(筆者仮称)との間には、根本の解放理論においても、具体的な方法論においても、ひとしく学級の集団指導をめざしながら、大きなちがいがあるといわなければならない。この対立をどう解くかということは、今日の日本における生活指導運動の基本問題の一つだといわなければならない。そのためには、両者を対比していずれかの一つを選ぶとか、両者のそれぞれの長所をとって折衷するとかという態度ではなく、生活指導がそれからはじまるところの、日本の子どもと、それをささえる社会の現実をどう考えたらよいのかという出発点に立ち帰り、正しい児童観と、それにつながる社会観を確立するしごとを先ずはじめるべきではなかろうか。」(20号55頁)

つまり、両者の対立を解くのは容易ではなく、日本の現実を見据えた児童観、社会観の確立が先決だといっているのである。

3) 川合章[*25]の場合

川合は、同じく『生活指導』の初期の編集委員であり、全生研第2回全国大会の大会提案をするなど積極的に発言してきた。ただ、後には日本生活教育連盟の代表になり、全生研からは足が遠くなった。

---

25) 川合章——(1921〜2010) 教育学者。埼玉大学名誉教授。日本生活教育連盟委員長を務めた。

川合の生活指導観が見てとれるのは、「生活指導の本質をめぐって」(1960年8月号13号)という全生研第2回全国大会への提案においてである。

ここで川合は、日本での生活指導運動の歴史を振り返って、明治から大正にかけてのクラブ活動、自治会活動、大正末から昭和初頭の職業指導、昭和に入ってからの生活綴方、生活指導の運動の三つの検討が必要だとしながら、この三つのうち、もっとも基底的な意味をもつのは第三の生活綴方、生活指導運動であったとしている。なぜなら、それは日本の公教育の改革運動であると同時に、新しい児童像、社会の中の子どもの発見の運動であったからだ。

このような教育史的で学校論的な考察のなかから、生活綴方的生活指導の流れを汲む仲間づくりを評価しているように見える。仲間づくりは、「資本主義的社会化と個人主義化のすすんだ今日の段階で、一人一人が人間としての要求をほりおこし、自覚し、実現していくためには、集団的に思考し、集団として行動する以外にないという把握にもとづいてうち出された具体的な方法である。」といい、生活指導の固有の目的は、「子どもに自分の生き方、行動のし方、考え方そのものを自覚させ、それをつねに修正し、変革させ、発展させることといえないだろうか。」(13号43頁)としている。

その後で、川合は集団主義教育の側からの仲間づくり批判の問題を取り上げる。「日教組第9次教研集会で問題として出されたような権力に抵抗できる子ども、社会の矛盾に立ち向う子どもに育つか、あるいは身近な人間関係の中での情緒的ななれあい、個人の心のもち方によって社会的な矛盾を解消してしまうような子どもに育つかは、もっぱら教師が、子どもたちの現在の生き方の背後にあるものをどうとらえ、何を子どもたちに発見させていくかにかかっている。」(同44頁)

つまり、教師の指導性の中身の問題であって、路線の違いとはとらえていないのである。

そして、第9次教研の対立も、仲間づくりへの批判の側は、「独占資本―大衆社会状況というすじを、子どもたちに独占資本や権力をおさえさせることによって、大衆社会状況に対処する姿勢をうちたてようとするゆき方である。これに対して、情緒的な仲間づくりといわれるものは、大衆社会の、個人化と機構化への対処をいちおう意識するが、その背後にあるものへの目を育てようという自覚が必ずしも十分でない。したがって、この二つの方向は、相互に対立しあうものと

いうよりは、子どもたちがその中になげこまれている、集団、社会についての把握とそれに対決する集団づくりという基本的な方向を見失わないかぎり、相互に補足しあうべき性質のものであろう。」(同48頁)と述べている。

　このように、川合にあっては、第9次教研で見られた仲間づくりの集団づくりと、集団主義教育との二つの方向は、「相互に対立しあうものというよりは」「相互に補足しあうべき性質のもの」ととらえられている。春田のように、「重大な対立」とはとらえていない。二つは融合、統一できるととらえた宮坂の立場に近いといえよう。

　以上、竹内が集団主義教育を支持し始めたその時期に、他の研究者はどのような立場をとったかを、全生研創始期の中心メンバーであった宮坂、春田、川合についてみてきた。三人ともこれまで主流だった仲間づくりが生活指導の中心だととらえているようだが、集団主義教育の批判を受け入れて、融合、補足し合って統合していけると考える宮坂、川合と、かなり重大な対立があり、難しさがあるととらえる春田の違いが浮かび上がってきた。

　そして、この宮坂、春田と竹内との三者の違いは、1961年8月号25号の「第3回全国大会のために」に同時に書いた三人の文章にはからずも表れた。

　宮坂哲文は「全国委員・活動者会議への提案」の中で、「教師自身による教師集団確立の努力と教師の教育的要求にみちびかれて民主的な学校体制をつくっていく実践の側面と、個々の子どものありのままの意識と感情をたいせつにし、その集団化をとおしてそこに矛盾をはらませ生活認識と生活実践の発展への契機を生み出させていく側面との両面を、我々はこんにちの生活指導実践のうちに統一的におりこんでいかなくてはならないと考える。私はこの両側面を生活指導における体制づくりの側面と意識づくりの側面と呼びたい。これらはたがいに独立した実践ではなく、集団づくりという一つの実践のもつ二つの局面に過ぎないものであり、たがいに密接不可分の関係にある。」と言っている。(25号106頁)

　春田正治は「生活指導運動の一カ年」の中で、次のように言っている。

　「私もまたその統一的発展を期待するものであるが、この統一は単に両者の方法論的吟味からそれぞれのすぐれた点を学び合うということではなく、もっと思想の次元で検討がなされなければならないものであり、おそらく、科学的な児童

研究と生活指導実践の科学化との統一的検討をもとにして、新たに創り出されていくべきものであると思う。そしてその道は決して安易なものでも、近いものでもないように思われる。簡単にひとしく集団主義と括ってしまわないで、もっと吟味しあうことが大切ではなかろうか。」(同119頁)

これに対して、竹内常一は「分科会で何を話し合うべきか」の中で、「……生活指導の思想ならびに概念規定を発展させ明確化するためには、生活指導の思想と概念規定を集団主義的教育思想とつきあわせて考え、多様な集団づくりを整理し、方向づけていく必要がある。そして、集団づくり＝生活指導という実践形態に明瞭な思想性を刻印していかねばならない。そのうえで、生活指導概念を厳密に規定し、集団主義教育の形態を探求していくべきであろう。」と主張している。(同109頁)

5．集団主義教育を擁護する

1) 集団主義教育の台頭のなかで

春田正治は、ずっと後年1995年に刊行された『竹内常一・教育のしごと』の第1巻の「栞」に、「生活指導運動への竹内さんの登場と活躍」という一文を寄せて当時の竹内常一の活躍を紹介している。「獅子奮迅」の活躍の証左として、1961年から62年にかけて機関誌『生活指導』に論文を毎月毎号のように寄稿し続けたことをあげている。ちなみに列挙すれば、

1961年2月号第19号「生活指導の歴史」
同　　4月号第21号「小川・宮坂論争の問題点―生活指導論の概念規定をめぐって」
同　　5月号第22号「マカレンコの集団教育」
同　　7月号第24号「クラブ活動における集団づくり」
同　　8月号第25号「全生研第3回全国大会のために、分科会で何を話し合うべきか」
同　　9月号第26号「学級集団づくりの系統的計画化のために」
同　　10月号第27号「集団主義教育を語る会」

同　11月号第28号「現代子ども研究の視点」
同　12月号第29号「集団主義とは何か―批判に答える」
同　12月増刊号第30号「ガイダンス運動における集団の問題」
1962年1月号第31号「集団主義におけるレジムの問題」
同　2月号第32号「生活指導運動をどう進めるか」
同　3月号第33号「組織に民主主義の確立を―生活指導運動の組織化について」
同　4月号第34号「学級づくりと集団主義の問題点」
同　6月号第36号「集団づくりにおける班づくりの位置」
同　7月号第37号「集団づくりと学習運動の接点―六つの実践報告を読んで」
同　8月号第38号「基調報告　学校教育における生徒集団づくり―生活指導の学校論的把握の発展のために―」

こう並べてみると確かに「壮観」であるが、なぜこんなに健筆をふるったのであろうか。

ちょうどこれらの執筆時期が、竹内が25歳にして全生研常任委員会事務局長に選出され、務めていた時期と重なる。これらを読むと、主には集団主義教育の理論構築と生活指導運動としての全生研の組織論とである。そうすると、たぶん、竹内は全生研のこれからを見据えて、台頭し始め、自ら支持しはじめた集団主義教育の理論構築に努め、また、全国に組織的な基礎をもった運動体に全生研をつくり上げるリーダーシップをとることが、事務局長としての自分の責務と考えたからの奮闘なのだろうと思われる。

前々節で竹内の仲間づくり論から集団づくり論への移行について書いた。しかし、第9次、第10次の全国教研、第2回の全生研大会で大西忠治によって強烈に押し出された集団主義教育は、まだ生活指導運動の少数派だった。前節で触れたように、宮坂や川合や春田をはじめ多くの研究者たちは、生活綴方の流れをくむ日本型学級づくり論と、それを批判して登場したマカレンコの理論と実践を受けた集団主義学級づくり論との対立を認めながらも、両者は統一していくべきものと考えていた。

潮目が変わっていくのは、1961年8月の全生研第3回全国大会新潟大会か

らと思われる。竹内常一は、新潟大会についての報告「集団主義教育を語る会」（1961年10月号27号）で次のように書いている。

「集団主義教育を語る会は当初の企画では、特設道徳教材を見る会とならんで夜のたんなる催しものであり、学級づくりのなかで集団主義教育の導入を試みてきた顔みしりを中心に集団主義教育の模索の実情についての懇談会をおこなう予定であった。

しかるに、この会は実質的には本大会の全体集会の性格を帯び、集団主義教育の是非を論じあう白熱した討論の場と化した。人数の点からいっても、目算ではあるが本大会宿泊者の半数以上がこの会に集まり、しかも、閉会時刻1時間延長にもかかわらず、一人として退席するものがなかった。それほどにこの会は本大会参加者の関心を凝結した会となった。

……集団主義教育を語る会は、集団主義教育を主張するひとびとと、生活綴方的な学級づくりを主張するひとびととの間のきびしい論争の場となったのだ」。（27号122頁）

こうした熱気を受けて、前に書いたように、竹内は各地の実践家とともに「集団主義教育研究会」を立ち上げ、同人誌『集団主義教育』を発刊して「じっくり議論を重ねようとした」のである。ところが、これが全生研におけるフラクション活動とみなされ、同人誌も第2号（1962年4月）で停刊のやむなきに至る。この批判を受けてかどうかはわからないが、先に挙げた『生活指導』誌への諸論文著作は新潟大会以後に熱を帯びてくることになる。それではということで、公の機関誌上で集団主義教育の理論構築の問題提起をしていったのであろう。

では、どのように問題提起していったのかをみてみたい。

2）竹内常一「学級集団づくりの系統的計画化のために」（1961年9月号26号）

これはその「はじめに」に書かれたように、全生研常任委員会を中心に62年春刊行予定で編集計画が進んでいた『学年別学級づくり双書』を念頭に置いて、「集団づくりの見通し路線の確立のための方法論と仮説を提起する」ために書かれたものである。

これまでも機関誌で取り上げてきたが、「生活指導の計画化」という発想は、「文部省が、生活指導はその場その場的な偶発的指導であるから、指導に計画性・

系統性がなく内面的な道徳性の指導ができないとして、『道徳』の特設を強行した」ことに対応してうまれてきたものだ、という。

現実に、現象的に起こる事件を対象ととらえる文部省的な「生活指導」のとらえ方でなく、子どもたちのものの考え方、感じ方や行動のしかたを対象とするという広義の「生活指導」のとらえ方からいっても、子どもの内面的な意識や感情は抽象的に表れるものではなく、日々の生活関連のなかで、環境との具体的な交渉のあり方、行動のしかたとして示されたものを指導していくわけだから、やはり、その場その場の指導にならざるを得ない。

そこで、「生活指導の計画化」が考えられるのだが、それは「子どもの現実の生活のなかにひそんでいる生き方の問題のなかでも、しばしばくりかえしあらわれてくる、しかも子どもたちに共通な問題を問題領域ごとに整理し、学年単位または1学期単位にプールしたものであると考えられる。」「しかし、それは実践過程にくみいれられることも、くみ入れられずに終わることもある」不安定なものになる。（26号46頁）

そのため、生活指導の計画化は、学級づくりのすじみちと深く関連してくることになる。

その学級づくりのすじみちを、第6次全国教研で定式化された仲間づくりの集団づくりの三つの段階（①学級のなかに、何でもいえる情緒的な許容の雰囲気をつくる。②生活を綴る営みをとおして一人一人の子どもの真実を発現させる。③一人の問題を皆の問題にすることによって仲間意識を確立する。）と、香川生研が提起した学級づくりの発展のすじみち（①寄りあい的班の段階。②前期の班の段階。③後期の班の段階。）及びその3段階へ発展させる三つの方法（「話しあい」づくり、核づくり、班づくり）とを比べてみた時、「集団主義教育の立場に立つ学級づくりの包括的理論化」の方がすじみち立っている。

もう一つ、綴方的学級づくりと集団主義教育を比べた場合、「集団主義教育が（綴方的学級づくりを）もっとも批判し、否定するのは集団に対する自由主義的態度である。」そして、「学級づくりが解放から規律へと発展しないのは、子どもたちの自由主義的、個人主義的な生活態度を学級づくりの過程で批判的に克服していないからである」（同50頁）

このことは、生徒会・児童会の自治活動の上にも表れた。「子どもたちにとっ

ては、生徒会・児童会は自分の自由主義・個人主義的生活態度をつらぬくための手段であって、それ以上のものではなかった。」こうした子どもの生活態度に衝撃を加えることを強調したのは、集団主義教育の立場に立つ人々だった。「綴方教師たちが従来の学級児童会、生徒会を否定して断絶した地点から学級づくりを展開してきたのとは異なり、学級児童会、生徒会の停滞を克服し、自治活動の発展の線上に規則と規律の確立の問題を提起したのである。」

「このようにみてくると、綴方的方法による学級づくりと集団主義的な学級づくりの相異は、たんに方法上だけのものではなく、あきらかにその目的・その内容の面においても見うけられる。つまり、前者にあってはそれはひとりひとりの子どもの生き方を主体的で意欲的なものにしていくことであり、その過程で生徒相互の人間理解を深めることによって自他を生かす生き方を探求させ、みんなが努力すれば生活を変革させ向上させることができるのだということを事実に即して学ばせることである。後者にあっては、それは、集団主義的な規律をもつ学級をつくっていくことであり、まず第一にありのままの人間関係を重視するのではなく、班と班員・班長と班員、班長会議と学級集団などの「集団関係」のなかで起こる組織的問題をあくまでも集団主義の立場から点検していく過程で子どもの個人主義的・自由主義的生活態度を克服し、集団関係をきめている集団主義的規則をひとりひとりの自覚的規律にしていくことである。」(同51頁)

ここで竹内は、先述の宮坂哲文の「全国委員会・活動者会議への提案」の叙述部分を引用して、「生活指導には、自治活動による体制づくりとそれに応ずる規律の教育の側面と、綴方的方法による意識づくりとそれに対応する仲間づくりの側面があり、集団づくりとはこの両側面が統一されたものである、といっていると受け取ってよいのだろうか。」として、「もしそうだとするならば、学級づくりのすじみちは、体制づくりの側面に応ずる集団づくりのすじみちと意識づくりの側面に応ずる集団づくりのすじみちがよりあわされたものであるといえよう。」と述べ、「それでは、金沢集会以来の集団主義的学級づくりの路線と綴方的学級づくりの路線との論争はどのように止揚されたのか。……論争の成果は十分に反映されているとはいえないように思われる。」と異議をはさんでいる。(同52、53頁)

そして、「集団主義的学級づくりを主張してきたひとびとは、集団主義的行動

の規則を教師個人として、また核集団、学級集団をとおして断固として要求し、子どもたちの個人主義的・自由主義的な態度に衝撃を加え、子どもの生活の論理に挑戦し、集団主義的規律という教育の論理を提出し、子どもの生活の論理の矛盾をかきたて、規則の自覚的規律化をうながす意識づくりを展開してきたのである。」(同53頁)と、集団主義教育の実践の側に肩入れしつつ次のように結論づけている。

「わたしは、学級づくりのすじみちを決定するのは集団主義的集団づくりのすじみちであると考える。そして意識づくりとそれに応ずる綴方的集団づくりのすじみちは、集団主義的集団づくりのすじみちに並行し、それに服従して展開されるべきであると考える。なぜなら、綴方的学級づくりはいつもその場その場的な生活指導に左右されて、子どもたちの生き方―態度の教育に系統性を与えないからである。……

しかし、そうだからといって、生活指導を否定したり、綴方的集団づくりを否定するのではない。意識づくりの生活指導、綴方的集団づくりは、規律の教育、集団主義的集団づくりのすじみちと並行し、ひとりひとりの問題を集団主義的集団づくりのすじみちにのせたり、規則の自覚的規律化の過程をひとりひとりの個性にそくしておしすすめていく仕事をすることによって、集団主義的集団づくりに奉仕していくものである。」(同53頁)

つまり、集団主義的集団づくりのすじみちを主とし、綴方的集団づくりを従として「学級集団づくりの系統的計画化」は考えられるというのである。

この後、『生活指導』誌は、この論文を受けて1961年11月号28号と1962年1月号31号の2回、「集団づくりの計画化」の小特集を組んでいる。28号では、「竹内提案への批判」として「浦和教育こんわ会」と「千葉・香取全生研サークル」の二つのサークルの共同討議の結果を代表者が報告している。31号では、「竹内提案とそれへの批判をめぐって」として香川の大西忠治と岩手の菊池啓の二人の実践家の論稿を載せている。

共通して引っかかっているのが、竹内提案の結論部分「わたしは、学級づくりのすじみちを決定するのは集団主義的集団づくりのすじみちであると考える。そして意識づくりとそれに応ずる綴方的集団づくりのすじみちは、集団主義的集団

づくりのすじみちに並行し、それに服従して展開されるべきであると考える。」というところである。

「浦和」の場合は、「ひとりの子どもに、その方法ばかりでなく、目的・内容においても全く異なる二つの原則が『並行』してはたらきかけるという、この『並行』とはどんな内容なのだろうか。」「現場での実践と突き合せてみると、二つの原則は並行ではなくて、重なってしまう」と批判している。

「千葉」の場合は、「集団主義的方法は、綴方的集団づくりの矛盾を指摘し、それを克服しようとする試みから発展してきた」のだから、「集団主義的集団づくりは、綴方的集団づくりを前向きに否定し発展させる契機を与えるものだと考えられる。この時の両者の関係は並行、服従ではなくて移行、発展と見るべきだと思う。」と言っている。

大西忠治は、千葉香取サークルのその結論を支持しつつ、「現時点では、『並行し、服従する』という関係としてあるというよりも、生活綴方的教育から集団主義的教育へ移行すべき時点が来ていると考えているのである。」と述べている。

岩手の菊池は、「レジムをめぐっての『話しあいづくり・核づくり・班づくり』の路線のみを絶対唯一の中心方式として把握し、それに付随してのみ服従関係においてのみ、生活綴方的学級づくりを位置づけるのは、なにかしら機械論的」だと批判している。

この後、竹内はこれらの批判や疑問を意識しつつ三つの論文を書いている。29号の「集団主義とは何か―批判に答える」、31号の「集団主義におけるレジムの問題」、34号の「学級づくりと集団主義の問題点」である。だが、そこでは、批判や疑問にいちいち答えず、集団主義教育とはどのようなものかを探求することによって間接的に答えるという形にしているので、それを見ていくことにする。

ただ、34号の最後に、前述の集団主義教育における綴方的方法の位置づけについての諸氏の疑問について述べているので、そのことについて先に触れておこう。

疑問をひきおこした責任は論文の不明快さにあるとわびた上で次のように述べている。

独自体系をもった集団主義教育のなかに綴方的方法を発展的に位置づけるときには、綴方に書かせる内容が変わってこなければならない。「集団づくりのなかで子どもたちが行動を通して自覚化しつつある集団主義的な意識の萌芽が表現さ

れるような綴方指導のリアリズムが」求められるのである。「そのためには、綴方をかく子どもたちの生活・集団生活が正しく組織されていることが肝要である。集団主義的な経験が集団づくりのなかで子どもたちのなかに組織されていて、子どもの生活構造が変革されていなければ、そのような綴方指導も不可能であろう。見とおしと規律の教育によって推進される集団の質的な発展段階に応じて、集団づくりにおける綴方指導のリアリズムが今後ふかめられていってこそ、集団主義的な経験が意識化され、自覚化されるひとつのすじみちをあきらかにすることができるのではないか。」「従来までの綴方リアリズムのなかには自然主義リアリズムがいろこく残存していると思われるが、綴方が集団主義と結びつくなかでそのことを克服していくことができるのではあるまいか。」(34号92,93頁)

3) 集団主義教育の探求

①竹内常一「集団主義とは何か―浦和と千葉のサークルの批判に答える―」(1961年12月号29号)

これは、副題の意図をもっているが、直接的な回答はせず、「集団主義とは何か」について、必須の課題として「見とおし」と「規律」の問題をマカレンコを引いて説明している。

まず、「日本では、集団主義教育とは規律の教育である、という定式が一般化しているようであるが、マカレンコにあっては、規律の教育とならんで子どもたちの未来に対する『見とおし』の教育が集団主義教育の重要な側面であった。」という。(29号102頁)

そして、「『見とおし』の教育とは、子どもたちのなかに明日と未来にたいする目的的な生活様式を教育するということである。そして、そのことが取りも直さず子どもたちの性格を教育することである、と考えられる」という。(同103頁)

ここでマカレンコの有名な言葉を紹介している。

「人間の生活のほんとうの刺激となっているものは明日の喜びである。教育技術のばあい、この明日の喜びは仕事のもっとも重要な目標の一つである。はじめは喜びそのものを組織し、それに生命をあたえ、現実体としておしたてねばならない。第二には、喜びのはるかに簡単なすがたのものを、はるかに複雑な、人間的に意義のあるものにねばりづよくつくりかえていかねばならない。このように

して、もっとも単純な原始的満足から最も深い義務感にいたるまでの興味ある路線ができていく。」(ア・エス・マカレンコ著矢川徳光訳『集団主義と教育学』明治図書、1960年、225頁)

そして、見とおしの領域においては、欲求の個人的路線だけでなく、集団的路線をも育成していかねばならないとして、集団的見通し路線をどう築いていくかを問題としている。

「ひとりひとりの子どもの喜びや悲しみをいくら積みあげても、それは集団の見とおしや目的を決定するものではない。集団は、ひとりひとりの人間とは相対的に独立したかたちで本来じぶんの見とおしと目的を決定するものである。

集団の目的は、たとえ生徒集団の目的であれ、その集団が属している社会とその社会の歴史のなかからひきだされるものである。」(29号103頁)

ここで竹内は、「具体的に集団の目的を考えるならば」と、「上原専禄が指摘した第二次世界大戦後の世界史の基本課題である(1)世界平和確立の問題、(2)民族独立の問題、(3)社会の民主化の問題、(4)貧乏の根絶と生活の向上の問題、の四点に集約することができるだろう。」という。「したがって、生徒集団の集団目的・集団的見とおしを組織する場合、教師集団は以上のような世界史的な政治課題を明確に意識して」、「生徒集団がなんらかのかたちでこれらの課題を生き生きと感受しうるような生徒集団独自の目的・目標、見とおし路線『遠い見とおし』を組織し、それらの目的・目標・見とおし路線にたいする生徒集団の積極的な前進運動を組織する」ことが必要であると述べている。(同104頁)

さらに、「そのために、教師集団は、これらの基本的な課題にたいする生徒集団活動が自由に展開されることが可能となるような学校運営の民主化に努力しなければならない。とりわけ、生徒会顧問は、教師集団の代表者として、生徒集団のこれらの課題にむかっての集団活動を組織するとともに、その集団活動の自由を保証するために教師集団を確立しなければならない。」という。(同104頁)

ここで私見を交えて恐縮だが、このくだりを読んだとき、「ああ、全くその通

---

26) 上原専禄──(1879〜1975)歴史学者。一橋大学教授。日教組国民教育研究所所長。60年安保条約改定に反対し、清水幾太郎、家永三郎らと共に安保問題研究会を結成して活躍した。

りだ、その通りだったなあ。」という感慨を禁じ得なかった。私が生徒会担当として生徒会の民主化、学校の民主化に向かって生徒の活動を組織しようとした時、それは生徒会顧問団の総意として、また、生徒会顧問団によって職員会議に提起され、審議決定された教師集団の総意として意識されるように働きかけてきた。また逆に、生徒会役員たちが発議して生徒会、学校の民主化を図ろうとすることに対して、それを保証してもらえるように教師集団に働きかけ、その体制ができるように努めてきた。その意味で、生徒会顧問のポストにあったからこそ学校づくりに取り組めたという思いを喚起されるところだ。

さて、次に、竹内は、教師集団が学校民主化のプログラムに生徒集団の積極的参加を促すことを重視して次のように述べる。

「教師集団は、生徒集団が、国民教育創造をめざす学校の民主化に一端の責任がかかっていること、生徒集団が学校のなかに民主的な伝統を創造することに責任をもっていることを明確に指摘し、要求すべきである。たとえば子どもであっても、子どもたちは未来の国民として生活しているのではなく、現在もまた国民として生活しているのであり、国民としての子どもの義務は民主的な集団的伝統を創造することであるといってもよい。

集団主義教育の基本的な実践形態は、教師集団の指導と援助をうけながら、生徒集団が学校の経営活動と教育活動の民主化のために、学校運営に積極的に参加し、そのなかでみずから確立した集団の目的と見とおし路線にむかって組織的な前進運動を展開するという形態のなかにあるといえる。」(同105頁)

ここにはすでに、後にとりあげる第4回大会基調報告の骨格が述べられている。

以上が生徒集団に「見とおし」路線を与えることの必要を述べた論述だが、「規律」の問題はどうだろうか。見とおし路線と規律の関係について竹内は次のように述べている。

「生徒集団の規律は、生徒集団が一定の見とおし路線にむかって展開するところの前進運動の結果として生まれてくるものである。規律は、集団主義教育にあっては、生徒支配の形式でもなければ、個人の意志や個性を圧迫するものでもない。規律とは、生徒集団が教師集団の指導と援助をえながらも、自主的に決定した集団の目的・目標をもっとも立派に達成するための集団の形式、すなわち集

団的前進運動の組織形式にその基礎をもっている。」(同 106 頁)

その集団的前進運動の組織形式とは、「討議・決定・点検・追究・批判・命令・服従・共同作業・援助などからなっており」、「このような集団的経験を生み出さないような集団活動は、規律を子どものなかに教育することができない。」という。(同 106 頁)

そして、「かつてわれわれが解放から規律へという定式を確立したとき、以上のような規律の教育の基礎条件を明確に把握していなかったと思われる。マカレンコは、規律は、規律にたいする生徒たちの憧れや意識をいくらはぐくんでも教育されるものではなく、規律は、規律そのものを必要不可欠のものとする集団の目的前進運動を生徒集団に長期にわたって経験させることによってはじめて教育しうるものであると主張している。したがって、解放から規律へと学級集団を発展させていく場合でも、教師(集団)は、生徒集団の見とおし路線を具体的に、明確に組織するとともに、具体的な見とおし路線にむかっての集団的前進運動の正確で、厳正な組織形式を確立するように努力し、その組織形式と行動形式を確実に守らせなければならない。このような教師集団と生徒集団の努力をぬきにしては、規律は子どもたちのなかに体得されないだろう。」と述べている。(同 106 頁)

次に竹内は、集団主義教育において「集団と個人」の問題を考えていく場合、第一次集団の役割の大切さについて述べている。

集団の見通し路線とそれへの前進運動を組織することで、教師集団は生徒集団と生徒一人一人の中に集団的見通しと規律を定着させるのだが、それだけがしごとではないという。

「マカレンコも最初の頃は、全集団の活動が直接、個人を教育するものだと考えていたけれど、後になって、集団は集団の目的と密接に結びついている第一次集団(学級・班)をとおして個人を教育するものだという結論をもつようになった。なぜなら……全集団(学校・学級)の目的と前進運動と密接に結びついている第一次集団をとおしてのみ、ひとりひとりの生徒の成功と不成功・喜びと悲しみが集団の成功と不成功・喜びと悲しみとしてとらえられ、ひとりひとりの生徒にそくしてきめ細かな集団的援助と批判を組織することができるからである。」(同 107 頁)

そこで、「集団主義教育にあっては、第一次集団所属の教師の基本的任務は、

ひとり一人の生徒にそくして、その生徒の集団的利益と個人的利益・集団的見とおしと個人的見とおしのかかわりあいを理解し、それらに調和的統一をもたらすために第一次集団の集団的援助と批判を組織することである」という。(同108頁)

「そのためには、教師は教師として第一次集団に所属するのではなく、第一次集団の一員として、第一次集団とともに活動し、第一次集団を援助し、第一次集団の前進運動のすじみちにそってひとりひとりの生徒の生活と性格を事実にもとづいて理解していく必要がある。」また、「第一次集団所属の教師は、自分の固有の任務を果たすためには絶対に行政・管理者的活動をおこなってはいけないといわれている」という。(同108頁)

②竹内常一「集団主義におけるレジムの問題」(1962年1月号31号)
　この論文では、集団主義教育における規律とは何かに関わって、きまり・規則と規律の違いを明確にし、きまり・規則から規律へ発展していくものであることを解明している。
　はじめに、「規律の教育というと、それは生徒支配の形式、個性や個人の意志、ねがいをふみにじる形式、教師に生徒を隷属させる形式を生徒におしつけるものではないか、と鋭く警戒心をはたらかせる人びとがいる」という現実に対して主張する。
「集団主義教育の主張する規律は、本質的にこのような規律と違っている。集団主義教育が主張する規律は、まず第一に集団的団結の規律・社会的・集団的利益のための共同闘争の規律である。……第二に、集団主義教育の主張する規律は、意識的規律であって、盲目的な、形式主義的な規律ではない。なぜならば、集団主義教育にあっては、規律は、学校集団・生徒集団の主体的な目的を実現するための前進運動の規律であり、前進のための協力と相互援助の規律であるからだ。」という。(31号21頁)
　その上で、竹内は、意識的規律が生まれてくるまでの、きまり（レジム）・規則・規律の関係性について論述を進めていく。
「規律は教育の結果として生まれるのにたいして、きまりは集団の目的を達成するための手段として、それゆえに規律の教育の手段として存在していなければ

ならない。したがって、きまりは教育の目的・集団の目的・集団の見通し路線に応じて変化し、複雑になっていく。生徒集団の見通し路線が近い見通しから遠い見通しに発展していくにつれて、生徒集団はきまりを単純なものから複雑なものへと発展させていくのである。」（同22頁）

教師集団は生徒集団及び生徒個人のなかに一定の規律ある性格を教育しようとする場合、そのような性格を育て得る生徒の集団活動を組織し、生徒集団に一定の仕事を委託し、その仕事の遂行を生徒集団の目的として要求する。そして、集団の目的を実現するために事業的・実務的な形式の集団のきまりを生徒集団につくりあげねばならないという。

そのような決まりの特徴として次の点が要求される。

第一は、きまりは、集団の目的、教育の目的に応じてつくられねばならないという合目的性を必要とする。「きまりの論理は、実行するときにではなくて、決定するときに検討されねばならない。したがって、きまりのすべての形式が総会において審議されねばならない。だが、それらが採用されたのちには、おなじ総会においての再検討としておこなわれる以外には、いかなる審議も反対も許されてはならない。」（前掲矢川徳光訳『集団主義と教育学』221,222頁）というマカレンコのことばを引いて、総会決定の大切さを強調する。

そして、「きまりは、集団の未成熟な段階にあっては、教師集団によって独裁者的に要求されるが、きまりは本来、集団の前進運動の経験の結果、集団が目的達成のために必要とする行動のノルマ、基準を決めるものであるから、生徒集団が総会においてきまりの合目的性の論理を明確にしたうえできまりを決定すべきである。」というのである。(31号22頁)

「第二に、行動のノルマとしてのきまりは、厳密な正確性と、全集団成員にたいする共通性という性格をもっていなければならない。正確性という特徴は、生活のすべての規則と秩序についていかなる例外も寛容もみとめないということである。……規則が合目的性の論理から決定されたときは、どのような理由があろうとも、規則違反、秩序侵犯は許されるべきではない。」「そのことは、またどのようなきまりもすべての集団成員に共通して義務的なものでなければならないという原則を生み出す。」（同23頁）

この正確性と共通性が必要なのは、「きまりを習慣化させ、集団全体のなかに

秩序ある前進運動のスタイルとトーンを育成するため」であり、また「きまりの違反をただちに発見し、集団の決定にしたがって厳正にきまりを守ることを率直、単純に要求するためである。」

なおまた、「きまりは、集団的前進運動の経験に照らして、また集団の個々人の理解の深まりに応じて、精密な細則をもち、各人の責務と義務の配分、その内容を明確にしていく必要がある。それがきまりの明確性という特徴である。」ともいっている。（同23頁）

では、「きまり・規則から規律へ」はどのように発展していくのだろうか。

竹内は、きまりの原初的段階において、教師集団によって独裁者的に提出される場合、その時のきまりは次のような条件を満たすべきであるという。

「まず第一に、その要求内容は、学校教育活動の目的に照らしてみて、生徒集団の客観的な目的に照らしてみて理性的なものでなければならない。第二に、……その要求を受けとる生徒集団の大部分にとって、その要求内容が切実なものでなければならない。」「マカレンコは、自分の集団主義教育の実践初期のころ、自分の教育学的確信の一つとして、要求内容が生徒たちにとってリアルなものと感じとられるまで、要求の提出を延期する必要があると考えていた。」「きまりが理屈ぬきで要求されるのは、このように、生徒集団の自然発生的な、潜在的要求と一致しており、生徒集団がきまりの出現を切実に待ち望んでいるからである。」という。（同24頁）

次に、このようにして教師集団によって提示されたきまりが生徒集団のものに転化していくためには何が必要なのだろうか。

教師集団によって提出されたきまりは、「無秩序のなかで苦しんでいた大部分の生徒たちに満足をもたらし、集団的秩序を守ろうとする生徒集団の近い見通しを組織する契機となる。」ことを確認し、「生徒集団のなかに近い見通し路線が確立するということは、生徒集団のなかに近い見通し路線にむかって前進するアクチーフ（活動家）集団が組織されたことを意味している。つまり、教師、教師集団の要求を自分の要求として把握し、きまりを維持しようとする自覚的なアクチーフが現われるのである。」（同24頁）

そして、「アクチーフ集団と生徒集団は近い見通しを実現するための手段としてのきまりの特徴—合目的性・正確性・共通性・明確性—である論理にもとづい

て、きまりと規則を維持する活動、きまりと規則のシステムを発展させる活動を展開していく必要がある。」具体的には、「アクチーフ集団は、規則違反の生徒をきまりの正確性・共通性の論理にもとづいて明らかにしてゆき、合目的性の論理にもとづき規則違反の生徒たちにたいする集団的世論をうちたてるカンパニヤ活動を展開するとともに、個々の規則違反者にたいする第一次集団（学級・学級内小集団）のはたらきかけを組織するなかで、きまりの明確性の論理にしたがってきまりを発展させていく必要がある」という。(同25頁)

「その結果、生徒集団が、一定の集団目的にたいしてすべてのものがアクチーフであるような成果をあげていくにつれて、教師集団が要求したきまりは、生徒集団が要求するきまりとなり、集団のなかに集団目的にむかっての前進運動と障害克服のスタイルとトーン、協力と相互援助のスタイルとトーンが生まれ、規律へと一歩前進する」のである。(同25頁)

つまり、生徒集団のなかに、教師集団が要求したきまりを自分の要求として集団に働きかけていくアクチーフ集団が形成されてきたとき、きまりは生徒集団のものに転化し、規律へと発展していくことになるというのである。

では「意識的規律」の段階へはどのようにして到達するのだろうか。

「教師集団が断固として要求する第一段階から、アクチーフ集団が要求する第二段階へかけては、規律はまだ明確なモラルにうらづけられた意志的規律として確立していない。

この時期における規律は、たしかに生徒集団の要求にうらづけられた規律ではあるけれども、教師集団の権威にささえられた規律である。その時期の規律の基本的特徴は事業的・実務的なものである。行動の外的ノルマとしてのきまりをとおして結ばれる集団関係・人間関係はまだ事業的・実務的なスタイルを主要な特徴としている。」(同25頁)

「しかし、教師集団の要求の発展段階から第三段階にかけては、規律は事業的・実務的規律を土台にして政治的・道徳的・美学的な規律へと発展し、意識的規律となっていく。」そのためには、「生徒たちが第一段階から第二段階にかけての時期において、集団の前進運動と生活の矛盾をきまりの諸特徴である論理にもとづいて知的に理解する経験を積んで、事業的・実務的規律が集団の活動と生活の矛盾を解決するのに明快で、便利であることを自覚し、事業的・実務的規律をある

程度習慣化した場合においてのみ、規律の政治的・道徳的・美学的意味が論理的に説明され、討議されて、規律は意識的規律へと発展していく。」ことができるのだというのである。(同26頁)

　③竹内常一「学級づくりと集団主義の問題」(1962年4月号34号)
　この論文で竹内が一番言いたいのは、集団主義教育は外国からの借り物だという批判は一面的で、それは日本の社会と教育の現実からも生みだされてきたものだ、ということに尽きるだろう。その論証のために書かれたものだといえる。
　はじめに、集団づくりの基本思想に集団主義教育を据えようとする根拠について述べる。
　集団主義思想は社会主義国家の思想であって、資本主義国家の日本に移植しようとするのは問題だという主張があるのにたいして、「たしかに、集団主義教育は理論としては社会主義国の教育理論、とりわけマカレンコ教育学にふかく学んできた。しかし、……集団主義を集団づくりの基本思想として把握しようとする根拠は、日本の教育と社会そのもののなかにある。」「結論からいえば、集団主義はまず第一に、科学そのもののなかにその根拠をもっている。第二に、民主運動のなかにその根拠をもっている。」という。(34号85頁)
　第一についていえば、「科学は本来、集団的な、人類的な認識であり、その背後に集団的・人類的実践を予定しているものである。」「もし科学が個々人の、または一部の人間の専有物であったり、道具であるとするならば、科学は必然的に協力と相互援助、団結と連帯を強調する集団主義を必要としないであろう。」という。(同85,86頁)
　「第二に、集団主義は民主運動の思想の一つである。民主運動が科学の法則にもとづいて展開されなければ、運動をひろげ、運動を高めていくことができないと同様に、民主運動は集団主義を運動組織論の基本思想として把握しないかぎり運動は量的にも、質的にも発展するものではない。たとえ運動が集団主義そのものを自覚していないときでも、運動は集団的利益を実現するたたかいのなかで、集団主義的な組織原則を確立している。」
　そして、「集団主義を集団づくりの基本思想として把握しようとする主張の背後には、警職法・勤評・安保・学テ等々をたたかいぬいてきた日本の民主運動の

集団的経験が蓄積されているのである。」「民主運動のなかには、集団づくりがめざさねばならない新しい集団のイメージが豊かにある。集団主義教育は、これらの国民的・集団的利益を獲得し、科学的真理を実現しようとする国民的・集団的たたかいのなかで創造される新しい集団のイメージにつねに依拠し、そのなかできたえられる人間像をめざして、集団づくりを展開しようとするものである。」という。(同86頁)

そこで竹内は、「集団主義教育のめざす人間像」に筆を進める。

集団主義教育のめざす人間像を簡潔・明瞭に書き上げることは困難なことであるが、とことわって、「科学的真理の実現と国民的・集団的利益の獲得のために集団的努力をなしうる人間、団結と連帯、協力と相互援助が彼の思想であるのみならず、彼の人間的本性となっているような人間、それゆえにこそ、個性の開花が十分に約束されている人間—このような人間を集団主義的な人間と考える。意識的規律の教育として集団主義教育は最低限、この三点を統一的にとらえようとする。」と述べている。(同87頁)

そして、「それらについてのイメージを日本の民主運動のなかから豊かに汲みあげる努力」の例として、大西忠治が三井三池の闘いの中での子どもたちの姿を[*29]あげているのを紹介している。そこでは、子どもたち、オルグの人々[*30]、労働者の順で風呂に入ったが、子どもたちは湯をけっして汚さなかったし、オルグの一人が湯のなかで不用意にタオルを使っているのに、「おじちゃん、湯の中でタオルを使ったらだめだぜ、父ちゃん達があとで入るんだよ」と口々に注意したという。これについて大西が、「誰に教えられたのでもない、子どもたちは闘いの連帯の

27) 警職法闘争——政府が警察官職務執行法（1948年制定）を、警察官が裁判所の捜査令状なしに路上で職務質問できるように改訂しようとしたので、戦前のオイコラ警察になってしまうと広範な国民の反対運動が起き、ついに廃案になった。
28) 学テ闘争——文部省が学習指導、教育改善の資料にと1956年から全国から抽出で行なっていた学力調査を、1961年から中学校2・3年生全員を対象にする悉皆調査にしようとした。これは改訂学習指導要領の実施状況を測るための踏み絵であり、教育統制と学力競争を強めるものである。ましてやこのテストの結果を生徒の指導要録（学籍簿）に記入するというのは生徒の権利侵害になるというので、日教組を中心に全国的に反対運動が展開された。
29) 三井三池闘争——1959〜60年、石炭から石油へのエネルギー転換の政策のなかで、北九州の三井鉱山三池炭鉱が大量の人員整理を打ち出してきたことに対する反対闘争。全国の労働者、国民の支援を受けた一大闘争になった。
30) オルグ——オルガナイザーの略。未組織の労働者、農民などの大衆の間に入って組合や政党を組織する人、または組合を応援する組織者。

中で、彼ら自身のきびしい規律を生みだしていたのである。これは後の安保の大規模なデモと三池の大闘争の、新しい集団のヴィジョンの中で無数に起こった一つであり、そこに私たちは『集団づくり』という場合の、その集団のイメージを自己の教育の中に把握していく道の開けたことを感じるのである」と述べたという。（同87頁）

次に竹内は、このような集団主義的人間は集団づくりを通して教育されることを述べる。

いま一度集団主義教育の目標を提示すれば、「子どもたちのなかに団結と連帯・協力と相互援助の思想と行動様式を教育しようとするのは、科学的真理を人間の自由と把握し、科学的真理を実現することのできる人間、とりもなおさず労働者階級を中心とする国民的・集団的利益を獲得することのできる人間を教育しようとするものである。科学の体系にそくして科学の基本が学校において教育されなければならないと同様に、集団主義の思想にもとづいて団結と連帯、協力と相互援助の思想と行動様式が子どもたちに教育されなければならない。」ということである。（同88頁）

そうだとしたら、「学校教育はその教育をいつも自然発生的な、偶発的な事件に依拠して展開していることができない。学校教育はそのすみずみまでその教育のために組織されていなければならないし、その教育を系統的におこなうプログラムをもっていなければなるまい。」「そのためには、団結と連帯、協力と相互援助という思想の行動様式がどのような行動様式と思想からなっているのか厳密に分析するとともに、それらがどのような方法で教育されるものかあきらかにしていく努力が要請される。」という。（同88頁）

「集団主義教育は、子どもたちのなかに団結と連帯、協力と相互援助の思想と行動様式を教育するために、子どもたちに意図的に組み立てられた正しい集団的経験を集団をとおして与え、それによって子どもたちのなかに集団的技能と集団的知性を系統的に育てようとするものである。だから、教師は集団を正しく組織することによって子どもたちに意図的に組み立てられた集団的体験を与えなければならない。」といっている。（同89頁）

そこで、実際としては、「香川提案の学級集団づくりのすじみちは、より質の高い集団に学級を発展させることによって、ひとりひとりの子どものなかに集団

主義的な経験を組織しようとするものである。香川提案の集団づくりの三つの発展段階の集団像に対応して、集団主義教育のめざす人間像があるのであり、香川提案の学級集団づくりのすじみちのなかに集団主義教育の人間像を読みとることができる。」（同89頁）として、香川提案の学級集団づくりのすじみちを支持しているのである。

ここで竹内は、「集団主義教育の実践形態」を次のように定義する。

「集団主義教育の実践形態は集団づくりであるとのべたが、その集団づくりは香川提案の三つの集団発展の段階を内包しながらも、見とおし路線の教育と規律の教育とからなっている。」（同89頁）この二つについてはすでに『生活指導』誌29号、31号で述べたので詳述しないとしながら、次の点を補足している。

「教師には、学級集団が学級の運動目標にむかって前進運動を展開するに必要な規則と組織を確立する仕事にとりくみ、それらによって集団のなかに規律をうちたてていく仕事がある」が、「規則と組織が子どもたちの集団的利益と個人的利益とに発展的な調和を与え、集団の運動目標を達成するのに便利なものであるということを、子どもたちの長期にわたる行動と実践をとおしてまず体得させていってこそ、規律は自由であるという確信が学級のなかに育ってくるのだといえる。」としている。（同90頁）

以上、竹内が「学級集団づくりの系統的計画化のために」（1961年9月号）を発表して以来の諸々の反響に答えるつもりで書いてきた三つの論文を見てきた。それらは、集団主義教育とはどんなものかを探求、解明しようという労作となったが、それは同時に、集団主義教育が生活指導運動の中軸となっていくべきという擁護論の展開となった。

4) 竹内常一「学校教育における生徒集団づくりの位置
　　　　―生活指導の学校論的把握の発展のために―」（1962年8月号38号）

これは全生研第4回全国大会の基調報告として竹内常一によって書かれたものだが、大会前夜の常任委員会で大激論を巻き起こし、結局個人提案として報告されたものである。

まず、「科学と集団主義」の節で、科学は必然的に集団主義を必要とすること

を述べる。「教育課程の自主編成運動のなかで、学校教育の本質的な任務は科学・芸術・技術の基本を未来の国民である子どもたちに教授することであるということが確認されつつある。この原則は公教育史上革命的意義をもつ。なぜなら、公教育史はそのことをつねに妨害し、阻害してきた歴史があるからである。」という。(38号106頁)

次に、科学とは何かに触れて次のようにいう。

「科学は人類の労働の所産であるとともに、科学は人類の幸福を増進するための指針である。科学は本来、人類的、集団的認識であると同時に、その前方に人類的、集団的な能動的実践を予定しているものである。自然科学であれ、社会科学であれ、科学は人類の幸福を増進するために、人類が生産労働と社会的実践において自然と社会の『矛盾を克服する努力』—認識を発展させてきた結果であるがゆえにまた、科学は人類を自然と社会の矛盾から解放する人類の武器である。」(同106頁)

「このように、科学は人類の、集団の能動的実践の指針となればなるほど、科学は必然的に協力と相互援助、団結と連帯を強調する集団主義を必要とするであろう。したがって、学校教育が科学・芸術・技術の系統にそくしてそれぞれの基本を教授しなければならないというとき、同時に、学校教育は協力と相互援助、団結と連帯を強調する集団主義的行動様式と価値観を子どもたちのなかに教育(訓育)しなければならない、というべきである。」

それは学校教育のなかで求められているが、実際には、「科学と集団主義のむすびつきは、現代日本の労働運動、民主運動のなかでますます強固なものになりつつある。……警職法・勤評・安保・学テ闘争をたたかいぬいている現代日本の民主運動のなかでじょじょとしてではあるが、しっかりとくり広げられている。日本の民主運動は、その実践的経験のなかで、科学とともに集団主義を国民のものにしつつある。」というのである。(同107頁)

次に、「学校における集団づくりの位置」を二つの側面から解き明かしていく。

一般に、学校教育は管理＝経営過程と、教授＝学習過程とからなっているとされている。

その管理＝経営過程を大胆に類型化するならば、次のようになる。

(1) 教育計画、教育計画の評価の仕事

(2) 教授＝学習課程に必要な人的・物的な条件整備の仕事
(3) 教育計画の実践に生徒集団の主体性とエネルギーを組織する仕事
(4) 教授＝学習課程が必要とする管理の仕事

　これらは教師集団の仕事であるが、「教師集団はこれらの仕事の一部を、あるいはすべてを生徒集団に委譲したり、これらの仕事の一部に、あるいはすべてに生徒集団の参加を求めることによって、生徒集団による管理＝経営活動を組織している。」という。そしてそうするのは、「学校運営にたいする生徒の要求を組織して学校運営を民主化するためであると同時に、……生徒集団、生徒自治集団を集団主義的な集団に高めてゆくためである。」という。（同108頁）

　つまり、生徒集団を管理＝経営過程に参加させながら、生徒自治集団それ自体を高める「集団づくり」を展開しようというのである。これが第一の側面である。

　そして、教師集団による管理＝経営活動が生徒集団による管理＝経営活動に転化する形態は次のようになるという。

(1) 管理→自主管理（日直制、週番制）
(2) (a) 自治訓育→自治活動（生徒総会、核集団係活動＝目的的小集団）
　　(b) 生活指導→生徒相互の話し合い（第一次集団―班）

　ここで、「生活指導」を「集団づくり」全体の下位概念に位置づけたことが、後に大論議を呼ぶことになるのだが、それはまたあとで述べることにする。

　第二の側面は、もう一つの教授＝学習過程と集団づくりの関係の問題である。

　教授＝学習過程を見てみると、「教授＝学習過程は、まず第一に科学・芸術・技術の系統にそくしてそれぞれの基本を分科的に教授する教科教授と、文化を総合的・個別的に学習させる教授＝学習過程の変形としての教科外活動の二つの領域からなっている。」（同109頁）

　ところが、今日までのところ、教科が科学・芸術・技術の基本を分科的、系統的に教授するという教科課程を備えていず、合科的・単元的教科観がこれまでの支配原理であった。

　「合科的・単元的教科は、科学・芸術・技術の基本を教授し、そのことによって間接的に科学的世界観と集団主義的情念を教育するという教科の本質とはまったく異なるもので、教科それ自身が近代的人間の、近代的個人の訓育に捧げられていたのである。」（同110頁）

同様に、日本の伝統的教科もまた徳育のために捧げられてきた。中内敏夫は「日本の教育課程は、各教科に独自の役割を認めず、特定の教科を頂点にして残りはこれに従属または解消するかたちをとっている。特定の教科は、戦前は修身科であり戦後は社会科にかわった。」と言っているという。(「科学と人間形成」岩波「現代教育学」岩波書店、1961年、第15巻323頁)[*31]

　「他方、教科のなかで分科的・系統的に教授される科学・芸術・技術の基本を総合的・個別的に学習する教授＝学習過程の変形としての教科外活動にも、いちじるしい混乱と歪曲が今日横行している。」という。(38号110頁)

　「ここで教科外活動というとき、学校・学級行事・学級(会)活動、クラブ、サークルなどをさし、管理＝経営過程の教育的変形部分としての生徒集団による管理＝経営活動、たとえば学校給食、学校保健、学校図書館活動、そして生徒自治活動を除く。」と断ったうえで、「教科外活動は教科のなかで分科的・系統的に教授される教育内容よりもあるときは先だって、あるときはおくれて、それらの教育内容を総合的に学習する領域であり、それゆえに文化を総合的に学習する領域である」から教科外活動の課程化は可能である、という。そして、「その際、とりわけ注意しなければならない基本的視点は、政治教育と労働教育の観点である。政治と労働こそ、科学・芸術・技術を総合的に実践していくものだからである。」という。(同110頁)

　そのことを原則としたうえで教科外活動の問題点を二点あげている。

　第一は、学校・学級行事に政治教育・労働教育の視点が見えない。低学年の社会科廃止論議の中で、人権尊重や労働尊重を低学年で教えるのに国語科や生活指導で行うべきという主張があるが、学校・学級行事で行う方こそ正道ではないか。

　第二は、教科外活動は文化を総合的に学習する領域のはずなのに、今日のクラブ活動はあまりにも閉鎖的・個別的だ。クラブとは本来、総合的な文化活動の場であったはずだが、今では、クラブは個人的な興味の伸長の場として閉鎖的なグループに堕している。

　さて、ここまで竹内は、教授＝学習過程においての教科教授と教科外活動の今日の問題点について述べてきた。次に、「生徒自治集団の位置」の節を起こして

---

31) 中内敏夫──(1930〜) 教育学者。一橋大学、中京大学教授。『生活綴方成立史研究』(明治図書2000年)など生活綴方教育に詳しい。

ようやく教授＝学習過程と集団づくりの問題に入る。
「教科、教科外活動のこのような欠陥が除去され、より正しい教科課程および教科外活動の課程化が自主編成され、教授＝学習過程が正しく展開されるならば、教科教授・教科外活動はその教育内容の科学性・芸術性・技術性の真実を子どもに与えることによって、子どもの自主的学習活動・自主的文化活動をひきおこすだろう。教科教授は子どもたちの自主的な授業に対する参加、積極的な授業への参加、授業についての自己批判をよびおこすだろう。教科外活動はまた同様に子どもの自主的文化活動をよびおこすにちがいない。」と述べて、教師集団は教科・教科外でのこのような子どもたちの自主的学習活動、自主的文化活動を意識的に組織するように働きかけるべきだという。（同111頁）
「そして、教師集団はそれらの自主的活動の企画・条件整備・組織化・指導・管理を生徒集団に委譲し、生徒集団の管理＝経営活動そのものをひろげていく必要がある。」という。
ここでこれまで論じてきたことをまとめると、
「生徒集団による管理＝経営活動は、要約すれば、（1）教師集団による管理＝経営活動が生徒集団による管理＝経営活動への転化の結果、生徒集団によって展開される生徒集団自治活動（2）教科教授、教科外活動の真実性に触発されて展開される生徒集団自身の自主的学習活動・自主的文化活動の管理＝経営活動を内容とする生徒集団自治、の二つからなるものと考えられる。」（同112頁）ということになる。
そして、次のようにいう。
「管理＝経営過程と教授＝学習過程とのかかわりあいのなかで、両者の結節点として、生徒自治集団を組織するのは、本質的には生徒自治集団によって生徒たちのなかに集団主義的な行動様式と価値観を教育（訓育・生活指導）することである。生徒集団による管理＝経営過程が管理＝経営過程の教育的変形部分であるというのは以上のような理由からであると同時に、学校、学級両者の児童会・生徒会を教科外活動から除いたのも以上のような理由からである。しいていうならば、集団づくりの実践は、管理＝経営過程の教育的変形部分として、教科教授・教科外活動とは相対的に独立した第三の教育領域であるということができる。」（同112頁）

つまり、学校教育のなかでの管理＝経営過程の委譲を伴う生徒集団づくりの実践は、教授＝学習過程の教科教授・教科外活動からはみだしてしまうので、そこから分けた教育領域とした方が良いというのである。これが竹内の学校論把握のなかでの生徒集団づくりの位置づけである。そこで、「集団づくり」という呼称について次のようにいう。

　「生徒自治集団の組織化によって、教師集団が生徒自治集団の教育作用に依拠して、生徒のなかに集団主義的な行動様式・情念・価値観を教育するという実践が『集団づくり』とよばれる」のは、すぐれた教育作用を発揮する生徒自治集団は質的に高い集団でなければならないので、教師集団は生徒自治集団を管理＝経営過程と教授＝学習過程とかかわらせながら集団主義的な集団に育成しなければならないからである。この生徒自治集団の組織化のいとなみ全体を「集団づくり」とよんでいるのである。(同112頁)

　さて、このようにみてくると、集団主義教育をめざす竹内の学校論は、教師集団による管理＝経営過程と教授＝学習過程と、そのある部分を委譲していく生徒自治集団づくりとから成り立っているのだから、「集団づくり」が上位概念を占めるのは当然のことである。しかし、先に述べた生徒集団への管理＝経営過程の転化のシェマのなかで、「生徒相互の話し合い」へ移行されるものを「生活指導」と置いたのは、竹内のいう「集団づくり」全体に「生活指導」という用語を冠してきた宮坂にとっては許しがたいことになって大反論をひきおこしたのである。

　それに入る前に、このあと触れられている「生徒自治集団の内部構造」のことを付け加えておこう。

　「生徒集団づくりの内部構造についてはすでに『班づくり、核づくり、討議づくり』という構造が提起されているが、その基本に異論はない」という。しかし、「大西氏が『討議づくり』という概念で主張している内容は、あきらかに『生徒総会づくり』……『学級総会づくり』の一側面である。」として、「集団づくりの内部構造は、『生徒総会づくり、核づくり、(目的的小集団づくり)班づくり』と規定されるべきである。」といっている。

　そのわけは、「生徒総会組織論が理論化されがたかったのは、生徒自治集団が学校・学級の管理＝経営過程と教授＝学習過程に集団的に関与しがたい今日の教育現実、教師集団の未成立の結果、上からの、教師集団からの民主主義が生徒集

団におよぼされていない教育現実を反映しているからである。」という。だから、「協力と相互援助、団結と連帯の変化形である民主と集中という集団主義的原則を実現するためにも、直接民主主義の実現形態である生徒総会、正しくは学校生徒会総会、学級生徒会総会の組織論を、管理＝経営過程と教授＝学習過程とのかかわりあいのなかで展開される集団づくりの実践から理論化・意識化する必要がある。」というのである。（同113頁）

さて、先に述べたようにこの論文はすんなりと受け容れられたのではなかった。そのことを竹内自身が『生活指導の理論』の中で次のように書いている。

「この基調提案は宮坂をおそろしく激怒させた。宮坂は、生活指導の専門研究団体の基調提案が、集団づくりの実践の発展を反映した生活指導概念を創出すべきであるのに、生活指導概念を固定化し、みずから概念の発展を限定するようでは、その基調提案は常任委員会の基調提案と認めることはできないとし、竹内個人の提案として大会に報告するようにわたしにせまった。しかも、生活指導を集団づくりの下位概念としたわたしのシェマを批判し、わたしのシェマの総体を生活指導とよぶべきだと主張した。そして、わたしのシェマの生活指導をひとりひとりの指導というふうに改めるべきだとせまった。常任委員会は宮坂の要求を了承したので、大会当日、わたしは基調提案を個人提案として発表した。」（前掲『生活指導の理論』14頁）

これについて、春田正治が次のように書いている。「この夜の常任委員会にはわたしも出席していて、わたし自身も宮坂さんと同じ主張をした。ただそこで現実に議論されたのは『生活指導』を集団づくりの下位概念としていることについてではあったが、それがここに提起された竹内理論を批判するのに一番やり易いというので、その点に集中したわけであって、要はそうした形ですでに1年間に温醸されてきていた対立感情が爆発したのであった。それ程にこの基調報告はいわば日本型集団主義教育についてはじめて意識的に体系的な理論構築を試みたものであった。」（『戦後生活指導運動私史』明治図書、1978年93頁）

春田のいうとおり、論議は「生活指導」という用語の位置づけをめぐってであったが、まだ全生研が組織として集団主義教育の採用を決めたわけでもないのに、この一年間竹内が集団主義教育擁護の論文を発表し続けてぐいぐいと集団主

義教育の方に研究を引っ張ってきたうえに、会の基調報告として集団主義教育にもとづく学校論を提起してきたことに対する、行き過ぎという不満が噴き出したのだといえよう。

　大会後も問題は尾を引いた。「生活指導」を「集団づくり」の下位概念としたことについて、宮坂は1963年1月号43号に「生活指導概念の再編成」という論文を書き、竹内批判をしている。そして、この問題については間もなく常任委員会の学習会をもって、次のように組織としての決着がつけられたことを春田が書いている。

　「竹内氏がそうしたのは『生活指導』には管理概念は含まれていないと見たからであるが、すでに宮坂氏には、戦後の特活、生徒会、児童会その他の組織訓練的側面を生活指導とよんできた事実もあり、この点では先にあげた竹内氏の『生活指導』の位置づけは、用語法を誤るものといわねばなるまい。」「常任委員会としては、生活指導概念の形式的規定に重点をおいて考えるとき、竹内提案における集団づくりの技術体系を示す図式全体を『生活指導』と呼ぶべきことを再確認した。」(春田前掲書102頁) というのである。

　この論文をめぐる波紋はこのようなものであったが、この論文の価値について、後に同じ春田が次のようについて書いているので付け加えておこう。

　「竹内さんの基調報告は、ひとり全生研の研究史においてばかりではなく、日本の生活指導運動史においても画期的な位置を占めるものである。」「ここに提起された理論枠は民主的な『学校』の教育像を大胆爽快にえがいてみせたものであって、今日もなお一つの指標とするだけのねうちをもっていると思うが、日本の生活指導の歴史についていえば、生徒自治集団の形成と運営による『訓育』をこそはっきり前面におしだした点においてまことに画期的であったと思うのである。」「生活綴方運動を主たる母胎として発展してきた日本型生活指導について、その教育学的本質は一体何なのかにあいまいさがつきまとっていた。…それがここでは学校の管理経営という具体的な具象にかかわって生徒自治集団が活動する社会的実践を通ずる『訓育』であると明確にされたのである。」(同96頁)

　ここまでは集団主義教育の理論構築に活躍する研究者としての竹内常一の姿を見てきたが、次に同じ時期に常任委員会事務局長を務めた組織者としての働きを

見ていきたい。

6．全生研運動を広げる

1）第3回全国大会を準備するなかで

　竹内が全生研常任委員会事務局長に選出されたのは、身延山での第2回全国大会が終わった後の1960年11月であった。1961年1月には第10次全国教研東京集会で大西忠治と再度の出会いをし、森広静代さんとの結婚式を行い、4月には國學院大學講師として着任し、私的にも忙しく過ごしたと思われる。そのなかで『マカレンコの集団教育』を書き、第3回全国大会新潟月岡大会の準備を進めた。9月号の『学級集団づくりの系統的計画化のために』も7月には稿了していたはずである。

　竹内は第3回大会の準備を実務的に進めたばかりでなく、内容的にも集団主義教育の探求の方にリードしたと春田が言っている。

　「全生研第3回全国大会の日程中に、夜の懇談会として、竹内、荒川、大西および服部の四人を世話人とする『集団主義教育を語る会』とか、大西さんの『学級づくりのすじみち』と題する研究講座を正式に組むことが発表されたことにも、その動きを感じることができよう。」（『戦後生活指導運動私史』70頁）

　また、竹内が8月号の「分科会で何を話し合うべきか」で書いたことを取りあげて、「……当面『集団づくりの多様な形態を出しあう』ことを求めつつ、そこで『学級づくりの多様な形態を整理していくこと』（傍点春田）が課題であるとし、そのためにも『とりわけ、集団主義的教育として評価されている実践の記録』を具体的に列挙し、それらを『必ず問題にし、集団づくりの整理と方向性についての話し合いをすすめる重要な素材として活用してほしい』（傍点春田）と書いていて、分科会討議を『集団主義教育といわれる思想と実践』の検討に集中するようリードしている。」（同72頁）と指摘している。

　「第三回大会をこのように『集団主義教育』の方向にひっぱっていくことは、当時の状況で組織決定できることではなかった。……大会運営にかかわり、このように思い切った提起が事務局長名で機関誌に掲載されたことの中に、全生研の

実質的なリーダーシップがすでに宮坂さんや春田の手から移っていきつつあることを実証するものといえよう。」(同72頁)

では、なぜ竹内はそうしたのだろうか。

それは竹内自身が仲間づくり論から集団づくり論へ移行したからであると同時に、現場教師の要求と関心が集団主義教育に高まっていることを、竹内が接する教師たちから感じていたからではなかろうか。それは第3回大会での「集団主義教育を語る会」の盛況ぶりを見てもわかる。この現場教師たちの動向がその後の全生研の方向を決める大きな要因となったことは否めないだろう。常任委員会内部では集団主義教育を推進しようとする研究者は竹内くらいだったが、実践家がそれを支持したのだといえよう。

それを意識してか、竹内は1961年12月で事務局長を降り、大畑佳司と交代するのだが、バトンタッチするに当たって常任委員会の編成替えを提案する。すなわち、①長期欠席常任委員は委員になってもらう。②他団体の常任または主要な位置にある常任委員を無任所とする。③原則として研究者は研究活動に専念する、というものだった。①②は了承され、③は今回竹内にのみ適用することになった。こうして、旧常任委員から6氏が委員に降り、新たに3人の実践家常任委員を加え、新常任委員会は明治図書の江部満を除けば16人中11人が実践家で、研究者は宮坂、春田、城丸、高桑、竹内の5人となった。竹内は実践家常任委員の支持を受ければリーダーシップがとりやすい体制になったといえよう。(*32)

2) 集団主義教育の地すべり的な広がり

竹内が第3回から第4回大会までの1年間に、精力的に『生活指導』誌に集団主義教育の理論構築の健筆を振るった成果かどうか、集団主義教育は地すべり的に全国に広がった。

「翌三十七年、第11次日教組教研福井集会を迎えると、……生活指導の実践現場には集団主義教育への急速ななだれ現象がおきていたのである。」と春田はいう。(『戦後生活指導運動私史』61頁)

32) 江部満──元明治図書編集長。宮坂哲文らと全生研の結成にも参加し、初期の全生研の常任委員も務めた。機関誌『生活指導』の刊行を始め、全生研関係の図書を多数明治図書から出版し、全生研の活動を支えた。

それが同じ1962年夏の第4回全生研全国大会ではなお一層進んだようである。第3回新潟大会の事務局を務めた小田志朗は、『生活指導』1962年10月号40号の「第4回大会の感想」欄に「集団主義教育に非ざるものは……」と題する一文を寄せて述べている。

「第一に大会全体を通して指摘したいことは全生研の研究活動が余りにも集団主義教育一辺倒になってしまったということであり、……昨年の新潟大会で初めて集団主義教育が全体会議で注目された。それがこの一年間で飛躍的に伸び、全生研とは集団主義教育のみとりあげる研究団体のごとき誤解（あえてこういいたい）を受けているのではあるまいか。だから今大会の提案要綱をみてもそのほとんどが集団主義的実践である。……集団主義教育に非ざるものは生活指導または全生研に非ずとするごとき本大会の雰囲気は一考を要すると思うのである。」（40号95頁）

小田は生活綴方的学級づくり畑の人のようであるが、その人たちがこのように感じざるを得ないほど集団主義教育への「なだれ現象」が起きていたということができる。それはなによりも現場実践家の要求と関心に応えるものを集団主義教育が持っていたからだろう。

実は、私自身もちょうどこの時期に、自分の要求と関心のもとに、このなだれ現象の末端にいて集団主義教育の洗礼を受けた一人だった。その事情は、「はじめに」に書いた通りである。集団づくりの教育方法から力を得た私たちの経験を勘案してみると、集団主義教育の地すべり的な広がりは、時代の要請に応えるものを持っていたからであったと思う。

3）第4回全国大会へ向けて

竹内は1961年12月で事務局長を大畑佳司と交代するのだが、その交代の時期と前後して全生研運動への提言を二つの論文にまとめている。

①竹内常一「生活指導運動をどうすすめるか」（1962年2月号32号）
はじめに、すでに全国に六つの支部が結成され、近く三つの支部結成が用意されていて、会員数800人に近く、機関誌も飛躍的に発展している全生研の運動

の高まりにふれながら「研究の方向」の節を立て、生活指導運動が解明すべき問題を取り上げている。

「まず第一に、集団主義的な集団づくりと生活綴方的な集団づくりとの論争に関する理論的な研究課題として、日本における『生活指導』概念の形成の過程を修身、道徳教育史とのかかわりあいのうえでまずあきらかにしてみる必要がある。」そのことが、「生活綴方教育方法の位置づけの問題を歴史的に明確にしていくことになる。」

「とりわけ、生活綴方の集団づくりのなかでの位置づけを明確にするためには、生活綴方運動史を史実に即して研究する必要がある」という。(32号120頁)

第二には、小川・宮坂論争を取り上げながら、「このような両者の相異も、教育方法史的研究を深め、生活指導、生活綴方、生活訓練、集団主義教育の発展過程を究明していけば、明快に解くことのできる問題であるはずである。」という。(同120頁)

第三に、特設道徳の指導書に対抗しうるだけの学級づくりの学年別系統的計画化の究明の必要を述べる。その学年別系統的計画化を可能にしうる理論的基礎を固める必要がある。そのために、昨年来の竹内提案をきっかけとした誌上討議をもっと大衆討議にし、第4回大会の基本討議項目に仕上げることが課題である、という。

その後、「運動の組織化」の問題をとりあげている。

まず、運動の発展とともに組織内部に生まれてきているディスコミュニケイションに取り組むために常任委員会、事務局が昨年とった方策を三つあげている。

(1) 新潟大会では研究講座を設け、新しい人へ研究成果を伝える入門講座としたこと。
(2) 常任委員の地方派遣を積極的に進め、交通費、手当てを常任委員会負担としたこと。
(3) 地方委員通信を2ヶ月おきに発行し、地方委員との連絡を密にしたこと。

そして、今後次の方策をとろうと考えているという。

(1) 常任委員会は、地方からの要請を待つだけでなく、積極的に各地の委員、会員と交渉の上、各地に支部、サークルの結成を働きかける。
(2) 地方派遣を地方委員にも拡大していく。(県外に招請されたとき)

(3) 地方委員会を最低年2回開催し、理論研究と運動組織化の学習会を開いていく。
(4) 常任委員会内部の改組をし、組織部・研究部を事務局に統合し、各種研究委員会（現代子ども研究委員会・学年別学級づくり研究委員会・授業研究委員会など）を組織する。

さらに、地方支部、サークルの組織方法を提起している。
(1) 地方会員の活動形態はサークルが基本であろうが、支部のあるところでは地方活動家を組織して、地方委員を中心とする全県的、全郡的な質の高い研究会を組織する。
(2) サークルしかない県では、サークルの細胞分裂によって、また組合教文部と提携して拡大し、支部の結成をめざす。
(3) 雑誌『生活指導』を購読している「かくれたる会員」を発掘していく。
(4) 県内にとどまらず、支部、サークルはブロック別の集会を自発的に組織していく。

以上、各層にわたる具体的な「運動の組織化」を提起しているのだが、その根底には「生活指導運動というものは、組織的研究、組織的検討ぬきにして発展するものではない」という考え方があるからである。

②竹内常一「組織に民主主義の確立を―生活指導運動の組織化について―」（1962年3月号33号）

まず、「運動組織化の基本原則」を取り上げている。

全生研が集団主義教育を生活指導運動のなかでどう位置づけるか、についての現在の常任委員会の方針は、第3回新潟大会での緊急常任委員会で次のように決められたという。

「その第一は、集団主義的な学級づくりを規律と生活スタイルの教育として位置づけ、他の集団づくりと並んで全生研の研究方向とすること、その第二は、とはいえ、そうすることは、集団主義教育を全生研の基本方針として採用するということではなく、多様な学級づくりの実践を交流させて、もっと深く集団づくりの思想と方法をみきわめていくこと。」（33号121頁）

そして、この方針にもとづいて半年間活動してきたが、「なおかつ集団主義教

育の位置づけの問題はその後も運動のあらゆる分野において起っている。」そこで次のようにいう。

「集団主義的な学級づくりが運動のなかに深く浸透していけばいくほど、常任委員会のさきの集団主義教育の位置づけでは不十分な事態が起こることが予想される。さきの決定にしたがえば、常任委員会は、集団主義的な学級づくりを多様な学級づくりと並列し、研究方向の一つとして採用しているのだから、常任委員会の任務は、多様な学級づくりの形態の交流を促進するとともに、規律と生活スタイルの教育として集団主義的な学級づくりの実践に責任をとっていくことである。したがって、常任委員会としては積極的に集団主義的な学級づくりを普及し、その実践に対してのみ全面的な指導と援助をおこなうことは慎んでいる。つまり、常任委員会は集団主義教育の位置づけについての理論闘争及び運動の推移を中庸の立場から促進していくという態度をとっているのである。」(同 121,122 頁)

その理由は、「集団主義教育をめぐる理論的論争が十分に深められていないという理由と、常任委員会は運動全体を指導するだけの権限を民主的な手続きによって付与されていないという理由が」主な理由であるという。(同122頁)

前者については置いておいて、後者についていえば、常任委員会は運動の発展のなかで、集団主義教育の位置づけの決定をしなければならないところに来ているのに、常任委員の選出のされ方をとっても、仲間うちの推挙を事後に承認を受けている形で、会員全員の意志にもとづいて選ばれていないから、その決定の権能を会員から与えられてはいない。「だから、常任委員会は今後、その指導性を確立するために常任委員の選出方法および全生研大会における全生研会員の総会の確立にとりくむ必要がある。」(同122頁)と述べている。

そこで次に、「運動組織化の方向」を具体的に提案している。

(1) 全生研会員の権利と義務を明確にすること。

現在、800名弱の会員、4000名以上の読者がいる。会員は入会金200円を払って入会しているが、会員と読者の区別はさほど明確ではない。昨年からは会員は常任委員、地方委員の派遣要請を行う権利をもつようになったがそれだけである。会員になるということは、第一に生活指導運動を主体的に展開しようとする意志を表示していることであり、第二に運動から一定の利益を得ようとしていることであるから、この二点に応えていかねばならないのではないか。その内容

について討議中であるが、第4回大会までに「全生研会員の権利と義務」の草案を案出し、第4回大会の総会にかける予定である。

(2) 地方委員の役割の明確化

地方委員は常任委員会から依頼され、大会で事後承認されてきたが、地方委員の一部から地方委員の役割と任務を明確にしてほしいという要望が出ていた。

地方委員の役割は各県、各地方の生活指導運動の組織化をその内容とするのが原則だが、地方委員は県内の会員にたいして、また常任委員会にたいしてどのような権利と義務があるのかを明らかにする必要がある。検討中の提案の骨子を述べると次のようになる。

①地方委員には本年4月より雑誌『生活指導』を贈呈する。（決定）
②地方委員は年度はじめに1年間の活動プログラムを提出する。
③年2回の地方委員会には出席し、活動報告をする。
④最低年1回各県ごとに県の会員を中心とする研究集会を開く。

(3) 常任委員会の義務と権限

以上の前提に立って常任委員会の義務と権限を明確にしていく。

(4) 総会の確立と常任委員会の選挙制

本年度、および来年度中に総会が全生研の最高決議機関たるにふさわしい組織に仕立てあげる努力をする必要がある。そのためには、総会は大会日程のなかでも特別な位置に置く配慮をする。同時に、常任委員の選挙制を確立するように努力する必要がある。

そして、「常任委員会は以上の四点の、組織に民主主義をしみとおらせる提案を第4回大会の総会に提出する予定である。」と締めくくっている。

以上を見てくると、竹内にとっては、集団主義教育にたいして中途半端な態度の常任委員会のあり方と、それをもたらしている常任委員の根無し草の状況が見過ごせないものになっていたことが分かる。「みんなで決めて、みんなで守る」ことを標榜する集団主義教育を実践し、民主主義教育の推進をうたう全生研の役員（リーダー）が、常任委員の内輪の推挙で決められて、全国の会員から選任されていないのでは問題なのである。そこで、全国の会員が集う全国大会の総会を確立し、そこで常任委員の選出を行うことは焦眉の課題だったのである。同様に、地方委員も地方の支部・サークルの会員の選任により、地方委員はその地方会員

のために学習会を組織し、支部を拡大、充実していくように働く。そして、地方委員会を年に２回は開催して、常任委員会と地方委員の有機的結びつきをつくっていく。「会員の権利と義務」もはっきりさせていく。このようにして、全生研という「組織に民主主義を確立」していこうとしたのである。

　この後、第４回全国大会の総会で、文書化された「全生研会員の権利と義務について」が決定され、会員と委員と常任委員の相互の関係とそれぞれの権利・義務が、竹内の提起したような内容で明確にされた。常任委員会のメンバーも満場一致で選出された。

　こうして、今日の全生研の組織活動の基盤が竹内のリーダーシップで作られたのだった。

　私が竹内常一と初めて出会ったのは、この第４回全国大会での基調報告や「全生研会員の権利と義務」の制定、総会による常任委員の選出などの組織改革の重責を果たした後のことだった。

　1962年10月の都教組江戸川支部教研集会生活指導分科会に出すレポートを持ちかけられ、教職二年目ではじめて初めからの学級担任になった２年Ｄ組の、読書会で教わった見よう見まねの学級集団づくりの実践を苦心してまとめてレポートした。

　それは、男尊女卑の地域柄を反映し、男子の横暴分子によるひどい女子いじめに苦慮する学級を、女子のリーダーを中心にして男子の良心的リーダーを巻き込んで立ち上がらせ、正義が通る学級に変えようと苦心した実践だった。

　その分科会助言者として来てもらっていたのが竹内常一だった。たぶん江戸川サークルをやっていた前沢泰、秋田大三郎両常任の推挙によったのだろう。どんな助言を受けたのかはほとんど覚えていない。ただ、國學院大學の講師だというまだ20代の若々しい姿と、私と関学級の兄弟学級のやり方は普通と違うという助言を受けたことだけが記憶にある。

4)『学級集団づくり入門』の発刊をめぐって

　全生研常任委員会著『学級集団づくり入門』が、1963年３月に発刊された。しかし、よくこの時期に、こういう内容のものが作れたなあと感じるのである。

まず、「こういう内容」とは、本文180ページの大半の130ページ余が「班づくり・核づくり・討議づくり」の方法論の解説に費やされていて、いわゆる集団主義教育の入門書となっているのである。春田も「そこでは大西忠治さんを中心とする香川サークルの実践方法がほぼそのまま導入されているのである。こうして全生研は組織として集団づくりの実践方法に香川方式を承認採用することになったのである。」(『戦後生活指導運動私史』112〜113頁)といっているように、全生研常任委員会もいよいよ集団主義教育を公認の路線とするようになったかと感じさせる。

　そして、「この時期に」というのはこうである。

　発刊の63年3月の1年前、62年3月号の先の竹内論文「組織に民主主義の確立を」では、第3回新潟大会(61年8月)の緊急常任委員会での〝集団主義教育を全生研の基本方針として採用するのではなく、他の集団づくりとならぶ研究方向の一つとする〟という確認が生きているが、常任委員会は将来、集団主義教育の位置づけという問題を解明しなければならないことが予測される。そのためには、全生研の重要な方向を決定する常任委員会は、全生研会員全体から選ばれるように全生研総会を確立しなければならない、と提起しているのである。その決定は、62年8月の第4回大会でなされたのだが、その後の常任委員会で『学級集団づくり入門』の出版が、「班づくり・核づくり・討議づくり」の「香川方式を承認採用する」(春田)形で行なわれるように決定されたというのは、あまりにも急な展開だった。大会後すぐの常任委員会で決めたとしても、決定から発刊まで7カ月だった。それが「この時期に」という驚きなのである。

　では、なぜこの『学級集団づくり入門』の出版が急がれたのだろうか。

　『生活指導』1962年11月号41号(原稿締切は9月半ばのはず)に次の記事がある。

　「全生研ニュース」の欄に、8月31日に行われた常任委員会の第4回大会総括の報告がされているが、その中の「入門講座」の検討の項にこうある。「『入門講座』という性格からみるとき、それに見合う内容をかなり理論化し、しかも全体が共通に理解できるような形でまとめて出すべきであろう、という考えも出された。個々の自分の実践と、理論の範囲で出すのでなく、常任委員会としての十分な内容の賦与が必要であろう。」(41号126頁)

このように、入門講座を担当する実践家の側からの、共通テキストを作るべきだという表明を受けて、その必要からこの入門書の作成が急がれたと考えられる。

もっとも、集団づくりの理論書の必要は、しばらく前から意識されていたようだ。先にもとりあげた竹内論文「学級集団づくりの系統的計画化のために」の冒頭に、「場合によっては、『学年別学級づくり双書』に加えるに、その総括的な理論編一巻を編集しなければならないのではないかと話し合われている。」(26号44頁)と書かれている。

そのような理論書の必要感の上に、入門テキストの必要が重なって、一気に『学級集団づくり入門』の発刊が決められたのではないかと思われる。だから、それは現場からの要望が高い「班づくり・核づくり・討議づくり」の手引書の趣の濃い入門書となったのであろう。いわば、現場教師の要求から生みだされた本だということができよう。

しかし、竹内自身は、「自分は、第4回大会基調提案問題で謹慎中の身だったから『学級集団づくり入門』の編集にはほとんど携わっていない。」ということを後に述べている。

それにしても、『学級集団づくり入門』の出版は、その後の全生研の運動方向を大きく集団主義教育の方向へ決定づけた。この出版の意義を当時事務局長を務めていた大畑佳司は、「戦後の教科研究の発展に対応して、集団づくりを科学的なものにしたてよう、という問題意識によって集団づくりの方法が構造的な見とおしを持ってまとめられていました。戦前、戦後を通じて、生活指導を教育学の理論からも、実践のみとおしからもたえ得るものとして仕上げた大きなしごとでした。」(『全生研基調提案集成』明治図書、1974年、295頁)と述べている。

第 II 章

生活指導と
集団づくりのめざす教育像

1．「班・核・討議づくり」路線への批判

　先に、全生研第3回全国大会から第4回全国大会にかけて、間に第11回日教組全国教研福井集会をはさんで、集団主義教育を目指す実践が地すべり的に広がった様子を書いた。そして、その現場の要求が『学級集団づくり入門』の発刊を後押ししたことを述べた。しかし、このような動きにたいする批判もまた生まれてきたのである。

　周知のように、全生研は、1959年1月の第8次日教組全国教研大阪集会で、28人の生活指導分科会講師団の呼びかけによって、特設道徳の新設に対抗する恒常的な生活指導研究団体として設立された。そこには、生活指導問題を研究・実践していた日本作文の会、日本生活教育連盟、教育科学研究会その他の民間教育研究団体の研究者や現場教師が、反特設道徳で大同団結して結集してきた。したがって、はじめの頃の全生研の組織内部には、生活指導についてのいろいろな考え方が併存していて、機関誌上でも意見が混在していた。そのなかで、全生研の兵庫・大阪の地方委員であった小川太郎[*33]と高浜介二[*34]が、『生活指導』誌上で、いわば内部批判として「全生研中央」の行き方に対する異論を展開した。

1）小川・竹内論争

　①小川太郎は、「集団主義の思想の問題―社会主義と資本主義における―」（1962年6月号36号）を書き、集団主義的集団づくりの方向へ運動をリードしている竹内常一批判を展開した。

　小川の批判の第一点は次のようなものであった。

　今度の全国教研福井集会の生活指導分科会で、生活綴方は反封建で、集団主義は反近代だ、今日の問題は近代の克服であるから、生活綴方ではなくて集団主義でなければならない、というのが有力な声として出たと聞いている。その裏に

---

33) 小川太郎――（1907〜1974）教育学者。神戸大学教授。部落問題研究協議会会長。作文教育、同和教育に尽力した。
35) 高浜介二――（1929〜）教育学者。大阪教育大学教授。大阪保育研究所所長。保育問題、同和教育問題に発言してきた。

は、戦前は天皇制絶対主義に対する反封建闘争として生活綴り方も意味があったが、戦後は反独占闘争になったのだから、反封建の生活綴方は集団主義に席をゆずるべきだという戦略論があるらしい。

しかし、このような生活綴方的生活指導時代おくれ論は間違っている。それは、たとえ生活綴方が反封建だとしても、独占資本体制下でも日本人の意識の中から封建的なものが一挙になくなってしまう訳ではないからだし、第一生活綴方的生活指導は反封建であるという規定そのものが間違っているという。

生活をありのままに綴らせ、発表させ、集団に互いの生活を認識させ、そうした互いの人間理解によって仲間の意識をつくり、仲間意識の中で解放するのが生活綴方による解放である。だから、「生活綴方教育は、それ自身のなかに人間を人間的に結合する方法を本質的にふくんでおり、生活綴方からマカレンコ的な集団主義への発展が、現実に起り得るのである。この内面的な論理を正しく理解しないで、生活綴方は反封建で情緒的解放の方法であり集団主義ではないと規定することからは、生活綴方と集団主義との関係は、『並行的』『従属的』というような、木で竹をついだようなものにならざるを得ない。」というのである。(36号21頁)

この最後の引用部分のところは、竹内が『生活指導』26号で書いた「学級集団づくりの系統的計画化のために」の結論部分を揶揄したものであることはお分かりになるだろう。

小川の批判の第二点は、「マカレンコからの集団主義の学習は、ともすれば社会主義における集団主義の形を資本主義の学校に移植するという誤りに陥る。その誤りが、全国生活指導研究協議会という組織とその機関誌を通して広がろうとしているように見える。」(同22頁) というのである。

この「社会主義における集団主義の形を資本主義の学校に移植する誤り」という批判はすでに他からも出されていたことで、それについては竹内が『生活指導』34号で、集団主義教育の理論は確かにマカレンコ教育学に学んだものではあるが、同時に日本の民主運動の発展に根拠をもつものであることを詳しく論じているが、それを読んでのものだろうか。

また、小川は「班」についても、移植の仕方の間違いについて述べている。

「わが国の集団主義教育では、集団発展の法則がクラスと班を単位にして考え

られている。そして、班が学校の基礎単位であるクラスのさらに基礎になる集団としてとらえられている。そして、班における集団発展をもとにして、クラスの集団発展がはかられるのである。」。ところが、「基礎集団については、マカレンコ自身が、それはコロニーでは隊であり、学校ではクラスであるといっている。」「班はいわばクラスの中の私的な集団である。」それなのに、「班がクラスの基礎集団となってもっぱら規律づくりの課題を背負いこんだり、班長がアクチーフとしてその責任を負ったりすることは、班の自由な創造的な活動によるクラス集団の豊かな発展をさまたげることになる。」と、マカレンコを変形して移植するのは間違いだというのである。(同 22,23,24 頁)

②これに対し、竹内常一は、「教育実践理論化についての二つの偏向―小川氏の批判に答える義務はわたしにはない―」(1962 年 9 月号 39 号)を書いて反論している。

まず、「小川氏の竹内批判にわたしは答える義務はない、と考えている。なぜなら小川氏はわたしの諸論文を少しも誠実に読みとってくれていないからである。だから、わたしとしては、小川氏と対話することができない。」「信頼と尊敬をはらっている小川氏の論文の非実証性に悲しみを感じないではいられなかった。」(39 号 122 頁)といい、その非実証性の例を三つあげるが、その代表として次の点をあげている。

「小川氏は、あたかもわたしが生活綴方的生活指導は反封建の教育であり、集団主義教育は反独占の教育であって、生活綴方的生活指導は時代おくれであるといっている、というような曲解をしていられる。残念ながら、わたしはこんな乱暴な規定をした事実もない。ただ、綴方的な学級づくりは封建遺制を主要な課題としてきた、という事実をのべたまでにすぎない。(本誌№26、P50)」という。(同 123 頁)

これはおそらく小川の間違った思い込みからきていると思う。私の知見によれば、小川のいうようなことに近いことは、『生活指導』1962 年 5 月号 35 号にみることができる。

「生活綴方は人間的真実の追求を中心テーマとして封建的生活環境の中で埋没されている人間的要求や願いを表現させ、そこから近代的自我を導こうとし、個

人の解放、個人の自我の確立をはかろうとする。」「生活綴方的教育の歴史的意義は封建的体制の打破、近代主義的個人主義の確立に存するが、集団主義教育では近代の批判の上に立って現代的な立場で子どもに向かっていく、現代的立場を目的とするところに集団主義の意義が認められる。」(35号70頁)

　これは、全国教研福井集会に先立つ1月12、13日に行われた、青森生研の「生活綴方と集団主義をめぐって」の合宿研究会での宮坂哲文講師の討議のまとめを、弘前大学の橋本三太郎が紹介した文章である。この後段の部分が「生活綴方的教育は時代おくれだ」と全生研がいっていると間違って翻訳されて福井教研の中で伝わり、小川の耳に竹内の言として伝わったものではなかろうか。宮坂自身も「時代おくれ」などと言うつもりもなく、この部分に続けて、「しかし現代においてもなお封建的な要素が残存しているので生活綴方的要素を否定することはできない。」と述べているというから、小川と同じことを言っているのである。

　もう一つ、竹内は「班についての小川氏のマカレンコ理解の非実証性」をあげている。

　小川は、「基礎集団については、マカレンコ自身が、それはコロニーでは隊であり、学校ではクラスであるといっている。」というが、実はマカレンコには「基礎集団」という集団概念はなく、マカレンコは隊や班を第一次集団と呼んでいるのだという。

　ところで、その第一次集団の組織論についてはマカレンコのなかで矛盾があったという。

　1935～36年に書いた論文「教育過程の組織方法論」では、ジェルジンスキー・コムーナ(*35)では、生産組織においては第一次集団として生産においても隊であるような隊にわけられる必要があると述べているが、1939年の講演「ソビエト学校教育の諸問題」では、ジェルジンスキー・コムーナの「最後の数年間、学級を手がかりとして第一次集団を構成すること、さらに、生産班を手がかりとして第一次集団を構成することを、わたしはやめました。」といっている。その理由は、学級や生産という強力なきずなを用いて、統一された第一次集団をコムーナに組織しようとしたが、いつも失敗した。「自分の限界内で統一されているよ

---

35) ジェルジェンスキー・コムーナ――マカレンコが所長を務めた浮浪児・犯罪少年たちの矯正施設。マカレンコの項（20頁）を参照。

うな第一次集団は、全集団の利益から離れて、第一次集団の自分の利益のなかに孤立しようとする傾向をいつももって」「全集団の利益を飲みつくすものとなり、全集団への利益の移行は困難になって」くるからであるという。(『集団主義と教育学』100,101頁)

このように、第一次集団の組織方法について整理をしつくせないままマカレンコは故人となった。そういう屈折した中でマカレンコが、学校では第一次集団に当たるものは学級である、といったとき、〝苦汁をかみしめながらそういったのである〟という。

さらに、班の問題についていえば、小川は、ソヴェトのクラスの班がピオニールの組織であることからも、班はクラスの中の私的な集団であると言えるとしているが、竹内は、グムールマンの『学校づくりの規律』(矢川徳光訳・新評論、1960年)を引きながらそうではないという。グムールマンも、ピオニールは学級に対応して「隊」、学級内小集団に対応して「班」を組織していると言っているが、「いくつかの学級では、小さな第一次的学級内諸集団が、相互のあいだで、規律の改善のため、課外作業の成果の改善のために、競争している。」(『学校づくりの規律』P59,60 傍点竹内) とも述べている。そこから次のようにいう。

「このグムールマンの引用から、ソビエトでも学級内に第一次集団が組織されていることをうかがうことができるであろうし、学級の全ての子どもが第一次的学級内小集団—わたしたちのいう『班』に所属していることを読みとることができるであろう。つまり、『全校集団との関係からみると、学級は第一次集団でなくてはならないのである』(グムールマン前掲書P47)のと同様に、学級集団との関係から見ると、班は第一次集団なのである。」

ここから、「小川氏は集団主義教育における第一次集団の概念を少しも理解していないのである。そのことがそのまま大西忠治氏の学級づくりの諸説にたいする曲解として現われている。」と批判しているのである。(39号125頁)

③これに対し、小川太郎は、「班は第一次集団か—竹内氏への反批判—」(1963年1月号43号)を書いた。

---

36) グムールマン——ソ連の教育家。矢川徳光訳『学校づくりの規律』(新評論、1960年)がある。

まず、竹内がマカレンコは「基礎集団」といわず、「第一次集団」といっていると指摘したことに対して述べる。マカレンコが第一次集団といったロシア語には、「第一の」の他に「最初の、本源の、初期の」などの訳語があり、東ドイツのマカレンコ研究書のドイツ語訳ではしばしば「基礎集団」となっているから、「第一次集団」と訳されているコトバを「基礎集団」といっても、自分の無学のせいであるとはいえない、という。

　次に、竹内が、マカレンコは第一次集団の組織論について矛盾する二つの組織論を残して故人となった、と記したことに対して、「矛盾しているのは、『故人』となったマカレンコではなくて、生きてマカレンコ通ぶっている竹内氏の頭の中のマカレンコなのだ。」と皮肉って、竹内が引いた二つのマカレンコの文章を引用、比較しながら、はじめの文章では「コムーナの第一次集団を生産を手がかりにして組織し」、あとの文章では「そういうやり方をやめたといっているというが、マカレンコは矛盾しているのではなくて、改めたにすぎないのではないか。」「竹内氏が『苦汁をかみしめ』なければならない理由は、かれがマカレンコのコムーナを学校と理解しているところにあると、わたしには見える。」

　「マカレンコのコムーナは学校ではないのだ。」「コムーナの中に学校があり、学校にはその第一次集団としての学級がある。しかし、その学級を手がかりとしてコムーナの第一次集団をつくることはしなかったというのである。」(43号66,67頁)

　では、コムーナの第一次集団はどう組織したのか。竹内の引用のすぐ後に「わたしは、隊はそのなかにいろいろな学級にぞくする生徒たちと、いろいろな生産班にぞくする労働者たちとがはいっているようなものであるべきだと主張した」と書いてあるという。

　「これでマカレンコに矛盾はないことが明らかであろう。つまり、コムーナの中に、学校集団と生産集団がある。コムーナ員はみな両方の集団に属している。そして、学校集団の『第一次集団』は学級であり、生産集団の『第一次集団』は生産班であり、全体としてのコムーナの『第一次集団』は、さまざまな学級、さまざまな生産班に属する子どもたちから構成される隊なのである。そうであれば学校の第一次集団が学級であり、その学級はコムーナの第一次集団ではないとしても、何の矛盾もありはしない。」という。(同68頁)

ところで、混乱のもとは、何とかして学級のもう一つ下の集団としての班を「第一次集団」にしたいという無理にあるのだ、という。しかし、マカレンコはどこでもそんなことは言っていないから、今度はグムールマンの文章を引用してきた。

ところが、竹内が引用した文章は、「高学年では」という書き出しがついている。高学年とは、十年制の中学では、8〜10年であり、日本でいえば高等学校の段階に当たる。高学年について述べていることがソビエトの学校のすべてに当てはまるのか。現に、竹内が引用した前のページには、低、中学年のことが書いてあるが、1、2年では列を用い、3年からは学級内の小集団はピオネールの班である。しかも、竹内が引用しないところでは、そのピオネールの班が、うまくいっていない班の活動について会議を開いたり、規律の問題を審議したりして、ピオネール活動の特殊性を失って学校くさくなっていることが嘆かれている。つまり、学級内の小集団は学級の組織ではなく、ピオネールの組織なのだ。だからそれは「学校くさく」してはいけないということなのだ、という。

「わたしのいいたいことは、それが学校の第一次集団ではないということなのだ。班を学校の第一次集団と規定することによって、班のもつピオネール的な役割が失われ、それが『学校くさく』なることに対して警告をしているのである。わたしのこの考えは、班を学校の第一次集団であるときめてかかる偏見にとらわれた頭には、どうしても理解されないらしい。」というのである。(同69頁)

小川はこの後「班についての私の見解をもう少し積極的に述べ」るとして、こう言う。

ピオネールの班が「学校くさく」なって、豊かな子どもたちの活動を奪ってしまうのが間違いであるように、「班が公的な制度としての学校の第一次集団と規定されて、それに成績や規律のことが第一義的な任務として負わされる結果、班が『学校くさく』なり、子どもたちの多様な興味にもとづく活動が十分に組織されず、子どもたちの興味の満足が偶然に委ねられる結果になる、ということがないであろうか。われわれは、子どもたちの自発的な多様な活動を組織するという仕事を、学校の本来の活動とは別に力を入れて行う必要があるのではないか。……そして、それの最小の単位が、したがってそれをつくる運動としてみればはじめの単位が、班なのではないか。わたしが、班を『私的』といって公的な組織

第Ⅱ章　生活指導と集団づくりのめざす教育像

と区別するのは、班にそのような教育的な性格を求めるからである。班をサークル的な存在と言うのも同じ理由にもとづいている。」（同71頁）

　こうみてくると、班に求める役割とイメージが、小川と大西や竹内たちのいわば「班・核・討議づくり」路線とは大きく食い違っていることがわかる。しかし、それはどちらが良くてどちらが間違っていると決めてしまえないものだろう。

　この、班は第一次集団か否かというのが、いわゆる小川・竹内論争なのだが、この小川の「反批判」を受けて、竹内はこの後反論らしいものを書いていない。その理由について、後年、1974年6月号194号の〝小川太郎追悼特集〟に書いた追悼文「私のなかの小川先生―小川・竹内論争にふれて―」で次のように書いている。

　「先の拙稿『教育実践理論化についての二つの偏向』を読みかえしてみて、……こんなに感情を露骨にむきだしにしている文章はあとにもさきにもないように思う。この文章の激しさは、当時二七歳でしかなかった私の若さにつきまとう向こう見ずのせいでもあったろうが、それ以上に尊敬してやまなかった大先生から理解されなかったばかりでなく、見当ちがいと思われる批判を受けたものの絶望的な狂気のせいのように思う。……だが、わたしは、さきの論文以後、これらの批判にひとことも反論をおこなわなかった。……反論をしなかったのには、弁解めくがいろんな理由があった。ひとつには、率直にいって、おそらく絶望感からであろう。しかし、いまひとつは、運動の事実と実績を高めていけば、必ずや理解してもらえるという、楽天的というよりはぼんやりとした期待であった。」と。（194号74頁）

　ところが、小川の方では論争が「一方的にその後中絶されている」のが不満らしく、『生活指導』50号の「集団の権威とは何か」、52号の「『集団の権威』をめぐって」を書いて、竹内批判、「全生研の主流」批判を継続している。

　その批判の眼目の一つは、集団がまだ群れの段階から〝みんなで決めたことは必ず守る、自分たちで選んだ班長には必ず従う〟ということを強調しても、その形式性は本当の集団の権威をつくることにならず、管理しやすい子どもをつくるだけになるということである。

　もう一つは、集団の活動が勉強を中心にした規律づくりに偏っている実践か

らは、子どもたち自身の集団は生まれない。集団がほんとうに子どもたちの集団になるのは、子どもたちを夢中にさせる集団的な活動を通してであり、それはクループスカヤ(*37)のいうようなピオネール的活動を通してである。全生研の活動家の実践の中にもそういう活動はあるのに、それに重きを置かず、とにかく勉強し、とにかく規則を守るのが目的の実践からは、本当の子ども集団はつくれない。そのために集団主義教育が学習と生活の規律を中心とした教育として大衆化しつつあるのを憂慮するのだという。

　結論として、「だから、わたしの期待は班の集団としての成長発展を、より多くピオネール的な活動においてはかってほしいということなのである。」と言っている。(52号61頁)

2) 解放教育の側に立っての批判

　もう一方で、1963年1月の全国教研鹿児島集会で大阪八尾中学校の実践が紹介され、東上高志(*38)が『差別はごめんだ』(明治図書、1963年)に書いて、それを高く評価した小川太郎や高浜介二らの研究者がその実践原則をもとにして、班・核方式に傾いている全生研主流を激しく批判するようになった。その急先鋒であった高浜介二の論文を見ていくことにしよう。

① 高浜介二「八尾中実践は特殊な問題ではない」(1963年9月号52号)
　まず、高浜は、「わたしのここでの問題意識は、『八尾中問題』(*39)の報告が、どのような意味で、『班づくり』『核づくり』の『批判者』たりうるのか、生活指導論を豊富にしていく問題提起をおこなっているのか、ということである。」と論文の立ち位置を述べている。

---

37) クループスカヤ──(1869〜1939) ソ連の政治家、教育家。レーニンの妻。社会主義教育理論の研究、ピオネール運動の創始などに貢献した。
38) 東上高志──(1930〜) 教育学者。滋賀大学教育学部教授。部落問題研究所常務理事。同和問題、部落問題を専門とした。
39) 八尾中問題──1961年、大阪府八尾市立八尾中学校で大規模な校内暴力事件が起きた。同和地区の八尾中で進学組と就職組の間に疎隔が生まれ、就職組の生徒の長欠、不就学、学力不振が放置されたことをめぐって、同和地区の生徒らによる暴動が起きた。これに部落解放同盟が介入し、差別教育の追放を要求したのに、校内の教師集団が自己批判して立ち上がり、解放教育が進められた。

第Ⅱ章　生活指導と集団づくりのめざす教育像

「第一の問題は、児童生徒をどうとらえるかという問題である。」

「『八尾中問題』は、子どもたちの『破壊活動』と『蜂起』を通じて、いやおうなしに、子どもの生活、差別の実態とそれに対応する学校教育の問題を提起している。学校教育とそれの直接のにない手である教師集団が、子どもの生活の矛盾（学級や学校の内も外も含めて）をぬきにしておこなわれる生活指導は、さらに輪をかけた『差別』教育であることをさとらされている。子どもの学校内外の生活における『差別』の実態と構造が、どう具体化しているかという現実的矛盾の分析と把握がなくては、それを変革する方向もあきらかにすることができない。」という。(52号96頁)

ところが、全生研常任委員会は現代子ども研究委員会を設置し、その成果を発表する努力をしつつも、「『班づくり』『核づくり』は、現にある子どもの生活をどうとらえるかを抜きにして、子ども研究の成果とは関係なしに定式化されてきた。」

「八尾中の生徒たちの生活と学校における『差別』の実態と、あらわれてくる行動は、程度の差はあれ本質的に我々の学校と同じ」なのに、「『蜂起』とまではいかないまでも、秩序にたいする『退廃的な』対応が普遍化している現象の本質を、つまり子どもの生活の矛盾を考え」て「班づくり」「核づくり」は行われていない、という。(同96頁)

「第二に『八尾中問題』では、子どもの発達の原動力としての矛盾が、子どもと子ども、子どもの生活とおとなの生活や社会、子どもと教師等々、諸矛盾の総体のなかで、位置づけられている。」

それなのに、『班づくり』『核づくり』の理論化の過程では、子どもの矛盾を、集団内部の矛盾に矮小化していること、子どもと教師、子どもと社会の矛盾が考慮されていないこと、に問題をふくんでいる。そのことがぬきになった学級づくりの固有な法則などというものは、たとい弁証法的な方法を駆使しても、結果的には弁証法そのものを調和の理論、現状肯定の理論にすりかえてしまう。」ちょ

---

40) 弁証法——物事には原因があって結果が生まれる。その結果がまた原因となり、新たな結果を生む。そのように、原因と結果が連鎖して物事が発展していくという考え方をいう。
41) 小集団理論——家族や近隣、職場集団、学級集団、友人集団、サークルなど、直接に接触ができる、互いに親密でコミュニケーションの可能な少数者からなる集団が人間形成に大きく作用するとして、その小集団の役割を推奨しようとする理論。アメリカの社会学者クーリーなどによって理論化された。

うどそれは、「小集団理論」(*41)が「人間は各種の集団に所属することをつうじて社会につながっているととらえ、社会的矛盾は、集団に凝縮していると指摘し、人間と社会との関係を人間と集団の関係におきかえ、それが、人間と社会との関係の具体化であると考える。そうすることによって、社会における階級関係を、集団内部の対立に矮小化してしまう」のと同じだというのである。

「われわれは、生徒集団に社会矛盾が反映していることを知っている。だから、生徒内部の矛盾を激化させ、対立の統一をみいだそうとし、集団の発展があれば、あたかも、社会矛盾も克服されたかのごときは、一つの幻想である。」というのである。（同97,98頁）

つまり、子どもと子ども、子どもと教師、子どもと社会の中にある矛盾を取り上げるのが発達の原動力であるのに、それを班と班、班員と班員のような集団内部の矛盾に矮小化してしまうのは間違いだというのである。

第三には、「八尾中問題」では、子どもの学校破壊、教師への反抗の矢面に立たされた教師集団の変革の問題が提起されたという。

「子どもと教師は、相互依存の関係であるとともに、『対立の闘争』の関係であり、むしろ相互依存の関係であるがゆえに、闘争関係でもあるといえる。階級社会のなかでは、教師の善意の如何にかかわらず、妥協の余地のない闘争関係の一面をもたされているのである。」それなのに、「『班づくり』『核づくり』の定式化の努力のなかでは、教師は、子どもを教育する者であり、子どもの組織者であり、『班づくり』の最初の段階では、集団の権威をささえるものと位置づけられ、子どもとの関係では、相互依存の関係の面だけが、強調されている。それだけでおわるなら、それは一面的である。」

「教師を検討のラチ外にたたせ、いわば無きずの状態においておくなら、その上、子どもの生活を正しく把握しなかったり捨象してしまうなら、集団内部の矛盾を激発させてみたところで、外見上でのみごたえの如何にかかわらず、魂をもたないあやつり人形になってしまい、教師はあやつり人形の操作者にみずからを位置づけることにならないだろうか。」という。（同99頁）

以上の三点で、高浜は、「八尾中問題」が全生研の「班づくり・核づくり」路線の批判者たりえているというのである。

「八尾中問題」が全生研に持ち込まれたのは、私が初めて全国大会に参加した1963年8月の第5回京都大会のときだった。後で知ったことだが、この大会は当時全生研中央批判の急先鋒だった小川太郎が実行委員長を務め、同和教育からの批判も強かった関西で開催されるということで、解放教育と〝班・核・討議づくり〟路線との対立がどう折り合いをつけるのか注目される大会だったようだ。そんなこととはつゆ知らず、私は中学3年の分科会に参加した。そこには、八尾中実践の中心にいた内藤義道や香川の大西忠治が出ていて、盛んな論議が展開された。私自身は、班・核・討議づくりを聞きかじって実践し始めたばかりでその本意も理解していない頃だったので、八尾中実践の方が本物の集団主義教育に見えて共感したのを覚えている。分科会そのものは、互いに険悪な対立になることなく、互いに不足の部分を学び合うという抑制された雰囲気で終わった。しかし、私たち自身が、非行に荒れる学校を立て直そうと、非行の子どもたちに取り組んでいた最中だったので、子どもを差別から解放しようとする八尾中実践に鮮烈な印象を受けたのだった。

②高浜介二「〝小集団理論〟と〝班・核〟方式―〝班・核づくり〟と社会的矛盾―」(1964年3月号58号)

高浜は、「小集団理論」を詳しく紹介、検討した上で、「わたくしは、『小集団理論』の役割は、社会と人間との関係に、『集団』を媒介としておき、その結果、社会と人間の関係を、家族集団と人間、学校集団と人間、職場集団と人間等々の関係として『具体化』し、結果的には、社会と人間との関係を切断し、見うしなわせるところに、その本質があると考えている。それは、資本主義社会体制の矛盾を、そこにおける集団内の矛盾、あるいは集団間の矛盾に矮小化することによって、おこなわれる。」と批判する。(58号71頁)

そして、班・核方式の定式化は基本的にこの「小集団理論」を適用しているとみる。

「『班づくり』等の定式化では、『心理主義』『適応主義』に極力反対する。しかし、『班』のなかでの『矛盾』や『班』と『班』との『矛盾』を激化させるといっても、その基礎にあるのは、『だまっていては損をする』という『利己(エゴ)』であり、すきだとかいやだという『感情の論理』であり、『矛盾』というが、

それは現代の児童や生徒がもっている本質的な矛盾とかかわりなしにおこってくる『班』内や『班』と『班』との『対立』であり、『競争』であり、『相互関係』であって、それを『班』内部や、『班』と『班』との関係のなかで、つつきあわさすことによって解消されるそれとして設定される。教師は、そのための『場』を提供する操作者であって、どんな理由であれ操作の網にかからない状況があるところでは、有効性を発揮できない。」(同69頁)

さらに、次のようにも批判する。

「『班づくり』の定式化は、教科外での『集団主義的技術体系』などと呼ばれているために、『集団主義』を卑俗化し、幻想をあたえる結果をうんでいる。だれにでもできる『集団主義教育』をめざすなどということは、階級社会の学校教育の本質をぬきにしたもので、『社会主義』が卑俗化されているのと同じことである。」(同70頁)

「資本主義社会での『集団主義教育』は、矢川氏もいうように、『支配権力との敵対的な矛盾をとおして発展』していくものであり、だから、たえず、一時的で、部分的な性質をもたざるをえない。この技法をつかえば、だれにでもできる『集団主義教育』などという幻想は、反動的な役割さえもはたしているといえるだろう。」(同72頁)

そこで、高浜は次のようにてきびしく結論している。

「結論的にいえば、『班づくり』等の定式化は、本質的に学級集団組織化の『小集団理論』にもとづく『集団技術』の無意識的な適応の範囲をでていないし、方法論的基礎は、『小集団理論』と『マカレンコ理論』の折衷主義であり、『集団主義教育の技術体系』だという幻想をふりまくべきでないと考える。……『技術体系』と称して定式化したものは、大胆な提起であるという点を除けば、全生研としても固守するに値するものではない。むしろ有害な種を多くまいている。」(同72頁)

2．批判を受けて

1) 組織として対応する

小川太郎や高浜介二の激しい批判に対して、全生研常任委員会の側も竹内常

一個人としても、だれかが論文を書いて応答・反論するということはしていない。春田正治がいうように、「外からの理論的批判を個人の研究者の反批判というかたちでなく、組織として受け止め、その批判を組織として乗り越えていく姿勢」(『戦後生活指導運動私史』161頁)をとっていったようだ。

それは機関誌『生活指導』上に表れている。1963年から「委員会報告」として、「常任委員会」とか「常任委員会事務局」という署名での、研究や実践の重点についての常任委員会、事務局の討議にもとづく主張や報告の記事が掲載されるようになった。それを実践家常任委員が交代で代表して執筆している。その中で、小川や高浜の批判にも触れている。

「委員会報告7」の「〝学級集団づくり入門〟の自己検討」(1963年11月号54号・全生研常任委員会・文責前沢泰)のなかで、次のように高浜の批判に触れている。

『生活指導』誌52号の高浜の批判の第一点は、「班づくり」「核づくり」は現にある子どもの生活をどうとらえるかを抜きにして定式化されてきた、というものだが、「『現にある子どもの生活をどうとらえるかを抜きにして』『班づくり』『核づくり』の定式化ができるだろうか。もしそれができるとすれば、子どもの生活とはかかわりなしに、教師の恣意によって子どもを一定の型の中にはめこむことになるだろう。どうやら高浜氏は、『班づくり』『核づくり』を管理主義的指導の現代版とでも考えておられるようである。」「このような高浜氏の批判を誘い出した根底には、『教師の断固たる要求』とか、日直による管理制度などに対する疑惑が横たわっているものと思われる。しかし、それが資本主義的な秩序維持にのみ奉仕するものであるかどうかは、教師の要求やきまりの合目的性いかんによって判断されなければならない。それらが合目的的である場合は、これに対するアナーキーな態度を許しておいて自主的な集団をつくることができないことを、わたしたちは主張している。とくに、自発性を全く放棄したような子どもたちのいる現実に対して、管理を軸にする実践の意義をみとめる必要があるのではないか。」と答えている。(54号88頁)

高浜が第二点として出した、「『班づくり』『核づくり』の理論化の過程では、子どもの矛盾を、集団内部の矛盾に矮小化しておること。子どもと教師、子どもと社会の矛盾が、考慮されていないこと、に問題をふくんでいる。」という指摘に対しては、子どもを置き忘れているという点で、第一点と同じことを言ってい

るのではないか、という。

　その「矮小化」の例証として、高浜は八尾中実践を対比し、「学級集団内部の矛盾に解消しきれない」ものの一つとして、子どもと教師との矛盾・対立関係をあげ、「階級社会のなかでは、教師の善意の如何にかかわらず、妥協の余地のない闘争関係の一面をもたされているのである。」「教師と子どもの関係、矛盾が、検討のラチ外におかれ、教師は、教育するもの、組織者、操作者であるが、誤りをふくまないもの、ふくんでいても、内省力で、おぎないあらためることのできるものとして設定されるなら、生徒集団の発展の法則性をも、教師と教師集団の変革をも、いびつなものにしてしまう。」と述べているが、これに対し、「さきに高浜氏は、子どもの闘争を組織する過程に教師の指導性が発揮されると述べた。とすれば、子どもと教師の対立関係のなかで、教師はいかにして子どもに対する指導性を発揮することができるのか、あきらかに矛盾するこの論理に対して、高浜氏は解答を与えていない。」「教師は、子どもにとって敵である部分と、味方にもなりうる部分とをふくむものであり、『班づくり』『核づくり』において、教師を絶対視しているとの高浜氏の所論は、いささか性急に過ぎるように思う。」と反論している。(同90頁)

　それでも、「しかしながら、高浜氏の論文は、子どものとらえかたにおいて、そしてそれをもとにした学級の内部矛盾の解放・組織過程の理論化において、なお検討すべきもののあることを教えている。それらを私たちは解明しきっていない」といって、「核づくり」の追求の不十分さを反省している。(同90頁)

　そして、これらの批判を受けた本格的検討は一年後になされた。

　1964年11月末、常任委員会合宿研究会がもたれ、従来の諸批判の総括的な検討が行われた。そして、12月27、28日にその結果をもとにして全国委員（従来の地方委員をこう呼び替えた――宮原注）合宿研究会が開かれ、提案、討議された。その提案と討議は1965年3月号71号、4月号72号に「全国委員会合宿研究会の報告1・2」（常任委員会事務局・文責前沢泰）として掲載された。

　71号には常任委員会の「提案」（前沢泰）が載っているが、そこではまず、「『学級集団づくり』に対する批判の主なものを思い切って要約してみますと、それは第一に技術主義・図式主義であり、その結果として、生活者としての具体的な子どもの姿は希薄になり、それは集団主義教育という主観的意図とはうらはら

に、全体主義ないしは適応主義の教育に堕落する、ということになるかと思います。別の言い方をすれば、『学級集団づくり』には認識論的観点が不足しているために、集団主義教育としての思想の裏付けが弱く、教師のモラルの問題が抜け落ちてしまっている、ということでもあろうかと思います。」(71号83頁)と言って、『生活指導』52号、58号の高浜の批判に対して、次のように書いている。

「氏の批判についてわたしたちの抱く第一の問題点は、氏の理論からは、現実に、公教育における生活指導の恒常的なあり方はついに出て来ないということです。氏の言うように、子どもの背負う社会的矛盾は、『学級集団内部の矛盾に解消しきれない』ことは明らかです。ですから、『生徒集団内部の矛盾を激化させ、対立の統一をみいだそうとし、集団の発展があれば、あたかも、社会矛盾も克服されるかのごときは、一つの幻想である。』というのもそのとおりだと思います。しかし氏の誤解は、わたしたちがそのような『幻想』を抱いているときめこんでいる点にあります。もう一つわたしたちの納得できないことは、『学校集団での矛盾の克服が、社会矛盾を克服することを含むものでない』としていることです。これでは教師は教室で何をすればいいのか、まるでわからなくなってしまいます。

『学級集団づくり』の理論化の労力は、それこそ『二十坪の教室』の中でもわたしたちにできることはありはしないかということを、真剣に探究しようとするものにほかなりません。誤解のないようにことわっておきますが、狭い学級の中だけの実践ですべてが片付くなどとは一言も言ってはいないのです。要は、社会矛盾を把握することができるような思考のパターンを、公教育の、しかも学級という日常的な場面でいかにして教えることができるかということへの仮説的な提案が、『学級集団づくり』だったわけです。」(同86頁)

さらに、「班づくり」は「小集団理論」の適用にすぎないのではないか、という批判については、「これに正しく答えるためには、わたしたちは、『学級集団づくり』で教えることのできる認識のなかみを明らかにする必要があるものと思います。それが社会の『主要矛盾』に肉薄することのできるものであるかどうかを、検討してみなくてはなりません。」と提起するにとどめている。(同87頁)

このように、常任委員会、全国委員会として全生研への批判を論議し、返答を表明していくようになったことの意義について、先にも触れた春田は次のように述べている。

「ここには、一つには外からの理論的批判を個人の研究者の反批判というかたちではなく、組織として受けとめ、その批判を組織として乗り越えていく姿勢が生まれたことと、二つには外からの批判への対応と内なる技術主義・図式主義の克服とを別々のこととせず、新たな進路のなかで一つのものとして取り組む姿勢があきらかにうかがわれる。この意味でここにまさに組織として新たなスタートラインについたといってよいであろう。

今や全生研は組織としていうところの集団主義教育を理論的にも方法的にも確立する歩みをはじめた。外からの強烈な批判にうちかつためにも、内部にある技術主義・図式主義の弱さを克服するためにも、どうしてもこのことに成功する必要があった。それはいいかえるとたしかに民主主義を刻印した人格形成のすじみちを、その意味での科学的訓育論を確立するということであった。これはあきらかに日本教育実践史上の新事業である。」（『戦後生活指導運動私史』161頁）

しかし、集団主義教育の「たしかに民主主義を刻印した人格形成のすじみち」を確立するまでには、まだまだ道のりが必要だった。春田も「実際に全生研はこの後数年かかってジグザグしながら管理―討議づくり―集団のちから―民主的国民的ちから―民主的主権者としての統治能力の基礎というかたちで、方法技術に内在していた目的論の自覚的取り出しの途をきりひらいていくのである。」と述べている。（同163頁）

2) 大西忠治『核のいる学級』『班のある学級』の出版

さて、以上全生研運動に対する批判に対し、組織として対応しようとしてきた跡を見てきたが、もう一つ組織としてではなく、個人として批判に答えていく努力があったことを取り上げておきたい。それは大西忠治の二著作の出版である。

1963年、大西は『核のいる学級』（明治図書）を出した。これは中学2年生の1年間の学級づくりの実践記録であるが、ドラマチックな述作によって、〝集団主義教育で育てる子ども像をはっきりさせよ〟という世上の要望に応えたものだった。春田正治は「集団主義教育の実践のイメージを決定的にクローズアップすることになった」（『戦後生活指導運動私史』148頁）といっている。

これに対して、翌1964年に出した『班のある学級』（明治図書）は実践記録ではなく、大西自身がその「まえがき」で「『核のいる学級』の自分自身での解説

書みたいなものになってしまいました」と書いているように、『核のいる学級』を生み出した指導技術の要点を理論的に述べた解説書となっているのである。

そして、この両著を書いたねらいを次のように語っている。「全国に流布されている『班・核』方式という、奇妙な集団主義教育が、大西方式などと呼ばれている恐ろしい誤解をなによりもまずといておきたいと思ったのです。そして、この『班のある学級』では、いわゆる『班・核』方式と呼ばれている集団主義教育というものと、私とは無縁であることをとにかくはっきりさせたことだけは満足しています。」(『班のある学級』「まえがき」)

私自身も、この両著を読むことによってようやく大西忠治がめざすものが見えてきたのである。しかし、私は1964年度から2年間都教組江戸川支部の執行委員に出て担任を離れたので、この二著に刺激を受けての学級実践はできなくなった。そこで、校務分掌として生徒会指導担当に希望してなり、生徒会実践を自分の主たる実践場とするようになった。

そんな関係で、全生研全国大会にも、64年の第6回香川大会、65年の第7回長野大会とも生徒会分科会に出席した。香川大会では、同僚の関誠とともに、非行の子たちが差別されない学年、学校に子どもたちでしていこうと取り組んだ生徒会実践をレポーターとして発表した。地元の江戸川サークルでも事務局員になり、だんだん全生研に深入りしていく自分を感じるようになった。

3) 宮坂哲文の死

1965年1月24日、入院加療中であり重篤であった全生研常任委員会代表の宮坂哲文が46歳の生涯を閉じた。宮坂は、特設道徳に反対し、民主主義教育の創造をめざす全生研の創設に携わり、率先して生活指導の研究と生活指導運動の発展に尽くしてきた。その全生研運動が大きく発展し、多くの会員と機関誌読者を有するようになったとはいえ、理論的、実践的にまだ多くの解決すべき課題を抱えている中で、中心的指導者を失ったことは大きな痛手だった。

『生活指導』誌は、1965年3月号71に全生研常任委員会代表を継いだ春田正治の追悼文を載せ、1965年5月号73号で宮坂哲文追悼特集を組んだ。幅広い、多くの人々が宮坂の思い出を語り、その業績をたたえた。その中に、竹内常

一は「集団づくりの方法技術研究と生活指導運動」の一文を書いて、生活指導研究におけるいわゆる宮坂理論を解明するためには、処女論文集『禅における人間形成』(1947年) がキーポイントを占めていることを明らかにしている。が、それについては後の『生活指導の理論』で触れよう。

3．新しい課題追求へ向かって

　小川太郎や高浜介二らの批判に組織的に対応しながらも、全生研常任委員会としてはその批判に含まれていた内なる技術主義・図式主義を克服していく方途を探っていく必要があった。その模索の跡が見て取れるのが、1966年2月号84号の全生研事務局（文責前沢・竹内）「今後の研究視点確立のために」である。

1) 今後の研究視点の確立

　84号の報告は、第7回大会の総括のなかで要請された今後の研究視点の明確化という課題に応えて、3回の常任委員会討議をかさねてつくりあげたものの報告である。
　はじめに、竹内常一から次の三つの視点が腹案として出されたという。
ア、学級集団づくりや集団づくりの過程で、子どもたちはどのような道徳的発達を遂げ、自我を確立してきているか。
イ、集団づくりのなかで、どのような文化活動を発展させてきているかということを掘り起こしてみること。
ウ、アとイとの基底部分をなすものだが、この日本という特殊的風土のなかで、集団づくりの思想はいかにして定着させることができるか。
　これを踏まえて討議した結果、全国委員会に提案する次のような案が出来上がった。
　1　生活指導における文化継承と文化創造の問題
　　A　学校外における文化の問題
　　B　学校内における文化の問題
　　C　教科内容そのものの文化的諸性格と、それの人格形成におよぼす作用
　2　子どもの発達と人格形成の問題

A　現代の社会変化のなかでの子どもの発達と人格形成の問題
　　B　集団づくり過程における子どもの発達と人格形成の問題
　　C　教科と生活指導の問題
　　　イ、子どもの社会的思惟様式と教科の論理の問題
　　　ロ、「学習集団」形成の問題
　3　集団づくりの思想性の問題
　　A　民主主義概念の究明
　　　イ、民主主義の史的発展形態としての集団主義
　　　ロ、公教育における民主主義
　　B　日本人の精神史研究
　　C　アジア・アフリカにおける民族主義の問題
　4　教育における集団の役割
　　　　　　　　　(84号報告 105,106頁)
　この研究視点について、春田正治は次のように書いている。
　「わたしたちはこの壮大ともいえる全般的な研究課題の構想のなかに、三年前、技術論的啓蒙を主たる関心として『学級集団づくり入門』が刊行された時点とは、まったく生れ変ったように幅を拡げた豊かな姿勢の立て直しを読みとることができる。そしてその後の常任委員会は事実としてここに設定した課題の究明に向けて真剣な努力をつづけていくのである。」……同時に、「これを全組織のものにしていく格闘がこの時からの全生研運動の主題となるのである。」(『戦後生活指導運動私史』169,170頁)
　つまり、全生研常任委員会はこの〝壮大〟な研究課題を理論面、実践面で解き明かすと同時に、全組織のものにしていくことを背負ってスタートしたわけである。それが、小川や高浜らの批判を受けとめて、運動の統一を図っていく道だと判断したのであろう。
　「報告」は、視点を導いた理由についてこう述べている。
　「まず1の視点を私たちが重視するのは、今日、学級集団づくりをきまりの指導に局限してとらえる、あるいはそれに終始しているような実践を、数多く見ているからです。あるいは、学級集団づくりを、組織づくり・体制づくりといった側面だけでとらえ、それのもう一つの重要な性格である文化的性格・価値創造的

性格を見落としている実践が少なくないからです。」(84号107頁)

　なぜそのことにこだわるかというと、「一般に『文化活動』なるものが文化財の享受に傾斜していて、これを価値創造過程と見るようなとらえかたが弱いからです。」という。(同107頁)

　つまり、文化活動を文化財享受の活動とだけ見るべきではなく、価値創造過程と見るべきだというのである。そう考えれば、我々の学級づくりが文化に関する活動を取り入れたときだけが文化活動であるだけでなく、学級づくりそのものの一つ一つの過程が文化活動になりうるのである。たとえば、班ノートや生活ノートを書かせて自分たちの生活を追求させるというようなことも、文化活動といえるのである。

　さて、「報告」によれば、第3回目の常任委員会では、さっそく文化活動の問題に入って、「生活指導における文化活動の位置と役割」「集団つくりと文化活動との相互関係」の問題を明らかにする予定だったが、議事の関係で竹内常一の問題提起だけに終わったという。そして、竹内の問題提起の要旨が紹介されている。

　それによれば、生活指導運動はその発端から集団つくりと子どもの文化活動を統一的にとらえようとする視点をもっていたが、その合一に成功したのは戦前の「生活学校」、北方教育の一時期と戦後生活綴方運動の一時期であろう。その他の時期はほとんど両者の間の亀裂に悩まされ、両者の分裂を克服しようとする努力がたえずつみかさねられた、という。

　戦後の場合、生活綴方運動の後退と集団主義教育の登場によって両者の統一的把握の再検討が迫られたが、生活綴方の場合、吉田昇によれば、年とともに子どもたちの抵抗すべきゆがめられた現実が地域の封建性といったものから、全国的な規模での独占資本の矛盾とその現われとしての大衆社会状況の方に押しやられたため、生活綴方教師にとって生活を直観的に見つめさせることが困難になって挫折を余儀なくされたものだという。

　竹内は、生活指導運動の中で文化活動はまだ十分に実現されてはいないが、それに応える実践はいくつか出されているという。

　その一つは、香川生研が第6回全生研大会で提示した「集団遊び」のような、集団つくりを促進する文化活動、文化財を整理すること。その二つに、荒川勇喜が提案した集団のための作文、大西忠治の提案した学校行事との結び付き、広

く行なわれている学校行事の再組織化（たとえば卒業式のシュプレッヒコールなど）を分析すること、が必要だという。

「こうした文化活動を模索することによって集団つくりと文化活動の間の一種の亀裂を克服し、集団つくりのめざす集団像を肉づけていく方向を探る必要があろう。また、文化活動、社会的参加の方向を具体的に探るなかで、いわゆる、核つくり（民主的指導を集団のなかに確立する問題）、討議つくり（価値の争奪をとおして集団の意志・ちからを確立する問題）の具体的な諸相も明らかになってくるにちがいない。」と竹内はいう。（同112頁）

この次の85号（1966年3月号）にこの常任委員会方針を受けての「全国委員合宿研究会の報告」が掲載されている。そこに、第一日の午後と夜にわたっての二人の実践報告をもとにした文化活動についての討議を中心に報告がまとめられている。

最近この報告を読んで、実践報告者の一人に私の名前が挙がっているのに私自身がびっくりした。そんな記憶は全く消えていたのだが、まとめを書いた荒川勇喜がいっている。

「東京の江戸川の宮原さんの報告はたいへん膨大なものですので、討議のときに問題になったところだけまとめてみます。

『はじめは典型的な実践をすすめていくことからとりくんだ。学級集団づくりを、より広範な運動としてひろめるため生徒たちの生き生きした活動をとおして集団化をはかるため、文化活動にとりくんだ。新しい観点からのクラスマッチを行なったり、送別会、学芸会の民主化・大衆化をはかった。管理的な問題にもとりくみますが、新聞活動や読書運動にもとりくみます。特に大切にしたのは生活ノートで生活を語りあうということである。そこでは家庭の問題などもわかりあうことができ、そのためにはどうしたらいいかを考えあわせた。だから何を学ばねばならないかを教えられ、世の中へでてから役に立つ力をつけることができるし、事実、卒業生がサークルをつくってつながっている。おちこんだ子どもへの援助も生徒の積極的な声としてでてきて、夏休みこども学校がもたれた。核づくりに力を入れリバーという核的な子どもたちの集団が孤立しないようにしつつ集団を組織していく方向をとった。』」と。（85号89頁）

これはたしかに私たちの実践である。私たちは当時の全生研の課題がどの辺にあったかは知る立場になかったが、自分たちの課題の解決のために、書物で学んだり、サークルや全生研大会に参加しながら集団づくりの実践を取り入れて様々に工夫を加えていった。荒れた学校の状況やそれを管理主義で抑えようとしていたベテラン教師たちに、私たち若い教師が対抗していくためには、自分の学級実践と同時に学年や学校全体に、生徒たちの生き生きとした、状況を変えようという活動をつくりだしていくことが必要だった。そのために、さまざまな場面で生徒たちの意欲を掘り起こしていく活動をつくり出したのである。学級集団づくりを広げるためにも、生徒会規約で死文化していた学年委員会を掘り起こして学年集団づくりに取り組んだし、生徒会を中心にした全校自治活動にも果敢に挑んでいった。とりくみ課題として、規律づくりにも取り組まなかったわけではないが、何よりも自分たちが生きるに値するような学校生活をつくりだす主体に育てようとした。
　当時は夢中でやっていたが、今考えるとそれが先に出てきた「価値創造過程」としての文化活動として、一緒に江戸川サークルをやっていた前沢常任委員や秋田常任委員の目に留まり、全国委員会の学習材料として実践報告の要請につながったのだと思われる。
　このあと、依頼を受けて私は、『生活指導』1966年4月号86号に村越純夫のペンネームで「生徒会の再建をめぐって—活動家集団の育成によって生徒会の自治圏を広げる—」という長編記録を書いている。この全国委員会での報告を受けての依頼だったと思われる。
　また、1966年7月号90号には、ともに実践していた関誠が渡辺善夫のペンネームで自分の学年実践「夏休みこども学校」を長編記録で書いている。
　次いでいえば、この90号には、作文の会の太田昭臣が書評で『中学生の生活記録』(宮坂哲文・前沢泰等編、国土社、1965年)を取り上げている。この中には、前沢泰に求められて提供した私や関誠が指導した生徒たちの生活記録が何編か指導記録とともに載せられている。太田はその書評の冒頭に次のように書いている。
　「この書には、現実をみつめる中学生の目が生き生きと存在し、生活綴方の新しい芽が(とあえていうが)息吹きはじめている。それがこの書を読んだ一つの直観である。
　集団主義教育による生活指導か、生活綴方による生活指導かなどといわれた

ことがその批判・反批判をのりこえて、中学生が生産的に統一を示してくれたといってもあえていいすぎではない。しかしそれは、単に子どもである中学生が、自然発生的に生み出したものではなく、集団主義教育の過程のなかで、教師たちのたしかな指導の結果としての結実であるということは、いうまでもない。」(90号108頁)

このように評価される書物がまとめられたということは、前に竹内常一が、集団主義教育と生活綴方教育との統一問題のときに述べた「集団主義的な意識の萌芽が表現されるような綴方指導のリアリズム」という指摘、近くは荒川勇喜のいう「集団のための作文」というものに応えられる指導が積みあげられていることを表している。

それを太田昭臣は、「集団主義教育の存在と生活綴方の文章の到達点との一致をそこにみるならば、生活綴方の生活指導の価値をいち早く位置づけた本書の今は亡き編者『宮坂哲文氏』の本書の編集の意図も、なにか察しうるものがある」と書いている。(同109頁)

2) 第8回全国大会基調提案「集団の人格形成作用を究明しよう」
(1966年8月号91号)

前節でみたように、全生研内部の技術主義・図式主義を克服していくためには、集団づくりがどのような子どもを育てようとしているのかを明確にする必要があった。育てるべき人間像と集団づくりの方法技術とのかかわりを解いていく必要があった。

竹内常一が第4回大会以来で執筆した第8回大会基調提案は、集団づくりを民主的な人格形成として把握する視座を確立しようとした基調提案だった。

(1) 生活指導研究の課題

表題の研究課題意識が生まれてきたのには、生活指導運動の内外の事情があるという。

外部の事情というのは、『期待される人間像(草案)』[*42]発表以来の道徳教育政策、

---

42)「期待される人間像(草案)」——1966年、中央教育審議会が第20回答申として「後期中等教育の拡充整備について」と併せて出した答申。青少年に愛国心や遵法精神を育成することが強調された。

青少年対策が軍国主義的な意図をもって進められ、子どもの人格を権力支配し、軍国主義的イデオロギーによってそめあげようとする動きが急激化してきたことだという。その中で、子どもの人格形成と人間的価値を保障していくためには、子どもの民主主義的な人格形成のすじみちを自覚的にとらえ、見とおしをもった教育実践を科学的に構築していく必要が強くなってきているという。

内部の事情というのは、ここ十数年来の生活指導運動をどう総括し、生活指導理論をどう確立していくかという問題に関連している。それは昭和初年の時期の生活指導運動の時と同様、生活綴方と集団主義との統一の問題が中心テーマとなり、両者の統一の問題を解決するには、生活綴方をどう評価するかがもっとも中心的なテーマとなる、という。

故宮坂哲文は、『生活指導の基礎理論』(誠信書房、1962年)、『集団主義と生活綴方』(明治図書、1963年)を著し、早くから戦前の生活指導運動の分析に向った。「そのなかで、宮坂は前期生活綴方と、後期生活綴方に属する北方教育運動との教育理念上の相違、人間像上の相違を指摘し、『北方教育はそれが打ち出した人間像に忠実であろうとするかぎり、生活綴方の理論と方法とともに、集団組織化の理論と方法も明確にし、両者を統一した方法体系を確立すべき任務を少なくとも理論的にはもっていた』(『生活指導の基礎理論』105頁)と言っている。」(91号102頁)

宮坂は、集団つくりの実践を人格形成の理論として把握しようという現在の生活指導運動の要請に応答しようとして、戦前の生活指導運動に大胆な理論的検討を加えたのだ。

「このように生活指導運動の内外の事情が、生活指導理論を人格形成の理論として発展させることを要請している。集団つくりにおける民主主義的な人格の形成のすじみちを究明することによって、数年来検討しつづけてきた集団つくりのすじみちに新しい理論的照明をあて、集団つくりの理論を科学的な道徳教育理論にまで発展させていく必要がある。」というのである。(同102頁)

(2) 生活指導運動をどう総括するか

では、生活綴方が集団組織化の実践と結合しなければならないとみたのはなぜか。

「北方教育運動を中心とする後期生活綴方運動は、児童生活詩に関する論争、調べる綴方に関する論争、地方性確立に関する論議などをとおして、前期生活綴

方のリアリズムと訣別しつつあった。そのなかで北方教育運動は、目的意識的な生活営為のなかでの現実直視と、そこから生まれてくる認識と実践との統一的発展とを生活綴方の本質ととらえたのであった。」(同104頁)

「村山俊太郎(*43)は生活綴方にしみこんでいる自然主義リアリズムと訣別するためには、『綴方行動』の実践と認識のサイクルの中に地方的、集団的見地をとりこみ、目的意識的な綴方行動を個人的次元から集団的次元に発展させる必要のあることを直観的に把握していた。だからこそ、村山はすでに集団主義的発想をはらみかけていた生活訓練を媒介にしてこそ、生活綴方はその任務をまっとうする道を拓くことができると看破したのであった。宮坂もこの村山の直観的把握をひきつぎ、生活綴方は社会的集団的実践体制の保障をその基本的前提条件としてこそ、また集団づくり、体制つくりの路線の中でこそ、生活綴方は真に生活綴方としての自己の本質を現実化することができるという結論をくだした。」(同104,105頁)

戦後生活指導運動がこの北方教育運動の問題意識に達したのは、香川生研の集団つくりのすじみちが提起された昭和35年前後以降である。生活綴方運動の内部からでなく、集団主義教育研究の内部から生まれた。そのため、論議の焦点は生活綴方的リアリズムの批判的継承の課題意識からではなく、当時の生活綴方と結びつけられていたヒューマン・リレイションズ的な集団観と、集団主義的な集団観との対立をめぐってにあった、という。

(3) 集団つくりの人格形成作用

しかし、生活綴方は集団の組織化には至らない限界をもってはいたが、人格形成作用への積極的側面をもっていた。

「生活綴方は、個人的な次元における綴方行動による認識と行為をつみかさねるなかで、認識された個人的な事態の解決の道を主体的な行動指針にまで発展させることができた。生活綴方は、そのことによって、リアルな認識にもとづいて目的的な問題解決の道をつけ、その道を一身上の真理として主体的な行動にふみきるという人格形成のすじみちを発見した。この人格形成のすじみちは、『学級革命』における勝郎の綴方行動のなかに典型的に見ることができる。そこには、

---

43)村山俊太郎――(1905〜1948)教育運動家。福島県出身だが、山形県の小学校教員となり、教育労働者組合を結成して昭和7年に検挙される。12年に復職して北方性教育運動の中心として活躍したが、再び弾圧を受けた。

生活事実のリアリスティックな認識を主体的な真理に飛躍させて、主体的な行動をおこしていくすじみちが顕著にみられる。……しかし、勝郎の綴方には、学級のボスである清一に対する彼の抗議が学級集団そのものの変革にどんなかかわりをもっているかという自覚が十分にうかがえない。」という。(同106頁)

「こうしたことはたんに『学級革命』だけの問題ではなかった。生活綴方教育が生活綴方の共同化、集団化をかかげつつも、情緒的な仲間意識にとどまったのは、提出される生活綴方に集団をゆりうごかすような集団的事実を刻印したリアリズムが希薄であったからにほかならない。」という。(同106頁)

この生活綴方のリアリズムの内部的弱点は集団つくりのなかで克服され始めたという。

「学級集団内部に生起する一つ一つの生活事実、学級集団を構成する一人ひとりの子どもの行為が集団的な見地から討議の対象にすえられ、それらが他の成員に対してどんな結果をもたらすかが集団とのかかわりで検討される。……日直活動を契機とする班つくりの実践は、学級集団内に生起するあらゆる生活事実を集団的事実として認識することを子どもに要求し、それをとおして集団と個人との民主主義的な関係を探求させる。」(同107頁)

この過程でリアリズムからモラルへの飛躍の経験的基盤が形成される。

「大西忠治が、班つくりは集団の目的とそれにむかっての集団行動そのものへの自覚と認識を深めるための手だてであるといっているのは、班つくりの過程でまさに右のような事実認識にもとづいて集団的事実が集堆し、それらにたいする集団的行動への要求が育てられるからである。」(同107頁)

「しかしながら、集団的行動への要求は自然発生的には生まれない。集団的行動への要求が生まれるためには、子どもたちが自分の内側にうつしだされた集団的事実を自分自身の問題として負いきろうとするある種の決意をかためなければならない。……このリアリズムからモラルへの飛躍のことをわたしたちはリーダーの個人的自覚とよんできたが、これがその精神的な内容である。」(同107頁)

もし、リーダーの個人的自覚が不十分な集団認識をベースに行われるなら、リーダーの個人的自覚がしばしばモラリズムや禁欲主義に転化し、集団行動を組織しきれないことがある。こうした事態を避けるためには、教師のリーダーに対する個人的接近、すなわち、集団認識の是正が必要となるし、リーダーに対する

集団の批判が必要になるという。

　このことは、先の勝郎の例を見ても明らかであろう。ボス支配への義憤からの行動が自分の個人的見地にとどまり集団的見地をもたないならば、それはモラリズム的な立ち上がりにとどまり、集団に働きかけ集団を立ちあがらせるような行動とはならない。それは小西先生に集団的見地からの勝郎への指導がすっぽり抜け落ちていたからである。ここに生活綴方的教育と集団主義教育との違いがある。

　それはさて、リーダーの自覚がこのような内的経過をたどることによって核集団が確立すると、集団は目的意識的な集団行動を起こすようになる。核の指導性が集団に受けいれられ、核の個人的自覚の内容であった認識からモラルへの飛躍が集団成員に経験されていく。リーダーのまわりに積極的な生徒が結集されていくのである。

　集団つくりのサイクルを見てみると、「集団的見地からの事実認識→数人の生徒の内部で起こる認識からモラルへの飛躍→リーダーの確立→目的意識的な集団的実践の展開というサイクルのなかで、……集団はまさに集団内外の問題にたいしてみずからの意志にしたがって行動しはじめる。集団的意志をふみにじるもの、それに従わないものにたいしては、集団は集団的な力をつきつける。集団的意志が割れるときは徹底的に討議を組織して意思統一をはかろうとする。その場合も先のサイクルに従って行動する。」(同108頁)

　以上は集団つくりの内部で展開される人間形成の基本的なすじみちにすぎないという。「しかし、そこには生活綴方の共同化、集団化によってだけではなしえなかった、集団的な見地にたつ事実認識と事実評価の指導のすじみち、集団的な問題事態を主体的問題に飛躍させる集団主義的な道徳教育のすじみち、そして自分の主体的真理と集団的な連帯感・責任感の上にうちたてられる集団的な意志の教育のすじみちがある。」(同109頁)という。

　だから、いまこそ民主主義的な人格形成のすじみちを究明していくために、豊富な実践、子どもの内面のドラマをうつしだすような実践記録が期待される、という。

3）集団のちからと討議づくり

　集団づくりを民主的な人格形成として把握する研究視座を確立し、その人格形

成を、個人的見地からの認識を集団的見地の認識へと高め、さらにその認識をモラルへ飛躍させていくものとして解こうとしたのが第8回大会基調提案だった。その民主的な人格形成のすじみちをさらに究明していくためには、「集団のちからをつくりだす討議づくり」がキーになると発見していく道すじを、春田正治は『戦後生活指導運動私史』の第4章第4節「集団のちからと討議づくり」で説明している。そのあらましを同書によってみてみよう。

　大西忠治が「話しあいづくり」を「討議づくり」と呼び変えたのは昭和37年で、「話しあい」という言葉のもつ仲間うちでのなごやかな友愛と理解のニュアンスとはどうも違うと思い、「討議」という言葉を使用し、集団が質的に高まっていくためには、討議も多様な内容と形式をもっていくはずだから、その多様化のすじみちを「討議づくり」と呼ぶようにしたのだという。

　これに対して竹内常一は、「討議づくり」は明らかに「生徒総会づくり」の側面があるから、そう呼んだ方がよいのではないかと提案した。それに対し大西は、『班のある学級』のなかで、竹内常一がそれは集団のちからに属するものならば、そのちからを根底で保障する集団の「総会」として把握すべきではないかというのは正しい指摘だ、といっている。

　しかし、理論的にはともかく、実践的には、単に「総会」ばかりでなく、班であれ、班長会であれ、問題別小集団であれ、集団の討議で集団のちからを表現する形態はほかにもあるので、討議つくりということばを支持するのだというのである。

　そうはいいながらも、「討議つくり」は、学級集団の「総会」における討議をもっとも重要なテーマにしているということは竹内氏の指摘からもはっきりしているといっている。

　次には管理の問題がある。「管理主義」による集団の外側からのちからによる管理から集団が抜け出ていくためには、集団自身が、自分の集団的なちからによって自分自身を管理することができるようにならなければならない。その自主的な管理の実践形態として「日直」の問題があり、全校的な場面では「週番」の問題があるという。

　そのように大西は、「討議つくり」の重要な実践形態として「総会における討議」と「日直」を取りあげるが、この総会と日直の関係について、「日直制度は

全集団討議の民主主義的スタイル、追求の集団的スタイルの確立なしには実践できない。日直よりは『総会』の方がずっと根本的な『討議つくり』の問題で、『総会』の裏づけなしには『日直』はありえない」といっている。(1964年6月号61号23,24頁)

ところが、実践的にはそうなっていなかった。当初の集団主義教育が何よりも規律の確立に関心が寄せられたこともあって、日直の実践的研究がどんどん一人歩きしていった。「日直づくり」ということばが使われているのを大西忠治は「技術主義」と鋭く批判した。

そこで春田は『班のある学級』の大西の力説を引用する。(春田前掲書202頁)

「討議つくりは、本来は集団主義的教育としての学級集団つくりの、もっともたいせつな方法論的側面であるのに、どういうワケかいままで、この問題が不当に無視されてきたのは不思議なのです」。「『討議つくり』とは、集団が、その成員のひとりひとりに集団のもっている力、集団のさまざまなちからを自覚させ、それを表現する能力、それを遂行する方法・スタイルを身につけさせることをいうのです。簡単にいうと『討議つくり』とは集団のちからを教えることなのです。こういえばこれを抜きにした集団主義的教育があり得ようはずがないことがおわかりいただけるでしょう。」(『班のある学級』160,161頁)

さらに、春田は第9回大会後の常任委員会で、「これまでの段階では、どうもぴったりとは結びつかないままであった『民主主義』と『集団のちから』の問題が見事に結合され、そこに子どものなかにこの国の民主的主権者となる能力を育てることこそが集団づくりなのだという、集団づくりの目的論の確立」がなされたという。(春田前掲書220頁)

その直接のきっかけとなったのは、城丸章夫の1967年9月号106号の「主張・いまこそ平和教育を」だったという。

そのなかで城丸は、「戦後の平和教育の歴史」にかかわって、昭和30年以降国民教育について「平和と独立」の問題が提起されたにもかかわらず、教育実践に転化させることにはとまどいがあり、平和も独立も、民主主義教育一般に解消

---

44) 城丸章夫──(1917〜2010) 教育学者。千葉大学名誉教授。全生研初期からの研究者常任委員で、生活指導の理論的指導者として活躍した。体育理論や軍隊教育についても造詣が深い。

される傾向があったという。

「民族の独立という問題は、民族の精神的・物質的な＜ちから＞の何らかの結集ということを抜きにしては考えられません。だから教育も何らかの形で＜ちから＞の概念を内部にとりこむ必要があります。ところが、わたしたちは＜ちから＞を大いに嫌悪してきました。学校からいっさいのちから的なものを排除することこそ民主的な教育なのだと考えてきました。それでは平和も民主主義も個人的心情にとどまることになるのだということが、なかなか理解できませんでした。」「このような心情主義に打撃を与えたのが勤評と学テでした。この闘いのなかで民主教育を守る＜ちから＞を自覚せざるをえなかったからです。」「そしてこの自覚に導かれて、『主権者としての教育』『民主的主人としての教育』という国民教育論の具体化が追求されるようになりました。『集団づくり』というわたしたちの思想と実践も、こうした具体化のひとつであったのです。」（106号「主張」）

これに続いて竹内常一が、1968年1月号111号の「ふたたび『教師の指導性』について」で次のように述べている。

「城丸氏によれば、平和・独立の問題が民主主義教育一般に解消されてしまうのは、当の民主主義教育そのものに欠陥があるからではないか、というのである。民主主義教育が＜ちから＞にかかわるものとして把握されなかったために、民主主義教育は平和、独立の問題と結びつくことができなかったのではないか。＜ちから＞を生みだしえないような民主主義教育にあっては、平和・独立の問題は子どもの信念とはなりえず、個人的心情にとどまらざるを得ない。」

そうやって自覚的にとりだされてきた新たな「民主主義教育」像を、竹内は『生活指導』1968年5月号115号の「主張・民主主義教育における集団のちから」で述べている。

「民主主義教育における集団のちからなどと主張すると、おおかたのひんしゅくを買うおそれがないとはいえない」が、「こんにち、どのような職場においても、教師集団がひとつの勢力として確立されていなければ、どんな些細なことがらにおいても教師集団の意志をつらぬきとおすことができない」から、教師集団がちからをもつ必要はわかるはずだ。そして、教師集団がちからを獲得するということは、「やがて子どもたちが自分たちのちからで非民主的なちからを制し、自分たちのちからで解放をかちとっていけるようにすることを予想している。つ

まり、学級集団をひとつのちからとして確立していくことを意味している。だから、ここでは集団はひとつのちからなのであって、人間関係に解体することのできないものである。学級集団はひとつの民主的なちからとして、学級の内と外の非民主的なちからにたいしていどみかかり、討議を通して真理を非民主的なちからにおしつけていく。このような実践のなかで、学級集団はみずからの非民主的な集団関係を変革し、被支配者は無力感や政治的無関心からぬけだしていく。かくして、学級集団はその集団のちからを発揮することを通して、民主的主人としての自覚、いいかえれば、主権者意識を自覚していくのである。これが集団つくりの本質なのである。」（115号「主張」）

春田は以上のように、「集団のちからをつくりだす討議つくり」の役割、「民主主義教育と集団のちから」の関わりが明らかにされてきた経過を述べているのである。

これらのことを受けて、第10回全国大会の基調提案が、ここまでの生活指導運動の総括をふまえて全生研10年の研究と実践の集約点を明示するかたちでまとめられた。

4）第10回全国大会基調提案「教師の指導性と集団のちからを明確にする」
（1968年8月号118号）

第8回に続いてこの基調提案も竹内常一が執筆した。
(1) 生活指導研究運動の課題

まず、表記の大会主題が設定された理由を、「集団とは民主的なちからであることを明らかにし、集団を民主的なちからとして形成する教師の指導性を究め、そしてそのことによって集団づくりの展望を切り開こうというのである。」と説明している。

では、集団づくりを集団のちからの確立ととらえる意味はというと、一つには、「集団づくりとは、集団内外の非民主的なちからの支配に対抗して、民主的な集団の意志をちからとして自覚的に発揮していくいとなみであるということである。」「もう一つは、集団とは、反集団的なちからの支配に抗して集団とその個人を守るちからとしてまず存在するものであって、決して心情的な共感としてまず存在するものではないということである。」「わたしたちはこの集団のちからの

より完成されたものを団結といい、連帯というのであり、このちからの自覚的な表現を自覚的規律、意識的規律とよぶのである。」

「そうだとすれば、集団づくりとは、集団のちからを集団の内外に発揮させることを通して、子どもたちに集団の民主的主人のちからを自覚させ、さらに民主的主人のちからの自覚的表現であるところの自覚的規律を子どもたちの中に育てる教育的いとなみだということになる。」（118号9,10頁）

(2) 平和と独立と民主主義と

今回、「わたしたちが集団のちからという一点に凝集して過去の生活指導運動を総括し、生活指導運動の未来を展望しようという問題意識を持つようになったのは、一つには、わたしたちがこの一年間、機関誌『生活指導』を通して、平和と民主主義、独立と民主主義との関連を意識的に追究してきたことと無関係ではない。」（同10頁）として、先にも取り上げた1967年9月号の城丸章夫の「主張・いまこそ平和教育を」をまず紹介している。城丸はその中で、教育の軍国主義化の特質を四点にわたって摘発している。

すなわち、第1は、いっさいの民主主義的な諸傾向に対する抑圧。第2に、支配するものと支配されるものとの間に明確な一線を引く差別の導入。第3に、戦争賛美、権力万能主義の思想の教育課程を通しての系統的注入。第4に、学校外の軍国主義的な組織と協力しての軍国主義的な思想と人間関係を校外の子ども・国民の生活へのもちこみ、である。

そこで、「城丸氏のように教育の軍国主義化をとらえると、平和教育の裾野は広くなり、民主主義教育そのものと深く結びつかなければならない」と述べている。

そして、「民主主義教育とは、人民主権のちからとはなんであるかを子どもたちに自覚させ、それを非民主的な力に対して自覚的に表現、行使させることを教える教育、つまり主権者としてのちからと自覚を育てる教育だということができるだろう。」という。（同12頁）

(3) 戦後生活指導運動の総括的検討①

ところが、集団とはちからであり、集団のちからとは人民主権の具体化であるというとらえ方に本能的に反発する考え方がある。どこからそれが出てくるのか、戦後民主主義教育と生活指導運動の歴史とのかかわりで究明しておく必要がある。

第Ⅱ章　生活指導と集団づくりのめざす教育像

　戦後日本の教育は、軍国主義的・超国家主義的教育体制を除去した新教育として出発したが、政府は国体護持や教育勅語の存続を図り、教育の民主化をサボタージュしようとした。そのため、学校教育の深部には絶対主義的な教育体制が残存した。

　しかし、平和と民主主義の憲法理念のひろがりの中で、教師たちは主権者としての自覚に目覚め、生活指導や特別教育活動の分野で四谷六小や旭ヶ丘中学校[*45]、[*46]「山びこ学校」のような自治的な実践を進めるようになった。

　このような国民のちからに押されて、政府は昭和23年5月教育勅語を廃止し、24年に「新制中学校、新制高等学校、望ましい学校運営の指針」「新しい中学校の手引」を出して、アメリカの教育理論の直輸入の教育を始めた。これは日本の教育の民主化に一定の役割を果たした。ただ、生徒自治によって学校運営への生徒参加を認めたが、生徒の自治権を認めなかったので、自治活動を学校運営の下請け作業にする限界をもっていた。

　この限界は朝鮮戦争の開始、第2次アメリカ教育使節団[*47]の来日によって、一層強化される。アメリカは国民の民主化要求を反共民主主義の方向にそらそうとした。これに呼応して旧道徳復活の動きが顕著になり、学校内部の管理主義も息を吹き返し始めた。教師と子どもに対する権力的統制、管理体制が復活し、民主主義教育を民主的生活のしかたの教育に矮小化していった。生徒会児童会活動は形式主義化し、奉仕活動的性格を強めていった。

（4）戦後生活指導運動の総括的検討②

　国民と教師はいまや政府が平和教育、民主教育のにない手であることをやめたことを見てとり、自ら平和と民主主義のにない手にきたえあげねばならぬことを自覚していった。

　戦後の平和教育は、子どもの民主的権利を擁護し、子どもの権利の尊さ、子ど

45）四谷六小の実践――東京の四谷第六小学校の教師であった石橋勝治らによって進められた、戦後の民主教育を具現化した子どもたちの自治活動を大事にする教育実践。
46）旭ヶ丘中学校の実践――昭和20年代半ばに京都市立旭ヶ丘中学校で、生徒を主人公にした学校をめざして生徒会を中心にした自治活動によって民主的な学校づくりをすすめた実践。
47）第2次アメリカ教育使節団――1946年にGHQの要請によってアメリカから派遣された第一次使節団の報告に沿って進められた日本の戦後学制改革が、民主化の線に沿ってどう進められたかの視察のために、1950年に派遣されたのが第二次教育使節団。

ものいのちの大切さを守り育てていく民主教育と結びついていた。折からの生活綴方運動の復興とともに、平和教育＝民主教育は、子どもの願いや要求、権利の問題を実践の中軸にすえ、その願いや要求の共同化を図ろうとした。これによって戦後自治活動の形式的な活動主義、管理主義的な生徒管理を突破しようとした。

しかし、この時期の生活指導実践は、戦争直後のような団結権を軸にした自治活動の復活に結びつかなかった。全人格の団体への従属を強制する教育の反動化への反発から、団体的統制拒否、個人的自立尊重という方向をとったため、団体ぎらいとともに集団ぎらいの考え方を呼び込んでいった。

「そのために、子どもを社会的現実とのかかわりにおいてとらえ、子どもの人間的要求を社会的現実の認識をとおして社会的要求にきたえあげ、そのことで子どもを社会的実践主体にまで育てていくという戦前生活綴方教育のきりひらいてきた道をさらにつき進むのではなく、子どもの社会的要求を人間的要求に解体することによって、子どもの社会的要求に内在していた現実的意味を剥奪し、子どもの現実的認識を主観的、主情的なものに切りさげ、子どもの情緒的適応をはかる方向に陥って」しまった。（同16頁）

「同様に、当時の仲間づくりの実践は、集団を情緒的な人間関係に解体することによって、」「ヒューマン・リレイションズ[*48]におちこみ、その結果、集団内の民主的なちからと反民主的なちからとの敵対関係をおおいかくし、集団のちからを解消する方向に陥る危険性を含んでいた。だから、集団認識、民主主義理解は著しく心情主義的な色彩をおびることとなり、平和の問題も民主主義の問題も個人的心情のうちにとどまり、平和や独立の問題は、生活指導実践とかかわりのないものとして棚上げされて、民主主義教育一般の中に解消されるという傾向を生みだした。」のだったという。（同16,17頁）

(5) 集団のちからと教師の指導性

「このような民主主義の心情主義的理解に対して衝撃を加えたのが、勤評闘争から安保闘争へと続く一連の平和と独立と民主主義を守る国民的な闘争であった。民間教育運動は平和、独立、民主主義を守り、かちとる＜ちから＞は人民の団結したちからであることに目覚め、」「子どもの中にこのちから、すなわち民主的

---

48) ヒューマンリレイションズ——人間関係論のこと。一定の社会組織、とりわけ企業の中での人間関係をよくして社会生活、生産性向上を図ろうとする論。

主権者としてのちからとその自覚をいかにつくりだすかという追究を始めたのであった。生活指導運動では、この問題の追究は、仲間づくりから集団づくりへの移行として現われた。」（同17頁）

「集団を心情的な仲間関係としてとらえるか、それとも集団を＜ちから＞としてとらえるかという論議は、同時に生活指導の目的を子どもの人間的適応におくのか、それとも主権者としての自覚の形成におくのかという問題」につながってくる。（同17頁）

要求の組織化といわれる実践のなかで、個々の権利要求から主権者意識へと発展するが、この子どもの意識の発展は、その要求を実現させた子どもたち自身の集団的なちからの認識、自覚化、表現を通してなされる。これは教師の指導なしには、子どもたちの手ではなかなかできるものではないから、教師は主権者意識の形成という観点から個々の具体的な権利要求におりてきて、子どもたちの権利要求から主権者意識の確立へとのぼってくる道をつくってやらなければならない。これが要求の組織化における教師の指導性だという。

「教師はたんなる個人としての子どもの人間的欲求を主権者としての社会的要求に、子どもの主観的、主情的な現実認識を客観的、理性的な現実認識に、無自覚な集団のちからの発揮を自覚的な集団のちからの表現に高めていくことによって、子どもを社会的正義を追求する社会的実践主体にきたえあげていかなければならない。」のだという。（同18頁）

(6) 集団のちからとその教育力

「わたしたちは、集団のちからを教えるために、集団の意志とちからの表現形態であるところの総会の討議と決定、および行事活動をきわめて重視し、そこに集団つくりの実践的力点をかけてきたといってよい。前者は集団の意志とちからの論理的表現であり、後者は集団のちからの美学的表現であり、これらの集団の意志とちからの表現を通して、子どもたちに集団のちからを自覚させようとしてきた。」

「ところで、前者、総会の討議と決定は、実践的には、集団の外側にむけては要求行動として、集団の意志の実現をおし進めていく方向をとると同時に、集団の内側にむけては集団成員の統制、自主管理という方向をとる。しかし、いずれの場合も、集団の意志決定は集団の怒りの組織化、つまり集団的に怒ることを

教えることからその指導が始められる。これをわたしたちは追求とよんできた。」(同 19 頁)

「この場合、集団の教育力は追求される側の子どもに向って働いている」と考えがちだが、「集団の教育力は何よりもまずそのちからに結集している子どもたちに対して働くのである。追求をしきるためには、集団は反集団的な子どもの存在を許した集団自身の構造を組みかえなければならない。だから、反集団的な子どもの存在を許容していた子どもたちや反集団的な子どもに支配されていた子どもたちが追求にたち上がらないかぎり、追求は成功しない。」「このような子どもたちの感動的なたち上がりが、追求される側の子どもに衝撃と感動を与え、このような子どもたちの集団のちからへの結集が集団の内部構造をくみかえ、反集団的な子どもをかかえきる力量をもちだすのである。

このように集団の教育力はまず第一に集団のちからに並行して働くのであって、集団のちからの対象に働くのはその次であることに注意する必要がある。そうでなければ、追求はいわゆる『つるしあげ』に堕してしまい、集団のちからの自覚に結びつかないこととなる。集団のちからのたえざる確立を通して、集団のちからに結集してくる子どもたちに民主的主人としての自覚を教育することによって、集団は集団外部の非民主的なちからに対抗しうるちからと自覚を子どもたちの中に導き出していくのが集団づくりであるといっていい。だから、討議の指導と集団の美学は集団づくりの方法の中核的位置をしめるものといってよい」（同 20 頁）

5）総会問題を解明する

このあと『生活指導』誌は、集団のちからをどうつくりだすかをめぐって、総会問題に焦点を当てて連続特集を組んでいるが、そのなかの竹内の論稿を取り上げておきたい。

①竹内常一「総会討議と総会決定とは何か」(1968 年 11 月号 121 号)

「総会が最高決議機関であるということは」「集団が総会決定によって単一の要求、目的を確定し、集団の全成員、全活動をこの単一の意志のもとにむすびつけることを意味している。」そして、「集団が総会決定を必要とするのは、裏をかえせば、その集団内部に分裂し、対立する要求や意志が存在し、集団の単一性に危機が生じているからであろう。だから、集団はこの分裂、対立を克服するために、

大別すれば多数決か、全員一致かのいずれかの方法で単一の集団的意志を確定するのである。」（121号9頁）

「総会は……基本的な利害と意見の対立が存在しているとき、ふつう多数決を採用する。多数決方式はこの基本的な利害の意見の対立という現実を承認し、多数者による少数者の支配を容認したところに成立している決議である。」この場合、「多数決の結果生じるところの、多数者による少数者の支配という事実に教育はどのようにして責任をとるのか」ということが問題になる。「しかし、生活指導において民主主義を教えるということは、多数者と少数者との間における支配と服従という組織的関係を教えることは避けて通ることはできない。」（同10頁）

「他方、全員一致の方式は決定されるべき事柄について基本的な利害の対立、意見の対立が存在していないことを前提条件としなければ成立しない。」（同10頁）

「まず客観的には、こんにちの階級的な学校ではどのような集団決定といえども、それは一方のものに利益を与え、他方のものに損失を与えるものとして現われる。つぎに、主体的には子どもたちのほとんどは、個人的利益と集団的利益とを統一させる能力をもっていない。この二つの理由から、全員一致の方式はその前提条件をもっていないといっていい。少なくとも、子どもたちが個人的利益と集団的利益とを統一させることを学び、その能力を持つようになるまではその前提条件をもつことができない。」（同11頁）

「もしこの前提条件を無視して総会が全員一致の方式を採用したとしたらどうなるか。その結果は、分裂し、対立しあっているいずれかが、または双方が、自分の利益に無関心となり、自分の意見を放棄することとなる。」つまり、それは一方による他方の支配をよびおこすか、総会決定が自主的支持されないから、決定の空洞化をもたらす。いずれにせよ、それは集団のなかに妥協と退廃を拡大させるものになる。（同11頁）

「このようにみてくると、総会決定は当面のところ否応なく多数決を採用するほかない。しかし、多数決によるかぎり、集団はその内部にその意思決定に反対する部分を含んでいる。だから、総会決定は集団の単一の意志となるためには、この少数者を統制し、指導するちからをもたなければならない。」（同12頁）

では、総会決定はこのようなちからをどのようにして獲得するのかが次の問題になる。

「総会は、分裂し、対立した意見が何らかのちから関係をなして存在しているところからはじめられる。もし総会がこのちから関係を無視して、総会討議、総会決定をおこなうとなると、このちから関係は地下に潜行し、総会決定に反抗しつづける地下組織となる。集団決定は地下組織にたえず犯されることによって、ちからのないものとなり、やがては空洞化していくこととなる。だから、総会はその集団の意志をちからあるものとして決定するためには、討議と決定の全過程においてこの分裂対立する意見相互のあいだにあるちから関係をくみかえなければならない。……討議と決定は、正当な意見が多数を獲得し、不当で少数の意見を制するだけのちからを確立することを含まなければならない。討議と決定のなかで、多数者は自分たちの意志を少数者にデモンストレイト（示威――宮原注）し、少数者の意見を孤立させ、そのことによって少数者のちからを失わせる過程を含まなければならない。このように、討議と決定がその過程で集団の既成のちから関係を変革しえたとき、はじめてその集団決定はちからあるものとなり、権威あるものとなる。」（同13頁）

その総会はどんなイメージになるかというと、旧来のような、個人が自分の意見をそれぞれ述べ、聞いているものは賛否の表情をも示さず、適当なところで挙手採決になるといったものではなく、意見の主張が口先だけから全身的なものになり、多数の意志は拍手や足ぶみで、また「賛成！」という叫びだとかで表現されるような集団的行動の要素を含みこんだものでなければならない。総会はこのようなダイナミズムを含まなければその決定にちからを付与することができない。そうだとすれば、教師が意図的に総会指導をすることなしには、総会は自然発生的にはこのようなダイナミズムを獲得できないものである。

それでは教師はどのようにして総会指導をおこなったらよいのか。それには三つの場面の指導が必要である。

(1) 総会の準備過程での指導

原案作成と総会討議に対する準備の二つが重要である。

討議原案は多数の生徒の要求に立脚し、同時に生徒たちに集団のちからを自覚させるようなものでなければならない。そのためには、原案は集団の要求、意志、目的を正確に規定し、活動の目的と手段との関係を厳密に規定し、集団行動を実務的な正確さをもったものに規定する必要がある。そうすることによって、集団

の意志を明確にし、決定することのきびしさを集団に教えることができる。そうでない場合には、総会決定が行われても、集団の意志が客観化されず、決定の勝手な解釈が横行し、意志がちからとはならない。

総会討議の準備は、原案作成の過程から行われる。原案作成者（集団づくりの当初は教師）は、その原案に最も利益と関心を寄せるグループの中から影響力の強い子どもを幾人か選んで原案作成についての意見を聞く。同時にその原案に集団がどう反応するか、①原案に利益を感じるグループ、②不利益を感じるグループ、③直接利益を感じないグループと、三つの要素の関係を総会討議によってどのように変えるかを分析しあうことが必要である。

(2) 総会場面での指導

まず第一に、原案に賛成する者に原案が決定されたらそれはどのような形で跳ね返ってくるかを明示し、決定することの重大さを強く訴える必要がある。それによって、賛成派に原案の正しさを確認させ、原案の正しさを中間派や反対派に説得する力量を育て、さらには多数決によって少数派にその意志をおしつけることについての自覚的責任をも導き出していく必要がある。

次に、教師は総会場面でどのように振る舞って指導を入れていったらよいのか。議長に発言の許可を得てから発言することもあるが、必要によっては拍手をしたり、拍手を組織したり、合いの手を入れたり、生徒の発言中に議長の許可なしに割り込んで発言したりと、指導をたえず入れていく必要がある。こうした方法で総会が誤った決定をしないように導くと同時に、集団討議の中にじょじょに行動的要素を導き入れ、総会討議のスタイルをも合わせて教えていくのである。

(3) 総会決定後の指導

総会はその決定にもとづく集団活動をたえず点検、評価、審議、総括できるシステムをもつことが必要である。それにより総会決定によって確立された集団のちからを定着させ、強化していくことができる。それは具体的には、総会と日直、総会と指導機関との関係を明確にしていくことである。

以上のようにして、総会はその討議と決定と点検とによって、集団のちから関係をたえず変革しつつ、集団のちから＝主権を確立していくが、それとともに、総会討議と総会決定はデモンストレイションという形態から冷静で論理的な、それでいてきびしいスタイルへと移行しはじめ、また集団成員に個人的利益と集

団的利益とを統一させるさまざまな経験を与えるにつれて、多数決方式からじょじょに全員一致の方式へと移行していく。

4.『生活指導の理論』の出版

このように、第10回大会基調提案をまとめ、総会問題の論文を書いて全生研運動の総括をすすめながら、1969年11月、竹内常一は初めての単著『生活指導の理論』(明治図書)を世に問うた。500頁の大著で、宮坂哲文の研究と自分の研究の相違点を明確にしながら、現在の到達点を明らかにしている労作である。

その「まえがき」に、宮坂哲文に誘われて全生研に参加し、宮坂の生活指導研究運動にかける情熱に感化されてきたが、「わたしは生活指導研究の諸問題については宮坂氏と原理的な点で意見を同じくすることはほとんどなかった。とりわけ、集団主義教育、集団主義的訓練が登場するようになって以来、わたしは宮坂氏の学習法的生活指導観にほとんど組みすることができなかった。わたしの生活指導研究は、宮坂氏の学習法的生活指導の批判をとおして訓練論的生活指導の方向をとることとなった。」「本書はわたしのこうした訓練論的生活指導研究の総括である。」と書いたとおりに、宮坂によってきりひらかれたテーマをたどりながら、宮坂理論の批判を進めそれを乗り越えた地点に自分の生活指導論をうち立てようとした。

第一部 学習法的生活指導の理論―宮坂哲文の生活指導理論―

ここでは、宮坂哲文の学習法的生活指導概念がどのようにして形成されたか、それがなぜ、どのように再編成されざるを得なかったかを解明している。

Ⅰ. 学習法的生活指導概念の形成過程

宮坂の生活指導研究は、戦後新教育の特別教育活動、ガイダンス研究から出発した。はじめ統合的カリキュラム構成のもとで、ガイダンスまたは生活指導を独

---

49) 統合的カリキュラム――子どもの学習は、身の回りの生活場面に起こる問題を解決するなかで成立してくるもので、各教科はその問題解決に役立つべきで、社会科が中心になってカリキュラムが統合されることが必要だとされた。

立した機能とみていなかった。しかし、コアカリキュラム(*50)の破産とともに、統合カリキュラム論は崩れ去り、生活指導と学習指導という二つの機能への分解が進むなかで、生活指導を独立した教育作用としてとらえるようになった。

　だが、生活指導を生き方の指導ととらえる宮坂にあっては、生活指導と学習指導は別物という二元論はとらなかった。学習指導もまた生き方の指導に包摂されるという意味で、生活指導に生かされる学習指導を真の意味の学習指導ととらえた。この論理は、宮坂の処女論文『禅における人間形成』（1947年）（後に1970年評論社から出版）の中で言われた「学」と「行」と「智慧」の関係と同じである。すなわち、学習指導は行としての生活指導を媒介として真の学習指導になる、というのである。

　そこで竹内は次のようにいう。「宮坂の生活指導は問題解決学習の内面化、心情化、道徳化されたものである。生活指導は、主体的主観的現実を学習材として生き方の学習を指導していくものである」ので、「宮坂のいう生活指導は依然として学習指導の文脈にある。」「このように宮坂の生活指導は訓練の方法ではなく学習指導の方法によってとらえられているのである。」そこで、「このような生活指導を学習法的生活指導とよんで、それを訓練論的生活指導から区別しよう。」とした。（『生活指導の理論』61頁）

　宮坂は、そのような実践形態として「学級づくり」を構想するのだが、それはこんにち広く使用されている「学級集団づくり」とは異なっている。学級集団づくりが訓練論的生活指導に対応し、主として自治的集団の形成の意味を持つのに対して、宮坂の学級づくりは学習法的生活指導に対応する学習集団として構想されており、自治的集団はこの学習集団の形成原理のうちにつつまれているものである。

　それがやがて、1957年の第6次全国教研で、いわゆる「仲間づくり」論に発展されることになる。すなわち、①学級のなかに、なんでもいえる情緒的許容の雰囲気をつくること、②生活を綴る営みをとおして一人一人の子どもの真実を発現させること、③一人の問題を皆の問題にする仲間意識の確立、という三つの発展段階からなるとされるのである。

50）コアカリキュラム――教科の枠にとらわれず、子どもの身の回りの生活問題を核（コア）として、その生活問題を解決する経験の過程を大事にするように組み立てられたカリキュラム。

このシェマが「解放過程から集団の規律へ」とよばれるようになったのである。
　この立場から、宮坂が『生活指導と道徳教育』(明治図書、1959年)で行った生活指導の概念規定は次のようなものだった。
　「生活指導とは、教師が子どもたちと親密な人間関係を結び、一人一人の子どもの現実にいとなんでいるものの見かた、考えかた、感じかた、ならびにそれらに支えられた行動のしかたを理解し、そのような理解を、その子どもたち自身ならびにかれら相互のものにすることによって、豊かな人間理解にもとづく集団をきずきあげ、その活動への積極的な参加のなかで一人一人の生きかたを(生活認識と生活実践の双方を、つまり両者をきりはなさずに統一的に)より価値の高いものに引き上げていく教師の仕事である。」

II. 生活指導概念の再編成過程

　この仲間づくり論は野火のように広がり、生活指導運動をリードしたが、宮坂の生活指導機能論には、二つの方面から批判が起こった。
　一つは教科内容、教科指導研究の側からで、宮坂の「教科をとおしての生活指導」というのは、教科指導独自の体系が生活指導独自の体系にとってかわられ、教科指導の体系性が混乱させられるというのである。もう一つは、大西忠治を中心とする訓練論的生活指導の側からの学習法的生活指導への批判であった。
　前者は、小川・宮坂論争として対立論争となった。が、小川も宮坂もその後台頭してきた後者の香川生研の集団主義的訓練論に対して、訓練過剰、認識の指導の不足、子どもの自主性の軽視などの批判をもっていたし、戦後生活綴方の評価の一致などの共通点をもっていたので、両者の論争は下火になってしまった。
　後者については、その生活指導運動の現場への急速な広がりを無視することができず、その訓練論を一定評価せざるを得なかった。そこで、宮坂は従来の解放過程と建設過程という用語法を改めて、解放過程と組織過程という用語法を提出し、それを後には「意識づくり」と「体制づくり」に置きかえ、組織過程、体制づくりに訓練論をとりこもうとした。
　その結果、宮坂は『生活指導の基礎理論』の序で次の通り生活指導概念を再編成した。
　「生活指導は個々の子どもおよび子ども集団の現実に直接にはたらきかけ、か

れらじしんが自己をふくめた環境（集団）を民主主義的原理に立って変革的に形成しうる能動的な、集団的組織的態度、能力をかくとくするようにみちびき、それによって人格の全面発達を可能にする独自の道をひらくしごとであり、教科指導と相俟って、学校教育の基本目標の達成に寄与すべき教育作用である。」

宮坂がどう統合しようとしたかということについて竹内は、次のようにまとめている。

「このようにみてくると、宮坂の統合論の本旨は、集団主義教育についていえばこうである。すなわち、集団行動をとおしての意識づくりの路線は、ひとりひとりの子どもの主体的主観的現実を問題にする生活綴方的な意識づくりにむすびつけられたとき、その統制を受けたとき、はじめて真の意識づくりとなり、人間形成としての学習指導になるというのである。……宮坂は、このように生活綴方教育と集団主義教育をくみかえることによって、従来の生命観照的な仲間づくり論を社会改造的な仲間づくり論にかえようとしたのである。つまり、宮坂は学習法的生活指導一元の生活教育論を社会改造的な生活教育論に修正したのである。」（『生活指導の理論』108,109 頁）

以上のような宮坂の再編成作業とは全く異なる視角から生活指導概念の再編成に切り込んだのが竹内常一であった、として自分の所説を対置する。

「学級集団づくりの系統的計画のために」で明らかにしたように、竹内は宮坂のような綴方的集団づくりと集団主義的集団づくりの折衷的な統合論ではなく、学級づくりのすじみちは集団主義的集団づくりのすじみちを軸として、綴方的集団づくりはそれに並行し、奉仕していくべきであると結論した。そして、「この論文以降、竹内は、集団主義的な学級づくりを戦後自治活動を継承するものとおさえ、それを集団主義的訓練に組みかえようという意図のもとに集団主義教育の紹介を精力的に展開した。」と述べている。（同 116 頁）

「このように竹内は宮坂のとった方向とは全く逆の方向、すなわち生活訓練のもとに学習法的生活指導を統制しようという方向をうちだしていったのである。」（同 117 頁）

さらにもう一つの違いは、学級集団づくりの内部構造の違いとなる。

「竹内は、『学級集団づくりは、子どもの自主的判断と自発的行動を育てていく解放過程と、その自主的判断、自主的行動を方向づけていく組織過程からなって

いる。』といい、『組織過程は、学級を民主的な集団にまで高めていくための組織づくりをとおして解放過程によって育てられた子どもの自主性を民主主義、集団主義的価値観の方向に発展させるものである。』という。」(『学級集団づくり双書』明治図書、1962 年・宮坂・竹内「学級集団づくりの本質」)

その解放過程と組織過程は、宮坂のいうように、まず解放過程があって次に組織過程があるというように前後段階をなすのではなく、同時に進行していくもので、相互に対立しあいながら、相互に浸透し、移行しあう過程である、という。

以上、第一部では、宮坂の学習法的生活指導概念が生まれてきた経過と、それが集団主義の訓練論的生活指導の登場によって揺さぶられ、社会改造的な生活指導論に再編成されたこと、およびそれを批判する竹内の訓練論的生活指導論とはどう違うかが述べられた。

そして、第二部では、この二人の違いは、戦前生活指導の評価の違い、特に小砂丘忠義(*51)と野村芳兵衛(*52)の評価のちがいに発していることを検証しようとしている。それを 156 ページにもわたって詳細に展開しているが、それを簡潔化してたどってみることにする。

第二部 生活綴方と生活訓練

I. 生活指導概念再編の歴史的考察

竹内はここでは、『生活指導の基礎理論』に展開された宮坂の戦前生活指導研究史にかかわって、その生活指導概念の歴史的展開を検討しようとする。

はじめに用語の問題だが、この第二部で、「前期生活主義綴方」「後期生活主義綴方」「前期生活綴方」「後期生活綴方」「生命主義綴方」などの戦前綴方指導の時期区分の用語が頻繁に使われているが、それらについては文中のどこにも規定の説明がない。そこで、文中の論述に表わされたものから私は次のようにとらえてみたが、これでいいのだろうか。

---

51) 小砂丘忠義——(1897〜1937) 大正・昭和前期の教育運動家。高知県で小学校教師になり、上京して全国誌『生活綴方』を創刊して生活綴方教育運動に邁進した。

52) 野村芳兵衛——(1896〜1986) 大正・昭和時代の教育者。浄土真宗だった岐阜県の実家の影響で親鸞への信仰が厚かった。上京し、東京池袋にあった自由主義教育の児童の村小学校の教師となる。生活を基礎に協同自治の精神で共に学ぶ場を作るのが教師の役割ととらえた。

「前期生活主義綴方」とは、随意選題の芦田恵之助から「生命主義綴方」の田上新吉、田中豊太郎、五味義武らの系譜。「後期生活主義綴方」とは生活綴方の系譜で、『綴方生活』誌によった小砂丘忠義、峰地光重、野村芳兵衛らを「前期生活綴方」と呼び、北方性教育運動の村山俊太郎、佐々木昂、鈴木道太らを「後期生活綴方」と分けてよんでいるようだ。

宮坂と竹内の違いは、小砂丘忠義や野村芳兵衛らの「前期生活綴方」のとらえ方にある。

宮坂は、「前期生活主義綴方」の田中豊太郎が、教育には教授、訓練の他に、第三に観照生活（物の見方、考え方、感じ方）の指導があると見出し、これを生活指導としたが、それはあくまで個人主義的、自由主義的な立場のものであり、集団的生活態度の形成は問題とされなかった。それに続く小砂丘らの「前期生活綴方」にもそれは見られなかったが、「後期生活綴方」即ち北方性教育になって集団的人間像がはっきり打ち出されてきたとみる。

これに対して、竹内は、生活綴方教育を生命主義的に理解していた宮坂が、前期生活綴方教育には生活訓練的思考が皆無であるとしたが、前期生活綴方教育は生活訓練と深い親近関係をもち、生活訓練を介して集団主義的志向を含んでいたとみる。これが後期生活綴方の北方教育の集団的人間像に発展されたので、両者は連続していたのであるという。

これを受けて、竹内は、次のⅡ章とⅢ章で、戦前の綴方的生活指導観の再検討による小砂丘忠義の位置づけなおしと、野村芳兵衛の訓練論的生活指導観の成立をとりあげて、前期生活綴方と後期生活綴方の連続性を検証しようとしている。

Ⅱ．綴方的生活指導観の再検討

宮坂は、小砂丘忠義が田中豊太郎らの前期生活主義綴方が主観的な観照生活に偏っていたのを批判して、自然や社会にまで題材をひろげはしたが、綴方表現においてはその手法をそのまま継承したから、前期生活主義綴方と小砂丘の間は連続しているととらえた。

これに対して、竹内は、前期生活主義綴方では自分自身の心情をありのままに表現していくことが主張されたのに対して、小砂丘が「社会構成の一員として」の自己の気持ちをありのままに表現していくことを強調していることに両者の違

いを見ている。
　「田中の生活解放論は社会生活から裸の自己を解放していくものであるのに、小砂丘のそれは社会構成の一員として、一定の実践的意志を持った社会的なちからとして自己を解放していくものであるといえる。また、田中にあっては、生活指導は自己を空しくして生活を観照することで生活のなかに自己を融合させていくことであったのに対して」（同156頁）　小砂丘のそれは、「社会的文脈のなかに埋没している自己を独立させて、そこに社会構成の一員としての自己」を見出していくようにさせることなのだという。（同159頁）
　ここから竹内はいう。「小砂丘の教育論は、子どもがその社会的主体性を徹底的に発揮していってこそ、それは社会の必然性にきたえられ、社会的必要を反映した社会的主体になるのだという決定論的な教育観にたって」いる。（同162頁）
　さらに、小砂丘の生活指導観は、「前期生活主義綴方のように社会構成の一員であろうとすることを捨象して自己を内省することを『生活指導』とみなすのではなくて、むしろ反対に、この社会構成の一員であることに固執し、生活現実に対峙してこの立場を確立し、生活の必要にきたえられて自己を歴史的社会的存在にまで高めていくことを生活指導とみなすのである。」（同165頁）つまり、訓練としての生活指導が構想されていたのである。
　しかし、小砂丘のこの生活指導論の構想は、ほとんど実現されなかった。小砂丘の訓練としての生活指導という方向は、野村芳兵衛によって具体化された。

Ⅲ．訓練論的生活指導観の成立―野村芳兵衛の生活訓練論―
　1．宮坂の野村芳兵衛理解
　竹内は、宮坂の野村芳兵衛理解を次のように批判した。
　宮坂は、野村の原始子どもの発見に生活指導における解放理論の原型を見ることによって、野村の生活訓練、生活指導論を「自由教育」的なものと考えているが、小砂丘と野村はともに大正期以来の「自由教育」とたたかい、決定論的な教育発想にたつ生活教育を追究してきた同志だったと、竹内はいう。
　さらに、親鸞の他力本願[*53]を奉ずる野村の客観的観念論と、道元の自力本願[*54]を

53）他力本願――衆生を救おうとする阿弥陀仏を信じることによって、仏の手で成仏を遂げようとすること。

基礎とする宮坂の主情的観念論とは一致するものではないのに、宮坂は野村の生活訓練論[*55]を自由意志論[*56]的な集団（社会）改造論の文脈にとりこみ、綴方的生活指導を社会改造的生活指導論に再編しようとした。

２．野村芳兵衛の「生活指導」観

野村は自由教育の哲学的基礎にあるカントの主観的観念論、主観的理想主義を批判した。

カントにあっては、自然界の一員である人間の活動は自然の因果関係に拘束されるから、その活動には人間の自由がない。その活動には人間的価値も道徳もない。道徳の成立根拠は人間自身から出る自発的なちから、自由な意志、理性にまつしかない。人間は時空と因果の拘束を受ける理論理性とともに、自由に活動できる実践理性をもち、その実践理性の道徳的意志にもとづいて自然の因果関係を超越して道徳的価値を追究するのだとみる。

これに対して、野村は、人間は客観的な宇宙の生命力に参加、協力する存在なのだから、その客観的生命力に自我を投げ出して信順することによって宇宙万物の協働意志の下にあることができ、道徳生活を完成させることができると考える。

このような「客観的観念論」の立場から、野村はカント派の「自由教育」論に対して、「生命信順」の教育論をうちだし、決定論的な教育発想を模索していく。

その上に立って野村の「協力意志にたつ教育」が構想される。

子どもにおける生命の成長は、宇宙の生命の内展であり、実体的には宇宙万物の協力作用である。教育するとは、教師も宇宙万物の一員としてこの協力作用、協力意志に参加させてもらうことである。教育は教師がやるのではなく、宇宙の協力意志のうえに構築されるのである。したがって、生活指導とは、子どもの客観的生命への参加協力を指導することであり、教師は客観的生命の導きを受けてそれをするのである、という。

かくして、野村は、子どもの生活をつらぬく客観的な生命力とその教育力を解放することでその統制を受ける生活解放として訓練論的生活指導観、決定論的な教育発想にたつ生活指導観をうちだしたのである。

54）自力本願——自身で厳しい修行を積んで、自分で悟りを開いて救われようとすること。
55）生活訓練論——生活それ自体が子どもを訓練して、子どもが育つという考え方。
56）自由意志論——人間は、他から束縛されずに自らものを決める理性を内に持つのだから、その自由な意志を働かせて生きるべきとする考え方。

3．野村芳兵衛の「生活訓練」論
(1) 宗教的生命主義から客観的功利主義へ

野村の生活訓練論は、大正期自由教育の原理である自由意志論的な教育発想を批判する宗教的生命主義に根拠をもっていたが、昭和7、8年になると、野村の理論的関心は、自分の宗教的生命主義に現実的性格を与え、自分の生活教育論を生活観照のそれから生活実践のそれへと組みかえることにむけられる。これには二つの要因があったとみられる。

一つめは、野村の親鸞主義がますます強固になり、生命信順の宗教から生活実践の宗教へ組みかえられはじめたことである。

二つめは、マルクス主義および新興教育運動(*57)に触発されて、自分の宗教的生命主義のうちにあった決定論的発想に、現実的、科学的性格を付与しようと努力し始めたことである。

野村は、「吾々の住む社会は決して人情という生物的功利で解決し得るものでなく、ほとんど経済的必然によって支配されているから、……吾々は社会的功利に重点をおいてよりよく構成していかなくてはならぬと信ずる。」というようになる。

このような野村の転換はなぜもたらされたのかというと、昭和初年の農村恐慌にともなう自然村秩序の崩壊は野村自身の思想の社会的基盤の崩壊であったから、自然村秩序の経済的基盤をたてなおす社会政策の確立という方途をさぐらせたのである、という。

かれはその社会における功利——協働して食い、相互に生活を保障しあっていくことの重要性を強調し、この社会的功利を実現していくための政治的統制のあり方を追究していく。国民が人情的にも政治的にも協働生活をしえているのは、そこに国民の生活を保障する一定の政治的統制力が働いているからである。ところが、ここに失業現象という事態が発生し、国家の政治的統制力がこれを処理しえないとき、国家は国民の生活を保障しえない。その時、失業反対の道徳的抗争が開始される。このように国家の功利性を実現するために協働し、国家の功利性の

---

57) 新興教育運動——大正期の児童中心主義、自由主義教育では、日本資本主義、天皇制権力への批判は不可能で、教育改革はできないとする人々が、1920年代末に階級闘争としての教育実践理論を展開するプロレタリア教育運動を進めた。これが新興教育運動だが、国家権力に弾圧された。

第Ⅱ章　生活指導と集団づくりのめざす教育像

衰退を防ぐために内部抗争をしていくことが野村の協働自治にたつ政治的統制である。だから、実質的主権は国民にあるといっている、という。

かくして、野村は宗教的生命主義から客観的功利主義へと転換したのである。
(2) 協働自治にたつ生活訓練
「野村にあっては、……国民生活の功利性を科学的に認識し、その実現のために協議＝抗議という政治的実践を組織し、協同のプランによって協働して生産に従事する協働自治こそ、国民の自然的、人情的本能を訓練し、国民の自然的、人情的連帯を政治的、社会的連帯にきたえあげ、そこに国民の政治的統一を確立するものであった。そしてそのことがまさに国民道徳の形成そのものであった。」それが国民教育になるという。(同243頁)

「野村の生活学校は、……協働自治をとおして科学的な生活技術と協働意志を訓練するものである。それは子どもの自発活動を協働自治に訓練して、社会的必要にかなった協働技術と協働意志にまできたえあげていくものである。」(同246頁)という。

「このように野村は自由意志論的な一般陶冶説、学習法的な生活教育論を、決定論的な生活訓練論、訓練論的な生活教育論に全面的に組みかえていったのである。」(同247頁)

そこでは、学習と訓練は別物ではなく、野村の生活学校の学習内容は協働自治によって社会的功利を実現していく際に必要とされる科学的な生活法としての生活技術、文化内容であるので、生活訓練一元なのである。これを野村は学習統制とよんだ。

以上の野村の生活教育論、生活訓練論は、依然として客観的観念論、宗教的生命主義のうちのものであるが、それにもかかわらず、野村はそのうちにあった決定論的な教育発想に現実的性格を与えた。これが、新興教育運動関係者をふくめて生活教育運動関係者に多大の影響を与えた、と竹内はいう。

4．生活綴方と生活訓練
竹内は、以上のことをもとにして、野村と宮坂の綴方観について検討する。
まず、「綴方表現は個性という光に照らし出された社会的必然の表現であり、また、社会的必然によって訓練、統制された個性の表現である、というのが野村の綴方観である。だから、野村にあっては、綴方表現は単なる自己のありのまま

129

を書いたものではなく、協働自治人、協働作業人として客観的な生活法則にしたがって生活の組織化にとりくんでいる自己のありのままを書いたものでなければならないということになる。それはちょうど小砂丘が『社会構成の一員』としての自己のありのままを書くことをもって生活綴方リアリズムとよんだことと一致する。」(同277頁) という。

「このようにみてくると、小砂丘、野村の生活表現としての生活綴方は、田中、宮坂の自己表現としての綴方と本質的に異なるものであることがわかるだろう。宮坂の綴方的生活指導観は、社会生活から解放された子どもの主体的主観的現実を表現させ、その底にひそむ人間的要求を学習させていくものである。これにたいして小砂丘、野村の綴方的生活指導は、社会構成の一員としての、また協働自治人としての自己のありのままを表現させ、その作品の背後にある社会的諸力の対立、抗争、統制の事実をきわめて、そのなかで当の子どもを社会的存在として訓練していこうとするものである。生活綴方の生活指導は小砂丘の場合にも、野村の場合にも、訓練論的生活指導としてあったのである。」(同278頁)

第三部　生活指導の理論的諸問題

Ⅰ．訓練論的生活指導の探求

この章では、宮坂を含めて訓練論的生活指導にたどりついた道すじを跡づけている。

1．学習法的生活指導と訓練論的生活指導

まず、学習法的生活指導（前者）と訓練論的生活指導（後者）のどこが違うのかを対比する。

第一は、前者では、子どもを「童心」・「人間的欲求」をもった純粋存在とみて、子どもが自由意志・人間的生命を実現していくように指導しようとする。これに対して後者では、子どもは社会的存在とみて、社会的存在として自立させようと考えるから、子どもの自由意志や人間的欲求は、社会生活の運動法則によって訓練されていくように指導していく。

第二は、前者は、社会生活の呪縛から子どもの自由意志・人間的欲求を解放していくことを生活解放、自己解放ととらえる。後者では、生活上の社会的諸力の対立、抗争を解放するのを生活解放とし、子どもを社会的諸力の一部の社会的個

人として解放しようとする。

　第三は、前者では、子どもの主観的現実、個人的主体的現実が認識、学習の対象とされるから、生活認識、生活学習は自己の学習、自己の認識である。他方、後者では、生活認識、生活学習は解放された社会的諸力の対立、抗争、統制の全過程を認識対象とし、その過程で子どもたちに「集団」「自治」「民主主義」とは何かを認識させようとする。

　第四は、前者における綴方表現は、裸の自己をありのままに表現する自己表現である。後者における綴方表現は、社会的実践主体のありのままを表現する社会表現である。

　第五は、前者は社会的諸力の対立は子どもを抑圧し、子どもの自由な自己表現を阻害するととらえるので、自己と環境との融和、生活適応を組織しようとする。後者は、社会＝集団を物質的、社会的ちからととらえ、子どもがこの社会的ちからのにない手として社会的実践を展開するように指導することで、社会的実践主体として訓練しようとする。

　このようにみてきた上で、竹内は、「学習法的生活指導論は自由意志論的―生命主義的教育発想にたち、『教育による社会改造』『学習による社会改造』を主張するのに対して、訓練論的生活指導は決定論的教育発想にたち、『社会による教育改造』を主張しているといえよう。」と述べている。（『生活指導の理論』294 頁）

　２．生活指導概念再編以後

　宮坂が、『集団主義と生活綴方』（明治図書、1963 年）において、自分の過去の生活綴方の生命主義的理解を否定し、仲間づくり論の情緒主義的性格を批判し、ヒューマン・リレイションズ的理解を否定して訓練論的生活指導への移行を表明していくが、それは決定論的な教育発想によってではなく、自由意志論的な教育発想にもとづいて行なわれたという。

　ところで、宮坂は何を意図してこうしたのかについて二つの理由をあげている。

　第一は、日本作文の会が昭和 37 年の活動方針で、生活綴方を教科指導の一環として位置づけ、集団主義的な学級集団づくりを生活綴方と切り離したことを批判するためであった。

　第二は、エヒメ集団主義教育研究会にみられるような集団主義の機械論的適用に抗議して、集団主義教育の「見通し路線」と集団の発展段階論にコミットする

ことであった。
　宮坂はこの二つの批判活動をとおして、自分のかつての生命主義的傾向をたち切り、理論的にはマルキシズムに接近し、実践的には教育闘争に深い関心を寄せることになった。その試みは、宮坂の最後の論稿となった「生活指導における個人主義と集団主義」(『集団主義教育の本質』明治図書、1964年所収)に示されている、という。

　3．生活訓練の改造
　戦前にあっては生活綴方と生活訓練とは不離一体のものであったが、戦後にあってはそれは積極的に継承されなかった。「仲間づくり」の教育実践のなかでは、「ひとりはみんなのために、みんなはひとりのために」といった生活法が観念的・心情的に強調されたように、仲間意識の確立を心情的に追い求める傾向が強くあった。
　仲間づくり論の場合、もう一つ、野村、小砂丘にあっては生活訓練が生活綴方の基盤であり、同時に生活綴方とは独立した教育領域であったのに、仲間づくりの実践は生活綴方に従属していた。生活訓練では話しコトバによって「抗議＝協議」「討議＝決定」されたのに、戦後生活綴方運動では書きコトバによる「話しあい＝合意」として間接的表現で行われることになった。こうなると「子どもは社会的諸力の対立、抗争、統制の過程を推進する社会的実践主体としてとらえられるよりも、社会的諸力の対立、抗争、統制の過程のなかにある自己を認識＝表現する書記主体としてまずとらえられて、実践主体としての子どもの指導（生活訓練）はなおざりにされ、書記主体としての子どもの指導（生活綴方）に重点をかけることになった。」(同314頁)
　「このために、書きコトバ（綴方）による『話しあい＝合意』の仲間づくり論は、その訓練論的生活指導としての性格を希薄にし、宮坂におけるような学習法的生活指導として理解されていったのである。」(同318,319頁)

　4．戦後生活指導実践史の再評価
　この部分は、すでに竹内が全生研第10回大会基調提案で提起した文章を大幅に加筆・訂正したものである。第10回大会基調提案については本論第Ⅱ章第3節の4）(111頁以下) でまとめているので、改めてまとめないことにするが、趣旨は変わっていない。前記を参照されたい。

第Ⅱ章　生活指導と集団づくりのめざす教育像

Ⅱ．集団つくりにおける子どもと教師

この章以降が、「集団づくり」に到達した現段階における竹内の生活指導論の開陳である。

1．子どもとその生活をどうとらえるか

竹内はまず、生活指導を次のように定義する。

「生活指導は、子どもを社会的実践主体としてとらえ、子どもの認識・要求・実践を社会的・集団的現実との関わりで指導しつつ、子どもたちの手で民主的な集団を形成させることを重要な営みとするものである。また、子どもたちをこの民主的な集団のちからのもとに結集させることによって、子どもたちの中に民主的主権者としてのちからと自覚を育て、子どもたちの中に民主的人格を形成していく教育的な営みである。」（同 346 頁）

このようにとらえると、教師は生活指導をはじめるにあたって子どもを社会的環境に主体的にはたらきかける実践主体としてとらえることから始めなければならない。つまり、社会生活の主権者としてとらえ、主権者としての行動力と自覚を育てようとすべきだというのである。

ところが、これと対極に管理主義的生活指導がある。管理主義は子どもを教化の対象とみなし、子どもを管理、統制、取締りの客体とみなす。だから、管理主義は子どもの行為の背後にあるものを知ろうとはしない。

これに対して、生活指導は子どもの行為をまず客観的事実と認め、その行為がどのような認識や要求にささえられて起こったのか、またどのような背景で起こったのかを知ろうとする。そして、子どもの認識、要求、実践をその子どもの生活現実にもとづいて指導し、生活現実に変革的にはたらきかける主体性を子どものなかに確立しようとするのである。

ところで、子どもを社会的現実とのかかわりで知っていこうとする生活指導の子ども理解の方法にたいして、子どもを主観的・主情的に美化し、子どもの認識・要求・実践を主観的・主情的に解釈していこうとする子ども理解の系譜がある。すなわち、自然主義的な児童観にたつ子ども理解の方法である。「これは、子どもの自然本性そのもののなかに本来価値的なものが内在していて、子どもを解放すれば、この内在的な価値、すなわち自然本性がおのずから発現してくるものだというのである。」（同 352 頁）

だから、教育方法としては児童中心主義となるのである。「このような自然主義的な児童観は今日もいぜんとして心情主義的・情緒主義的な子どものとらえ方として広く教師の中に残っていて、心理主義的な子ども理解の母体となっている。」(同355頁)
　このように述べた後、竹内は戦後の生活指導運動において自然主義的な戦後新教育から集団主義的な生活指導観が確立するまでの過程を再び取り上げている。この部分も第10回大会基調提案の「戦後生活指導運動の総括的検討」の再掲なので、そちらを参照願いたい。
　このことをふまえて、竹内は次のようにまとめる。
「生活指導は、集団のちからの確立をとおして、子どものなかに主権者としてのちからと自覚を教育し、しかもそのちからと自覚に依拠して、子どもたちの社会的・歴史的視野を広げ、歴史的課題にとりくむ社会的実践主体にまで子どもたちを育てようとするものである。さらにそれは、この集団のちからに依拠して、子どもたちの自主的集団活動と、平和、独立、民主主義、生活向上をもとめる国民的運動とをむすびつけ、集団のちからを人民主権の一構成要素として自覚させようとするものであり、生活指導運動はその展望を今日、明確にもつことができるようになったのである。」(同363頁)
　２．現代の子どもにおける個人と集団
　この節では、デカルトにはじまった近代情念論をいかに超えていくかが論じられている。
　近代情念論においては、情念とは肉体に原因をもち、精神に関係してくる知覚であると考えられている。「デカルトにあっては、……心すなわち意志による情念の統制、理性による感情の統御を目的とする。身体及び外的自然に対する理性の勝利の中に人間の自由をみるのが、近代情念論の基本的構造である。」(同363頁)
　生活指導研究も、学習法的生活指導にかたよっていたために、ほとんど近代情念論の枠組みの中にあった。「しかし、昭和30年ころから顕在化した子どもをめぐる人間疎外的状況は、近代情念論の枠組みにあった生活指導論の無力さを証明するだけであった。近代情念論の枠組みにある近代児童観からは予想もしえない子どもの行為や思考や感情が現われ、『現代っ子』論議がはなやかに展開され

た。」(同 366 頁)

　阿部進『現代子ども気質』(新評論、1961 年)、林友三郎『おとなは敵だった』(国土社、1962 年)は、それを扱った二つの代表的著作だが、阿部の明らかにした現代っ子の諸特徴は、少年期特有の心理的特質である自己中心性が戦後日本資本主義社会の土壌のなかで肥大膨張した、そのときどきの自分の感覚や情念や欲求に子どもの思考が中心化されている「自分主義」の現象である。だから、阿部の「現代っ子」の提起は、道徳主義的なベールにつつまれた日本の児童観の近代主義化にとどまり、近代情念論の枠組みを越えるものとはならなかった、という。

　一方、林の『おとなは敵だった』は、予測もできない非現実な行為を繰り返す非行生徒への教師集団による指導の記録である。林たちは、形而下の世界で子どもたちをかかえこみ、追求するなかで子どもの思考と行為を理解し、立ち直らせようとする。

　阿部の見た子どもは、自分主義を乗り越え、卑小な現実主義的生き方を身につけていたのに対して、林たちの直面した子どもは、生活のリズムとスタイルが幼児的傾向を顕著にもつ自分主義を持ち、疎外された社会的諸力の玩弄物とされていた。これらの子どもたちに共通しているのは、幼児時代から家庭によって、大人によって保護されていず、また地域の教育力も崩壊していたため、人間を社会とむすびつけていく生活のスタイルとリズムを獲得できず、錯乱した社会的諸力に直接さらされることになったのである、という。

　だから、林たちは子どもの精神的発達を保障するために、具体的な実践的世界を子どもとともにとりもどそうとした。「社会的実践への道を子どもとともにさぐりだし、社会的自我を確立し、そのことによって自己中心性からの脱却をさぐりあてようとした。そのためには、錯乱した社会的諸力に対抗しうる一つの社会的ちからとして子どもたちを組織し、それを統制していかねばならない。社会的諸力の対立、抗争、統制の過程をとおして民主的な子ども集団と地域集団のちからを組織し、その集団のちからの行使をとおして実生活にふさわしい生活のスタイルとリズムを確立させる仕事にとりくんでいった。」(同 377 頁)

　この集団のちからと意志の確立によってこそ、情念論現代化がはかられるのである。

Ⅲ．集団つくりの構造
1．集団つくりと教師の指導性

　教師は集団のなかにある社会的諸力の対立、抗争、統制の過程を正しく認識し、この過程に主体的・積極的に関与していかなければならない。集団内のさまざまなできごとに対して敏感に反応する能力を持ち、平和憲法の理念に導かれて、集団の屈辱をだれよりも鋭く感じ、反集団的なものに対する怒りをだれよりも強く持ち、民主的な集団のちからと意志を確立しようとする自覚をだれよりもかたく持たなければならない。この個人的自覚こそが教師の指導性の出発点なのである。

　だが、指導は本来集団の外側のものだ―集団や個々の子どもの現実認識とは異なる現実認識をもっているリーダーの個人的自覚に依拠している―からこそ、指導は集団の内側のものに転化しなければ指導でありえないという。

　では、どうするか。「指導は集団の外側から内側に入りこもうとするとき、集団内外にある社会的諸力の対立、抗争、統制の過程を分析し、どのような社会的、集団的なちからに依拠して指導を集団のものにしていくかを明らかにしなければならない。」（同389頁）

　「そして教師はまず第一に、この社会的諸力の対立、抗争、統制の過程に影響を与えるひとつの社会的、集団的なちからとして自己を集団にたいして示すのである。」（同389頁）たとえば、口をきかない子がいればその子を励まし、その子を差別している他の子どもをけん制する。また、遊びの中で自分勝手に振る舞い、他の子を支配している子をおさえ、遊べない子をひきたてる、というように、集団のなかにある支配と被支配の力関係を突きくずすひとつのちからとしてたち現われることによって、社会的諸力の対立、抗争、統制の過程を解放するのである。

　第二の関与の方法としては、宣伝（プロパガンダ）と扇動（アジテイション）が大切である。

　「教師は子どもたちに集団内の社会的諸力の対立、抗争、統制の過程を分析的に示し、集団自身がいまどのようなちからとたたかい、どのようなちからをまもらなければならないかを理論的に説得していくことによって集団に指導を入れていくのである。また、教師はだれの目にも明らかな一定の集団的状況をまえにして、集団の怒りや喜び、屈辱や誇り―すなわち集団的感情に訴えかけることによって指導を入れていくのである。」「つまり、教師は論証力と感動力とによって

集団的行動を組織し、集団のちからを確立しようとするのである。」という。（同390頁）

「ところで、教師の個人的自覚に根拠をもつ要求としての指導が集団のちからを確立していく過程はいうほどに単純な過程ではない。教師の指導もまた社会的諸力の対立、抗争、統制の過程に組み込まれ、ときには支持され、ときには拒否され、ときには反抗されながら、教師の指導は集団に集団自身のちからと意志を自覚させていく。」（同392頁）そのために、「教師は集団の弁証法的発展にもとづいて集団の組織化を技術化する必要がある。」「香生研、全生研の学級集団つくりの構造案はこのような集団の弁証法的発展を示したものであり、それぞれの段階にふさわしい集団の指導技術を明確化したものである。」（同393頁）

２．集団つくりの実践的構造

この節では、教師の個人的自覚はどこから生まれ、何にもとづいて、どのように教師の指導性を発揮して集団の自己指導をつくりだしていくかの構造を解明しようとする。

「生活指導実践が誕生するのは、教師のなかになんらかのかたちで日本の公教育にたいする全面的な否定ないしは疑問が発生したときである。日本の公教育が子どもの教育を受ける権利、学習する権利を保障していないことにめざめたとき、教師はなんらかの意味で生活指導実践を開始する。生活指導実践はこのような教師の日本公教育にたいする批判精神を離れて存在しない。」（同395頁）

このことに私は強くうなずく。自分が生活指導にのめりこむようになったのも、「はじめに」に書いたように、1960年代初頭の非行や生活苦に揺れる子どもたちを前にして、学校が子どもたちの権利を保障していない現実に直面したからだった、と思い返されるからだ。

「教師は子どもの生活要求・教育要求を組織することによって教育を受ける権利を保障しようとすると同時に、子どもの集団を組織することによって、かれらを教育を受ける権利を保障する社会的主体たらしめようとする。」「かくして子どもたちは生活要求、教育要求を教師によってみたしてもらうだけではなく、みずからもそれらを実現するものとして教育されることになる。つまり、生活と教育

の主人として教育されることとなる。こうして、ここに要求の組織化と集団のちからの確立という生活指導実践が誕生する。」（同396頁）

「だが、このようなことは教育機会の差別を受けている子どもたちの教育だけの問題ではなく、それは教育機会を形式的に保障されている子どもたちの教育の問題でもある。というのは、教育機会を形式的に保障されている子どもの教育にあっても、教育機会は実質的には保障されていないからである。」（同396,397頁）

「生活指導は、子どもの要求の組織化と、子どもの集団のちからの確立という二つの作業をふくみこんで、子どもの生活を向上させ、子どものなかに生活向上をかちとるちからを育てるいとなみとして発生してきたといっていい。ところが、生活指導研究は長いあいだ、『要求を組織すること』と『集団のちからを確立すること』とを統一的にとらえることができなかった。」（同398頁）

その統一をみいだしたのは、「日本の教師が教育労働者として国家権力による教育統制にたいしてたたかいぬいてきたこの十余年の経験」によって、「『要求を組織する』ということは、要求を弾圧するちからに抗して、『集団のちからを確立すること』でもある。いいかえれば、子どもの集団を外部から統制するちからにたいして、集団の主人としての子どもたちのちからを結集していくこと、民主的主人としてのちからを結集していくことでなければならぬ。」ということを学んで、「集団づくり」としてその実践をはじめたときからである。「集団づくりは、この民主的なちからを子どもたちに自覚させ、この民主的なちからを子どもたちに自覚的に表現・行使することを教えるものである。集団づくりは、この集団のちからを土台にして、子どもたちに民主的主人としてのちからを自覚させる教育、すなわち主権者としてのちからの自覚的表現を教える教育なのである。」（同399頁）

では、子どもの要求を組織する教師の指導はどのようなものでなければならないか。

まず、「教師は子どもたちの集団生活のなかのさまざまな事件や事態にたいする人格的反応を示すことである。」「そして、教師はそれをあるときは命令（勧告もしくは禁止）として、あるときは主張（告訴もしくは弁護）として、またあるときは評価（称賛もしくは非難）として提出する技量をもたなければならない。つまり、教師は命令し、討議しあい、評価するという三つの方法によって集団内の

事件や事態にたいする自分の人格的過程を表現して、それらの事件や事態にたいする教師の指導を明確にしなければならない。」(同400頁)

こうして、教師が子どもたちと「子どもの生活現実、集団現実をどのように認識するかを争うことをとおして、また一定の状況の中でどのような生活感情をもつべきかを争うことをとおして、子どもたちの生活要求、集団的意志をきりひらいていかなくてはならない。」

「このようにして教師が個人的自覚において先取りした要求を子どもにつきつけるとき、当然、子どもたちの集団を分裂させる。教師の要求を自分たちの要求だととらえて教師の要求を支持する層と、教師の要求は自分たちの要求ではないとしてこれを拒否する層の二つに割れることになる。要求の対立が生まれることになる。」「この要求の対立のなかで、どの要求や意志が生活現実、集団現実の正しい認識にたっているか、どの要求や意志が集団現実の正しい表現なのか、を見きわめる討議が必要になってくる。」(同402頁)

しかし、そのとき、「ロジックだけでは勝利を得ること」はできない。「ある特定の生活要求、集団的意志がヘゲモニーを確立するためには、その集団(社会)内でのちから関係の民主的改造をともなわなければならない。」「組織化された生活要求、集団的意志は集団のちからによって擁護されなければ、集団(社会)のなかでヘゲモニーを確立することができない。」「しかし、集団内のちから関係の民主的な改造というしごとは、教師のちからによって強行されうるものではない。教師はこのちから関係の民主的改造に一定の影響力をもってはいるが、それを最終的にやりきるのは子どもたちの集団のちからである。そのためには、教師は子どもたちのなかに自分たちの集団を指導しうる個人的自覚をもったリーダーを育てるとともに、リーダーの民主的改廃、リーダーの再生産をやり得る力量をも集団の側につちかっていかなくてはならない。」(同402,403頁)

つまり、集団の自己指導をつくりだしていかなくてはならないのである。教師は次にそれにとりくむのだが、そのためには、集団を指導していく核の育成と、集団の側に核に対する支持、拒否、反抗という核の民主的改廃を教えるという二面にとりくまねばならない。

では、核の育成はどのようにするか。

教師が核の育成にとりくむ場合、しばしば生活意識、集団意識の高い子ども

に着目し、かれに依拠しようとしがちである。しかし、意識の高い子どもが必ずしも集団にたいする個人的影響力をもっているとは限らない。そうなると、「個人的自覚は高いが、個人的な力量に欠けるような子どもをリーダーとみなし、このような子どもに圧倒的な、分散的な群れのちからに対抗させようとする試みは、リーダーを絶望させ、挫折させる場合が多い。」「個人的影響力をもちえないような意識の高さは本質的に集団から生みだされたリアルなそれではなくて、道徳主義的、教条主義的なそれで、真の意味の個人的自覚ではないのである。こうした核づくりの失敗は、教師自身の道徳主義、教条主義に多くの場合原因をもっている。」（同404頁）

「このようにみてくると、教師は個人的影響力と個人的自覚をかねそなえた子どもに着目して、核の育成をすすめなければならないということになる。だが、そのような子どもはふつうは集団のなかにはいない。だから、教師は、一定の個人的自覚にもとづいて個人的影響力を比較的早く生みだす可能性のある子ども、一定の個人的影響力のうえに比較的早く個人的自覚を形成する可能性のある子どもに着目して核の育成にとりくまねばならない。前者のような子どもにたいしては集団行動の指導のしかた、集団組織化の手だてを具体的に教えることによってリーダーとして組織的力量を訓練していく必要があると同時に、後者のような子どもにはかれの集団の指導の経験を分析させ、かれの集団活動の方向づけのありかたを対象化させリーダーとして個人的自覚を確立していかねばならない。」

したがって、「核の育成は核の個人的自覚と個人的力量に依拠するところが多いことから考えると、教師は核的な子どもへの個別的接近をさけてとおることができない。」「教師は核的な子どもと個別的に、集団をどのように方向づけるのか、そのためには集団のちからをどのように結集すべきか、だれが積極的なメンバーで、だれが消極的か、だれを支持し、だれを批判するか、集団外部にどのような反集団的なちからが存在しているのか、それにたいして集団のちからを結集しうるかどうか、などを教え、行動させるとともに、他方では、リーダーにたいする集団の支持と拒否を導きだすためにはどうしたらよいか、リーダーにたいする集団の批判や要求をどのように組織したらよいのか、リーダー自身を越えていく新しいリーダーをどのようにしてつくりだしていくのかなどをも教え、行動させていく必要がある。」（同405頁）

「こうした前提にたってリーダー講習会、活動家のサークル、リーダー会議を組織していくことである。」そこにおいて、「自立した個人的自覚にたった徹底的な討議と高度に組織的な集団活動を組織しなければならない。」「個人的な自覚をきそいあうような徹底的な討議と真理にたいする積極的な服従をふくんだきびしい組織活動があってこそ、リーダーは集団を指導することもでき、集団に拒否されることにも耐えうるのである。」

「このように教師は核としての個人的自覚と個人的力量のある子どもに集団を指導させながら、それと並行して指導される子どもたちに、なぜその指導に従わなければならないのか、どのような指導には支持を示し、どのような指導には拒否を示し、どのような指導には抵抗すべきかを教えることによって、核の民主的改廃をやりきる集団的力量を育てていく必要がある。そのため、教師は、まず教師とリーダー、リーダーとリーダーとの論争—核としての個人的自覚・個人的力量の競い合い—を集団の前で組織し、だれが集団の利益を代表しているのか、だれが集団の先頭にたっているのかを集団に判断させる必要がある。」「このようにして集団の側に核の民主的改廃をやり通す力量がついてくるに従って、公的リーダーは集団のちからに支えられて指導を進めることができるようになり、公的リーダーの地位は多くの子どもたちに開放されることになる。」（同 405,406 頁）

こうして、公的リーダーと、公的リーダーをやめた個人的自覚と力量をもった子どもが生まれ、後者が公的リーダーにたいする批判と援助を陰に陽に展開するとともに、子どもたちのなかにとけこんで下から要求を組織する「指導部」が成立するのであるという。

次に、竹内は、管理の問題を取り上げている。

ここまで集団の自己指導を確立していくまでの教師の指導をみてきたが、それは教師の管理そのものを否定するものではないという。

「管理主義は否定されるべきものであるが、管理は集団の発展とともに止揚されるものであって、集団がまだ群れであるような段階では教師の管理は主観的に否定しても否定しえぬ。集団内部のなかに決定的な敵対関係があるとき、教師の指導は、指導という形態では一挙に集団を組織し、集団の存立それ自体を保障することができないからである。そのために教師は指導の延長として、指導とは似ても似つかない管理を発動せざるをえない。それは前項で述べた勧告し諫止する

こと、すなわち、命令すること以上のもの、ちからによる取りしまりを意味している。指導における命令は、少なくとも指導される側に命令に自主的に服従する可能性のあるときにくだされるのだが、管理における取りしまりは反対に指導される側に自主的に服従する可能性のないときにおこなわれる。それなくしては、教師が教育的集団の所与の活動を保障しえなくなるような事態が予想されるとき、それなくしては集団の肯定的な社会的勢力が壊滅してしまい、集団の存在の意味がまったくなくなるような事態が予想されるとき、それなくしては集団成員の権利、さらには人命さえも恐怖のどん底につきおとされるような事態が予想されるようなとき、教師は指導という次元をこえて管理をおこなわざるをえない。」(同407,408頁)といっている。

　ここを読んだとき、私はまた自分の実践を思い出した。前に書いた2Dの実践である。
　クラス内の女子いじめを中心にした男女の対立をなくすために、本当は仲良くしたいのに反転心理から仲良くできないでいるのを取り除こうと、男女が仲良くなる方法を班長会で考えあい、秋のバス遠足の座席を男女で座るという案を考え出した。それを遠足前の2日間延べ6時間にわたって学級会で話し合い、ようやく決まって、男女の席はクジ引きで決めた。ところが、クラスの小ボスだった秀夫の隣が、彼らワルガキがオバケとあだ名をつけていた女子に当たった。秀夫は「俺はオバケとなんか座らないぞ。絶対嫌だ！」と息巻いた。だが、遠足前日の6時にもなっていたので私はみんなをそのまま帰した。
　当日、バスに乗ってみんな決めた座席についたのに、秀夫だけは自分の座席に座らずに、最後尾に空いていた席に座っていた。私が決まった席に座るように促したが、ふんぞり返っていっかな動こうとしない。発車も迫っていたので近くへ寄って何度も押し問答をしたが、とうとう手を引いて席へ連れて行こうとした。すると、「俺は嫌だ！　こんな遠足行くもんか！」とタンカを切り、手を振り払ってバスを降りて行ってしまった。ちょうどその時、発車時刻が来て前のクラスのバスが発車した。運転手が「どうしますか？　発車していいのですか？」と聞いてきた。私は一瞬の判断を迫られ、頭のなかで忙しく考えた。秀夫一人のわがままのために発車を延ばすわけにはいかない。もし迎えに行っても、決まっ

た席でなくてもいいと言わない限り戻りはしないだろう。しかし、そんなことを許してしまったら、今後学級会で何を決めても守られなくなるだろう。6時間かけて班長たちがクラスメートを説得して決めた努力が水の泡になってしまう。それではクラスが立ち行かなくなる。ここは決定を破って遠足を自ら放棄した秀夫を切るしかない。そう判断して、運転手に「構いません。発車してください。」と告げて発車してもらった。

　車中はシーンとしていて、私の断固とした決断に気おされたのか、「置いていくなんて、ひどい！」と声をあげる者もいなかった。複雑な思いが漂って、遠足のはしゃいだ雰囲気にはならなかった。私はその後、係をうながして予定した通りにバスレクを始めさせた。ぎこちなかったが、進んでいくうちに少しは雰囲気がほぐれてきた。この日の遠足は終日盛り上がりに欠けたが、それ以上は何事もなく終わって、帰校し、解散になった。

　しばらくして、学校に残っていた私の所に秀夫が班長の大石に伴われてやってきた。私に詫びを入れに来たのだという。自分が悪かったと反省したが、このままでは明日から学校に来づらいので、私に詫びを入れようと思い、家に帰った班長の大石を訪ねて一緒に来てもらったのだという。実は、昨夜銭湯で大石にあった時、「俺はオバケとなんか座らないぞ！」と息巻いたが、大石に「秀夫、あれだけみんなで話し合って決めたことだ。わがまま言わずに決まったようにした方がいいぞ。」と諭された。それを思い出して、頼りになるのは親身になってくれた大石だと思って、一緒に来ることを頼みに行ったのだという。

　「一日何をしていた？　家に帰ったのか？」と聞くと、バスが発車したとき、物陰から飛び出して後を追ったけれど、気付いてもらえずに行かれてしまった。家に帰れば、家の者に訊かれて叱られるに決まっているから、錦糸町の映画館に行って一日つぶしていたという。しかし、自分のしたことが思い返されて、何をみたのか何も頭に残っていないという。

　私は、秀夫のなかに自分のしたことを振り返る自省心があったことをうれしく思った。そして、素直に詫びてきた彼の潔さを誉めた。

　それにしても、秀夫のわがままを許さずに置いていくという非情な処置をとったことがよかったのかと振り返られた。でも、あの場合、集団の決定を我がままでくつがえさせるのは許せなかった。それを許したら、学級集団に討議し、決定

143

することの空しさを教えてしまうことになる。学級集団の無力化は防がねばならなかった。その判断は間違っていなかったはずだと思った。

ただ、彼がバスを降りていったとき、班長やクラスのみんなに「どうする?」と問いかけたら、すぐに迎えに行く者が出て、違った展開になったのではないかと後年思った。その後、秀夫が素直になり、甘えながらも大石や私の指導に従うようになったので救われた。

「しかし、ここに教師が管理主義に陥る罠がある。……集団の外側からおこなわれる管理は一時は成功するかもしれないが、完全に成功することはない。それにもかかわらず、教師が管理の一時的成功によりかかって、指導すべきところをも管理によっておこなおうとするとき、管理は管理主義に転落する。」(同408頁)と竹内は戒めている。

そして、管理について次の二点を強調している。

第一には、教師は子ども集団の教育を受ける権利を実質的に保障し、子どもの集団の自治を擁護する立場にたって管理をおこなわなければならない。

第二には、教師は教師個人のちからだけで管理を遂行しようとしてはならない。本来、管理というしごとは集団内部のものであって集団外部のものではないからである。集団のちからが弱く、集団が分裂しているために、集団から管理のしごとをとりあげているにすぎない。そのうえに子どもの集団が当面のところ管理をやりきる力量をもっていないから、教師がそれを代行しているのにすぎないのである。だから教師は集団のちからによる内部統制を組織しつつ、管理のしごとを本来あるべきところにかえしていく必要がある。子どもたちのちからによって管理を完成させなければならないのである。」(同408,409頁)

3.4.集団つくりにおける討議＝決定の論理

次に、集団のちからと意志の確立に不可欠な総会の問題を取り上げている。

3節では、全員一致制・多数決制の決定の方式のもつ意味の吟味をし、その討議＝決定過程の指導のあり方について論究している。ここも、すでに本論の第Ⅱ章第3節の5)(116頁以下)でとりあげた「総会討議と総会決定とはなにか」を増補したものなので、前記を参照されたい。

5.集団の人格形成作用

第Ⅱ章　生活指導と集団づくりのめざす教育像

　ここも、すでに本論第Ⅱ章第3節の2）でとりあげた、全生研第8回大会基調提案の第3節以降（105頁以下）を大幅に加筆・訂正したものなので、まとめ直しは省きたい。上記を参照されたい。

　さて、以上のように60年代に竹内常一が、また全生研が課題にしてきたことの究明が『生活指導の理論』として竹内によってまとめられた跡をたどってきたが、再び春田の『戦後生活指導運動私史』によって、その後の全生研の発展とそのなかでの竹内の役割をみていくことにしよう。

第 III 章

学級集団づくりの発展的展開

1．『学級集団づくり入門　第二版』の刊行

　竹内が『生活指導の理論』をまとめていたその時期に、全生研としても『学級集団づくり入門』の改訂作業にとりかかった。

　1963年に刊行した『学級集団づくり入門』は、6年間に2万3千部を売り、全生研の裾野を広げるために大きな役割を果たしてきた。しかし、この間の全生研の研究・実践の進展に照らして、修正・改変を要するところが多々出てきた。そこで、常任委員会は第10回大会後に第11回大会までの予定で『学級集団づくり入門』の改訂にとりかかった。

　「当初、『改訂版』編集委員会は、旧版の記述をできるだけ生かし、改訂を部分的な個所に止め、できるだけ早い時期に改訂版を刊行するつもりであった。しかし、作業を開始すると同時にそのもくろみは誤っていたことがただちに明らかにされた。『学級集団づくり入門』は1963年に刊行されたものである。当時にあっては、学級集団づくりの教育思想と技術体系との内面的な関係、および学級集団づくりの技術体系内での各方法の位置づけ、についてはまだ直観的な洞察の域を越えるものではなかった。そのために、……現在の学級集団づくりの理論的・実践的な水準からみるとき、旧版の不十分さはかくしようもないものであった。……このために『改訂版』編集委員会は旧版の全面的改訂をおこなうことを決意した。それは改訂版というよりは新本の編集といったほうがいいくらいである。」(1970年7月号143号84頁、竹内常一・田中敏夫「『学級集団づくり入門』の改訂について」)

　こうして、『入門』の改訂作業はじっくりと進められ、13回大会において『学級集団づくり入門　第二版』(明治図書、1971年)として刊行されたのである。

2．組織活動の前進

　このような出版活動と併せて、組織活動でも前進があったことを春田が書いている。

　「わたしのみるところでは、六〇年代末から七〇年代のはじめにかけて、全生

第Ⅲ章　学級集団づくりの発展的展開

研のなかに組織をあげて新たな地平をきりひらいていこうという意気込みと高まりとがわき上がっていた。第十回大会以降は夏の大会参加者が千二百名をこえ、第十三回湯河原大会には実に二千二百名の参加者があり、文字通り熱気あふれる大会となった。それというのもこの時期に全国的に支部組織が活発となり、支部活動もたしかなものになっていった、という組織活動の前進があったのである。」
(『戦後生活指導運動私史』232頁)

　具体的には、まず全国委員の任務の明確化とその点検の動きが第十回大会の総会で始まったといい、事務局長坂本光男の大会「総括」を紹介している。

　「全国委員およびサークル活動の指導性が大きく論じられた……何もしない全国委員、理論的な弱さゆえに地域を組織しきれないサークル指導者、各県段階における指導部体制の未確立・学習不足―などが、相互批判と自己批判の中で大きく問題とされた。一般会員や職場・地域に数多くの要求がありながら、それを汲み上げず、組織せず、結果として研究活動を停滞ないし後退させていることは、まさに指導的位置にあるものの重大な責任であることをきびしく追及しあった。」
(1968年12月臨時増刊号123号171頁)

　そして、69年度活動方針に次のように全国委員の新任務が書き込まれた。

　「支部事務局をつくり、自らも事務局に所属し、支部内活動家層の意識的拡大に努めます。」「日常活動を通して、全生研会員の拡大及び全生研機関誌『生活指導』の読者拡大につとめます。」「県民教協の育成事業にも積極的に加わり、民主教育の現場への定着をはかります。」「県内状勢と地域情勢を分析し、全生研サークル未組織地域にサークルをつくり出し、その育成につとめると同時に、全県サークルの強固なまとまりをつくり出すよう、意識的な取り組みをします。」このような新任務が従来の任務に加えられたのである。

　だが、全国委員としてこのような任務を果たすことは容易ではないので、第十一回大会総会において、「全国委員については、全国委員会に必ず出席でき得る者、支部活動に積極的な者、理論的にも実践的にも支部内で指導的役割を果たすことができる者、そういう人を厳選すること」が要請された。

　同時に、常任委員会では、このような任務にたえうる人材育成のために、68年度から夏と冬に東京に各県から活動家を集めて「全生研学校」を開催し、きびしい実践分析にたって、理論的にも、実践的にもすぐれた活動家の育成を図った。

こうした努力によって、この後、支部・サークル段階での組織活動が急速に伸びていった。数が飛躍的に増えたばかりでなく、全生研の運動がたいへん組織的になったという。
　「全生研が日本の子どものための訓育論として開拓してきた集団づくり論を、この時点から自らの組織論にも意識的に適用しはじめたこと、また、それを実践していったことにより全生研の組織が実質的に強化されていったこと」が見てとれると春田はいっている。(『戦後生活指導運動私史』235頁)

　実は、かくいう私も、この時期の全生研の組織強化運動のなかで全生研運動のなかに引き出してもらった一人なのである。それまでは、前沢、秋田両常任委員とともに江戸川サークルでサークル活動だけをやっていたのだが、69年度の終わり近く、70年に入って前沢常任委員を通して関誠か私のどちらかに全生研常任委員に出てほしいという要請があった。関誠は、70年度から都教組江戸川支部の専従書記長になることになっていたので、それでは私にということになった。しかし、東京支部で何も活動をしていないのにというクレームが出て、一年間東京支部で活動してからということになって、70年度は東京支部の事務局員になり、71年の第13回湯河原大会へ向けての組織担当を務めた。各サークルとの連絡の他に都教組各支部にも働きかけて大きく宣伝を展開し、結果として湯河原大会に東京から445名の参加を組織して大会の成功に貢献することができた。
　かたわら、70年12月の全生研学校にも参加し、大変多くを学ばせてもらった。そこには、当時自分が最も力を入れていた生徒会指導の実践をレポートしたのだが、なぜ行事をやるのか、そこで生徒にどんな力を育てようとしているのかはっきりしない、これではただ行事をやればよいという行事主義だと手厳しい分析を受けた。また、そこで初めて横須賀池上中の実践を知ったし、全校集団づくりという実践領域について学ぶこともできた。
　そうして、湯河原大会の場で全生研常任委員の端に加えてもらうことになったのである。

3.『学級集団づくり入門　第二版』刊行の時期の研究・実践動向

さて、前述のような組織活動の前進のなかで、研究と実践も精力的に進められていった。

1）第12回全国大会基調提案（1970年11月臨時増刊号148号）

これは、「集団づくりを通して民主的行動と思想をどう育てるか」という主題で竹内常一によって執筆された。

(1) 今次大会主題の位置と意義

今次大会でこの主題を取り上げたのは、「集団づくりにおける集団のちからの行使にかかわって民主的な行動力を教育していくすじみちをとりたてて明確にしていきたいからだ」といっている。（同15頁）

(2) 民主的行動をどう導きだすか

まず、民主的行動といっても、それが子どもたちの集団の要求、集団の意志にもとづく主体的行動でなければならないから、集団の要求の組織化、集団の意志の確立の問題が、民主的行動の指導の中心になる、という。

しかしながら、いわゆる「要求の組織化」とよばれる実践が、物取り主義的な実践に陥ってしまうことが多いが、「子どもたちの要求を組織し、その要求実現の運動を展開することが、まさに集団のちからの民主的な行使となり、社会的環境と集団の力関係の民主的な改造となるように教育実践を組み立ててこそ、その教育実践は民主的主権者としての統治能力の教育となり得るのだといってよいだろう。」という。（同16頁）

そこで、「要求の組織化」でいえば、まず、「要求」とは何か、ということだが、要求は本能的な欲望や主観的な欲望とは違う。要求は、人間が一定の歴史的、社会的な生活現実のなかにおいて生活していくためにどうしても必要とされるものに根拠をもっている。「必要」＝「要求」とは、意識から独立して客観的に実在するものである。

では、「要求を組織する」というときの「組織する」とはどういうことか。

要求を組織するということは、必要＝要求を自覚化させていくこと、そのこと

によって主観的欲望を自覚的、主体的要求へと組みかえていくことを目的としている。

しかし、多種多様である個々人の要求を組織するということは、一面では、どの欲求がもっとも正確に必要＝要求を反映しているかを争う過程をふくんでいると同時に、他面では、多種多様な欲求を統一しうるような要求をひきだしてくる過程をふくんでいる。

前者についていえば、決定的な役割を果たすのは集団の生活現実をどう認識するかで、集団に何が不足し、何が欠けているのか、集団にとって何が問題点で、課題なのかを認識することによって、集団成員の欲求を自覚的要求に組み直しつつ、集団の統一的な目的・目標を決定していくことである。

後者については、多種多様な欲求を統一するような一般的な要求を明確にし、それを実現する統一的な行動のなかで個々の欲求をその路線のなかに位置づけることができるようにしていくことである。

したがって、教師またはリーダーには集団の必要＝要求を意識的に先取りし、集団づくりの当初においてこれを大胆に提起して集団要求を組織していく必要がある。これが寄りあい的段階において教師が原案提出権を持つ根拠であるという。

(3) 集団の目的、目標と集団のちから

討議原案は、だれ（どの集団）が何から、どのようなものをどのような方法で、いつまでに、獲得するのか、というふうに定式化されるとき、はじめて要求を実践的行動として導きだせるのであるという。

この時、教師またはリーダーは集団の目的、目標を提起する場合、集団のちからに見合った目的、目標を提起していく必要がある。そして、一般的な目標に至る一連の具体的目標を明らかにし、そのひとつひとつを実現していくことで一般的な目標に達することを提示し、その実現によって集団のちからを高めていくことを自覚しなければならない。

要求の組織化というのは、要求実現の集団的行動を組織すればいいのではない。その過程のなかで、民主的な集団のちからを育て、民主的な集団のちからにたいする確信を育て、それに依拠して広く実生活の必要に根ざした一般的な要求を子どもたちのなかに育てていくことを課題にしていかなければならない。

ところが、子ども集団の力量を無視して万点主義的な目的、目標を決定させ

る実践があるが、それが完遂され得ないために集団内部に相互不信をつくり出し、集団のちからについての絶望感を教育する結果となることに注意しなければならないという。

(4) 民主的な行動と思想の教育

ところで、集団的行動の目的、目標を正確に決定することはきびしくてかなわないと反対する意見がないわけではない。たとえば、教師自身でも、二時間の授業カットで要求闘争を闘おうという組合決定は、実にきびしいことを経験しているであろう。その場合、それを承認するかどうかの分会討議は分会員ひとりひとりの思想を明るみにひきだし、日ごろは問題にならなかった分会内部の意見の相違をきわだたせ、よりいっそうの高い統一を確立しなければ要求闘争を展開しえなくなる。

しかし、このように、集団的行動を具体的にかつ正確に提起し、その決定をせまっていってこそ、行動の教育は逆に思想の教育の問題をひき出してくるのである、という。

(5) 集団のちからの行使について

集団の目的や目標を争う総会討議は、「生活指導においては行動と思想の教育との結節点である。総会討議は、正確で具体的な行動の提案の可否をめぐって集団内のさまざまな意見とちからを結集し、提案の可否を徹底的に明らかにしていくことであるが、この討議の過程はすでに集団の力関係の民主的改造と集団のちからの確立の過程となっているのである。」「討議はすでに集団のちからの行使をふくんでおるばかりか、集団のちからの行使そのものとなっているのである。」(同22頁)

そうだとすれば、総会の討議と決定は単なる意見の交換、コミュニケーションとしてではなく、集団的な行動、集団的な示威をふくんだものとして、イメージが根本的に改められる必要がある。意見発表者は自分に対する支持には拍手を、他に対する拒否には足ぶみを求め、つねに集団の支持と拒否を組織しつつ弁論を続けねばならないと同時に、集団の側も利益になる発言には支持の拍手を、不利益になる発言には拒否の足ぶみをおこなって、ひとりひとりの弁論につねに支持と拒否を示さなければならない。

他方、議長は単なる整理役ではなく、集団の力関係の民主的改造をリードする

討議を組織するようにしなければならない。班の発言を評価してその班に討議のイニシアティーブをとらせたり、関係のない発言を途中で止めたり、発言の偏りを指摘し他の発言を組織したりして、討議をリードしなければならない。

これらのためには、教師が議長以上に総会討議をリードする指導を展開しなければ、集団は討議をとおして集団の民主的改造をおし進めることはできない。会議の間黙っていたり、見守っていたりせず、どんどん割り込み発言をして討議をリードするのである。

ただこのような討議は、やがて理性的な討議が集団の内部に成立していくようにもっていくことを狙って集団づくりの当初に組織していくので、いつまでも続けるわけではない。

(6) 主権者としての統治能力の形成

集団が集団のちからを行使して社会環境にとりくみつつ一層そのちからを確立する過程を「集団の発展」というが、その集団のちからの発展に対応して集団のとりくみ領域もまた拡大していく。学級内の問題から家庭内のそれや全校的なそれへと広がり、さらに地域的なそれへと広がっていく。これが、前期的段階における学級集団づくりの課題である。

学級集団づくりは、前期的段階にあっては、民主的な学級集団をつくり出しつつ、「指導部」という学級集団とは異質な自主的集団をつくり出していく。それが今後どのような集団へと発展していくかはつまびらかではないが、それは全校的集団の核集団として、また民主的な地域子ども組織へと転化していくであろうことは、いくつかの先進的実践から推定することができる。

このような集団的実践のなかでも、教科学習は教科学習としての科学的、芸術的な質の高さを、「文化活動」は文化活動としての質の高さをもつように教師は指導しなければならない。ただ、文化活動は、集団のちからの行使の文脈のなかで、集団が文化活動の質の高さによって相手を感動させ、相手を説得して、集団のちからを拡大、発展させていくようにさせるものでなければならない。このようにして、実生活を切り開くちからとちえを子どもたちのなかに育て、主権者としての能力の教育を本格的に可能ならしめるような前期的段階の実践を校内外に創出していく必要がある。

第Ⅲ章　学級集団づくりの発展的展開

この基調提案の最後に提起された前期的段階の豊かな創出を目指して、取り組み領域の拡大をどう図っていくかが全生研の次の課題となった。

4．取り組み領域の拡大

1）教師集団づくり

①竹内常一「教師集団づくりの課題」(1971年1月号150号)
(1) 教育の自由と教師集団づくり
　この論文は、70年7月の教科書裁判第一審判決(*58)（所謂「杉本判決」）を受けて書かれた。同判決は、「教師の教育・研究の自由を子どもの教育を受ける権利ならびに親の教育権によって根拠づけ、それを法的に保障しなければならぬことを承認した」画期的なものだった。
　竹内は、そこに「教師の教育研究の自由が大幅に制限・剥奪されているこんにち、きわめて重要な意味を持つ」ことを認めながら、しかし、学校の現実に立ってみるとそこには容易ならぬ問題が含まれていることを指摘する。
　この判決で、子どもの教育を受ける権利と親の第一次的な教育権を保障していくのは、個々バラバラの教師の教育実践ではなくて、教師集団全体の教育実践であるから、教育・研究の自由は教師集団のそれとしてとらえなければならないと考えるべきだという。
　「しかし、教師集団が教育実践を統一的に展開するためには」「一定の教育価値観・教育思想上の一致を必要とし、それは個々の教師の教育価値観、教育思想を拘束する可能性を含んでいる。」が、「本来、教育実践は教師個人の主体性に深く根ざしているものであるから」、それを拘束したうえでの教育実践の統一は中味を空洞化させるおそれがある。
　ここに、教育・研究の自由における教師集団と教師個々人との関係の問題が発生してくる。だから、「教師集団づくりの中核的問題は、教師ひとりひとりに思

58）教科書裁判第一審判決（所謂杉本判決）——家永三郎が起こした「教科書検定は憲法違反」という訴えに対して、東京地裁の杉本良吉裁判長が、国民の教育権論を展開して違憲判決を出した。

想の自由を保障しつつ、教師集団としての思想的統一を確立し、教育実践の統一を創造していくことにある」という困難な課題を抱え込むことになる、という。（以上150号20,21頁）

　ここで、竹内は、教師集団が子どもや親の教育権に応え得る、教育・研究の自由にもとづく統一的な実践をおし進めていくための、外と内にある二つの課題をあげる。

　第一に、外には、国家権力の教育統制とたたかいぬいていかねばならない。今日の国家権力の教育統制には三つの基本要素がある。すなわち、(1) 教科書検定にみるような教育内容に対する統制・管理、(2) 教育工学、教育の「システム」化論、能力別学習集団などの採用による教育労働合理化政策、(3) 特別権力関係論および学校経営近代化・重層化論による教師集団形成、の三つである。だが、これらを三位一体の教育統制としてとらえる批判的な観点を確立していく必要がある、という。

　第二に、内には、「教師集団内部にひそんでいる『非科学的』な集団的特質を克服していく必要がある」。その特質とは、教師たちの研究集会につきまとっている、権力迎合的な傾向であり、なにものかにたえず同調しようとする同調主義的傾向である。「そこでのコミュニケーションは、理非を明らかにするための討論の形をとるのではなくて、『見えない誰か』（権威）の話をなぞりあうような奇妙な話しあい」という「ムラ」的特質をもっている。

　だから、「教師集団づくりは、国家権力による教育統制とたたかいぬくなかで、みずからの「ムラ」的性格を徹底して払拭していくたたかいも合わせて遂行しなければならない。」というのである。（同22,23頁）

(2) 教師集団づくりの構造

　次に、教師集団づくりが三つの層をもっていることをあげる。

　(1) 分会・職場集団の民主的形成の問題、(2) 教育研究・教育実践集団の形成の問題、(3) 教師の市民的・政治的自由獲得のためのたたかい、すなわち、地域における政治的、教育的活動家集団の形成の問題、の三つであるが、教育研究・教育実践集団の形成の問題は、他の二つの課題と深く結び合い、かかわりあって展開されるものである。だから、この三つのとりくみを統一的にすすめうる教師集団の形成が求められるのだという。

それにもかかわらず、分会・職場集団づくりの中心は、あくまでも教職員の労働条件改善闘争にあることを忘れてはならない。「分会・職場集団づくりは、教職員全員の直接の生活基盤であるところの労働条件のなかにはらまれている全員共通の要求に深く根ざしてその統一をかちとっていくことを直接の課題にしているのである。」「したがって、それは分会集団を中心としながらも、未組合員をもふくめた全教職員からなる職場集団の形成を大切にしなければならない。分会集団は全教職員の先頭にたって労働条件改善闘争を組みつつ、そのことによって全教職員の生活要求に奉仕しつつ、そこに分会・職場集団の統一を実現し、分会集団の根を全教職員のなかに下していく必要がある。いいかえれば、分会集団のヘゲモニーのもとに職場集団の統一をはかっていかねばならぬ。」(同24頁)
　しかし、現在における労働条件改善闘争は、教育労働合理化政策のもとにあることに注意が必要である。「教育機器の導入や『教育のシステム化』や能力主義的学習集団編成などの教育方法の改善および教師集団の重層構造化は大量の教師層を単純作業層に、そして一部の教師を経営・管理層に組みかえつつあり」、それが教師の労働軽減や賃上げをもたらすかのような錯覚をつくり出している。だから、「分会・職場集団づくりの労働条件改善闘争は、」こうした教育労働合理化政策が見かけは労働条件の改善にみえて、「実は教師を教師としての仕事から排除して、教師に教師でない仕事を過重に与えるものであることを暴露していくなかで、教師としての労働条件の改善（傍点宮原）を要求していく必要があるのである。」という。（同24,25頁）
　ところが、教育研究、教育実践上の、また政治上の対立を生のままもちこんで、分会・職場集団づくりに不当な対立をよびおこす傾向がないわけではない。みずからの教育研究、教育実践を独善的に正しいと信じ込み、他の教育研究・教育実践を一方的に断罪し、侮蔑するような傾向が民間教育運動に従事する者のなかにもないわけではない。それは、いたずらに分会・職場集団づくりを混乱させるだけである、という。
　だからといって、教育研究・教育実践上の対立は回避すべきではなく、論理的な対立として正当な場所を与えられるべきであるという。「つまり、思想の自由を保障しつつ、思想的統一を実現していくという教育・研究の自由の原則にもとづいて展開されなければならない。そのばあいに大切なことは、まず第一に、普

遍的な真理をあばき出すという目的のもとに、自由で、寛容的な、しかも知的で、謙虚な競争としてその対立を組織していくことである。党派的に争うのではなくて、理非によって争うというスタイルをつくり出していくことが大切である。第二に、その対立・競争は、その実績・実践を大衆の審判にさらし、その実績・実践によって評定されなければならぬということである。」（同25,26頁）

　しかしながら、このような教育研究・教育実践集団としての体質は、一般的には縁遠いものである。けれども、そのような教育研究・教育実践集団を形成する可能性がないわけではない。というのは、戦後二〇余年の教員組合運動、分会・職場集団づくりの蓄積のなかにその可能性が蔵されている。「分会・職場集団づくりは、その労働条件改善闘争ならびに教育闘争、政治闘争をすすめるなかで、さきに述べたような職場内の「ムラ」的状況を克服しつつあり、職場集団の民主化をおしすすめてきた。それは国家権力の教育統制とたたかうなかで、個人的な思想のちがいを越えて統一し、団結しなければならないことを学んできた。」（同26頁）このような分会・職場集団の民主的な集団的体質こそが、教育・研究の自由にもとづく教育研究・教育実践集団を形成する土壌なのだという。

　「したがって、教育研究・教育実践に主体的に取り組んでいる教師たちは、教育研究・教育実践上での自由な討論を発展させつつ、教育研究・教育実践集団を形成していくことと平行して、いやその基礎的条件をつくりだす仕事として、民主的な分会・職場集団の形成に献身的に取り組んでいく必要がある。」（同26頁）

　ただ、その場合、いわゆる「強い」分会・教師集団をつくればいいのではなく、教育・研究の自由にもとづく教育研究、教育実践集団を形成する土壌として、その内部に民主的な討議＝決定のスタイルや民主的な指導と被指導の関係がつくられるようにしなければならない。「このような分会・職場集団づくりをすすめてこそ、教育集団のなかに教育・研究の自由を確立する基礎的条件をつくりだすことに成功するだろう。」（同27頁）という。

　この論文の後段「教師集団づくりの構造」に述べられたことは、私たちの体験に照らして深くうなずけることだった。少し長くなるが竹内論の実証のために書いてみる。

　「はじめに」で書いたように、60年代初め、小松川一中に赴任した私たち若い

教師は、受験体制の下で体罰とお仕置きを使って差別・選別の教育をすすめるベテラン教師や学校体制に批判をもち、あるべき教育を求めて「読書会」に結集して学校体制に抗していった。まずは、3年生の定期テストの成績張り出しと進学組だけの7時間目の補習に理非を問うて反対し、やめさせた。時あたかも、61年秋から文部省の全国一斉学力テストが実施されることになり、まだ組合加入前の私たち新採組も職場会に参加させてもらい、日教組の反対闘争に加わった。そして、職務命令を振りかざした校長の攻撃のまえに浮足立ち、崩れていった分会集団を目の当たりにして、分会・職場集団強化の必要を痛感した。

　だから、学テ1年目の後、私たちは学期交代制だった分会長を通年制に組み替えて責任をはっきりさせ、年配者にお願いすることにした。そして、江戸川支部の機関会議に出ていく支部委員、地区委員、教研委員、婦人部委員、青年部委員などを若手が積極的に引き受けて支え、支部にあまり結集していなかった分会を支部に結びつけて組合の風が吹くようにしていった。併せて、公務分掌も主任も任命制で、個々人の教師の意志が尊重されていなかった職場体制も変えたいと思い、公務分掌の希望制、主任公選制を提案していった。公務分掌希望制はみんなの希望をとって校長が決める形になったが、主任の公選制は足元の分会の年配者から「そんなことをしたら自分たちで勤評をすることになる」と猛反対が出てつぶれてしまった。

　また、前に書いたが、62年から読書会のメンバーたちで全生研の集団づくりに学んで、生徒たちの自主性を尊重し、生徒自身で自分たちの生活をつくっていく学級づくり、学年づくりを始めた。その中で育った生徒たちが自分の頭で考え、行動しはじめると、「班活動なんかやるから生徒が生意気になって困る」とベテラン教師からの班攻撃も始まった。そればかりか、その生徒たちが3年生、2年生になった学テ3年目には、生徒たちは「テストの点数が指導要録に記載されるというが本当か」と教師たちに質問して迫るようになり、「生徒は巻き込まない」という煮え切らない闘争方針のために満足に答えてくれない教師たちに不満を持って、学テ当日に大量の白紙、無記名の答案を出す自衛策を取ったのだった。これは生徒の成長を示すものではあったが、校長は危機感を強め、読書会の中心メンバー三人を翌年の担任から外すという学テ人事をもって報復してきたのだ。

　その担任発表の席で、私も含めた三人は交互に立って希望を踏みにじる人事

の不当性を訴えたが、校長が頑として応じないばかりでなく、分会員の他のメンバーからの援護のことばが出て来なかったことにショックを受けた。組合員の不利益に対して分会みんなで闘うという分会集団にはなっていなかったという事実が露呈されたのだった。

私たちは、「教育研究・教育実践集団の形成」を急ぎすぎて、「その基礎的条件をつくりだす仕事として、民主的な分会・職場集団の形成」をみんなの要求結集に立って図っていくことが抜けていたことを総括した。そして、全員共通の要求に深く根ざしてその統一をかちとっていく分会・職場集団づくりにあらためて取り組み始めたのだった。

どのように進めたかというと、まずは、職場新聞を発行することから始めた。一人一人の教職員の動静や思い、つぶやきを声にしてみんなに広げた。外の組合の動きも伝えた。分会で作ったが、用務員室や事務室・給食室を含む全教職員から取材し全員に配った。これはバラバラだった職場の空気を変え、思いを共有し職場をまとめていく効果を発揮した。

妊娠中の女教師から「休み時間に体を横にして休める休憩室が欲しい」という声を聴いて校内委員で校長交渉をし、広い職員室の一角をロッカーで囲って、校長室の古い長椅子をもらい、小さな丸テーブルを置いた「休憩室」を実現した。

20日の有給休暇が、互いに遠慮してほとんど取れていないのを、みんなで輪番表をつくって最低7日ずつ取ることを決めて実行し、気兼ねなく取れるようになった。育児時間や病後の要軽業も我慢せずに取れるようにした。生理休暇を教頭がわざわざ「特休」と板書するのをやめさせた。年休ではおぼつかない病弱の人が「病休」を取れるようにもした。

校内研修会の講師を、指導主事などのお仕着せ講師でなく、みんなの希望をとって民間からも自由に呼べるようにし、多くの希望の講師招聘を実現した。竹内常一もその一人だった。区教研の部会へ校内分掌の役職だからと強制的に参加させることもやめさせた。組合教研や民間教育団体の研究会にも「研修」扱いで参加できるようにもした。

管理職が、定年間近の老教師が休みの多いことを理由に異動を強要したり、組合総会への参加を妨害したりしたことを不当労働行為として追求してやめさせた。

こうして一つ一つの職場の権利要求を実現していった。だが、ひときわ大きな

「労働条件改善」をもたらしたのは「勤務時間7時間半」の確定闘争だった。

　勤務の拘束時間は、8時間のうちの実働7時間半になった。8時半出勤なら午後4時に退勤が可能になり、各学校で「勤務時間の割り振り」を管理職と書面で確認していった。

　しかし、たてまえの運用時間は確認されたが、それで超勤がなくなるわけではなかった。放課後には、授業の準備や後始末、居残り勉強や生徒会活動、クラブ活動の指導があるし、諸会議もあった。それらは運用時間をはみだした。でもこの権利確立は大きかった。従来、6時、7時はざらだった退勤時間が1時間位早くなったし、行事や校務上の仕事がある時、超勤を減らすために時には短縮授業や時間カットをみんなが要求するようになったのだ。

　こうした「労働条件改善闘争」をすすめて分会・職場集団の団結を築きながら、外の労働者階級や民主勢力の昂揚した運動と連帯して60年代の後半にかちとった三つの大きな制度要求の成果があった。学テ中止と人事院勧告完全実施と革新都政の実現である。

　学テは、学テ日本一を競った香川、愛媛の教育荒廃状況を暴露した「宗像調査団」(*59)による世論喚起が大きな働きをして、66年に文部省の中止決定をひきだした。

　人事院勧告は、公務員のスト権剥奪の代償措置であるのに、長い間4月実施を10月実施に値切り続けてきたことに対する公務員労働者の怒りを結集して、三年にわたるストライキ闘争を構えて闘われ、68年についに完全実施がかちとられた。

　革新都政も、多くの都民のインフレ・高物価・公害・低福祉・腐敗都政に対する怒りが民主勢力を結集させ、67年に美濃部革新都知事を誕生させたのだった。私たちも地区・支部の教師たちとともに支持拡大に総力を発揮してたたかった。

　こうした歩みを振り返ってみると、「労働条件改善闘争」から分会・職場集団づくりを再出発させたことが、「経済闘争、教育闘争、政治闘争の三つのたたかいを統一してすすめる教職員集団づくり」の土台をつくったといえるだろう。

59）宗像調査団——東大の宗像誠也教授を中心として、文部省の全国一斉学力テストの強行実施が教育現場にどのような影響を与えたかを検証するために、学力テスト1位、2位の香川県、愛媛県に日教組によって派遣された調査団。

しかし、道はまだ半ばだった。教職員の権利要求実現をはかる集団はつくれたが、教育研究・教育実践集団としてはまだまだだった。「授業クラブ」問題にそれが端的に表れた。
　勤務時間7時間半の運用をかちとった後、超勤をいかに減らすかが課題になった。超勤の最大のものはクラブ指導、なかでも運動部顧問の負担だった。6時の最終下校まで指導して、後始末をして帰るのが毎日7時になっていた。そのために、運動部顧問のなり手が足りなくなる危機的状況も出てきた。といっても、クラブ活動は生徒の自治活動の大事な一分野だとわかっていたから、簡単に社会教育移管論には賛成できなかった。だから、それがわかる分会の中心メンバーが運動部顧問を引き受けていた。
　そこに出てきたのが、68年指導要領改訂での「時間内クラブ」だった。それは日教組によるクラブ活動の超勤問題追及の矛先をかわすためのものであると思われたが、1時間でも授業時間内にクラブができればいくらかの負担軽減にはなると考え、72年からの本格実施に先駆けて69年から月曜6校時に「クラブ」の時間を特設した。だからといって、私たちは時間内に1時間だけ「クラブ」をやればいいと考えてはいなかった。今まであったクラブが月曜6校時に一斉に活動するが、そのまま放課後に延長してもよく、他の曜日にも活動してもよいことにした。ただ、この機会に学級や生徒会などとの競合や超勤を減らす観点から、木曜、土曜はクラブ活動をしない日とし、木曜は学級活動優先、火曜は生徒会活動優先にし、クラブ活動は月、火、水、金曜日から三日を選んでやる、という提案をして教職員の合意をつくりあげ、実施した。
　「クラブで問題児を救う」という発想を越えて、教科学習、行事、自治活動、クラブ活動のバランスのとれた学校生活が、生徒にも教師にも保障されるようになったのだ。
　ところが、私たちは重大なことを見落としていたことに気づかされることになった。
　71年1月の第20次全国教研東京集会に分会のみんなで分担して参加し、そこで講師団の的確な情勢分析によって新指導要領体制、中教審路線の危険性を学習できた。私の出た「生活指導」分科会でも、助言者の竹内常一から新指導要領体制の本質は、(1) 教育内容の国家統制、(2) 教育方法の現代化という名の教

育労働の合理化、(3)学校の重層構造化支配、の三つがセットになっているところにあると指摘された。

そして、「課程内クラブ」は、クラブという自治活動を「授業」のワクの中に囲いこむことで第二の特設道徳化しようとし、一方で「課外クラブ」を「部活動」として教育課程の外へ出すことで教師の勤務外のサービス業務にしようという危ないものだと説明された。これを聞いて私たちはショックを感じた。自分たちの労働条件の改善のために「時間内にできるクラブの時間」として利用しようとしたが、それが「授業クラブ」の先導になっていると気づいたからだ。私たちは早速対策をとることにした。翌年度への教育課程づくりのなかで、「特設クラブ」の時間は、1時間だけ授業としてクラブをやる時間でなく、今まで通りのクラブ活動を時間内にやれる時間で、放課後の活動と連動して生徒の自治活動として行なうものだということを全教職員に確認していった。新指導要領の本格実施の後も「授業クラブ」化は防いでいった。

この経験を通して、私たちは、「労働条件改善闘争をすすめる分会・職場集団づくり」と「子どもの教育を受ける権利を保障する教育研究・教育実践集団づくり」を統一して取り組まねばならないことを学んだのだった。

もう一つ、この論文の指摘で納得できる体験をしたことを書いておきたい。

それは、論文の終わりの方で、「思想の自由を保障しつつ、思想的統一を実現していくという教育・研究の自由にもとづいて」教育研究・教育実践集団を築くために大切なことは、「第一に、普遍的真理をあばき出すために理非によって争うというスタイルをつくりだすこと、第二に、そこでの対立・競争はその実績・実践を大衆の審判にさらして評定されねばならないということ」と述べたところに関わってである。

私たちが70年から生徒の要求で生徒会行事として文化祭を導入して2年経ったとき、一部の教師たちから文化部の発表の場ができた意義は認めながらも、クラス参加のテレビの物まねのドタバタ演劇や、金魚釣り、ゲームコーナー、喫茶店、お化け屋敷などの展示に対して、「こんな文化祭を授業をつぶしてまでやらせる価値があるのか」という強い批判が出てきた。

それを受けて生徒会役員たちは、文化祭の質を高めるために出し物への評価を導入し、ステージ部門、展示部門それぞれに最優秀賞、優秀賞を決めるという実

施案を考え出した。

　この実施案を生徒会顧問の私が職員会で説明したところ、一部から賞を決めることへの強い反対論が出された。「文化祭では、それぞれのクラスの生徒がどれだけ一生懸命に出し物をつくったかが大切だ。それでも出来栄えはクラスの状況や担任の指導力でまちまちになるのに、よくやった、よくできなかったと賞によって差をつけるのは差別だ。一生懸命やっても賞が取れなかった生徒の気持ちを傷つけることになる。だから、賞を決めることには反対だ。」というのである。私は、「文化祭の質を高めるためには賞が必要だと考えた生徒会役員会の判断は妥当で、賞を決めたからといって差別になるものではないのではないか。」と反論した。が、反対派も強硬で議論は平行線をたどり決着がつかなかった。

　そこへ、ある教師から「賞を決めることが差別になるかどうかはやってみないと分からない。生徒会役員が賞によって文化祭を高めたいと考えたことを尊重してやらせてみようじゃないですか。やってみて質が高まったら、その時点でまだ賞を続けることが必要かどうかを話し合いましょう。」という意見が出され、全体はそれに賛成した。

　結果は、生徒会役員が「香る文化に輝ける個性」というようなスローガンを毎年提起して質の向上を訴え、それに応えて質の高い演劇や展示をつくって優秀賞をとった先進クラスやクラブに引っぱられて、出し物の質が年々高まっていった。お化け屋敷などをやっているクラスが恥ずかしくなり、消えていった。数年して、観客の心をとらえる質の高い出し物をつくろうという空気がみんなのものになったところで賞をやめ、文化委員会がそれぞれのクラス・部を総括評価する方式に変えていった。教師も生徒もそれで納得した。

②竹内常一「学校の反動的再編と集団づくりの課題」（1971年4月号153号）
（1）中教審「教育改革案」の学校観
　この論文は、中教審の「教育改革案」にもとづき70年代に文部省が創出しようとしている学校観に対し、生活指導運動がその集団づくりの実践をとおして民主的学校観をどのように創出していくべきかを検討しようとして書かれたことをまず述べている。

　そして、中教審の「教育改革案」の三つの要素をもう一度とり出す。すなわち、

「(1) 教科書検定制度にみられるような教育内容に対する国家権力の統制・管理、(2) 教育機器の導入による教育方法の改善、それによる教育労働の合理化政策、(3) 特別権力関係論および学校経営近代化論による教師集団の編成管理」の三つである。(153号32頁)

こうしてつくりだされる学校教育の構造によって、青少年の能力主義的、軍国主義的掌握・形成がねらわれているのだという。そのことの説明を次のように展開している。

「画一的な教育内容にもとづく教育のシステム化、工学化は、授業過程および教育評価の標準化・規格化・細分化をとおして日常的に青少年を能力主義的な選別・選抜のふるいにかけていく。」(同34頁)そして、「個人の特性に応じた教育方法の改善」をうたい、(1) グループ別指導などの弾力的学級経営、(2) 個人の特性に応じた個別学習の機会の設置、(3) 学年別を越えた弾力的な生徒の指導、(4) 能力に応じた進級進学の例外的措置、などの学習集団編成をうちだした。

このような能力主義的な学習集団編成は、まず第一に、さまざまな階層の子どもたちが、「科学・技術・芸術の学習をとおしてひとつの国民になっていくという近代教育の学級理念である『共同教育』の原理をまさに破壊する方向をおしだしているのである。この意味において、学級集団の学習集団としての性格が根本的に否定されているといってよい。」

「第二に能力主義的な学級編成は、学級集団のいまひとつの性格、すなわち、自治的集団の基礎集団としての性格をも破壊する。能力主義的な選別・選抜をこととする授業過程は、そこでの生徒集団の分裂を授業外にまで拡大し、自治集団としての学級集団に差別と分裂のクサビをうちこむことは必至である。」「このように、能力主義的な選別と選抜、その学習集団編成は学級集団を二重の意味において解体していく。」(同34頁)

しかし、この学級集団の解体は中教審の側にも別の危機感を生むことになった。

「能力主義的な選別と選抜、その学習集団編成にともなって必然的に起こるところの生徒集団の分裂と解体は、『国家における国民的まとまり』の教育的形成を阻害するものとしてはたらき、青少年の軍国主義的掌握にただならぬ悪影響を与えるために、『国家における国民的まとまり』についての教化、情緒的な師弟の一体感や師弟同行的な錬成、さらに『生活集団』の教育機能の再編」の必要を

強く感じ、それについての注意事項を「教育改革案」に付け加えざるをえなかったのである。(同35頁)

そこで、これへの施策を新学習指導要領の特別活動にうちだしたのが見てとれるという。

「その第一は、学年・学校ごとの、さらには地域ごとに団体主義的な行事活動を組織し、これによってバラバラな生徒・児童を強引に団体化し、『学年集団』『全校集団』としての形式的なまとまりをまず確保していく方向である。」それらは「行事のもつ象徴的・心情的作用によって生徒の団体化・一体化を促進し、そこに軍国主義的な修練を成立させていく。」

「第二は、……これと並行し、強力に結びついた形で『生活集団』としての学級の再建が構想される。その具体化が学級会活動と分離された『学級指導』である。」この学級指導は、「学年単位、学校単位の生徒の団体化」また「学級内の能力主義的選別・選抜に対して生徒個々人の主体的適応、参加を促進していくことに主眼をおくものである。」

「第三は、……全生徒、全教員参加のクラブ必修制の方向をうちだし、これに週一時間の時間配当をおこなって、この『授業クラブ』なるものを団体主義的な生徒集団の基礎単位にしむけていく方向を出しつつある」。この授業クラブが、「学芸的、体育的、勤労・生産的行事と強力に結びつけられ、体制翼賛的行事活動の基礎単位となっていく方向は、学習集団の能力主義的編成の深化とともに強まっていくのではないかと考えられる。」

第四の方向は、学級指導およびクラブ活動の年間計画作成・実施において、教師集団の重層構造的編成のちからが大いにあずかり、ティーム・ティーチングが学級指導にまでおよぼされたり、「学年主任、体育主任、生活指導主任による団体主義的な行事活動の官僚主義的な指導に学級指導、クラブ指導が完全に従属させられ、その独自性の剥奪がおしすすめられるだろうことが予測される。」ことである。(以上同35,36頁)

(2) 学年・全校集団づくりの必要性

「このようにみてくると、教育改革下の学校にあっては、国家権力の教育統制は、学校内の経営層、管理層である校長、主任教師群をとおして教科指導、生活指導の両面にわたって貫徹する。その結果、個々の教科担任、学級担任の教育活

動は画一化され、かれらの自由は一方的に剥奪されることになる。

　同じように、学級集団は、能力主義的な学習集団編成と団体主義的統制によって、学習活動、自治活動の基礎集団としての性格を解体され」「その学習権、自治権を剥奪されて軍国主義的体制への埋没を余儀なくさせられていく」。(同36頁)

　「したがって、教育改革にたいするたたかいは、まず第一に、個々の教師が学級集団を学習活動、自治活動の基礎集団として把握し、学級集団自身がじぶんの学習権、自治権を自覚的に行使しうるようになるように学級集団を指導していかねばならない。」(同37頁)　しかし、その仕事は、教育改革下の学校では、教師集団の重層構造化に抗して教師の教育の自由をたたかいとっていくことと並行して進められなくては実行不可能であるという。

　「そのためには教師は、学級集団における教科指導、生活指導の諸問題を事実にもとづいてとらえ、この重たい子どもたちの現実を教師集団に提起し」、「教師集団のうえに君臨している官僚主義的な権威がいかに具体的な問題事態に具体的な指導を提起できないものであるか、たとえできたとしてもそれがどれだけ非教育的なものであるかを事実にもとづいて大衆的に明らかにし、教師集団にたいする官僚主義的権威のヘゲモニーをひとつひとつつきくずしつつ、教師の教育の自由をひとつひとつ獲得していく必要がある。」(同37頁)

　「ところで、教育改革下の学校では、従来のような閉鎖的な学級王国的学級経営は不可能である。そこでは、学級集団は学年的、全校的、さらには地域的な規模での団体主義的活動に包囲され、それへの従属が強要されている。」「しかし、他方では、学年的、全校的活動の場の拡大にともなって、学級集団がその民主的力量を発揮し、団体主義的活動に民主化のクサビをうちこみ、学年、全校生徒集団を民主的に組織する可能性もまた拡大していると見なければならない。したがって、学級担任および学級集団のリーダーは、学級集団づくりのなかで形成してきた集団のちからを学年的、全校的活動のなかで機会あるごとに、賢明にかつ慎重に発揮し、その集団のちからに他学級、他学年の生徒をまき込んでいくプログラムをもつ必要がある。」「学級担任は学級集団づくりに取り組む当初からそれと並行して学年集団、全校集団づくりのプログラムをもち、学級集団を学年集団、全校集団の中心学級としておしだしていく方向をつかんでおかねばならな

い。」（同 38 頁）

　このようにして、官僚主義的な指導に対する民主的指導の優位性を教師集団のなかで明らかにしつつ、各学級担任の学級経営の自由を獲得していく必要があり、さらにそのような教師はその実践と実績にもとづいて教師集団にたいするリーダーシップを確立し、学年、全校集団づくりを媒介にして他の学級に集団づくりを広めていく必要がある。同時に、そのリーダーシップを他の教師の実践にもとづいた批判につねにさらしながら、教師集団の統一を確保していかなければならないという。

　そうした意味で、団体主義的な活動の場を民主的な集団の意志決定の場に転換した実践として、全校朝礼をショートの全校総会に転換したり、全校総会・学年総会の決議に一学級一票制を導入して意志形成をはかったりして、形式化した代議制を全校集団討議のうえに再建し、児童会・生徒会民主主義を確立しようとする模索がされているのがあげられるという。とりわけ、権力の教育統制が学年を重要な環としてくるなかで、学年総会を基底にして学年教師集団・学年生徒集団の民主的統一をはかる実践がかなり出てきたのは注目してよいという。また、そうした学年集団を中心学年にしたてあげ、それが最高学年になるにつれて集団づくりを全校規模におしすすめた実践も報告されているという。

　「これらの実践で注意すべきことは、学年生徒集団、全校生徒集団がきわめてすぐれた教育力を学級集団に発揮していること」、さらに、「学級担任教師がまっとうな教育的指導を要請していく民主的な生徒集団にささえられて、官僚主義的な指導の網からぬけだし、教育的力量を身につけていること」、「こうしたなかで教師集団が教育研究・教育実践集団としての実質を獲得しはじめていることはきわめて重大である。」（同 39 頁）という。

　こうしてみると、「集団づくりは、学級集団づくりから全校集団づくりへとただ一方的なコースだけで展開されるのではなく、学年・全校集団づくりから学級集団づくりへというコースによってもすすめられなければならない。とりわけ、教育改革が進行するなかで」「基礎集団としての学級集団が外部から破壊されていくとき」「学級集団づくりと学年・全校集団づくりの関連、生徒集団づくりと教師集団づくりの関連を追究していく必要があろう。」（同 39 頁）とまとめているのである。

この最後の方の、「学年・全校集団づくりから学級集団づくりへというコースによってもすすめられるということ」、また、「学年生徒集団、全校生徒集団がきわめて優れた教育力を学級集団に発揮していくこと」、さらに、「学年集団づくり、全校集団づくりのなかで、学級担任教師が民主的な生徒集団にささえられて、官僚主義的な指導の網から抜け出して教育的力量を獲得していくこと」という指摘が、70年代から80年代にかけての私たちの体験から強く首肯できた。

60年代に、若い教師たちで全生研の学級集団づくりに学んで実践し、また生徒会指導をとおして生徒の自治活動を中心にした学校づくりに取り組んできたことは前に書いた。その学校づくりに一緒に取り組んだメンバーたちが次々に転勤で去り、70年代に入ったときには読書会のメンバーはほとんど私一人になっていた。後から転入した人たちがともに頑張ってくれたが、全生研の会員は私一人だった。

ちょうどそんな折に、この論文に接し、また、全生研常任委員に出ることになって全校集団づくり、学年集団づくりを知り、さっそく取り入れることにした。学級四角並び・代表発言・学級一票制の生徒総会、学級討議を踏まえた代議員会にもとづく全校行事・全校活動を軸にした全校集団づくりを導入した。自分の学年では、同じ形式の学年総会、学年委員会を中心にした学年行事・学年活動による学年集団づくりを展開した。

職員会議でも学年会でも、このやり方の意味と方法を私から説明し、合意を得て進めた。これに参加するためには学級はおろされた討議原案をめぐって学級討議を組み、学級の意志決定をつくり、代表発言を用意しなければならなくなった。当然、学級担任は学級討議やそれに伴うリーダーの指導に取り組むことを要請された。そして、これらの準備がどうだったかは生徒総会、学年総会の場で他の学級との比較であらわれることになった。生徒も教師もどの学級の参加のしかたがよくて、どの学級が不十分だったかを感じとっていった。私や共に集団づくりをすすめる教師の学級が先進学級として立ち現われる姿を見て、不十分な学級や担任が真似て学び取っていくようになった。よい意味での競争が生まれた。

私は鍵になる生徒会役員、学年委員会の討議原案をつくる指導に力を入れた。

これは、全校や学年の行事、活動の場でも同じだった。生徒も教師も先進学級の取り組みに学び、追いつき追い越そうという気風が生まれてきた。その中での

若い教師、女性教師たちの成長ぶりは目を見張るものがあった。

こうして、全校集団づくり、学年集団づくりの場を設定することによって、それが学級集団に教育力を発揮し、官僚的指導の入り込む余地をなくし、教師に生徒を民主的に育てる教育的力量を獲得させるものだということがわかってきたのである。そうやって、若い力が育ってきたので、私は生徒会担当を若い人たちにバトンタッチできたのだった。

その後、80年代、90年代と二校に転任したときも、生徒会担当ではなくなったが、担当者と話し合って生徒総会を、また学年では学年総会を導入して全校・学年の行事・活動を進め、自治活動を大事にした学校、学年づくりを同じように進めることができた。ここから、自分たちで決めさせる総会の設定こそ、集団の民主的改造の鍵だと痛感したのだった。

2) 文化活動と行事

全生研は、63年に小川太郎から〝全生研の実践は勉強と規律の指導に偏っていて、遊びや文化的活動、労働のような、子どもたちを夢中にさせる内容をもった活動が欠けている〟と批判を受けて以来、集団づくりの活動内容を豊かにするものとして文化活動や行事に注目はしてきた。

竹内が、65年11月の常任委員会で「生活指導における文化活動の位置と役割の問題、集団づくりと文化活動との相互関係の問題」を問題提起し、69年6月号129号に巻頭論文「文化活動を教育課程にどう位置づけるか」を書いている。

その上に立って、今回、154号に「文化活動と学級集団づくり」を書いた。春田は「この論文は、まさにこの期における集団づくりの新たな発展をふまえてがっぷりと文化活動に取り組んだ、まことに意欲的な労作となっている。」といっている。(『戦後生活指導運動私史』256頁)

①竹内常一「文化活動と学級集団づくり」(1971年5月号154号)

この論文では、文化的活動が学級集団づくりに持つ意味、文化的活動の組織原則、文化的活動の形態、行事の教育的意義、行事の組織原則などについて述べられている。

学級集団はその集団のちからを集団の民主的改造に発揮するだけではなく、集

団生活の文化的向上にも発揮する必要がある。逆にいえば、学級の文化的活動は、学級集団の民主的改造をすすめるひとつのちからとして自覚されるように組織される必要がある。

ところが、これまでそのような集団の民主的改造との関係を考慮に入れず、文化的活動を子どものその場かぎりの、自然成長的な欲求に追随して組織するという児童中心主義的な文化活動観が支配的だった。そのために、子どもの文化的活動を活動至上主義、形式主義におとしいれ、学級集団に気ままで独善的な自由主義的風潮を生んできた。

このような文化的活動は、いつまでたっても文化的な質の高さを獲得していくことができない。「文化的活動をとおして集団の民主的発展と民主的改造をうながそうというのであれば、文化的活動そのものが文化的に質の高いものでなければならぬ。質の高い文化的活動を組織していくことで集団のちからを認識させ、また非民主的なグループを感動させ、そのことによって説得し、連帯しあえるようにしていくことが必要である。文化的活動は質の高さを獲得してこそはじめて集団を民主的に改造・発展させうるちからに転化するのである。これが文化的活動を組織していく際のひとつの原則である。」(154号67頁)

そのためには、教師は子どもたちの文化的活動をたえず質の高いものに仕上げていくように指導する必要がある。だからといって、その質の向上を教科指導的に追究するのではなく、生活指導で大切なことは、文化的に低俗な生活に甘んずる者たちと文化的に高い生活を獲得しようとする者たちとのたたかいを組織していき、そのことによって集団の民主的発展と改造を推進していくことである。

その場合、集団の民主的改造、集団生活の向上を追究していくなかで文化的活動を組織していくやりかたと、すでにある文化財を自らのものにしながら集団生活の文化的低俗さとたたかい、ひいては集団生活の民主的改造をおしすすめるという組織のしかたとがある。たとえば、新聞活動は前者である。新聞記事の書き方を形式的に教えても、それだけではすぐれた新聞はつくれない。生徒集団の注意をどういう自治的問題にひきつけるか、どのような問題に生徒集団の討議と行動をむけて組織すべきか、という集団の民主的改造や生活の向上の課題に結びつけて編集をすることが、そのまま新聞としての質の高さを保障するのである。その意味では、学級新聞には学級の機関紙という公的性格があることになる。する

と、学級新聞の編集権は学級集団そのものに戻し、学級集団の中核がそのイニシアチーブを何らかのかたちでもっておく必要がある。

　ところが、合唱や演劇などのような場合には後者になる。集団の民主的改造の必要や課題からストレートに組織するのではなく、「じぶんたちの生活をよく表現しているすでにある歌や脚本の文化的な高さを集団のものにし、その文化財のもっているヒューマニティを表現していくことによって集団のちからをおしだしていく」のである。(同69頁)

　さて、では文化的活動の形態にはどのようなものがあるだろうか。

　まず、学級集団づくりの当初に集中的にとりあげられ、その後は学級集団の日常的な活動となるものに「集団遊び」がある。

　具体的には、集団遊びは次のように集団を高める働きをする。

　「第一に、教師、またはリーダーが遊びのなかで集団や班を評価することで、子どもの集団認識を高め、班の利益のためにたち上がらせ、やる気を出してくる子どもの要求にかなった指導を学んでいく場として位置づけるのである。班長は、遊びの種目に応じて班員をどう位置付けどのような任務を与えるか、班の行動から離れがちな班員への取り組みをだれに要請するか、不利益な判定には班員をどう結集してたたかうか、すぐれた班にはどのように攻撃をかけていくかなど班員の動かし方を学ぶ場である。

　第二に、集団遊びは、集団自身がリーダーの正しい指導には自主的に従い、集団に不利益をもたらすようなリーダーの指導に改善を要求したり、ときにはそれを拒否し、新しいリーダーを選び出していくことを学ぶ場である。

　第三に、集団遊びは、このような指導と被指導の民主的な関係を子どもたちのものにすることで、遊びを真に子どもたちのものにし、集団を感情面で統一し、集団で生きることのすばらしさを教えていく場である。だから、完成された集団遊びは、その時点での集団的統一の美学的表現であるといえる。」(同70頁)

　次に、学級の生活にあるさまざまなしごとについて述べている。

　しごとには、学校田などの労働に全員が一度に参加するもの、全員参加だが清掃当番や給食当番など当番制によるものと、係活動のように一部の者が専門的に担当するものとがある。しかし、それらは多くの場合学校の方針、児童会・生徒会の方針で上から課せられてくるので、学級集団づくりの文脈外のものになる。

そこで、これらを学級集団づくりの問題として取り組んでいくためには、学級集団がこれらに対する取り組みの方針を総会において決定し、これらを自分たちのものにしていかねばならない。

「そのためには教師は、学級や班が自分たちの集団のねうちにめざめ、集団の誇りを守ろうとする構えを示しだしたころをみはからって、より困難なしごとは学級のなかのもっともすぐれた班が担当すべきであるというかたちで問題提起をし、すぐれた班がおとった班からそのしごとを奪い取っていくような論争をしくむことによって、これらのしごとを学級集団のものにしていく必要がある。」（同72頁）

そうして生まれる、班の力量の宣伝のし合い、組織的な取り組み方の宣伝のし合い、しごとのしぶり・仕上げ方の方針の出し合いによる学級集団のしごとの奪い合いをとおして、しごとに対する学級集団の民主的な取り組みが生みだされていく。

こうしたしごとに対する取り組みは係活動に質的な変化をよびおこす。方針・政策をかかげてしごとをとった班が、指定されたしごとを越えて新しいしごとの分野を切り開こうとし始める。このため、学級総会から一定期間、特定のしごとについて部分的な指導権を委託されはじめるのである。そうすると、たとえば新聞発行実務にかかりきりであった新聞係が、学級集団の意見にもとづく機関紙を編集発行していく新聞部へと転化していく。同様に、美化係や掲示係が活動内容を発展させて教育文化部へと転化していく。こうして、係活動から部活動への転化が進むと、部活動は班を基礎としてではなく、各班の専門的な文化活動家を集めて行われるようになる。それが前期的段階の姿である。

最後に、学習指導要領の改訂によって国家主義的行事を中核とした翼賛的奉仕活動、翼賛的文化活動が強められていくことへのたたかいの焦点は学校行事の民主的改造にある、として行事の問題を取り上げる。まず、行事の集団的・教育的性格の検討から始めている。

「行事には、まず第一に、集団の全成員が共通の広場に集まり、同一集団に属していることを確認しあうという性格がある。」「したがって、生徒集団の行事はなによりもまず生徒集団自身のものであり、生徒集団の結束の場でなければならない。」（同75頁）その意味で、総会や集会に似ているが、それとは明確な相違

点があるという。「総会は集団の意志や方向を決定するためのものであるのに対して、行事は集団の連帯感や集団の一員であることの自覚を確かめ合うためのものである。」「そうだとすれば、集団づくりは総会と同じような比重で行事を重んじ、それを集団のちからの感情的、美学的表現の場として、集団の団結と誇りの教育の場としてくみたてていく必要がある。そのためにも行事は、生徒集団のものとして、集団の意志決定にもとづいて推進される必要があるのである」(同76頁)

行事のいまひとつの基本的性格は、「行事は当の集団の内部だけでひそかに行なわれ、集団成員だけで集団の団結と統一を確認し合えればそれでよいといった消極的なものではない。行事は当の集団的達成を外部にむかって宣伝し、」「さらには外部の集団をも巻き込んでいこうとする積極的性格をもっている」。それが外部の人を招く理由である。(同76頁)

このような行事の基本的性格から、次のような行事の組織原則が引き出されるという。

「まず第一に、行事は集団の外側に開かれた集団のちからのデモンストレイションであるという基本的性格からして、行事活動には統一性と競争性が注意深く組み合わされねばならぬということである。」「とりわけ、学級集団は全校的行事に取り組んでいくばあい、学級集団の日頃のちからをデモンストレイトして、学年集団、全校集団の中心学級としての位置を獲得し、学年集団づくり、全校集団づくりの先頭に立つようにしなければならない。」

「第二に、行事は……集団の日常的な多種多様な文化的活動を共通の広場に統一・総合していくものである」が、文化的活動は多様に分化し、専門化し、相互に排斥しあう関係をつくる危険性がある。「こうした分化に伴う集団の分裂を乗り越えていくためにも、学級集団のなかのまたは全校集団のなかの多様な文化的活動を統一、総合したり、特定の文化的活動を集団全体で享受するような行事をやってみることが必要である。」前者には発表会、文化祭があり、後者には特定課題の展示会、特定種目のスポーツの対抗試合などがある。

「第三に、行事は集団の団結の感情的、美学的統一として組織されるものである以上、それはおだやかで、たのしい感情的統一と同時に、きびしく、おごそかな感情的統一をもあわせもっていなければならない。」その意味では、儀式性を

ももたねばならない。

「第四に、行事は……一定の短い期間に日常の集団的成果を集中的にデモンストレイトする非日常的、非継続的な活動である。」「この意味では、日常的集団活動は行事をめざして行われ、近い行事を当面の目標として展開される」。「したがって集団づくりは行事を集団活動のピークとして位置づけ、これにむけて日常的実践を総括していくとともに、これにもとづいて日常実践を計画化していくことが必要となる。」(同76,77頁)

以上のことから、「学級集団づくりをすすめるにあたって、学校行事や学級行事の月別配当を注意深くおこない、どの行事によってどのような集団の発展をねらうか熟慮する必要があり、学級集団づくりと全校集団づくりのむすびつきを強化していくことを画策する必要がある。」(同77頁)と結んでいる。

3）全校集団づくり

（1）全校集団づくりへのアプローチ

「全校集団づくり」ということばはそう古い言葉ではない。全生研では長く「児童会・生徒会の指導」と呼んできた。それが第13回湯河原大会で分科会の名称も「全校集団づくり、児童会」「同、生徒会」となり、第14回秋田大会から「全校集団づくり、小学校」「同、中学校」という呼称となった。

60年代後半、機関誌『生活指導』上でも、運動会・卒業式・修学旅行など一部の行事や、生徒総会・学年総会という自治活動の一部分に限られた報告はあったが、全校集団づくりの全体像が見える実践報告が機関誌に登場してきたのは1970年前後になってからであった。

まず、小学校では、69年10月号133号に服部潔が「全校集団づくりにどう取り組んだか」を書いた。

中学校では、70年7月号143号～同9月号145号に「行事と集団づくり」という横須賀池上中の長編記録が掲載され、同9月号145号～同10月号146号に山梨市川中の「暴力事件に集団としてどう取り組んだか」と「修学旅行への取り組みをめぐって」が載った。

池上中の実践は、学年14学級というマンモス校の下、学年教師集団の合意形成によって、新しく入学してきた1年生では、はじめから学級を班的存在とし

てとらえて、数々の行事や活動に学級間競争を組織し、生まれてきた「先進学級」「指導学級」と他の学級集団間に指導と被指導の関係をもちこんで学年集団づくりをはかった。そして、後半には、他学年に誇れるものとしてクラス合唱、学年合唱を集団の財産にすべく取り組んだ。

　２年生になって、合唱に結集した集団のちからをもとにして、新１年生を迎える入学式を感動的なものにつくり上げ、上級学年としてのヘゲモニーを確立する。この長編記録はここで終わっているのだが、この後１年生と兄弟学級をつくり、その指導をしながら「中心学年」になり、３年生になってからは「指導学年」として全校集団づくりをすすめていく。その全容については、後述の『全校集団つくりのすじみち』に詳しい。

　市川中の報告も、集団づくりを追究する教師集団をもとにして、１年生の間に進めてきた学級集団づくりの積み重ねの上に、２年生での学年集団づくりをどう進めたかを書いている。

　行事を学年・全校集団づくりの中心にすえて、学年執行部、学年班長会、学級総会、学年総会の指導を経てそれを自分たちのものにさせながら集団のちからを築き、２年の終わりには修学旅行の成功をつくり出している。途中には、１年生、２年生の暴力事件を機に二度の臨時生徒総会を開き、全校で暴力追放宣言を採択させている。学級集団づくりをもとに、学年集団づくり、全校集団づくりへと広げた典型的実践となっている。

　こうして本格的な全校集団づくりの実践が生まれてくる中で、進められつつあった中教審の教育改革路線の学校づくりに対抗する我々の民主的学校像を提示しようと、全生研常任委員会は全校集団づくりの全体像が見える本の出版を企図した。それが1972年９月に刊行された『全校集団つくりのすじみち』(明治図書)である。

(2)『全校集団つくりのすじみち』の出版

　この本は、第Ⅰ部に「全校集団つくりのすじみち」として、竹内常一「全校集団の指導の課題」と大西忠治「全校集団の指導の構造」の二本の論文を載せ、第Ⅱ部に「全校集団つくりの実践」として、服部潔「小学校における全校集団つくり」中村勝彦「中学校における全校集団つくり」(前者は川口仲町小学校、後者は横須賀池上中学校の実践)を載せた。

実践記録は、前記『生活指導』誌に掲載された記録がもとになっているが、全面的に書き直しされており、服部の記録はまったく新しいものとなっている。

　竹内論文は、前にとりあげた『生活指導』71年4月号153号の「学校の反動的再編と集団づくりの課題」を踏まえてさらに発展させている。前の論文では、中教審教育改革案の学校観の分析に対置して、我々の民主的学校観を構築していくのに学年・全校集団づくりの必要を説いたのだが、ここでは一歩進めてそのために何が必要かを論じている。

　すなわち、これまで児童会・生徒会活動が瀕死の状態にあったのは、中教審路線の学校教育の反動化にも原因があるが、我々の側の主体的原因もあるという。その一つは、全校集団の直接民主主義を確立するための全校総会をつくりだす方法論を編み出しえなかったこと。もう一つは、学級集団と全校集団を代表すべき中間決議機関としての代議員会に間接民主主義の機能を発揮させるすべを持てなかったことであるという。

　これを解決するためには、全校総会、学年総会が直接民主主義と間接民主主義とを発展させていくように特別に仕組まなければならない。その仕組みとは、総会議題は、当面、学級集団を単位にして実行され、かつ点検されるようなものにし、総会が学級単位で運営されるようにする必要がある。総会におけるすべての発言は学級を代表する発言とみなすようにし、すべての議決を学級一票制によって行なうようにするのである。このような仕組みのなかで総会を運営する力量を獲得するにつれて、討議事項の範囲を拡大し、個人を単位とする発言、決議をすることが可能になっていくのである。また、このような仕組みは、一面では、総会的な場面で学級代表者会を開催しているという性格をもっている。執行部と学級代表者会が全校集団の監視のもとにおかれると同時に、かれらが否応なく全校集団と学級集団の利益のために活動せざるを得なくなるのであるという。

　もう一つ、このような仕組みの総会は、学級対抗や学級競争をふくむ全校的行事とともに、学級集団を固く結束させ、学級集団づくりを促進する役割を果たすであろう。また、それらは、学級集団のちからを発揮する広い場を提供することにもなる。こうして、学級集団が個々の問題を全校的関連においてとらえつつ、個々の問題の解決に日常的に取り組むことになっていくにつれて、それは個々の生徒に対して第一次的な教育力を持つ集団へと発展していく。つまり、学級集団

が全校集団の基礎的集団＝第一次集団になるのである。

　さらに、縦に上級学年学級と下級学年学級とが指導と被指導の関係を取り結ぶ兄弟学級を形成したり、総会討議や役員選挙の時にいくつかの学級が横に同盟学級を形成し、先進的な学級が指導権をとるとかして、学級集団群をつくるようになると、世代の交代による全校集団づくりの後退を防ぐことができるようにもなるという。

　最後に、全校集団の指導機関である執行部と代表者会の形成の問題を取り上げている。

　これらの選挙は、総会と同じく、全校集団が役員を選ぶことでもって、全校集団の自治的活動の方針を作成・決定していく機会としてとらえるべきであるという。学級集団やクラブ集団は、立候補者に対して彼の方針を問いただすと同時に、自分たちの要求を突きつけていく必要があり、彼の方針を共同して作成し、かれを推薦していくのである。学級担任も彼の方針作りに助力すべきであり、生徒会顧問は、生徒会の指導機関を委ねるに値する人物が立候補してくるように学級集団と学級担任に指導と助言を与えるべきである。

　こうして、執行部と代表者会が選ばれてできたら、両者の執行機関、議決機関としての性格をそこなわない程度において、両者を決議しつつ行動する指導機関に高めていく必要がある。そのためには、執行部と代表者会は、個々の学級代表に対して、彼が学級集団を代表しているだけでなく、全校集団を代表し、かつ指導する任務を負っているものであることを具体的に教えていく必要がある。全校集団の指導機関において、学級代表の活動交流や学級集団の分析検討がなされなければならないのもそのためである。また、代表者会の方針を具体的に執行する実行委員会を代表者会内部に組織したり、代表者会や全校総会の決議事項、特定の委託任務を学級集団に執行させたりして、学級代表が学級集団と全校集団にたいして全校的な指導者として活躍する機会をつくりだし、彼に全校集団のリーダーとしての自覚を形成していく必要がある。このようにして、執行部と代表者会が、決議しつつ行動する全校的指導機関としての性格を確立していくことが大切だという。

　以上のことは、近年の全校集団つくりの実践が可能にしてきているという。

実は、私もこの『全校集団つくりのすじみち』の編集担当に名前を連ねさせてもらっている。常任委員になりたてだったが、常任委員会内の全校集団研究小委員会に所属し、一年間研究会の論議に加わってきた。その小委員会がこの本の編集を担当したからだ。そこでの刺激と学習をもとにして、従来の生徒会指導実践を発展させ、自分の学校に全校集団づくりを築き出そうと頑張り始めた。

　幸い、60年代からの教師集団づくり、学校づくりの成果と、生徒会担当としての指導の実績によって、新しい提案や企画が職場に受けいれられ、70年代に目覚ましい全校集団づくりの前進をつくりだすことができた。その学校づくりの経過については、先の「教師集団づくり」の項でも少し書いたが、『生活指導』編集部から依頼を受けて1980年4月号270号から同9月号275号に6回にわたる長編実践記録「ともに育てる喜びを―教育実践で団結できる学校をめざして―」と題して書かせてもらった。また、それをもとにして『学校は生きてるか―感動と連帯を生みだす「学校づくり」』（高文研、1984年）、『生徒会の流れを君が変える』（がんばれ中学生シリーズ⑥明治図書、1987年）の二冊の単行本をまとめて出版した。詳細はそちらを参照願いたい。

　私の場合だけでなく、この『全校集団つくりのすじみち』の出版を契機にして全国で全校集団づくりが取り組まれるようになっていったのである。

4）地域子ども組織と「ひまわり学校」

(1) 地域子ども集団組織の必要

　春田の前掲書によれば、全生研が地域子ども集団の問題を取り上げたのは63年の第5回京都大会からだという。現地京都では、地域生活指導運動として地域子ども会の活動が進んでいたので、そこから学ぼうということで特別分科会として「地域の子ども集団活動」を新設したようだ。続く第6回大会でも特別分科会に「地域子ども集団組織」が置かれた。担当した城丸章夫の『生活指導』1964年12月臨刊号68号報告によれば、ここでは、地域子ども集団がなぜ組織されねばならないか、反動的子ども組織と民主的子ども組織のちがい、地域子ども組織の作り方などの内容が話し合われたという。

　この報告では、まず、「子どもたちの生活が深刻に破壊されつつあるという事実が、地域に何らかの形での子どもの組織が必要とされている根本の理由であ

る。」（68号95頁）という。高度経済成長政策や農業構造改善事業によって、都会でも農村でも親の不在のため家庭教育が衰退し、地域破壊によって子どもたちは遊び場・遊びの素材を失った。学校教育も能力主義差別で破壊されて、非行問題を生んでいる。官制組織であれ、民主的組織であれ、地域子ども組織が必要になったのは、そのような国民生活の破壊、教育の破壊が進んだからである。「したがって、地域子ども組織の主要な任務は、破壊されつつある子どもの生活を建設すること、なかでも子どもの社会を建設することであるといわねばならない。つまり、破壊に対する抵抗や闘争を内にふくみつつ、豊かな内容をもった民主的・民族的生活を、子ども自身の手で……建設していくということが、地域子ども組織の主要な任務であると考えられる。」（同96頁）という。

　次に、反動的子ども組織と民主的子ども組織のちがいについて述べている。反動的子ども組織は、表面的にはボランティアによって指導されている形をとっているが、実質は行政によって企画、指揮され、町会の役員や学校、警察が動員されて上から作られている官制子ども組織である。行事活動を中心としながら、子どもを監視し取りしまったり、奉仕活動に動員したりして、政治の反動化に呼応した子ども育成を行なっている。

　民主的子ども組織は、子どもの要求に立って、遊び、仕事、勉強という子どもの生活を全面的に建設しようと、地域の民主勢力や青年組織、教員組織などによって組織されている。この子どもの要求を尊重し、子ども自身の生活を建設しようと努めるかどうかが、反動的子ども組織との根本的な違いである。

　ここで問題は、誰が地域子ども組織を組織し、指導するかというとき、「教師は地域に出て子どもを組織すべきかどうか」ということであるが、「地域の子ども組織の指導をすべての教師に要求してはならない。それでは上からの子ども組織が犯した機械主義・形式主義の欠陥に自分もずり落ちる危険がある。子どもの地域組織を援助している教師を理解し支援し、また子ども組織との友誼的な接触を要求することと、組織することを要求することとは異なる。基本的には教師が組織者でなければならぬことはない。しかし、現代の学校をめぐる状況のなかでは、教師の誰かが組織者として乗り出したり、誰かが濃い接触を保ったりすることは必要である。それと同時に、地域のなかに活動家を育ててこの活動家を中心として教師がこれを支援するという態勢になるように努力すべきである。」（同

100頁)

　ところで、次の第7回大会からは、この分科会は一般分科会に組み入れられ、「地域青少年組織」分科会として続けられることになる。その中で、さまざまな実践報告を受けながら、誰が地域子ども組織を組織し、指導するかの問題も探求され続けるのだが、春田は前掲書のなかでその一つとして、「どぶ川学級」(*60)の実践に注目し、高く評価している。

　(2)「どぶ川学級」の実践

　この実践は、地域で解雇撤回・ロックアウト反対闘争を続ける労働組合「総評全国金属日本ロール支部」の労働者が、自らの子弟の非行化防止対策としてはじめた私塾を発展させて、第二組合や地域の子どもを含む地域子ども学級にしていったものである。その学級を組織し、指導することを任されたのはアルバイトに来ていた学生の須長茂夫だった。彼は闘う労働者の意気をバックに、子どもたちと一緒に、学ぶ意義や真っ直ぐ生きる生き方を求める学級をつくりあげていく。その須長を援助したのが、日本ロール闘争を支援していた都教組江戸川支部の教文部長であり、全生研会員である関誠や、彼の属する江戸川生活指導サークルのメンバーであった。だから、須永は「どぶ川学級」を指導するのに全生研の集団づくりの方法を学び、取り入れていった。そして、「どぶ川学級」で育った中学生たちが、文部省の生活指導研究指定校であった学校の民主化に、校内の生活指導サークル員の教師たちの応援を受けて立ち上がっていくのである。

　この「どぶ川学級」の実践を全生研大会の「地域青少年組織」分科会に持ちこみ、訴え続けたのは関誠だと春田はいう。そして、関がそのように執着した理由は、今までこの分科会では同和教育の部落子ども会の実践が強い影響力を持っていて、参加者の間に、自分のところには部落解放同盟がないからそうした子ども会はつくれないという人たちもあったので、関があえて地域の民主的組織─この場合は労働組合であるが─の指導の下ですぐれた地域子ども会がつくりあげられることを提示しようとしたのだと述べている。

---

60)『どぶ川学級』の実践──東京江戸川区で三十数名の解雇撤回闘争を闘う日本ロールの労働組合が、自分たちの子弟が非行に走らず、学力を付けられるようにと始めた自主的な地域学習塾。大学生であった須長茂夫が学級を指導した。この実践とその反響を須長が『どぶ川学級』三部作（労働旬報社1969年,73年,75年）にまとめて出版し、独立プロによって映画化もされた。

この実践は、機関誌『生活指導』にも度々とりあげられて、全生研としても注目してきた。
　そればかりか、1969年1月に須永茂夫著『どぶ川学級』(労働旬報社)が出版されるとベストセラーになり、そのうえに映画化もされて広く世間の知るところとなった。
　こうしたことを踏まえて、春田は「ここには地域の労働組合が地域の教員組合の支援の下に共闘を組んで長期にわたり地域子ども会組織の指導にあたるという新たな典型実践があると思うのである。」(春田前掲書294頁)と述べている。
　(3)「ひまわり学校」
　さて、これまで全生研と地域子ども組織とのかかわりの跡をみてきたが、「取り組み領域の拡大」といえる新たな発展が出てきた。それは「ひまわり学校」の実践の登場である。これまでの地域子ども組織づくりの実践は、個々の全生研会員が直接、間接にかかわってきたものであったが、「ひまわり学校」の実践は、全生研の支部・サークルが組織として地域子ども集団を組織しようとしたものである。先鞭をつけたのは香川生研であった。
　どぶ川学級の実践の紹介と分析をした『生活指導』130号に、香川生研の八田良一が「ひまわり学校」の実践記録を寄せている。それは68年の夏休みに香川県教組が教育研究活動の新しいひとつのこころみとしてもった臨海学校「第一回津田ひまわり学校」の記録だった。この「学校」がもたれるようになったのは、高松市のある民主的婦人団体が「教育懇談会」を組織していて、そこに参加していた教師に、「〝教育の軍国主義化〟に反対するのもいいが、子どもがよりよく育つ教育というのはどんなものか、せめて夏休みの行事をつくって見せてほしい」という要望を出して計画されたのだという。当時書記長だった大西忠治の下、香川生研が自らの力量をかけて取り組んだ。主として高松市の労働者・民主団体の役員・勤労市民の子弟35名の小学生が集まり、二泊三日の臨海学校が行なわれた。
　「水泳、貝・海草集め、小遠足・スケッチ学習、国語、紙芝居という広義の学習活動をおりこみながら、学校開き・学校じまいの行事、日直・目標の決定、しごとの分担、日直報告・逆点検、班買物計画を決める三つの総会、集合や買物の競争、それにキャンドルパーティや、たらいうどんの楽しみ等、きわめて多彩な

活動がもりこまれていた。宿泊をふくむ全生活を通ずる集団づくりの実演とでもいってよい内容である。」(春田前掲書296頁)

「三日間の取り組みの結果は、全体として大きい成果と教訓を私たちにもたらし、今後のとりくみの展望をひらくにたるものでした。この『学校』の父母たちや、その周囲の労働者や民主勢力の人々の反響は、私たちの予想をこえて大きいものでした。それは、ただ子どもたちがよろこんで帰ったといったものだけではなく、父母と教師が共に取り組んでいったという充実感、そしてすぐれた教育内容が子どもたちの中にうけいれられていったそのことの感動からでした。」と八田は報告しているという。(同296頁)

この上に立って、翌69年には、四つの支部での四つの「教室」に発展し、合計134名の子どもの参加があったという。その様子については、『生活指導』70年4月号140号〜同6月号142号に3回の長編実践記録で報告されている。

しかし、春田はこういう。「これはいうところの地域子ども組織なのではない。教師にとっては、平生の自分の学校での学級王国的な活動や、それをふまえての組合教研での集団討議以上の有無をいわさぬ真剣勝負の道場である。」(同298頁)

これに刺激を受けて、70年夏には全生研埼玉支部が「埼玉ひまわり学校」を開設する。この学校には、小三から中三までの85名が参加して行われた。その内容が早速『生活指導』71年1月号150号〜同3月号152号に長編実践記録で報告されている。

それによると、埼玉生研では当初から、県学校の下に五地区の地区学校を開設し、地域に班を置き、月一回の日曜学校を置き、県学校は1月、4月、8月にそれぞれ遊び大会、レクリエーション大会、合宿訓練を開催する、というように「地域子ども組織」を育てることを志向する構想を持っていたようだ。しかし、春田によれば、第一回の総括をみても、「この『学校』の実施は、埼生研に結集する教師にとっても、香川の場合と同じく『教育研究活動の新しいひとつのこころみ』であったことを示すものだと思うのである。これから以降、力量をつけてきた支部がいずれもこの『ひまわり学校』の開設に熱中していくのは、実はこの『学校』のもつこのような根本的性格にひかれてのことなのではないかと考えられる。そして、埼生研のいう自主的で民主的な地域青少年組織の誕生そのものはもっとはるかな展望の先にある。」(同300頁)ということになる。

それでも、71年の第13回大会「地域青少年組織」分科会では、香川と埼玉のひまわり学校の実践が主として検討され、「実地に子ども会活動を手がけている人たちから全生研が積みあげてきた集団づくりの技術体系が非常な期待をもたれている。……『ひまわり学校』は、公教育の学校のなかで開拓された集団づくりの技術体系を学校外の子どもの集団活動に適用したものとして、今後も子ども会指導者の技術的力量を高めるのにおいて役立つものがある。」(1971年11月臨刊号161号)と担当した林友三郎が報告している。

さて、これまで60年代末から70年代初頭にかけて、学級集団づくりの前期的段階の追究をしながら、教師集団づくり、文化活動と行事、全校集団づくり、地域子ども組織づくりへと取り組み領域を拡大してきたあとをみてきた。その運動の広がりの中で全生研常任委員会は『学級集団づくり入門　第二版』、『全校集団つくりのすじみち』をまとめた。これらを武器に70年代には全生研の運動は大きく発展していった。

『学級集団づくり入門　第二版』は発行後1年間で2万部を売って教育書のベストセラーになり、「集団づくり」が野火のように広がった。その勢いで全国大会参加者は毎年二千数百名となり、75年の17回大会は3000名を数えるようになった。

しかし、60年代の高度経済成長政策による社会の変貌、高度成長を支えるための能力主義、国家主義の文教政策のために、子ども・青年の発達疎外がもたらされ、70年～80年代には学校・家庭・地域の教育は新たな課題を背負うことになった。

次に、竹内常一と全生研がその70年～80年代の課題をどう追求していったかをみていこう。

第IV章

子どもの発達疎外、非行・校内暴力にきりこむ

1．子どもの変化

1） のってこない子どもたち

　私たちは、70年代に入る頃から子どもたちの変化が気になりだしていた。世に「無気力」「無関心」「無責任」の「三無主義」が高校生の実態として取りざたされていたが、私たちの目の前の子どもたちにも少しずつ、確実に現われはじめていた。職員室では、授業中の無気力が嘆かれ、学級づくりにのってこない苦労が語られ、他人の体操着を勝手に借りてそのまま放ってある無責任が目につくようになった。

　そうした子どもの変化につれて、生徒会の活動もマンネリ化し、活力を失ってきていた。組合活動のためにしばらく離れていた生徒会担当に復帰した私はそのことを強く感じた。生徒会三役も生徒会員みんなとの隔たりに有効な手を打てずに悩んでいた。そこで、「無気力に見えるみんなにも要求がないわけはないだろう。投書箱をつくって待っているのではなく、みんなの中に入っていって要求を聞き出し、みんなの要求に立って生徒会活動を再出発させよう」と意思統一した。聞き出してみると、みんなの要求は、楽しい行事をやりたい、スポーツがしたい、文化祭をやりたい、の三点に集約できた。

　そこで、「自分たちの力で、みんなが生き生きできる場所をつくっていこう」をスローガンに掲げ、4回のスポーツ大会、映画会、文化祭、送別学芸会を配置した活動計画を立てた。2回のスポーツ大会、送別学芸会は従来あったものだし、文化祭は一日開催、他は放課後生徒の手で自主的に開催ということにしたことと、無気力な子どもたちを何とかしたいという教師たちの思いがあって、職員会議も無事に通った。生徒総会でも賛意を得て決定した。

　盛り沢山で大変だったが、三役は、毎月の評議会にこれらの行事の実施案を提案し、審議、決定されて、スポーツ大会は関係のクラブや体育委員会への運営委任で進められた。生き生きと参加する生徒の姿に、生徒たち自身はもちろん、教職員も目を細めて喜んだ。一人の教師、一人の担任ではなかなかできないことが、学級ごと、学校ごと動くことによってできることを教えられた。生徒会が生徒自

第Ⅳ章　子どもの発達疎外、非行・校内暴力にきりこむ

身のために存在していることが多くの生徒の目に明らかになり、三役がそのために活動しているのだという実感を味わって、三役の生徒も満足した。

　しかし、この年の生徒会実践をレポートした年末の全生研中央学校で、家本芳郎常任委員から「行事主義だ。そこで何を育てようとしたのかのねらいがはっきりしない」という手厳しい批判を受けたことは前に書いた。（150頁参照）そこで全校集団づくりのことも学び、翌年からは、行事を精選し、生徒総会でねらいをはっきりさせ、実施原案をクラス討議におろして前後２回の評議会で決定して実施するように、全員の討議を大切にするように改善して進めた。

　思うに、70年代の私の学校の全校集団づくりは、子どもの間に広がってきた無気力状態を何とかしたいという生徒、教職員の合意から出発したことは間違いない。すぐに子どもの発達問題が課題になってきてまた新たに手直しされたのだが、それは後で書くことにしよう。

2）〝できない子〟、〝遊び型非行の子〟

　ここで、ついでにもう二つの子どもの変化に触れておきたい。

　72年に入学してきた子どもたちを迎えて、１学年の教師たちは驚いた。入学式のその日から、廊下といわず、教室といわず、落ち着きなく騒ぎまわった。入学して一週間はおとなしく様子を見ているのがこれまでだった。「無気力」とは反対の「騒々しい」新種（？）の子どもの登場だった。その落ち着きのない騒がしさは当然、授業中にも集中力を欠いた。そして、簡単に怪我をした。そこで、私たちは、席につかせる、話をやめさせるといった「生活のけじめ」をつけることに多大の労力を注ぐことから始めなければならなかった。

　そうして、一定の落ち着きをもたせた後、今度は彼らの学習の定着度の低さ、特に下位の者のひどさにぶつかった。随所で教師たちのグチが語られた。「つい三日前に教えたことを覚えている子が、半分もいないのよ。」「見てよ。中間テストの数学の点数。20点未満23％だよ。」

　71年に、全国教育研究所連盟が「授業についていけない子がクラスの半分以上いる」というショッキングな調査報告を出したのが目の前で現実になっているのだった。

　思えば、この子たちは、1968年学習指導要領改定で、小学校中学年で移行措

置を受け、高学年でその教科書を使い、中学校でも最初にその教科書で勉強を始めた子たちだった。「教育の現代化」をうたった指導要領によって、教科書は分厚くなって学習内容が増加され、高度化された。これらを消化するために授業の進度が速くされ、「新幹線授業」の名が付けられた。漢字や分数を習得できずに来た子がたくさんいて中学でつまずいている。目の前の子は、中教審路線の能力主義、つめこみ主義の犠牲者だった。

　私たちは、それぞれの教科で懸命に努力してみたが、小学校以来、わかる喜びから疎外され、自分に対する自信を失い、努力する根気をなくしている〝できない子〟から救うことができなかった。そこで、２年生になって学年で、〝できない子〟に対する特別の手だてが必要だと話し合い、放課後の「補充勉強会」を始めた。

　私たちの学校には、60年代に放課後の班学習や夏休みこども学校という生徒同士の教え合い勉強の実践があった。しかし、〝できない子〟のわからなさは生徒の教え合いの手に余ると考えて、週２回、学年の教師６人が二人組で交代に放課後１時間ずつ勉強を教えた。対象生徒は、国語と数学の評価下位の25人を担任が説得して参加させた。クラブ参加を理由に２人が応じなかったが、あとは休まず参加した。つまずきは小学校３、４年からとわかったので、漢字の読み書きと算数計算に絞って、各ワラ半紙半裁の問題をやらせ、教えた。

　一学期経って効果が見えてきた。小学校段階の学習回復だから、今の授業の学力回復にすぐには結びつかなかったが、補習でやったことはすべて〇がつくまでやったので、やればできるという自信も出てきたし、何より自分たちが見捨てられていないという喜びで、素直に授業に参加するようになった。後には、生徒たちの希望で英語を加え、漢字は国語の授業に回した。この生徒の前向きの変化をもとに、親子面談で家庭での自主学習の協力を訴え、テキスト『わかる算数』を購入してもらい親子で学力の底上げを図ってもらった。

　そのうち、自分たちも加えてほしいという希望者も出てきて、一部加えることにしたが、人数がふくらみ過ぎては手が回らないので、学年委員会の生徒と相談して、土曜日に学年の生徒同士の教え合い勉強会を併行して組織していった。

　さて、もう一つの変化はというと、新しいタイプの非行の登場だった。低学力で悩ませた子たちの中から、72年から73年にかけてシンナー遊びと

第Ⅳ章　子どもの発達疎外、非行・校内暴力にきりこむ

他校とのケンカという問題行動を起こす子が出てきた。73年から74年に全国に〝非行〟が多発し、「戦後第三の非行のピーク」といわれたが、これまで落ち着いていた私たちの学校もその洗礼を受けたのだった。

　彼らの指導をしていると、「隣の学校の奴に別に恨みもないけど、どっちが強いかケンカで決めて、終わったら仲良くしようっていうんでケンカしたんだ。」「2年を終わるんで何かやろうってパーティやったんだ。先輩も呼んだら、やることないんでシンナー吸ったんだ。」という返事が返ってきた。行為の結果など考えていない。すべて〝プレイ〟としてやっている。今、という時の充足感だけを求めて生きていた。まるで、〝流れて生きている〟ようだった。今しがた水泳大会でヒーローになったその子が、直後にプールの陰でシンナーを吸った。まさに、〝流れて生きている〟生活の中で、〝眩暈の瞬間〟を求めて〝プレイ〟しているのだった。能重真作が「遊び型非行」と名付けたそれだった。

　しかし、どうしてこういう子たちが登場してきたのかはわからなかった。それに得心がいったのは、竹内常一が75年の17回大会基調提案で「文化としての身体」を失った子どもの発達のゆがみを分析してくれた後だった。

2．子どもの発達疎外をもたらしたものの探究

1）第17回全国大会基調提案「子どもの発達を保障する民主的学校の創造」
（1975年8月号209号）

　これまでも全生研は、72、73、74年と基調提案のテーマの照準を「学校」論に当ててきたが、それは中教審路線の反動攻勢に対抗する学校をどうつくるかをめざすものだった。だが、ここにきて、子どもたちの発達疎外の問題が抜き差しならない状況となり、「子どもの発達を保障する」、しかも「民主的人格に育てる」学校をどうつくるかを直接の課題としなければならないと認識するようになった。それが、このテーマを掲げた由来である。そして、子どもの発達疎外のおおもとを「文化としての身体」の未発達にあると解明したところがこの基調提案の炯眼（けいがん）であった。この基調提案も竹内常一が執筆した。

　「はじめに」で、まず、高度成長政策と能力主義教育政策は子どもの人間的発

達を構造的にゆがめ、子ども全体に深刻な発達疎外をもたらしたこと、その結果、非行と学力不振をまねいたことを告発している。

そして、為政者はこの子どもの発達疎外に責任をとろうとせず、次々と打ちだす教育課程改訂や教育改革案で目先を変えようとしかしないのに対して、我々に必要な二つの課題を提起している。その第一は、60年代以来の諸政策で子どもたちがこうむった発達疎外の科学的分析とその責任の追求である。その上で、第二は、子どもをその発達疎外から救出するための、破壊された地域と、荒廃した学校の復権を目ざす、抜本的な教育実践、教育運動のプログラムとプランづくりである。

この第一について1・2節で、第二について3・4・5節で論じているのをまとめてみる。

(1) 子どもの発達疎外状況

一昨年の基調提案で、高度成長政策と地域開発計画が地域と家庭をまるごと破壊し、子どもの発達環境の崩壊をもたらしたことを指摘した。「その指摘のとおり、日本の子どもたちは60年代から70年代にかけて、自分たちを守り、自分たちに試練を与えてくれる自然を奪われてしまった。子どもたちは親、兄弟と目的意識的な労働に取り組む機会を奪われ、そうした労働を背景とした親・兄弟との人間的な交わりを体験する機会を失ってしまった。このために、その家庭が現象的にはなにひとつくずれていなくとも、その教育力をまったく喪失してしまっているという状況が一般化しつつある。また子どもたちは、地域住民の保護のもとで仲間集団を組織し、その仲間集団とともに自由な子どもの世界をつくる機会を剥奪され、その仲間集団を介して地域住民のつどいや行事に参加する権利も認められなくなった。この十数年間のうちに、日本の子どもの発達環境はまるっきり変貌してしまったのである。」(209号12頁)

このために、子どものなかに起こっていることとして、「まず第一に子どもたちは少年らしいしなやかな身体を獲得しえないでいる」ことがあるという。

その典型として、1973年12月号の坂本光男と国土喬の実践記録に登場する安田と表辺という二人の子どもを紹介している。

安田(中二)は、受験科目の五教科は抜群の成績だが、他教科はケタはずれに成績が低い。そして、クラス決定の直後に問題をむしかえしたり、反論されると

すぐ泣いたり、ひとのお尻の悪口をわざといったりと、集団内での状況判断能力、位置判定能力がまるでない。そのために、班長たちからも疎まれる。

表辺（小六）も、仲間と共同して生活する喜びを知らず、他人には平気でいやなことをやるが、自分に都合が悪いことを言われると怒り狂う。時には、瞳が上ずり、身体を硬直させて、こぶしで頭や胸をたたいたりとパニックになる。そのくせすぐケロっとしている。ちなみに表辺の運動能力は安田同様著しく低い。

「この二人の子どもに典型的に示されているのは、その精神や意識のありよう以前の問題、すなわち、少年らしい『しなやかな身体』の不在という問題である。ここでいう『しなやかな身体』というのは、すでにみたように、体力、運動能力だけのことでなく、自然物に働きかける『巧みな手』のことであると同時に、仲間と呼吸を合わせて生活するわざのことである。別なことばでいえば、身体をつかって自然や社会や文化をつかみ、これをつくりかえる『わざ』、身体をつかって自己を自由に表現する『わざ』を内にふくんだ『文化としての身体』のことである。こうした身体の発達が地域破壊、家庭破壊のなかでいまやまったく保障されていないのである。その意味では、われわれは精神の生みの親でもある子どもの身体の人間的発達という面から、子どもの発達のゆがみをえぐり出していくことを第一の課題としなければならないだろう。」（同13頁）

「子どもの人間的発達の第二のゆがみとして、こうした『文化としての身体』の未発達のために、子どものなかに身体をとおして自然や社会や文化に主体的に働きかけようとする鋭敏な精神と強固な意志が確立してこないという問題がある。」「そしてそのことが子どもらしい知的好奇心や社会的正義感や美的愛好心の発達を妨げているように思われる。」というのである。（同14頁）

(2) 子どもの発達と現代学校の課題

では、こうした子どもの発達疎外に対して、現代の学校はどう対応しているかというと、その発達疎外に背を向けるだけでなく、むしろ拡大する役割を果たしているという。

「現行学習指導要領は、わざ（Art）の教育と知性の教育、行動の訓練と人格の自己形成の統一をバラバラに分断してしまい、生活のなかで子どもの発達疎外をより深化させている。」「学習指導要領の操作主義的教育観は、当初からものや実在にせまることを断念し、概念や法則を情報処理の役立ち（機能）の点でだけ評

価するという特質をもっている。」

このために、教科内容において、「子どもたちはものや実在に対する主体的な働きかけの機会を奪われ」、「知性や認識の指導から切り離されたアートと表現の教育は、技能主義、鍛練主義……に歪曲されてしまう」。(同14頁)

また、教科外の領域でも同じで、その操作主義、機能主義は、「活動の自主的、自治的展開とその中での子どもの人格発達を認めない」で、「特定の活動の能率主義的遂行だけを重要視する。」つまり、教科外活動を「授業化」しているという。(同15頁)

「このようにみてくると、現行学習指導要領体制下の学校教育は、子どもの発達要求にかなったものとしてつくられていないことは明らかである。子どもの学力の遅れにしても、子どもの三無主義的生活態度にしても、それらは、地域と家庭における発達環境の破壊にくわえるに、学校教育の組みたてのわるさから生まれている人格と学力の構造的なゆがみに起因するものであることを明確に自覚する必要がある。」という。(同15,16頁)

「そうだとすれば、子どもをその発達疎外から救出し、子どもに人間的発達を保障しようというわれわれの教育運動と教育計画は」どういうものでなければならないかというと、「大局的には、まず第一に、現行学習指導要領が分断しているところの、身体の教育と精神の教育との、わざの教育と知性の教育との、行為の訓練と人格の自主的形成との統一を回復し、そのことによって子どもたちのなかに、失われたしなやかな身体と鋭敏な知性と強固な意志をとりもどしていくことである。」という。(同16頁)

では、子どもの発達を保障する民主的学校を具体的にどのようにつくっていくのか。

(3) 生活指導実践の課題（Ⅰ）

第一の課題として、発達疎外に切り結ぶ教師のかまえについて述べている。

現代の子どもは、「あるものは外部の刺激に翻弄されて衝動的に行動し、他のものは自己表現の方途を見失って自己閉鎖的になって」、「深い苦悩に閉ざされ」ている。「こうした発達的苦悩のうちにある子どもに切りこんでいくためには、教師はたとえそれがどんなに好ましくない行為であっても、それを道徳的に断罪してしまうのではなく、その発達的苦悩に深く共感することができなければなら

第Ⅳ章　子どもの発達疎外、非行・校内暴力にきりこむ

ない。子どもの行動のしかたや考え方における発達的苦悩は、その子どもにとっては現代の発達・教育環境の荒廃の必然的帰結である。子どもの行動のしかた、考え方のなかには、地域と家庭をおかしている現代の貧困と退廃が投影しており、教育そのものを荒廃させている現代学校の矛盾が反映しているのである。そうだとすれば、生活指導に取り組む教師は、この退廃的な社会と学校の諸傾向にともすれば埋没してしまいがちな人間の弱さといったものを十分に知ったうえで、子どもの発達的苦悩にまずは共感的な態度で接することができなくてはならない。」という。(同17頁)

そこで、先にあげた表辺や安田への国土喬と坂本光男の対し方を紹介している。

国土は、表辺の衝動的な行動の背後に、彼の右目の視力が小さいときの事故の後遺症で0.05しかないことに苦しんでいることを突き止める。そのために運動から逃げている表辺に、視力とは関係ない水泳でみんなと同じ25mを泳ぎきるための特訓を施し、ついに25mを泳ぎ切らせる。これは、彼のなかに自分の運動能力の発達可能性への自信をつくった。

坂本も班長の高野を介して安田の指導に取り組む。班対抗バレーボール大会に際して、安田にきびしい森下と組ませてそのレシーブ特訓を受けさせ、みんなは安田の運動能力の低さをからかわぬこと、からかわれても安田は泣かぬことを指示して、一日も練習を休まずに参加させた。その結果、安田は仲間のなかに主体的に溶け込んでいくことができた。

この二人の取り組みについて、竹内は、基調提案に先立ってこの実践を紹介した1975年4月号205号の「現代民主主義と生活指導運動（下）」の中でこう述べている。

「このように安田はボールをレシーブするという身体的行為をとおして、また表辺は泳ぐという身体的行為をとおして、自分の全存在を根本的に組みかえようとしている。そこでのレシーブする、泳ぐという行為はたんなる身体の一行為ではなく、それは一面では、ボールや水を身体でもって支配しようとする行為であるとともに、そういうふうに身体を巧みに動かそうとする精神の行為でもある。また、それは他面では、仲間とともに企画した生活の組織化の一任務を遂行する行為であるとともに、仲間集団と共有している理想を演ずる精神の行為でもある。安田と表辺にとっては、バレーボールや水泳という身体の訓練がまさに精神の訓

練という性格をもっていたのである。そうであったがゆえに、レシーブをし、泳ぐという行為が、どんなに下手であったとしても、二人にとっては子どもらしい英雄的な行為であり、自己変革の契機だったのである。」(205号15頁)

　再び基調提案に戻ると、竹内は、「このように教師は、子どもの発達的苦悩に共感的にふれながら、……その子どもが無自覚のうちに選んだ方向とは別の選択可能性をつきとめていかなくてはならない。そこに生活指導のリアリズムがあるのである。こうしたリアリズムに立ってこそ、教師は子どものうちに潜在的にある積極的、肯定的な発達可能性を教育的要求として子どもにうちだすことができるのである。」といっている。(209号18頁)

　そして、この「教育のリアリズムにつらぬかれた教師の指導の必要性は、個々の子どもの指導だけのことではなくて、集団づくりについてもいえる。」という。(同18頁)

　(4) 生活指導実践の課題(Ⅱ)

　「第二に、子どもの発達状況にかかわって生活指導実践が課題としなければならないことは、子どもたちのなかに民主主義的な集団と豊かな集団生活をつくり出していくことである。」とする。(同19頁)

　ここで若干誤りやすいのは、豊かな集団生活ということで、教師がもっぱら遊びや文化活動を与えることに関心を集中し、その過程のなかでの集団の民主的形成をおろそかにする傾向が出てくることである。「教師は子ども集団の民主的形成をはかり、人格の民主的形成を進めることに努めるべきであって、遊びや文化活動や労働的体験を創造的につくり出していくのはその子ども集団であることを銘記しておく必要がある。」という。(同20頁)

　そのために何が肝要かということで、総会討議の確立をあげている。

　「生活指導実践は豊かな学校生活を保障することを背景にして、集団の活動方針を決定する民主的な総会討議の確立に努める必要がある。民主的な総会討議を組織していくためには、教師、または班長会は、集団と個人をどのように高めていくかという指導方針をいれこんだ活動方針原案をしっかりとつくり出すことがどうしても必要になる。」(同20頁)

　このような方針原案作りを前提にして、総会討議の確立の要件を次のように提示する。

第Ⅳ章　子どもの発達疎外、非行・校内暴力にきりこむ

　第一に、そうした討議原案を媒介に、成員の認識や要求の自由なぶつかり合いを組織しつつ、集団の活動目標を明確に決定し、活動の正確な組織化を確定すべきである。そうすることで、総会討議は、活動目標の実現に対する肯定的な確信とそれに関係する集団と個人の役割の見とおしを子どもたちのなかにつくり出し、活動にたち上がらせることができるのである。

　第二に、決定した方針にもとづいて、集団の活動展開に対する点検と統制、それについての報告と総括を行なうべきである。そのことによって、集団全体の活動と個々人の活動のズレを認識させ、調整させる。同時に、その活動をとおしてつくり出された集団のちからをも自覚させ、子どもたちをより高い活動目的に挑戦するように激励するものとなる。

　第三に、このような方針討議と総括討議をとおして、集団そのものの力関係の民主的なくみかえをすすめていくものであるべきである。方針の決定、実務計画の決議、総括に従う集団の統制は、集団内外の一定の力とのたたかいを必要とし、総会討議は集団の力関係の組み替えをすることで、民主的な自治的集団の実質を獲得することができるのである。

　そのような努力のなかでの我々の実践の可能性について、竹内は次のように指摘する。

（5）民主的学校の創造をめざして

　「こんにち、集団づくりの諸実践は、班長会の確立と総会討議の確立―班長会原案による自主的な総会討議の確立をめざしながら、他方では、民主的な総会の討議と決定にもとづく自主的な文化・スポーツ活動の実に多面的な組織化に着手しはじめている。しかも、その動向は学年集団づくり、全校集団づくりの進展とともに、」「一方でスポーツ活動の民主的組織化をすすめるとともに、他方では、これまでの綴方的な文化活動を継承しつつ、合唱、演劇、弁論といった文化活動分野を積極的に開拓しつつある。」という。（同22頁）

　そして、それらは、集団づくりのなかの子どもの夢や理想を大きくはぐくむ文化・スポーツ活動として発展させられているという。

　同時に、われわれが創造すべき民主的学校は、生活指導分野にとどまらず、各教科の教科指導がそれぞれの独自性をつらぬくなかで、認識の教育とわざの教育を統一的に展開していくことで子どもの全人格的発達を図ることも要請している。

そうだとすると、各教科、各領域がそれぞれの独自の論理をつらぬきながら、認識・技能の教育と人格の教育を統一していくような「総合的な」教育を生みだし、子どもの人間的発達全体を保障し、子どもを学習と自治の主人公にしていく学校を創造していくことがわれわれの課題だといえるだろう、と結んでいる。

2）第17回全国大会基調を受けて

(1) 私たちの学校での課題追求

第17回全国大会基調提案が提起したものをどう具現化するかが私たちの学校の課題になった。

先に、70年代に入っての生徒会実践で、三無主義の子どもたちに対応するために、生徒たちの要求に立って文化・スポーツ活動を行事として取り入れ、そのなかで文化祭の質的向上をめざしてきたことを述べた。だが、前述の72、73年以降の子どもたちの変化に戸惑った私たちは、第17回全国大会基調提案で子どもたちの「文化としての身体」の喪失のことを学んで少し先が見えてきて、学校が子どもたちの「文化としての身体」の回復に何ができるかと考え始めた。そのための研究推進機関として「体育推進委員会」を公務分掌に設置した。これは後に「文化・体育推進委員会」に拡張されたが、時間割の中に週に1回会議が持てるようにして、生徒たちの「文化としての身体」を開いていくための活動や行事のあり方を研究、提案、推進していく役割を果たしてもらった。

「体育推進委員会」がまず課題にしたのは、生徒たちのすぐにからだがグニャとなってしまう姿勢の悪さだった。それは、背筋力が衰えているからだと分析し、背筋力を鍛えるには走るのが一番いいと見出して、生徒会体育委員会と相談して「早朝マラソン」を導入していった。毎日少しずつでも走る習慣をつくろうと、始業前の10分間、登校したそのままの通学服・通学靴で校庭をランニングすることを考えたものだった。自主参加だから強制はしない。体育委員会が趣旨をよくアピールし、自分の体を自分で鍛えることを呼びかけた。全校生徒約500名のうち100名～200名位がそれぞれの都合で入れ代わり立ち代わり毎日参加した。この成果は運動会にあらわれた。参観した指導主事が校長に、「普通の学校では徒競争のゴールで腰砕けになって転ぶ者が何人か出るのに、この学校では誰も転ばない」と感心していたというのだ。

行事については、推進委員会の研究・提起をもとにして教職員と生徒の合意を
つくり出し、生徒会行事と学校行事の垣根を取り払い、全校の総意で実践を進め
ることになった。行事の目的・やり方を職員会議で熟議し、生徒も生徒総会で討
議・決定して進めた。体育行事は、強歩会、水泳大会、運動会、文化行事は文化
祭、生徒会文集づくり、送別会を軸にし、林間学校や修学旅行の学年行事も文化
活動として進めた。

　私たちは行事をこうとらえ直した。「〝生き生きとした学校〟にするとは、〝生
徒がいつでも精一杯自分たちの力を高めていく喜びのもてる学校〟をつくること
だ。行事も学習も生活も、全力を出しきって創造していくとき、自分のからだと
心がひらかれていくのだ。」と。

　このような方針で取り組みだしてみると、たとえば強歩会のなかで、運動会の
なかでこんなふうにあらわれてきたのだ。

　強歩会は、他の学校で行なうマラソン大会の変形である。学校近くを流れる荒
川とその放水路の中土手を東京湾の先端まで、14キロ走ったり歩いたりして往
復する。ただ、そのルールに工夫が凝らしてあって、個人でなく各クラス五つの
男女混合班をつくり、チームで参加する団体競技である。そして、単純に速さを
競うのではない。往復およそ100分前後で各学年ごとに設けられた標準タイム
を参考に、各班の力量に応じて自分たちで目標タイムを決める。到着タイムが目
標タイムに近いほど成績は良くなる。目標タイムから遅れても速すぎても誤差1
分ごとに班の持ち点20点から2点ずつの減点を受ける。もし途中で落伍者を出
したら5点の減点を受ける。五つの班の得点を合算して多い順に学年ごとの学
級順位を決める。三学年の兄弟学級の得点で兄弟学級群の順位をも争う。校庭に
14キロの100分の一の140mのトラックをつくってやり、これを体育の時間や
放課後に班で回数を決めて走ったり、歩いたりして自分たちの力量を測って目標
タイムが決められるようにしてやる。当日は時計をもつことは禁止し、健康管理
のために教師が立つ六ヶ所のチェックポイントに時計を置いてタイムの確認と調
整ができるようにしてやる。落伍者が出たらチェックポイントで落伍者カードを
もらい、落伍者は教師に任せ、競技を続ける。

　以上のルールが示すように、この競技では、男女が協力して速い者が遅い者に
力を貸し、遅い者もチームやクラスのために力いっぱい自分の力を発揮すること

によって、強者と弱者の思いやりとがんばりを育てようとするものだった。また集団の力量の緻密な分析力、ペース配分の計算力、意志の持続力を養おうとするものだった。

そこに参加する生徒たちに私たちがみたものは、14キロを走り、歩く苦しみに耐えて自分たちの集団の団結と連帯の絆を誇ろうとする気持ちの高さだった。理想へ向かう若者の意気があった。「君の汗を中土手の風に飛ばせ」と掲げたスローガンがよく語っていた。

一方、運動会では、そこでも、「走れ兄弟、跳べ青春の輝きへ」とばかりに、クラスのために、兄弟学級のためにと最後まで力を抜かずに全力を出しきって競技する姿がみられた。

三年生男子の組体操や女子のダンスは演技種目であったが、最上級生の誇りにかけて見事に演じあげた。それはまさに団結と連帯と気持ちの統一の表現であった。特に、組体操のハイライト四段タワーは、一人の失敗も許されない統一と団結が要請された。四つのクラスがそれぞれのクラスの名誉をかけて結束し、何回もの練習を重ねて当日見事に立ち上げたときには感動的だった。そこに、生徒集団の理想とちからの表現があった。

そんな生徒集団のちからの高まりを見て、文化・体育推進委員会の若い教師の発想で、運動会の閉会式に兄弟学級群ごとの団結を誇示しあう「総括表明」という身体表現の場を導入した。3年生が2年生、1年生を指揮し、組体操の技を組み合わせたり、横断幕や幟旗を使ったりしてそれぞれに個性的な「総括表明」をつくりあげた。それがまた、兄弟学級群のつながりを強めることになった。身体的文化活動が自治集団を高めたといえようか。

さて、文化祭ではどうだったかというと、そこでも私たちは全力投球を求めた。それが、生徒会の〝文化の質を高めよう〟という方針と響きあって、真剣な取り組みをつくりだした。展示部門では先進クラスの取り組みがリードしたが、ステージ部門をリードしたのは演劇部と英語部の両者で、二つのクラブが競って先進の役割を果たした。

演劇部ははじめ、難しいテーマの現代劇をやったが、それではクラス演劇の手本になれないと悟ると名作民話劇をとりあげて見事な演技をし、観客を魅了した。

英語部は英語劇を上演したが、英語が伝わりやすいように、はじめからみんな

の知っている名作童話劇を取り上げ、難しい英語の部分は日本語を交える工夫を凝らして上演した。特にその舞台装置や衣装に手間をかけて凝り、これぞという見栄えの舞台をつくりあげた。

二つの部の意気ごみは、自分たちこそ文化活動の専門家集団で、日ごろの活動の成果を全校の生徒に見てもらい、みんなの文化の向上に役立とうという気概に燃えるものだった。

そこには、基調のいう「個性的な興味、関心によって選択した」クラブ活動でありながら、その「文化のなかにこめられている人間の理想をとりだすことによって」「全校集団の理想とちから」を高めようという使命感が感じられたのである。

このようにして、日常活動づくりをふまえて、体育的行事・文化的行事に全力で取り組ませ、「文化としての身体」をひらこうとしたのだ。

(2) 竹内常一「現代の子どもの発達と生活指導の課題」(76年8月号222号)

これは、冒頭で「昨年度の基調提案は、子どもの発達疎外を『文化としてのからだ』の欠落という視点からとらえ直してみる必要のあることを提起したが、それだけでは現代の子どもの人格発達のゆがみの由来を十分にいいつくしているとは思えない。そこで……三無主義的、衝動主義的人格といわれているものの本体をいまいちど追究し、あわせて生活指導実践の現在的課題にふれたいと思う。」と述べているように、「昨年度基調提案を補強する」ために書かれた補足論文である。

その究明のキーワードは、「甘えのパーソナリティ」と「怖れのパーソナリティ」である。

〈甘えのパーソナリティ〉

はじめに、「こんにちの子ども・青年の三無主義的、衝動主義的人格の根は小学校時代における人格形成に発している」として、B青年の例を挙げている。

Bは高校一年で退学し、現在N製作所の優秀工員として働いている。高校時代、教室では滅多に口をきかず、担任が努力しても「ウン」とか「イヤー」としかいわない自閉的傾向だった。その自閉的パーソナリティは小学校四・五年生ごろから始まったらしい。それまで末っ子で、おばあちゃん子として育てられた。その

祖母が死んだ時期と自閉的になった時期がほぼ同じ頃だという。「甘え甘やかす家族関係を失ったことがどうやら彼の甘えのパーソナリティを一挙に自閉的パーソナリティに転換させたのだろう」と竹内は推測する。

　これはBだけではなく、「現代の家庭は大なり小なりこうした甘えあう人間関係に支配されている」という。それは、「現代の家庭は60年代を通じて、これまでの生産労働を中軸とした生活文化と、それに支えられた規律ある家庭生活、安定した家族関係を失ってきた。それにかわって家庭を支配するようになったのは欲望至上主義的な大量消費文化とマス・コミ文化であり、無規律な家庭生活、心理的（サイキカル）な繋がりでしかない家族関係であった。生活文化と実務的規律を失って心理的（サイキカル）な関係となった家族関係は、これまでにもまして甘えあう人間関係の中にどっぷりとつかってしまうことになった。」（222号32頁）

　「このような過保護の心理的（サイキカル）な家族関係と、そのときどきの気分でゆれる無規律な家庭生活は子どものそのとき、その場の自分本位な欲望やいい分を無原則、無条件に許容するために、子どもは幼児的な自己中心性、自分主義からぬけ出せない、いやそれどころかますますそれを肥大膨張させることになる。」「甘えのパーソナリティというのはこのような自分主義的心性のうえに構築されている。それはだだをこねたり、泣いたり、すねたり、ひがんだりすることによって、身内のものの好意や愛情を受動的にせがむものであり、そうすることによってまた自分本位の欲望やいい分を通そうとするものである。」（同33頁）

　「ところで、ふつう、少年期は、こうした自分主義と甘えのパーソナリティを行為・行動のレベルで克服していく時期だと考えられている。」すなわち、手やからだをつかって自分の外側に存在している自然や社会、ものや他者に行動的にとりくむことによって自然と社会の法則をつかみ、認識していく。そして、「自分の要求や主張をとおしたければ、自然や社会の法則、ものや他者の本性にそくしてそれを実現しなければならないことを知りはじめる。そしてそれにもとづいて自分の判断や行動を統制することができるようになる。」「つまり、子どもは『文化としてのからだ』を獲得していくことをつうじて、そこに『自我の祖型としてのからだ』をつくり出すのであり、そのことによってまた幼児的な自分主義と甘えのパーソナリティをぬけ出すのである。」（同33,34頁）

ところが、現代の子どもにはこうした「文化としてのからだ」が欠落している。「現代の子どもは、『文化としてのからだ』を獲得できないために、幼児的な自分主義と甘えのパーソナリティをますます肥大膨張させることになっている。」という。(同34頁)

〈怖れのパーソナリティ〉

だが、子どもの人格発達をめぐる問題状況はこれだけにとどまらないという。

「現代の家庭の心理的（サイキカル）な家族関係は」、「家族関係が甘えの関係におちこめばおちこむほど」、「突如として冷酷な関係に転化してしまう。これまで子どもを甘やかしていた親は、子どもが自分の期待にそうものでないとなると、とたんに子どもにつらく当たる。身内どうしの甘えの関係はかくして他人どうしの冷酷な関係にかわる。」「このために子どもの甘えは、思いがけぬ冷酷な仕打ち、他人の世界に直面して怖れに転化する。甘えを強く求めれば求めるほど、子どもはそれを拒否されることを怖れて自閉的となり、自分のからだに閉じこもろうとする。かくしてここに甘えのパーソナリティと表裏の関係をなして怖れのパーソナリティが生まれることになる。前者は受け身的に愛情を求める姿勢をとるのに対して、後者は過剰な自己防衛的姿勢をとる。」(同34,35頁)

「子どものこうした甘えと怖れのパーソナリティは学校のなかでさらに拡大再生産される。現代の学校は産業社会の指定する『能力』と『人格』を唯一の尺度として子どもの活動を評価、評定し、それによって子どもを選抜、選別していく学校である。このために、子どもはつねに自分にとってまったく意味のない、いや多くのばあい否定的な評価・評定を加えられる。つまり、否定的な自己像をつきつけられる。」

「このような能力主義の過酷な視線のなかにあっては、子どもは痛めつけられた自己像しかもてないために凍りついてしまって、ここでも甘えのパーソナリティのうらである怖れのパーソナリティを前面におし出してくる。このために子どもは自己をできるだけ他人の視線にさらすことをやめはじめる。……子どもは行動そのものを閉ざすというかたちで自己を閉ざしていく。つまり、子どもはからだを社会や他者に対して閉ざすことによって、傷つきやすいナイーブなこころを守ろうとする。そして、外部の権威と秩序とうまく調子を合わせていく仮面（ペルソナ）を身につけようとする。それは多くのばあい外見はきまじめで従順

であるが、内面は無関心、無反応な仮面である。それはまた権威あるものの機嫌をつねにうかがう卑屈な愛想のよさをひめ、すきがあれば甘えかかろうとまちかまえている仮面でもある。」(同35頁)

「だが、こうした仮面をつけることに失敗した子どもは、さらに外部に対して自己を深く閉ざし、自閉的な仮面をつけることによって能力主義的秩序に耐えようとする。怖れのパーソナリティの極化としての自閉的パーソナリティである。それは外部の世界はもとより、それと直接結びついている自分のからだささえ自己から切断しようと」して抑圧し、抹殺しようとする。しかし、こころによって抑圧され、抹殺されたからだはこころに復讐しようとする。それが「登校前のヘソ痛、下校後の肩こり、自家中毒、学校ぎらい、体育ぎらい、そして登校拒否として現われたり、本人さえもどうしてそんなことをしたのかわからない衝動的な行為、行動として現われてくる。」(同36頁)

「またこうしたこころとからだの葛藤のなかで、甘えと怖れのパーソナリティは無意識的に、また時には意識的に自分のからだに対する加害者となる。それは甘えの人間関係を求めて喫煙、飲酒、シンナー、バイク、そして性行為へとずるずるおちこんでいくことによって、自分のからだを痛めつけていく。」(同36頁)

このように、竹内は、中・高校生の三無主義的、衝動主義的人格は、小学生から形成される甘えと怖れのパーソナリティに根をもつものであること、それはまた、小学生における文化としてのからだの未発達、自我の祖型としてのからだの未発達に根をもつものであることを解明した上で、小学校の教師も非行と学力不振というかたちをとって集中的に現われている子どもの人格的・能力的発達のゆがみに無関係でいることはできないという。そこで、現在の生活指導実践にとりわけ必要とされる課題を三つあげている。

〈生活指導実践の課題〉

第一は、「いまいちど現実の子どもをその生活環境とのかかわりでつかみなおしてみることである。子どもの人格発達のゆがみを刻銘にとらえながら、それがどのような集団とその生活を基盤にして生まれてきたものなのかを明らかにすることである。」(同37頁)

学級生活で子どもをまったく甘やかしている教師の学級には、甘えのパーソナリティと同時に、相互に自己を閉ざし他を差別する他人の関係と怖れのパーソナ

第Ⅳ章　子どもの発達疎外、非行・校内暴力にきりこむ

リティが充満していることが多いという。

　第二は、「集団とその生活に追随的に埋没していたり、またそれに自己を閉ざしている子どものからだとこころを、集団とその生活に向けて開いていくことである。そのためには教師は、自然や社会、ものや他者に対する子どもの行動を組織していくことである。そうすることによって子どもの文化としてのからだをはぐくみ育てていく必要がある。」そのために、「文化としてのからだを育てていくためにどのような活動内容を子どもに与えていったらよいのかという点についてもっと深い実践的研究が必要のように思われる。」「こうした視点から遊び、労働、運動、文化活動、自治活動の内容研究を発展させねばならない。」（同37,38頁）

　第三は、「子どもたちのいきいきした集団的行動を組織するなかで子どもの集団認識、他者（仲間）認識、そして自己認識を発展させていくことである。そうすることによって、集団と他者とそして自分自身に対して主体的に、積極的にかかわり、これをかえていこうとする自我と人格をつくり出していくことである。」「集団や仲間のリアルではあるがつねに肯定的、発展的な評価にはげまされて、子どもは肯定的、発展的な自画像をもつのであり、また集団と仲間の支援と激励にささえられて、子どもは集団にからだを開き、主体的自我を確立してくるのである。そうだとすれば、集団的実践のなかで子どもの集団認識・自他認識、集団評価・自他評価をリアルなものとして、発展的なものとして高めていくことは人格的主体を発達させていく鍵であるように思われる。」（同38頁）

　この70年代の子どもの発達疎外問題の解明作業をもとにして、竹内は、1976年7月に『教育への構図』（高文研）を刊行した。ただ、この書は高校生論を主軸にしており、文中の事例も高校生の手記や高校教師たちの証言・刊行物によっていて、高校教師を意識して書かれたものなので、ここでは紹介だけにとどめたい。

3．さらに新しい事態の中で

　1970年代の後半から80年代初頭にかけて新しい事態が到来した。
　新しい事態の一つは、1968年に改訂した「教育の現代化」を標榜する学習指

導要領が大量の「落ちこぼれ」を生み、それが子ども・青年の非行・問題行動拡大のもとにもなって批判を浴びたので、早くも1977年に文部省が今度は「ゆとりのある充実した学校生活」をうたった学習指導要領の改訂をうちだしてきたことである。

もう一つは、それにもかかわらずというか、そのためにというか、70年代終わりから80年代初めに、校内暴力事件を頂点とする非行・問題行動が大量に発生してきたことである。

もちろん、学習指導要領の改訂だけが非行・問題行動を生んだとストレートに結びつけることはできないが、さまざまな要因の複合で生まれてきていた非行・問題行動を収めるのではなく拡大していく方向に作用したというのが、現場にいた者の実感である。

竹内常一や全生研がそれにどう対応したかは後で取り出すことにして、そう感じさせた現場の実情をまず明らかにしておきたいと思う。

そもそも、68年改訂の「教育の現代化」学習指導要領は、高度経済成長の推進を図る国策に必要な人材育成のためのものだった。早期に学力をつけるために、子どもの発達段階を無視して学習内容を前の学年に前倒しに下ろしたその詰め込み教育が大量の「落ちこぼし」をつくった。時に、小学校でこの指導要領の移行措置を受け、本格実施とともに中学校に入学してきた子たちは、前節で見たように、60年代高度成長政策がもたらした家庭・地域の教育力の破壊による少年期の欠落と、能力主義と操作主義の学校教育によって、自然や社会や文化に能動的に働きかける「文化としてのからだ」を獲得できずに発達疎外におかれた子たちだった。そのため「甘えと怖れのパーソナリティ」を身につけた子たちだった。その彼らがハードな詰め込み教育にはついていけず、落ちこぼされることになった。

時代は、さらに過酷な現実をもたらした。

60年代の高度経済成長の結果、70年代初頭には「一億総中流時代」の到来が叫ばれていた。しかし、73年に起こった「オイルショック」が様相を一変した。石油の有限を宣告された産油国が石油の生産制限に入ったために石油価格が暴騰し、石油エネルギーに頼る高度経済成長はできなくなり、世界中が低成長時代に入らざるを得なくなった。そのために、日本では会社が人事採用をひかえ、就職

難の時代がはじまった。その狭い門を突破するためには少しでも高い学歴、良い学歴が有利だと考えた親たちが、我が子を高学歴をつけるための進学競争に駆り立てることになり、受験競争が過熱していった。ちなみに、72年に高校進学率が85％、大学進学率が30％だったものが、75年にはそれぞれ92％、38％に急上昇した。「学校から落ちこぼれると中流から落ちこぼれる」と言われるようになり、この流れが、補習塾、進学塾の「乱塾時代」をもたらした。生徒の間に「高校くらい出ないと恥ずかしい」という風潮が生まれ、落ちこぼれた子の焦りを高じさせ、自己否定感に追い込まれた者の中から「遊び型非行」に走る者が多発した。

　そうした事態を打開しようとして、文部省は教育課程審議会への諮問、答申を経て77年に「ゆとりのある充実した学校生活」をうたう学習指導要領の改訂をうちだした。現場のわれわれも、教課審答申の段階では、少しは落ちこぼれを救えるのではないかと期待をもったが、学習指導要領改訂の段階でその期待はついえた。

　中学校でいえば、「ゆとりの時間」週4時間を生みだすために各学年週4時間教科の時間を削った影響は大きかった。一番端的だったのは英語が全学年1時間削られて3時間ずつになったこと。一年の数学が4時間から3時間になったことだった。学習内容を20％削減したといっても、学習時間が25％削られたのでは、ゆとりある授業どころか、逆に窮屈になってしまう。

　案の定、移行措置、本格実施の段階になってこの懸念は現実のものとなった。今まで英語は1年生の間、新鮮な興味で1年間はもっていたのが1学期間で興味と自信を失うものが多くなった。数学も1年生の1学期のうちに落ちこぼれが目立つようになった。

　もう一つ窮屈にしたのは、教科の時数を削ったのだから1単位時間50分は厳守しなければならないとされたことだった。私たちは、70年代の教育課程討議の中で、たとえば補充勉強会をやれるためにも、生徒の自治活動を保障するためにも、また行事で授業をカットするのを減らすためにも放課後に余裕をもたせる45分授業を導入してきていた。それが、放課後が使えなくなって、補充勉強会も無理になり、授業カットも多くなったために、授業時間の学習指導も窮屈になった。なにしろ、4時間の「ゆとりの時間」は生徒の「充実した学校生活」の

ための活動に使う時間で、教科の補充、補習に使ってはならないという強いお達しで「ゆとりの時間」を学習指導に運用できなくなったのだから。

だが、文部省・教育委員会の側も、50分授業で週34コマをやれば勤務時間をオーバーすることがはっきりして強要できなくなり、「ゆとりの時間」4時間を2時間実施すればよいことに手直しせざるを得なくなった。「ゆとりの時間」は出発から半分挫折したのである。

そうなっても、週2時間生徒に何かの活動をさせるプラン作りが大変なことが移行措置の間の試行でわかったので、多くの学校は1時間を「学校裁量の時間」、1時間を「学年裁量の時間」として使った。ちなみに、私たちは、「学校裁量の時間」を生徒の自治活動に当て、生徒総会、生徒評議会、各委員会活動に使った。「学年裁量の時間」には学年集会や学年レクリエーション、学級ごとの生徒の教え合い学習会などを行なった。

結局、「ゆとり教育」をうたった学習指導要領改訂は現場にゆとりを生むどころか、授業時間の削減による学習困難、早くからの落ちこぼしをもたらすことになったのである。

それがそのまま校内暴力事件につながったわけではない。しかし、生徒たちの自己否定感を強め、抑圧感を拡大したということは事実である。

この時期、東京にはもう一つ子どもたちを抑圧する要因があった。東京の高校入学定員は、都立高校が半分で、半分を私立高校に委ねていた。その私立高校が教育困難生徒の受け入れを嫌がり、かつまた学校経営の安定のために学校のレベルアップを図ろうとして、70年代後半から使うようになった業者テストの偏差値40以下の子を切り捨て、単願推薦制度を導入して素行も問題にしてきた。そのために、中学校現場は偏差値をあげる学力競争と良い子になる忠誠競争を押しつける場になってしまった。有名校に入るための上層での競争と、高校から落ちこぼれないための底辺での競争が展開された。標準偏差でいっても、偏差値40以下の者は約7％いる。そのためボーダーの子たちが高校に入れない不安にさらされたのだ。2年生で学期1回程度、3年生では毎月行われる業者テストの偏差値で、自分の立ち位置を突きつけられる子どもたちに焦りと抑圧感が生まれないわけがなかった。

しかし、正直言って、私たちも、この競争の推進者の立場に立たされている苦

第Ⅳ章　子どもの発達疎外、非行・校内暴力にきりこむ

さを感じながら、高校に入れてやりたい一心でそれを受け入れてしまっていた。その体制の中におぼれさせられて、子どもたちの抑圧感の深さに思い至らなかったといわなければならない。それが校内暴力として噴き出してくるとは思いもよらなかった。

後にして思えば、このような状況が積み重なって、子どもたちのなかにイライラが溜めこまれ、その抑圧感を突き抜けようとする欲求が爆発してまず東京から校内暴力が始まったといえよう。対教師暴力になったのも、まさに教師が抑圧を与える当事者に映っていたからだ。「てめえ、むかつくんだよ！」と言い放った彼らの言葉がよくそれを語っている。

以上が、学習指導要領の改訂が子どもの非行・問題行動の解決につながらず、かえって校内暴力事態にまで拡大する一因になったことへの実情と実感である。

まず、竹内常一が「ゆとり」問題にどう論考していったかからみることにしよう。

4．「ゆとりの時間」と生活指導

1) 竹内常一「生活指導の全体計画をどう考えるか―教科外教育の編成原理―」
（1977年12月号240号）

1976年12月の教育課程審議会答申に基づく1977年6月の学習指導要領改訂の告示を受けて、全生研は素早く反応した。夏に編集された12月号で竹内常一は特集テーマと同じ表記の巻頭論文を書いた。

(1) 教課審答申と新学習指導要領の問題点

教課審は、改訂のねらいを「自ら考え正しく判断できる力をもつ児童生徒」「人間性豊かな児童生徒」の育成のために、「ゆとりのあるしかも充実した学校生活」を創造するとして、①教科内容の精選による授業時間の削減、②「ゆとりの時間」または「学校裁量時間」とよばれる授業時数外の時間の新設の二つの方策を打ち出した。それを受けて文部省は授業時数の削減と「ゆとりの時間」の新設を行なったが、それは実際に「ゆとりのあるしかも充実した学校生活」を保障するものにならないだろうと竹内は予見している。その理由は、「教課審の教育課

程編成についての原理的考察の弱さ」にあるとして次のようにいっている。
　「まず第一に、教科内容の精選からストレートに授業時数の削減を引き出し、それによってゆとりのある学習生活・学校生活をつくり出そうとしている」。「教科内容を精選すれば、当然教材・教具（文化財）は減少し、したがって当然授業時数も削減できる」としたのだが、「教科内容の精選は教材・教具の貧弱化と本来結びつくものではない。」「逆に、教科内容が精選されればされるほどそれを習得・理解・習熟させるために豊かな、多層的な教材・教具で子どもに対応しなければならないというのが原則である。」ところが教課審は、この「原則を無視して、教科内容の精選→教材の削減（貧弱化）→授業時数の削減をストレートにつないでしまった。このために、各教科は教科内容を教えるに不可欠な豊かな教材・教具を奪われ、それに代わって教科内容とかかわりのない道徳主義的教材をさしはさまれることになった。そしてその上に授業時間の削減がなされたのだから、各教科はよりいっそう能力主義的、国家主義的に編成されることになったといえる。その一方の代表が週三時間となった英語だとすれば、他方の代表は社会科だろう。」(240号13,14頁)

　この指摘はまことに当を得ていた。のちに現場にどう現われたかといえば、教科書会社は、教科書のページを20％削るために、英語にしろ、算数・数学にしろ、練習問題の量を減らして編集するようになった。まさに竹内が予見したように、習得・理解・習熟させるための教材・教具が削減されたので、ますます子どもの学習に困難が生まれてきた。すると、教材会社がそれを補う副読本やワークブックを作って売りこんできた。教師たちは、やむなくそれを父母負担で使うようになった。それを授業中に使うこともあったが、削減された授業時間内ではとても扱いきれず、家庭での宿題に課すことが多くなった。子どもたちが「ゆとりのある学習」ができるどころか、授業外にまで追いまくられる生活が強いられ、宿題をこなせる境遇の者とこなせない境遇の者との間にさらなる学力差を生むことになったのである。この学力差を埋めようと、親が無理をしてでも学習塾に通わせる風潮が強まり、子どもをさらにゆとりのない生活に追いこむことになった。

　さて、教課審の第二方策、「ゆとりの時間」の新設はいっそう教育学的考察を

第Ⅳ章　子どもの発達疎外、非行・校内暴力にきりこむ

欠いたものであったと竹内はいう。

「1958年の学習指導要領の改定以来、教科外領域は道徳と特別活動、学校行事と児童会・生徒会活動、学級指導と学級会活動、必修クラブと部活動などなどのように二分され、しかも道徳・学校行事が子どもの自主的・自治的活動を支配する構造をとっている。」ゆとりの時間を教科ではなく特別活動に接合させようとしたが、このような教科外領域の支配的構造によって初めから道徳主義、団体主義、訓練主義に引きこまれる危険性を含んでいた。

「事実、新学習指導要領は民主的な市民精神の形成をうたった特別活動の目標を削除し、代わりに道徳的実践力の育成を前面に押し出してきた。そしてそれによって道徳の教科外活動に対する支配を強め、学校行事の強化によって自主的・自治的集団活動の団体訓練化、奉仕活動化を推進しようとしている。」(同14頁)

「教課審はゆとりの時間の新設によって学校生活を真に充実したかったのであれば、教科外領域を自主的・自治的集団による民主的な学校生活創造の実践領域だと規定すべきであったのである。」その上で、「ゆとりの時間だけでなく、道徳・特別活動をふくめた教科外活動全体を学校の自主裁量にまかすべきであったのである。このような教科外領域についての教育学的考察を欠いているために、教課審の第二方策もまた学習指導要領によって換骨奪胎される結果となったのである。」(同14,15頁)

このように、竹内は、教課審の第一方策も第二方策もはじめのねらいに反して、文部行政の教育政策による新たなる能力主義化、国家主義化を導き入れる役割を果たしたと批判しているのである。その上で、次に、これに対する我々の「教科外教育編成の視点」はどうあるべきかについて述べている。

(2) 教科外教育編成の視点①

第一の視点は、教科外の文化的諸活動を教科学習とむすびつけて、それの質的向上を図らなければならないということである。

教課審・文部省筋は、ゆとりの時間が教科学習の補充、補習に利用されて、ゆとりの時間新設の意味が死んでしまわないように、「ゆとりの時間は授業についてこられない子どもの特別指導以外には教科の学習と結びつけてはならない」とした。これは、教科学習は知識伝達にかたむくものであり、子どもの道徳性の育成に効力を発揮しないという先入観、その能力主義的、効率主義的教科観にその

根をもつものである。ここからゆとりの時間と教科学習との結びつきを否定するのだが、それではゆとりの時間に導入される文化的諸活動は二流の文化活動の域を出ないだろうし、容易に道徳主義化されるだろうという。

「そうだとすれば、ゆとりの時間を含む教科外の文化的諸活動を編成するにあたって当面必要なことは、教科学習との関連づけを否定するのではなく、逆に教科学習との関連を強めて、一方で、文化的諸活動の面から教科学習の効率主義を改造していくと同時に、他方では、教科学習と組んで文化的諸活動を質的に高めていくことである。」(同16頁)

前者についていえば、たとえば、ゆとりの時間に行なう体験的学習としてのフィールド・ワークを社会科の学習と結びつけることによって、社会科の時間をゆとりのあるものにしていくことができる。また、音楽や図画工作・美術の時間を、ゆとりの時間をとりこんで半学級ずつでやることによって、表現能力の習熟・訓練を手厚くできる。さらに、英語や技術・家庭の時間をゆとりの時間を加えて半学級編成にすることで余裕ある指導ができる。

後者の場合は、「教科学習のための前提となるような学習的な文化的諸活動」、たとえば国語での朗読、表現読み、群読などを教科外に組織したり、「教科学習で獲得した学力・能力の習熟・訓練や教科学習で獲得した認識・技能の発展を内にふくんだ文化的諸活動」、たとえば、これまでのような音楽、図画工作、体育から合唱、集団制作、各種スポーツに発展させたもののほか、技術・家庭科から大物の集団制作や盛大な調理実習など、を教科外に発展させていくようにしたりするのである。(同17頁)

(3) 教科外教育編成の視点②

それにもかかわらず、第二の視点は、「教科外教育はそれ独自の教育構造のもとにおいて文化的諸活動を組織するものである」という。

その「独自の教育構造というのは、そこでおこなわれる集団的活動のすべてが民主的市民形成という教科外教育の目的に向けられていなければならないということである。その意味では、そこでの集団的活動のすべては原則として子ども集団の自主的・自治的な意志のもとで企画・決定・執行されねばならない。すなわち、教科外諸活動は子ども集団の自治的活動をベースにして展開されねばならぬということである。

第Ⅳ章　子どもの発達疎外、非行・校内暴力にきりこむ

たとえある文化的諸活動が学級担任や教師集団によって企画されたものであっても、それはその展開過程のなかでかならず子ども集団の支持と承認を得るものでなければならないのみならず、子ども集団の民主的・自治的形成を発展させるものでなければならない。」「だから、教科外教育の編成は教師集団による教科外活動のプログラムの作成というストレートな現われをとるのではなくて、自治的集団による教科外活動の計画化という形態をとるのである。」「すでにそのことは、生活指導研究のなかで、民主的な自治的集団の形成をつうじての文化的に豊かな学校生活の創造というふうに定式化されてきた。」（同18頁）

2）竹内常一「〝ゆとり〟の問題—学校の文化性を問う（上）」
（1978年4月号244号）

まず、教育課程審議会が「ゆとり」を提唱したとき、現場には新幹線授業や学習の過重負担から少しは学校が解放されるかもしれないという期待感が生まれたが、新学習指導要領の中味がはっきりするにつれて現場は冷えていったことが語られている。それは、「ゆとりの時間」を週4時間生みだすために教科時数を4時間削減したが、それでは現場に何もゆとりをもたらさないことがはっきりしてきたからだった。

それを竹内は学習指導要領の授業時間配分の変遷と、ある中学校の実際の年間授業時数の資料を基に説明している。

学校の年間授業日数を247日とすると総授業時数は約1400時間である。58年版指導要領では教科・道徳・特活の最低時数は1120時間、教科・道徳・特活の追加できる時数が105時間、これらを1400時間から引くと175時間残る。これが「学校行事等」に当てられる時間であった。それが68年版指導要領になると、体育と必修クラブが増えて教科・道徳・特活の標準授業時数は1190時間になった。これと追加できる時数105時間を足し、それまで通りに「学校行事等」の175時間が行なわれたとすると、合計1470時間となり、1400時間の総授業時数を70時間オーバーしてしまう。この分は標準授業時数から授業カットして行なわれなければできなくなった。

この構造は77年版指導要領になっても変わらない。教科・道徳・特活の標準授業時数は1050時間となったが、「ゆとりの時間」140時間を足すと1190時間。

211

追加時数 105 時間を加えると 1295 時間。同じように 175 時間の「学校行事等」を行なえば 1470 時間となり、やはり 70 時間超過になる。これは理論上の計算でのことである。

　ここで、竹内は、ある中学校の 76 年度の実際のデータを紹介している。この学校は始業式の次の日から授業をし、終業式の前日まで授業するというように他よりも授業時数を確保しようとしている学校だが、それでも年間の授業カット時数は 1 年生で 245 時間、2 年生で 244 時間ある。その内訳は約 170 時間が各種の学校行事、残りの約 75 時間が短縮や父母会・家庭訪問・校内研修などのその他でつぶされた時間である。

　実施できた授業時数は 1 年生で 1150 時間、2 年生で 1157 時間であり、標準授業時数の 1190 時間にそれぞれ 40 時間、33 時間足りていない。この学校は追加時数をとっていないのでこれだけの不足の計算だが、追加時数を加えた 1295 時間には、それぞれ 145 時間、138 時間不足することになる。これだけの欠時数はとても出せないので、この学校でははじめから追加時数を計上していないのである。多くの現場が、このようにぎりぎりの時間でやっても標準授業時数に食い込んでやらざるを得なくなっている。

　だから、ゆとりの時間を「学校行事等」に運用しない限り学校にゆとりは生まれないのである。

3)「ゆとり」の時間の問題その後

　竹内が「〝ゆとり〟の問題―学校の文化性を問う（上）（下）」を書いてから一年半後、各地で新学習指導要領の移行措置として「ゆとり」の時間の「先導的実践研究」が進む中で『生活指導』誌は「ゆとり時間の問題性」を特集した。(1979 年 11 月号 264 号)

　そこでは、「主張」で川辺克己が「〝ゆとり〟時間の本質を問う」として、「ゆとり」時間が出てきた根底の社会情勢を指摘し、鹿児島県や静岡県で全県一斉に行われた小・中学生の地域の清掃奉仕活動や、高校生と自衛隊の富士山のクリーン作戦などの先導的実践が現われたことを紹介して、「ゆとり」時間の本質が奉仕の精神や郷土愛などを鼓吹する国家主義的道徳教育政策の推進の場になっていくものだということを暴いている。

第Ⅳ章　子どもの発達疎外、非行・校内暴力にきりこむ

　また、同号では千葉大学の水内宏が論文「奉仕活動を批判する」を書いている。
　水内は、「新学習指導要領がうち出した『ゆとり』の時間の具体的内容は、奉仕活動を軸に、勤労体験学習、体力づくり、集団行動の訓練、の計四種である。」今のところ各学校の試行ではこれに文化的行事が入っている所もあるが、「次第にこれら四種に類型化される傾向」にあり、「これら四種の型の行動が、全体として教育の軍国主義化に一層拍車をかけるものとなってきたことが最近の特徴である。」といっている。(264号12頁)
　そして、「『奉仕の精神』を強調する新学習指導要領に影の如くにつきまとっているのが青少年問題審議会意見具申『青少年と社会参加』である。」として、そこでは、「『ゆとりの時間』が、『児童・生徒を進んで校外の各種団体活動に参加させることによって、学校ぐるみで社会参加の一翼を担うこと』に利用できる」と言っているという。(同15頁)しかも、その社会参加は、「青少年自身が、自発的に進んで役割を遂行することによって、その集団や社会を自分たちのものと認識するようになる自主的選択の過程」とするべきだとしている。(同16頁)しかし、これが嘘であることははっきりしている。川辺が「主張」の中で、「地域の清掃」や「富士のクリーン作戦」が、「『公共の利益』のためにということで、上から下におりてくるだけで、その決定に子どもたちがかかわっていたわけではない。〝地域の清掃〟という仕事に加わるか否かの決定権を子どもたちがもっていたわけでもない。」(同7頁)といっているように、「自主的選択」の余地などないのである。
　では、それに我々はどう対応していったか、私たちの学校の場合を報告しておこう。

　私たちの小松川一中では、学校の過密化をつくり出した68年改訂学習指導要領のもとで、生徒の諸活動や教師の会議に使う時間を保障し、しかも授業カットを少なくしようとして、71年に「教育課程検討委員会」をつくり、その討議のもとに年間45分授業を取り入れてきた。今度の改訂にあたっても、45分授業は守り、その上で移行として週2時間の裁量時間を火曜と金曜日の6校時に設定した。火曜日は学校裁量として生徒会の評議会や専門委員会などに当て、金曜日は学年裁量として学年行事、学年総会、学級ごとの教え合い勉強会などに当

てた。前にも書いたように、私たちの学校では、勤務時間7時間半の確定闘争にあわせてクラブ活動を月曜6校時に持ってきていたので、金曜5校時に学活を置いて、2時間必要な全校行事等や学年行事等は、学活（時には火曜の裁量と振替）と裁量を併せて金曜の午後に設定して行った。こうすることによって、短縮や授業カットなしに〝ゆとり〟を持って諸行事、諸活動ができるようになった。

　次に、私は、新指導要領の本格実施の81年度からは同じ区内の鹿本中に異動したが、そこではまだ裁量時間の内容が決まっていなかったので、この体制を提案して実施できた。ときあたかも、全国に校内暴力が発生していた時期で、鹿本中でも2年生が危ないといわれていたその2年生に配属されたので、学年裁量の時間に生徒同士の教え合い学習を提案して実施した。なぜ提案したかというと、危ないといわれた子たちをみると、この章の冒頭で述べたような状況のために、2年生までに学習についていけなくなり、自己否定感を強め、進路の不安に押し潰されそうになってやけになっている者がたくさんいたからである。その者たちに手を差し伸べる教師も仲間もいないで、彼らを邪魔者扱いしていったのでは、彼らの学校不信はいつか爆発すると思われたからだ。

　しかし、彼らのわからなさは並大抵のものではなかったので、底辺層の子たちにはマンツーマンでリーダーが教える形にし、中間層の子たちは班学習の形をとった。教科はもっとも教え合いの効果が出る数学に絞り、教師が教材を用意して教え合い学習を組織した。

　この成果は、一学期経って現れてきた。少しずつでもわかるようになってきたという喜びとともに、こういう場をつくって何とか応援しようとしてくれる教師たちと、一生懸命に教えてくれる仲間のリーダーたちとに、自分たちが見捨てられていないという安心感を持ち、それが信頼感にとなりつつあったのだった。それが秋の運動会や文化祭の取り組みの中に出てきた。今までなら、徒党を組んで勝手にフラフラして集団の足引っ張りをしていたのが、リーダーの指示に従い、一緒に行事をつくろうという姿勢に変わってきたのだ。つまり、教え合い学習が、子どもたちの中にあったわかる者、わからない者に引き裂かれた分裂を埋め、一緒に高まろうとする連帯感を育てる働きをつくってきたのだ。

　3年生になってからも、朝学習で教え合いを続けるとともに、夏休みには生徒学年委員会の主催で学年教え合い勉強会を行なって、生徒同士のつながりを深め

第Ⅳ章　子どもの発達疎外、非行・校内暴力にきりこむ

ていったことが支えになって、この学年は荒れずに済み、思い出深く卒業していくことができた。

　もちろん、教え合い学習だけが子どもたちの荒れを防いだとは思わない。私が行った時、鹿本中には全生研の会員も「学級集団づくり」を実践する人もいなかったが、行事で生徒を大事にし、生徒の自治を保障しようとする姿勢を教職員が持っていたから、生徒を主人公にしようという教育実践では統一できた。それで、行事で生徒の居場所をつくってやることができたことも大きかったと思う。しかし、この学校は、落ちこぼれを拡大する教育政策のもとで、学習をとおしてつくられる生徒間の亀裂と分裂、そこに生まれる絶望の深さから捨て鉢になっていく子どもを救う手だてを持てていなかった。そこへ持ち込まれた教え合い学習は、その一つの方途としてやはり大きな役割を果たしたということができよう。

5．非行・問題行動事態への取り組み

1) 噴き出てきた校内暴力

　70年代末から80年代初頭にかけて、さまざまな子どもをめぐる問題が噴出してきた。その中で、世間の耳目をそばだたせたのは校内暴力事件だった。どんな事件だったのかを、校内暴力事件のはしりとなった東京江戸川区小岩四中の報告にみてみよう。

　江戸川区は、60年代から足立区とならんで非行の先進地域であった。前に書いたが、70年代にも〝遊び型非行〟がいち早く現出し、それが70年代後半になると先輩の〝暴走族〟の影響を受けて暴力非行に転じてきた。各中学校にツッパリグループが形成され、学校を越えて抗争し、互いに相手を下に置こうと暴力事件を起こした。そして、暴走族の強い影響を受けて、いくつかの中学校が糾合されて地域連合がつくられた。

　小松川一中の同僚だった関誠が78年に転勤していった小岩四中は、〝荒武者〟という暴走族の影響下にあった〝小岩連合〟の総番長校だった。関は、小岩地区は、区内において教組運動でも、民主運動でも「民主的な力の弱い環」になっていたので、「いずれここに非行が顕在化し、激発するのではないか」と予測した

215

が、その予期通りもう78年度の後半に暴力非行が一気に噴き出てきた。その非行の実態は次のようなものだった。

①授業エスケープ、授業妨害は日常茶飯事。②「荒武者」のメンバーが他区まで出かけて抗争に明け暮れ、警察、パトカーの話題は毎週あった。③右翼的風俗がもちこまれ、そろいの乱闘服の背中に「荒武者」の刺繍、左腕に日の丸の縫い取り、「神風」と書いた日の丸鉢巻で抗争に出かけた。④カツアゲは日常化し、チャリンコ窃盗など朝飯前。罪悪感なし。⑤校舎校具の破壊。特別教室が戸を釘付けしても壊され、メチャメチャにされた。便所も壊され、使用済みの生理用ナプキンが廊下にまき散らされた。⑥火災報知機のベルが日常的にいたずらされ、ベルが鳴っても驚かなくなる。⑦「タバコやシンナーはケンカが続かねえからやらねえ」といっていたが、三学期には喫煙が公然となり日常化。⑧ワンカップの酒を飲んで職員室に暴れ込み、放送マイク、電話線を引きちぎった。⑨校舎のトイを伝わって屋上に登り、屋上のフェンスの外にぶら下がるという軽業まがいのプレイをやった。⑩テープレコーダーにロックを仕込んで、授業中の廊下で大音響で鳴らしたり、放送室を占拠してたまり、授業中でも放送を入れたりした。⑪教師への連絡、父母への連絡は、「チクった！」として徹底的に暴力でつぶされた。⑫教師への暴力も日常化したが、それを痛快がる子が多くいた。⑬生徒会は形骸化し、生徒総会では議長にツッパリグループが選出され、「文化祭でロックコンサートをやらせろ！」というツッパリと認めまいとする顧問教師とでもめた。⑭このような中で、子どもや父母、地域住民の中に「体罰指導待望論」が広がり、「来年は、コワモテ教師を集めなければだめだ」という声も一部に出た。

このような大騒動の末、年度末には、校長をはじめ主だった主任クラスの教員9名が転退職し、5人が転入、4人が新採用で入り、4割の教師が入れ替わった。転入のうちの3名が組合員だった。(以上1980年6月号272号、関誠「非行克服への〝きり込みのある実践〟を求めて」から)

関は、この大量移動のなかで、江戸川教組の非行対策委員会の応援を得て意図的に転勤してきた仲間たちと、生徒たちの自治活動を基本に据えて、また、非行生徒のバックにいた〝荒武者〟のリーダー達との真剣な対話、保護者の協力を引き出すなどによって、見事に学校を立て直した過程を報告しているが、そこは省略する。前記272号を参照されたい。

ただ、この小岩四中の荒れの余波は区内の中学校に、また隣接区の中学校に荒れを引き起こし、やがて、80年5月の「葛飾奥戸中事件」、10月の「尾鷲中事件」に至って警察力が導入され、メディアが大々的に報じるようになって、逆に中学生に暴れ方を学習させることになり、校内暴力が全国に燎原之火の如く広がっていったのだった。

そういうなかで、ついに、政府も事態を捨てておけなくなって、12月13日、衆議院文教委員会の集中審議で取り上げることにもなった。

しかし、事態が複雑な背景から生まれてきたものだけに、すぐに収めるということができずに83年まで対教師暴力事件が続いた。83年2月に起きた「町田忠生中事件」は校内暴力に追いつめられた若い教師が生徒を刃物で刺すという衝撃的な事件だった。

このような事態を竹内や全生研はどう解明し、対応を提言していったかを見てみよう。

2）竹内常一「いま非行・問題行動に取り組む意義（上）─自他の生命に攻撃的である傾向について─」（1980年7月号273号）

（1）現代非行の特徴

「現代非行は七〇年代中ごろから突出しはじめ、その後増勢の一途をたどっている。時期を同じくして、自閉的徴候、登校拒否、家庭内暴力、場面緘黙といった問題行動群、問題症候群が激増し、これもまた非行と同じくその後衰える気配がまるでない。これらは、現代日本の社会と文化と学校に対する子どもの絶望的な告発ともいえる。」（273号14頁）

現代非行の特徴の第一……非行の質的変化

61）葛飾奥戸中事件──1980年5月、東京葛飾区の奥戸中学校でツッパリ生徒が教室にラジカセを持ち込み、大音量を出してこれ見よがしに振る舞うのをやめさせようとした教師たちに生徒たちが暴れかかり、学校の通報で駆けつけた警察官によって全国で初めて校内で現行犯逮捕された事件。
62）尾鷲中事件──1980年10月、三重県の尾鷲中学校で、多数の生徒が教師たちに暴力をふるって負傷させ、学校の要請で出動した警官隊にバリケードを作って立てこもった事件。
63）町田忠生中事件──1983年2月、東京町田市の忠生中学校の玄関で、3年生のツッパリ生徒に威嚇された被爆者の若い男性教師が、恐怖のために、持っていた果物ナイフで生徒の一人を刺して負傷させた事件。

「その質的変化は、物質的貧困に発するものから文化的貧困に発するものに、原因の明確なものから不明確なものに、意識的・反抗的なものから衝動的・快楽追究的なものに、自己顕示的なものから自閉的なものに、現実批判的なものから現実逃避的なものに、スタイルのあるものからアナーキーなものに、粗暴なものから凶暴なものに、という変化として現われている。」(同14頁) 具体的には、
　a. 自分本位的で衝動的な快楽追究傾向―万引き・窃盗、プレイとしての暴力など遊び型
　b. 自閉的、自己破壊的傾向―薬物吸引（めまいへののめり込み、自閉的な快楽追究）
　c. 攻撃的・破滅的傾向―凶暴な暴力、リンチ、殺人、陰湿な報復
「こうした現代非行を貫いている特徴は、自分自身の内的欲求を他者や集団とのかかわりの中ではぐくみ育てていくのではなく、そのとき、その場の自分の見かけの欲求にひきまわされていく傾向、また自己を実現するために外部の現実とたたかうのではなく、そのとき、その場の外部の状況に拘束される傾向である。そして、こうした問題傾向はやがて、自分の生命だけでなく、他者の生命に対しても攻撃的、破壊的に立ち向かう傾向となっていく。その意味では、現代非行の特徴は、E・フロムがファシズムの本質であるとした「死を偏執的に愛する傾向」(*64)（ネクロフィラスな傾向）……をもっているといっていい。現代非行は、その意味では、ファシズムの温床である。」(同15頁)
　　現代非行の特徴の第二……非行発生の構造の変化
「その変化は、ジャーナリズムでは、非行の一般化、低年齢化とよばれている。一般少年全体が非行的事態の中におちこんでいること、一〇才前後、それ以前の子どもの人格発達のゆがみ、くずれがそのまま非行・問題行動として現象していることを意味している。」
「以上の現代非行の第一と第二の特徴を重ねあわせると」、「一般の子どもも、そして低年齢の子どもも、現代非行の特徴である『自他の生命を破壊していく傾向』、『死を偏執的に愛する傾向』を大なり小なり共有しているという」「現代の

64）E・フロム――（1900〜1980）ドイツの社会心理学・精神分析・哲学の研究者。マルクス主義とフロイトの精神分析を社会的性格論で結びつけた。著書『自由からの逃走』（日高六郎訳・創元社1951年）が名高い。

第Ⅳ章　子どもの発達疎外、非行・校内暴力にきりこむ

子どもの人格発達の問題状況が明らかになってくる。」という。(同15頁)
　それを、能重真作の『ブリキの勲章』(民衆社、1979年)の中の非行生徒・英雄の「あのころは自分をすててたもの。どうせおれなんかって気持ちだったし、ほんといって、いつ死んでもいいと思ってた。」という告白と、能重の「英雄が『自分をすてた』といったように、非行というのは、自殺とは形のことなる自己放棄の姿なのだ」というコメントを引いて、「この英雄のことばと能重のコメントはけっして非行少年だけではなく、一般の子ども、それも低年齢の子どもを含めた子ども一般にあてはまるような問題状況のなかに、子どもの人格発達、子どもの生活があるのである。」と竹内はいう。(同16頁)
　(2) 非行・問題行動的事態としての群的状況
　これらの特徴をもった子どもたちの問題状況を、竹内は、関報告の小岩四中の「学校暴動」的な状況を要約してとりだし、「このような問題状況は、学校暴動に見舞われた学校だけのことだろうか。」と問いつつ、自分の手元にある学校の事例を七つ紹介している。
　＜例１＞学校の自転車置き場の自転車の、カギをこわす、タイヤ・チューブをズタズタに切るといういたずらが次々に起きた例。
　＜例２＞隣の教室から盗んできたパンを授業中にかくれて食べる。成績上位の子が率先してやり、授業のわからない者が同調し、それをクラスの者が楽しんでいる例。
　＜例３＞新学期の自己紹介で野次が乱れ飛び、みんなでゲタゲタ笑って楽しむ例。
　＜例４＞腹具合が悪い生徒がトイレに入ったのを、扉によじ登って中から鍵を開け、さらしものにしようとした例。
　＜例５＞ちょっとした合図で、一斉にある子を取り囲んで殴る・蹴るのプレイがされた例。
　＜例６＞色の黒さを嘲り笑うなど、容貌上の陰口ではやしたてる女子たちの例。
　＜例７＞どの学校にも授業が騒然として成り立たない教室があり、捨てておかれている例。
　そして、「学校暴動とまではいかないにしても、そのミニ的状況があちこちに広がり、さらにその裾野に右にあげたような問題傾向群が広く根を張っていると

いわなければならない。」といっている。(同18頁)
　(3) 群的状況の構造
　では、この非行・問題行動的事態の子ども集団の群的状況はどこから出てくるのか。
　「いまその考察を子ども集団に限っていうと、それはまず第一に、子ども集団を囲いこんでいる禁圧的、抑圧的な社会的、教育的統制から派生している。管理社会化した現代の学校、事務化してしまった現代の教育は、一人ひとりの子どもや子ども集団の内的要求をはぐくみ育てることがない。それは、子どもの生活・活動を発展的に組織していくことのなかで、子ども固有の欲求・要求を発展させ、子どものなかにそれを統括する自我を築き出していくことがない。反対に、それは所与の体制、所与の活動のなかに子どもを追いこみ、子どもをはめこんでいく。遊びや文化活動そのものさえ、いまでは管理の一環として子どもに押しつけられている。
　こうしたなかで子どもは、学校生活の楽しさ、仲間と遊ぶことのおもしろさ、学ぶこと、文化を習得することの喜びそれ自体を体験しないままに育つ。」そして、「小学校一年生に入ったときから、禁圧的で抑圧的な社会的、教育的権威に同一化し、みずからすすんで自分の欲求・要求を抹殺し、自閉的になっていくのである。……『おとなしくて、すなおで、ものわかりがいい』という子どもの傾向とは、自分の内的要求をつみとって、学校的権威と同一化した子どもたちの姿、子ども集団の姿である。」(同19頁)
　だが、「小学校上学年になると、この自閉的傾向の裏側から、別の問題傾向が現われてくる。それは、商業文化、マス・コミ文化に代表される、馬鹿笑いにみちた、粗暴で、差別的な感情表現の徴候である。自閉的傾向のなかで自分の内的要求を摘みとってきた子どもたち、自分の生命に攻撃的であった子どもたちは、この馬鹿笑いの差別的な感情表現のなかで、自分の生命に対した姿勢を他者に向けていく。つまり、他者の内的要求の抹殺、他者の人格の否認、他者の生命への攻撃性、という問題状況を生み出していくのである。その意味では、非行・問題行動的事態を生み出している第二の原因は、他者の生命に対して攻撃的、破壊的である感情表現のしかたを教える『支配としての文化』である。」(同20頁)
　ここから、「ひとたび子ども集団のなかに、自他の生命に対する嘲笑的、差別

的傾向、攻撃的、破壊的傾向が生まれると」、時のマス・コミ文化の文化型を取りこみ、それに対する同調競争、忠誠競争が生まれてくる。「ここから暴力、差別的言辞、窃盗などがプレイ、すなわち『遊び』として展開されてくる。それは他者の、そして自分の生命を攻撃し、破壊する危険なプレイなのである。」「子ども集団内部に右のような流行の文化型に対する同調競争、忠誠競争が広がっていくと、それになじまぬもの、ということは自己の内的要求を主張し、正義を愛するもの、またそれからはずれているものに対する排除、差別が広がり、やがてはそれに対する迫害ともいうべき事態に発展していく。」という。(同20頁)

3) 竹内常一「いま非行・問題行動に取り組む意義（下）―自他の生命に攻撃的である傾向について―」(1980年8月号274号)

(4) 同調競争と排除、忠誠競争と迫害

前節でみたように、「子どもは、『他者に対して嘲笑的であれ』『他者の人格など無視せよ』『他者に攻撃的であれ』『秩序や道徳などは踏みにじれ』といったメッセージをくりかえし伝えてくるマス・コミ文化や大衆文化に接するなかで、自己の生命に対する攻撃的態度を他者に向けていく。」「そのなかで子どもは、非行文化といっていいような文化と文化型を発展させていく。それははじめはちまちまとした問題行動や嘲笑的言辞としてはじまり、やがてプレイ、遊びとしての万引き、いじめ、他者の所有物の破壊として現われはじめる。」「他者をどれだけ馬鹿にできるか、どれだけ他者の所有物を破壊できるか、どれだけ社会的秩序を破壊できるかの競争が雪だるま式に広がり、その同調競争は他者に対する攻撃的、破壊的『信念』に対する忠誠競争へと発展していく。」(274号13,14頁)

「他方、このような同調競争、忠誠競争はその反面に必ず排除、迫害を含んでいる。成績の悪いもの、くそまじめなもの、ハンディキャップをもっているもの、平均的でないもの、批評性のあるもの、正義感の強いものが、排除と迫害の対象とされる。」「ここに被害者が暴力生徒に変身していく秘密がある。」という。(同14頁)

「自己の生命・人格をもてあそばれ、ふみにじられてきたものは、他者の生命、人格に対してより攻撃的、破壊的になることによって屈辱をのりこえようとする。いや、それを屈辱と感じる自己を摘みとり、抹殺しようとする。だから、被害者

から加害者に転じたものほど、無差別に攻撃をしかけ、人目に立とうとする。」
「中学二年ごろから非行少年として登場してくる子どもは、こうした被害者から加害者への道を歩んできたものである。そうした子どもはいまや破壊的暴力、暴力による自他まるごとの破滅へと落ちこんでいく。」
「しかし、かれらは暴力思想、自他の生命・人格に対する攻撃的、破壊的態度でもって自分を固めてはいるものの、かれらの内部のなかには傷つきまみれているナイーブな生命、魂がなお息づいている。かれらの臆病な、それゆえに敏感な防衛的姿勢と攻撃的姿勢の裏にあるのは、かれらが摘出し、抹殺しようとしてもなお存在しつづけているかれら自身の生命であり、かれら自身の魂である。しかし、それを見てとることのできないおとなと教師の手によって、かれらの最後の生命もとどめをさされることが多い。」という。(同15頁)

(5) 教師のあり方を問う

そこで、次に竹内は、こうした非行生徒の内的葛藤を見てとれない教師のあり方を問う。

「非行・問題行動をたんなる校則違反、秩序違反ととらえるだけで、そのかげでくりひろげられている死を愛する傾向と生を愛する傾向とのたたかい、自他の生命に対する攻撃的な傾向と自他の生命をはぐくみ育てようとする傾向とのたたかいに、まったく目を向けることのできない状況がある。そのために、教師自身、生徒とは違った意味で、自他の生命や人格に対する冷酷さを身につけているといっていい状況がある。」という。(同16頁)

そうした教師のあり方を自分自身の教師生活から問い直している実践記録として寺島美紀子の『いのちの輝き』(労働旬報社、1980年)を紹介している。

寺島は、津田塾大学を出て、高校の英語の教師になろうとして石川県の教員採用試験に合格するが、採用してくれる高校はなく、やむなく県立医王養護学校に就職する。そこで、進行性筋ジストロフィー筋肉が委縮しつづけ、心臓機能、肺機能が低下していくために、青年期に死を迎えざるを得ない難病—の中学一年生の子ども三人の担任になる。

障害児の世界をまるで知らなかった寺島は、手首が異様に、細い枯れ木のように折れ曲がった肢体や、病人特有のスッパイにおいに半年ぐらいは気持ち悪さを感じた。その上、死が確実に近づいてくる子どもたち、いろんな学級・学校、施

第Ⅳ章　子どもの発達疎外、非行・校内暴力にきりこむ

設をたどって辛い思いをしてきた子どもたちは、自他の生命に攻撃的になっている。寺島の授業に反発し、学習拒否を示し、「お前なんか死んじまえ」とわめき返す。友だちをも差別し、軽蔑する。

　こうした子どもたちに直面した寺島は、学校になじめず、「なんでこんなところに来ちゃったんだろうか」と嘆く。そして、子どもの攻撃性にはねかえされればされるほど、寺島自身、子どもに攻撃的になる。そうした寺島の姿勢は、トイレ介助に典型的に現われる。「私はトイレ介助の時は、〝お互いに人間やと思わんとこう〟と思っていました。……介助してもらう方もそうだし、介助する方もそうなのです。……その中で教師も非人間化していくし、生徒も非人間化していく。」と寺島は書く。

　「寺島は、子どもの教師に対する攻撃性に直面して、自分のこころを冷たくし、自分の生命に攻撃的となり」、「それが極度の身体的、精神的疲労となり、九月になって一カ月近く入院することになる。……もしかしたら寺島は無意識のうちに自分の身体をいためつけ、自分を病気へとすすんで追い込んでいったのかもしれない。」と竹内はいう。(同17頁)

　「しかし、寺島は子どもの攻撃性の裏に生きようとするちからと願いを発見することによって危機から脱出していく。非人間的なトイレ介助を受ける中で、子ども自身が介助してくれる人を拒否し、その人に攻撃的になるのは、その裏にもっと人間として扱ってほしいという要求が潜在していることがわかってくる。」

　「子どものかくされ、抑圧されている、生きようとするちからと願いに教師が参加していくと、子どものいのちが輝きだす。その子どもの生命の輝きにはげまされて、寺島の生命も輝きはじめる。人間として生きることを抹殺することでもって教師でありつづけるか、それとも人間として生きることを求めて教師でありつづけるかの岐路にあった寺島は、子どもの生命の輝きを発見し、それをより輝かせる実践をつうじて後者の道を選んでいく。」（同18頁）

　そこで、竹内は寺島の次のような述懐を紹介している。

　「文字どおり子どもたちの生命をかけた生—短いけれど生命ある限り人間としての豊かさをもって死にたい、その輝く喜びを発見しあいたい、という挑戦は、思えば生徒たち自身のものばかりではなしに、むしろ、私自身の生き方、教師観、教育観、あるいは、人間観に対する底深い問いかけであり、課題であったとしき

りに思えてなりません。私にとって子どもたちは、他にかえることのできない人間としての宝なのです。」(同18頁)

(6) 発達可能性の社会的、文化的剥奪に抗して

寺島美紀子の記録は、極限状況の子どもに取り組んだ記録ではあるが、これは特殊な例ではないと竹内はいう。近年の新卒教師の半分は、養護学校、過疎地の学校、荒れている底辺の高校や中学に就職していく。78年に学校暴動にさらされた埼玉の朝霞二中の教員の平均年齢は27.8歳であった。

そうした中で新卒教師が体験するのは、寺島の体験と同じであるが、寺島と同じ軌跡をたどって教師になるかというと、多くのものは自分の生命・人格に対して攻撃的、破壊的になることによって、生徒の攻撃性、破壊性に耐えようとする。そのうちに、新卒教師は奇妙な酷薄さを身に付けた事務的な教師になり、管理社会化した学校と、システム化された教育に適応していく。そうなると、子どもの内面のたたかいなど見えなくなり、生徒の攻撃性を上回る手の込んだ攻撃性で対抗するが、生徒の攻撃性の方が圧倒するようになると、より一層冷酷になり、生徒の人間性に関与しなくなる。

そういう道を進むのか、寺島のとった道を進むのか、非行・問題行動的事態の中に立たされた現代の教師は、生き方選択の岐路にいつも立たされているという。「教師自身、自分の人間的みじめさとたたかおうとするのならば、寺島と同じく、子どもの中にひそんでいる生を愛する傾向、自他の生命・自他の人格に対する発展的態度を掘りおこし、それを豊かにしていくたたかいに参加していくほかない。そうした取り組みを進めるなかで、全く無意味な自分の労働に意味を回復していくほかに、自分の人間的みじめさを乗りこえていく道はない。」「その意味では、非行・問題行動、ないしは非行・問題行動的事態に取り組むのは、子どものためというよりは教師自身のためでもある。そうした教師自身の内発的なたたかいがあってこそ、教師は子どもたちの内部の死を愛する傾向と生を愛する傾向とのたたかい、自他の生命・人格に対する攻撃的態度とそれに対する発展的態度とのたたかいに共感でき、子どもの自己実現のたたかいに参加していくことができるのである。」

「そうした教師の取り組みは、子どものなかに自他の生命・人格に対する攻撃的傾向を生み出してきたものとのたたかいでもある。子どもの発達可能性を剥奪

してきた社会的、文化的なちからとのたたかいである。」という。(同20頁)

そこで、「教師は、人間の生命に対して攻撃的・破壊的な現代の社会的、文化的なちからとたたかい、人間の生命を維持、発展させる社会的、文化的なちからを確立しつつある現代民主主義に子どもの目を開いていく必要がある。その意味では、非行問題への取り組みは、教師・子どもをもふくんだ人間全体の生命、その発達可能性に対する社会的、文化的剥奪とのたたかい、人間の生命の発達可能性を現実化させる現代民主主義とその文化を構築していくいとなみである。」と課題をまとめて締めくくっている。(同21頁)

4) 第23回全国大会基調提案「今こそ、学校と地域を通して社会的正義を追求する子どもを育てよう」(1981年8月号288号)

文責竹内常一になる基調提案である。22回大会基調は教育学的見地から非行・問題行動に迫ったが、ここでは、政治、経済的基盤から校内暴力のメカニズムを解こうとしている。

はじめに―今なぜ正義か

八〇年代の幕明けとともに本格化した日米軍事同盟の深化、日本の軍事大国化の動きは、国民に軍事大国への全人格的服従―忠誠を強要するものになってきている。

問題は、上からのファシズム化に呼応する下からのファシズム化の動きが、市町村議会での憲法改正の要請決議、非行の右翼化などとしてつくり出されていることである。こうしたファシズム化に、私たちが正義をたてに今どう対峙していくのかが問われている。

Ⅰ. 教育のファシズム化とはなにか

1. 教育のファシズム化の本質

この基調は、冒頭で「教育のファシズム化をすすめる新能力主義の八〇年代戦略は、忠誠教育の戦略である」ことを指摘している。ここでいう「新」能力主義とは、六〇年代能力主義とは異なり、六〇年代高度経済成長政策が生んだ諸矛盾を修正するために、七〇年代に企業内部からうちだされてきたものであるという。

六〇年代までは企業は、終身雇用、年功序列制の伝統的労務管理を取ってきたが、生産の合理化に伴い、効率主義の見地から能力・適性を重視して、能力別・

職務主義の労務管理を採用した。しかし、それは労働者を人間機械、部分人間に扱ったために労働者の反発を受け、企業は伝統的な労務管理の合理化をすすめながらも、日本型「集団主義」を手放せず、能力主義と家族主義、管理主義と心情主義との調和をはかろうと、企業目的に全人格的に奉仕する忠誠行動を人間性の回復として賞賛する労務管理を組織していった。労働者に企業との運命共同体化を求め、それに反するものには差別、迫害、排斥を進める企業ファシズムがつくりだされていった。

2. 忠誠競争と差別、迫害の体系

この企業内部でつくり出された新能力主義―忠誠心の教育と管理を全国民的規模で推進しようと教育政策の八〇年代戦略が立てられた。

その第一は、学校、地域、家庭の教育全体を自由と正義のためのたたかいから隔離し、新能力主義秩序を追求する権力の傘のなかに閉じこめようとした。一面では、子ども・青年の自由な社会参加や政治的参加を弾圧し、他面では、学校・社会秩序からの逸脱、反抗を権力的に摘発した。この権力的な管理主義は、非行の激化のなかで、少年法の改正や警察力の導入によって子ども・青年を抑え込もうとしている。

こうして子ども・青年の自由と正義要求を摘みとったうえで、在学青少年の社会教育、青少年の社会参加、「ゆとり」の時間などによって、社会奉仕や団体訓練に子ども・青年を動員して、学校、地域、家庭あげての道徳的実践力の形成を進めて、忠誠心教育のシステムをつくりあげようとしている。

そればかりか、社会奉仕や社会参加を評価の対象にすることで、これまでの「学力」尺度の選別・選抜に、忠誠心を尺度にする選別・選抜を加えて、学力競争の上にさらに忠誠競争を組織しようとした。この忠誠競争は、子ども同士の関係を一層差別・被差別の関係にし、忠誠心に欠けるもの、正義感のあるものを迫害の対象とさせ、いじめ現象を生んだ。

このように、忠誠競争はその反面において、つねに他者の人格、他者の尊厳に対する迫害、他者の権利に対する攻撃を発展させ、組織していく。そのなかで、子どもは、自由と正義、民主主義と平和を敵視するファシズム的な考え方を自分の魂としてとり入れ、それらを憎悪する軍国主義のにない手に変身させられようとしている。

Ⅱ．現代の子どもにどう取り組むか
1.校内暴力のメカニズム

　忠誠競争と差別・迫害の体系は、上からつくられるだけでなく、子ども・青年のなかから、つまり下からもつくられつつある。

　能力主義・管理主義の教育には、①子どもを実生活から隔離し、絶対的な教育内容と管理秩序のなかに閉じこめ、それの無条件的な習得を強要し、その習得度によって選別・選抜をすすめるという顕在的な局面と、②選別・選抜による学力競争をつうじて、すべての子どものなかに能力主義的、管理主義的な考え方をしみこませ、子どもを権力と同じように行動し、考える人間にしていくという潜在的な局面がある。

　そのなかで、子どもはまず、自分の生活、自分の要求に関係のない知識・技能の習得と秩序への服従を強要され、そこでの評価尺度を内面化するように迫られる。そのために、子どもは自分の欲求、要求、自発性、自主性を抑圧することを学び、生活主体である自己自身に対する否定的態度を育てていく。ここに、シラケ、三無主義が生まれる。

　これは、学校教育の中だけでなく、家庭内の過保護・過干渉や虐待のなかでも進行する。

　こうして、子どもは、生活主体―学習主体、道徳主体を自分に確立しえないまま、自閉的に所与の知識、技能、徳目の習得を開始する。それが校内暴力につながっていく。

　まず、能力主義的な選別のなかで、子どもはつねに外からの評価にさらされ、能力主義、管理主義を自分の内にとりこんで、「勉強しなければ」「チャンとしなければ」と信じ、できない子ほど自分を苛酷に評価しなければならなくなる。外からも、内からも、「お前はバカだ」「無能力者だ」という声をきくなかで、自己卑下、自己侮蔑の態度を強めていく。

　しかし、そうなると、子どものなかで抑圧され、切り捨てられた自己が反発をはじめるが、それは、反抗というかたちをとるよりは、逃避や逸脱という退行現象として現われる。母への甘え、幼少期への退行の中で、失われた原質的な自己を探り始める。その試行錯誤的な確かめを通じて、いま一度自分をつくり直そうとする。また他方、逸脱行為を通じて現在の自分とその「世界」を相対化し、グ

ループのなかで自己をとりもどそうとする。

　だが、幼児体験、少年体験の不足した子どもは、原質的な自己がつくられていないことが多い。基礎的な生活習慣の欠落、文化としてのからだの欠落、家族と共有した共存感覚とそこで獲得する原初的な自己感覚の欠落のために、さらに長く原質的な自己を求めてさまよわなければならない。また、母への甘えに退行しても、その甘やかし、過保護が強制、過干渉と結合して、能力主義、管理主義に送りこまれて、悪循環を重ねる子もいる。その甘やかし、過保護が、子どもの未成熟な自己、その自分本位性に追随する場合には、子どもの自己再編の試みを拡散させて、それを自他に対する攻撃性に仕立てることも出てくる。逸脱グループの子どもの未成熟な自己は、自他への攻撃的傾向と癒着することになる。

　このようにして生まれた自己に対する攻撃的、破壊的傾向は、やがて他者に対するそれに転化する。はじめは、抑圧された欲求の衝動的な充足─衝動的攻撃性として現われるが、それはやがて他者に対する攻撃性、破壊性を顕示しあうゲーム的競争へと発展をとげ、そこに差別と迫害の体系をつくりあげていく。

　こうして、校内暴力が能力主義、管理主義から生まれてくるのである。

　では、この事態をどう乗り越えていくべきなのか。

2. 能力主義からの自立

　校内暴力的状況の子どもたちは、能力主義には反発するが、かれらの魂があまりにも能力主義、管理主義におかされているために、その反発は自他に対する攻撃性、破壊性というかたちをとる。そこで、一般に、非行・問題行動に対して教師は、毅然としてその非を正すべきだといわれるが、毅然とすべきは能力主義、管理主義的な支配や、教育のファシズム化そのものに対してであって、それ抜きで非行・問題行動を抑え込もうとすることは、教育の管理主義化、ファシズム化を呼び込むことにしかならない。

　ただ、今日教師は、学校経営の重層構造化、教育活動の「事務」化などに取り囲まれ、能力主義、管理主義に拘束されているから、それに毅然とすることは容易ではない。

　そうだとしても、わたしたち教師は外と内との能力主義、管理主義とのたたかいをすすめて、それから自立した「わたし」─自由な実践主体をつくっていかねばならない。

第Ⅳ章　子どもの発達疎外、非行・校内暴力にきりこむ

　「子どもが見えない」という声があるが、わたしたちが内と外との能力主義と意識的にたたかい、自分の屈折したたたかいを意識できたときに、子どもの倒錯した反抗とその苦悩に共感でき、それを理解し、そのたたかいに参加できるようになるのである。
　子どもの行動はつねに両義的である。現実からの逸脱は、自己を確かめようとする試みであり、教師や親への反抗は、教師や親に対する甘えである。能力主義からの自立要求でありながら、また体制内化への願いである。
　わたしたちにとって必要なことは、こうした両義的な行動のなかで、「わたし」の自立を求めてさまよっている子どもの内面的なドラマを見通すことである。それには、教師は「学校教師」としてではなく、一人の人間として子どもを見なければならないし、「学校」が切り捨ててきた子どもの生活から子どもをとらえ直さねばならない。
　そうして、子どもの中の「わたし」と交信できるコード（言葉・暗号）を手に入れ、子ども一人ひとりを自立した個人へと高めていくことに努める必要がある。
　同時に、わたしたちはこれを子どもの内面のドラマにとどめず、そこにつくり出されてくる子どもの自立要求を行動として発展させる集団づくりに取り組まなければならない。

Ⅲ．道徳教育としての集団づくり

1. 個人の自立と正義要求

　「わたし」の自立という問題は、校内暴力の子の特殊な問題でなく、すべての子どもの一般的な発達問題である。だから、わたしたちはこれまでも、集団づくりによって「わたし」の自立に取り組んできた。
　班づくりによって、集団と班、班と班、班と個人、個人と個人との間における平等・不平等関係、利益・不利益関係、差別・被差別関係を認識させ、それらに各人がどう主体的にかかわるべきかを問うてきた。また、そのなかで集団や自他に対する感情、なにに喜び、なにに悲しみ、なにに憤るべきかを問うてきた。そうして、班づくりは、不正義を生みだしている集団関係、自他関係についてのリアルな認識とそれに対する公憤の感情を育てて、子どものなかに断固として正義を要求する主体—「わたし」の自立を促してきた。
　また、個別的接近において、自分と「わたし」の関係を問い、今ある自分をの

りこえていく「わたし」の確立を図り、自由と正義を追求する核の個人的自覚を育ててきた。

　友だちのなかに、同じように自己実現を求めている「わたし」を発見し、それに共感しつつ参加していこうとする友愛を発展させて、友だちの正義要求を自分の正義要求として受けとめ、集団内外に社会的正義を実現していこうとする討議づくりを組織してきた。

　その場合、集団内部の問題を直接の契機として子どもの正義要求を組織しつつも、その正義要求を、人権的正義や、社会的正義や、戦争と平和、人類と環境をめぐる人類的正義などの現代的正義に向けて発展させていかなければならない。

　その意味では、集団づくりは、子どもたち一人ひとりが自立した倫理的、政治的主体として、自由、正義、友愛、連帯を追求していくように指導する真の道徳教育である。

　2. 全校集団づくりと「学校」の再発見

　学校経営の重層構造化、「ゆとり」体制の下の集団づくりは、当面、学年集団づくりを中心に学級集団づくりをひろげ、全校集団づくりを発展させていくことが実践の課題になる。

　学校経営の重層構造化の中で、学級担任の自由裁量権が吸い上げられ、学年主任の指導のもとに学級担任が置かれて、学級経営は、管理面で学年共通の縛りがかかり、それ以外では責任が学級担任にあずけられるために、もっとも弱い学級集団から学年集団の解体が始まる傾向があるからである。しかし、こうした状況は逆に、学年教師集団の内部に民主的な指導と被指導をつくり出し、共同して学年集団、学級集団を指導する体制をつくり、教育の権力的支配を排除しうる状況をも生んでいる。

　そのなかで、上学年の学年集団づくりが、学級集団づくりと全校集団づくりをつなぐ環になる。上学年の集団づくりが発展してこそ、はじめて児童会、生徒会民主主義を実のあるものにでき、先進的な学年教師集団の指導下にある学年集団が最上級学年になる過程で、全校集団づくりの全校的段階が実現されるのである。

　3. 家庭教育と地域子ども組織

　今日、家庭教育も、地域の教育も、ときとして、学校よりも能力主義の傘の中に包まれているから、家庭集団と地域子ども組織の民主的形成に取り組むことが

第Ⅳ章　子どもの発達疎外、非行・校内暴力にきりこむ

緊急の課題である。

　家庭集団の回復に取り組む場合、第一に、親が社会生活における正義と不正義のたたかいについて子どもと語り合い、子どもの生活の中の正義問題に対して子どもなりに取り組むようにはげますことが大切である。

　第二は、親子関係を甘え、甘やかすという心情主義から解放し、親子の間に自立した人間同士の友愛の関係をつくりだすことである。親は子どもの中に自立した「わたし」の存在することを信じ、子どもの自己実現の屈折にみちたたたかいに共感し、それに参加する愛を発展させていくことである。そして、それぞれに連なる家族外の人々と交わりを結び、家族集団を広く社会に開いた、社会の基礎集団にしていかねばならない。

　他方、地域子ども活動の組織化については、これまでわたしたちは地域子ども学校を主たる実践形態としてきたが、地域子ども組織は、地域子ども学校からだけ創出されるわけではないので、あらゆる可能性を追究し、地域と共に生きる地域子ども組織をつくり出し、地域でなければできない子どもの生活と教育とは何かを探っていかなければならない。

おわりに―現代的正義にもとづいて平和を

　八〇年代の日本の教育は、戦争と軍国主義の教育か、平和と民主主義の教育かの岐路に立っている。自他の生命と尊厳を攻撃するのではなく、尊重すること、同調競争や忠誠競争に埋没するのではなく、自立した個人の確立のために奮闘すること、不正義のために自己を殺すのではなく、正義の実現のために生きることを追求することなどは、戦争の路線とたたかい、平和の路線を推進していくことである。その意味で、非行・問題行動への取り組みは平和教育の一環である。現代的正義にもとずく平和教育を追求していこう。

5）竹内常一「非行・校内暴力克服の視点とすじみち」
　　（1981年12月臨時増刊号294号）

　この論文は前号の「非行問題と平和教育」の続きとして書かれたものなので、一、で前号の内容を要約して提示してからはじめている。

　一、子どもと教育のなかの情勢（承前）
　今のただならぬ非行・問題行動の噴出の中で何が起こっているかを見ていく必

要がある。
　その第一は、子どもたちのなかにつくり出されている性格の問題である。
　「その性格とは、(1) 自分本位的性格ないしはナルチシズム的性格であり、それは状況の悪化とともに、(2) 攻撃的・破壊的性格へと、さらには、(3) ファシズム的性格へと進化していくものである。」(294号19頁)
　「ここでいう自分本位的性格とは、……(1) 自分以外のことにはまったく無感動、無関心である。(2) しかし、自分本位的な欲望は絶対視し、その実現を自分本位的に追求する。(3) すべてを自分の都合のよいように解釈し、自分に不都合なことは認めない。(4) その行動は、一面では、衝動的で、弱いものに対して支配的であるが、他面では、自閉的で、強いものには服従的である。」「このために、かれは、(1) 外部に対して自己閉鎖し、うつ状態に入り、自己破壊的となるか、(2) 他者と世界を敵視し、これを攻撃・破壊して、自分に隷属させようとする。」「この中で、それは、自他の人間的尊厳を犯し、人間的価値を壊滅させようとする攻撃的・破壊的性格へと悪性化していく。」「現に、それは軍国主義化のなかでファシズム的性格として浮上しはじめている。」(同19,20頁)
　第二には、こうした子どもの性格の悪性化が、子どもの現在および未来に何をもたらしつつあるかを考えなければならない。
　「自分本位的性格の広がりのなかで、子どもの人間関係は、一方に、なれ合い、甘えを軸とする身内関係（共棲的関係）を生みだすとともに、他方に、自己閉鎖と敵意を軸とする他人関係を生みだす。教師との関係においても、子どもは自閉と敵意によって教師に対して見えない壁を立て、その内側になれ合いと甘えの人間関係をつくり出し、差別的なプレイの空間をつくり出す。
　しかし、攻撃的・破壊的性格の登場とともに、その身内関係は支配・服従、差別・被差別関係を強め、そこにサド・マド関係とさえ言っていいような迫害・被迫害関係をつくり出す。そしてそこに、軍隊組織に似た番長組織をつくり出す。他方、その対人関係は、自閉と敵意から排外的攻撃へと移行し、スケープ・ゴートに対する迫害をくりひろげるまでになる。それにつれて、教師に対する自閉と敵意も、衝動的反撃から計画的犯行へと移行する。」「ここまでくると、ファシズムそのものであり、現実の政治的ファシズムと結合し、下からのファシズムによる学校攻撃という性格をもちはじめている。」(同20頁)

第三には、非行・校内暴力的状況への二つの取り組み方のことを考えなければならない。
　「そのひとつは、現象としての非行・校内暴力を弾圧しつつも、それを公認されたファシズム的な攻撃的行動へと転てつ（方向転換の意——宮原注）させようとするものである。そこでは、非行・問題行動の根である自分本位的性格や攻撃的・破壊的性格は改められないどころか、ファシズム的性格へと純化させる企みがすすめられている。いまひとつは、現象としての非行・問題行動を克服することのなかで、子どもを自分本位的性格、攻撃的・破壊的性格から解放していこうとするものである。つまり、子どものなかに、自由と正義、自立と共存を追求することのできる人格、ファシズムと戦争に抗して、平和と民主主義を追求することのできる人格、すなわち、民主的人格を築きだしていこうとする試みである。」（同21頁）

　二、非行・校内暴力克服の原則と主体

　その上で、「非行・校内暴力状況の克服に取り組むわたしたちは、日々の大小の事件を介して、子どものなかにある人間性衰退の症候群を問題にし、それに代えて人間性発達の傾向群を子どものなかにつくり出していかなければならない。」（同21頁）という前号で明らかにした原則を確認し、そのためには、たとえば、その時々の自分にふりまわされる子どもには、その場の自分を統制しうる自我を築き出すこと、自己閉鎖的で自分に関係あることにしか関心を示さない子どもには、他者と世界に対する開かれた関心や愛情を育てること、他者に敵意と攻撃を示す子どもには、他者の人間的尊厳を尊び、かれの自己実現に参加していく友愛を育てること、迫害に屈服し、奴隷的に従っている子どもには、自分の人間的尊厳をかけて、恐怖とたたかい、迫害に抵抗できる力を育てていくこと、また、非行、校内暴力を支えている子どもたちの非民主的な人間関係の民主化を図り、正義を追求する集団をつくり出していくこと、などの教師が追究していくべき課題を提示している。

　「しかし、子どもたちにこのような意識的な選択の識見と力量を育てていくためには、教師自身、自分が直面している岐路を意識的に選択していく識見と力量をもたなければならない。」「そのためには、一人ひとりの教師が、今日の能力主義、国家主義の教育体制に拘束されて、子どもと対立している自分、その所産としての校内暴力にさらされて悩んでいる自分と内面的に対決できていかなければ

ならない。」（同22頁）として、そのような悩みをくぐり抜けてきた三人の新任教師の例を引き、教師の主体確立の必要を論じている。

「かれらは、非行・校内暴力的状況を恐れて、教育体制のなかに逃げ込もうとしている自分、能力主義、国家主義の教育体制のなかに埋没して子どもと対立する自分、と対自的に向かいあい、それを意志的に拒否して、子どもと現実のほうへ意志的に進み出ようとしている。つまり、かれらは、自分の人間的尊厳を貫き、教師としての人間的誇りを守る内面的な格闘をつうじて、子どもの人間形成のたたかいに参加しようとしているのである。」「教師自身が、内的、外的現実の重圧を意識的に受け止め、そのなかで自由と正義に対する情熱をもちつづけるとき、はじめて、現代の人間の置かれている状況を黙示録的なものとして想像できるものである。」「その状況のなかで、たとえ倒錯したたたかいであれ、たたかっている子どもが教師に見えてくるのである。」という。（同23,24頁）

そのうえで、非行・校内暴力的状況への具体的な取り組み方のすじみちを提示している。

三、一人ひとりの子どもにかかわる

「なによりもまず、一人ひとりの問題のある子どもに徹底して取り組み、その子どもの倒錯した荒れかたを正当な活動に、その人間性衰退の症候群を人間性発達の傾向群に転換させつつ、その性格を悪性のものから良性のものに変革することである。」（同24頁）

それには、教師がとりたてて取り組むべき子どもを、子どもと教師の関係、非行グループの人間関係、自分の実践的力量、子どもの家庭状況を見定めて特定する。そして、その子どもを起点にどのように他の子に次々と取り組むかを見とおすべきであるという。

「ひとりの子どもを特定したら、教師はその子どものからだこころを自分の方に開かせる取り組みから始めるべきである。」教師に対する自閉と敵意と攻撃の構えを突き崩すには、かれらの固定的な教師観を突き破るように、かれらの溜り場でのウンチング・スタイルと同じスタイルでしゃがみこんで、リラックスして話し合うことが必要だし、「足蹴りの真似をしかけてくる子どもがいるなら、軽く足蹴りの真似を教師もやって見せて」、かれらとコミュニケイトできるコード（言葉・暗号）を見つけ出していくことである。（同24頁）

第Ⅳ章　子どもの発達疎外、非行・校内暴力にきりこむ

　そのように、心を開かせるためには、まずもってかれらの閉じた体を教師に開かせるようなボディ・トーキング、ボディ・コミュニケイションを何らかのかたちで行なえるようにしなければならないという。

　次に、「教師と子どもとの壁がくずれはじめたら、かれと直接関係することではなく、間接的に関係しているできごと、……おとなの社会の事件、青年文化のこと、地域や学校での子どもの事件、友人や徒党のこと、教師や父母のことなどを話題として持ち出しながら、それらに関する彼らの関心、評価、不平不満を聞き取り、かれの人格形成の状況を見定めることである。そのなかで、教師は、かれ自身が意識することのできないでいるいま一人の別のかれの存在をかれに示し、そのかれを評価し、意識化させることである。また、そのかれを見込んで、かれのなかの矛盾を指摘したり、友だちのだれかに対する小さな取り組みや学級の任務を背負わせてみることである。」(同25頁)

　さらに、「ある程度、子どもが自分以外のことについて関心、認識、感情表現、評価、判断をすることができるようになり、子どものなかに人間衰退の症候群に対立する人間性発達の傾向が発見できるようになったら、そして子どものなかに教師への安心感と信頼感が生じはじめたら、教師は子どもに自分自身のこと、自分の成育歴を語らせ、書かせることによって、自分と向き合わせることである。」という。(同25頁)

　ただ、ここで教師は、子どもの異なる二つの対応にぶつかるという。ひとつは、子どもが余りにも素直に、調子よく対応してくる場合。それは、取り組みのどこかが権力的であったか、追随的だったか、また、子どもが自分と対決する用意ができていないか、それとも教師の手の内を読んでごまかすほど図々しいかして、その取り組みが失敗のことが多い。

　「いまひとつは、子どもが教師を避ける、教師に思いがけない攻撃性を発揮する、これ見よがしに悪性の行為に出るような場合である。……これは子どものなかで古い自分と新しい自分との格闘が起こっている証拠である。だから、教師は、悪性の性格の反撃にたじろぐことなく、子どもにそれとの対決を呼びかけなければならない。」という。(同26頁)

　「そのとき、子どもがその成育歴、教育歴のなかで、人間性発達の過程から人間性衰退の過程へ、また被害者から加害者へと転換した時の事件、事実と、その

ときの自分の内的現実を見つめさせることが大切である。それを見つめさせることでもって、逆の転換もまた可能であることを確信させなければならない。教師は、子どもの直面してきた具体的状況に即して、子どもに現代を生きることの苦悩と誇りについて語れなければならない。……人間的尊厳を捨てるのではなく守りぬくこと、……いま不正義とたたかい正義を追求できなければ、一生臆病から解放されないこと、そしてこれらのなかに人間としての自由と自立というものがあることを子どもとともに確認していくことができなければならない。」

「このように教師は、子どもの生活認識、自己認識を深めていく作業をつうじて、子どものなかに、今の自分と対自的に向かい合い、その自分を背負い込みつつ、それをのりこえようとする自我をきずきだしていかなければならない。」という。(同26頁)

四、自由と正義を追求する集団を組織する

次に取り組むべき課題は、非行・校内暴力克服のための中心を教師集団、子ども集団、父母集団の中につくりだすことであるという。

校内暴力校に典型的に見られるのは、管理の中心はあるが、教育の中心が存在しないことである。校長や教頭は現場に立たず、具体的な教育方針を提起しない。教職員集団も、学年、分掌を越えた協力がなく、担任まかせ、学年任せである。

「こうした状況を突破するためには、学年、分掌を越えた統一指導部をつくりだすことである。公的指導部がなかったり、役に立たなかったり、解体していたら、まずは私的指導部をつくりだし、それに依拠して公的指導部をできるだけ民主的なものにして再建することである。……二つの指導部はそれぞれ独自の任務をもちつつ、補完しあって非行・校内暴力的状況に立ち向かう必要がある。」「統一指導部は、状況克服のための長期と短期の方針を提示し、みんなが共同して取りうる最高の統一行動を決定すること、校長・教頭をその先頭に立たせること、一人ひとりの教師の権威と力量を高めるための協力と工夫を組織すること、一人ひとりの教師の創意ある実践を励まし、それを公的な指導方針に組みこめるように働きかけること、情宣活動を活発にして、教職員のなかに見通しと展望を与えることなどに努めなければならない。

こうした教育の中心のもとに結集して、教職員集団は子どもの権利、子どもの安全を守るために、不正義に対して毅然とした態度を学年集会や全校集会におい

て示すとともに、問題の子どもを個人的にかかえこめる体制をつくっていかなくてはならない。」(同27頁)

「それと並行して、教職員集団は子どものなかに自由と正義を追求することのできる中心を確立する取り組みを展開することである。」「子ども一人ひとりを正確にみていけば、人間性衰退の症候群を批判し、不正義に憤りを感じている子ども、またそうした人間性衰退の症候群から抜け出してきた子ども、不正義と対決するようにはげます家庭の子ども」がいるはずで、「そうした子どもを全校、学年規模で結集し、それを自由と正義を追求する中心に育てあげていくことである。そして、それらの子どもが活躍できる公的な場を保障するために、全校、学年の班長会や、全委員集会を開き、そこに勢力としての核集団を組織していくことである。勢力としての核集団の支持のもとに、生徒会執行部および中央委員会が、暴力排除決議の作成や、正義のための集会(非行問題集会)の開催や、学校に対する要求の組織化に取り組ませる必要がある。」(同27、28頁)

また、こうした核集団を背景にして、それぞれの学級において中間層の子どもを組織し、差別、迫害されている子、登校拒否、学校ぎらいの子どもに取り組んで、これらの子どもが被差別、被迫害の体験、学校恐怖の体験を語れるように指導していくことであるという。

「このような取り組みを前提にして、教職員集団と子ども集団、さらには父母集団の中心は、学校の風向きを根本的に変える集会の組織化にふみ切っていく必要がある。非行・校内暴力的状況の詳細な報告、被差別、被迫害生徒の体験の報告、問題の子どもの人格形成のたたかいの報告、教職員集団による黙示録的状況の総括報告などをふくんだ集会の開催によって、一気に自由と正義を追求するちからを校内に確立していくことである。」

その成功を第一歩として、「長く、地道な状況克服と教育改造の取り組みが始まるのである。」と締めくくっている。(同28頁)

さて、ここで、第三節「一人ひとりの子どもとかかわる」で、問題の子に取り組む時の具体的なかかわり方を書いてくれたところが、ちょうどこの時期に私が取り組んでいた高宏のことを思い起こさせたので、それを竹内の説くことと重ねてみたい。

前にも書いたが、私は鹿本中に転入早々、前年に一年生でさんざん学年の教師たちをてこずらせ、教頭が「うちの学校が校内暴力で荒れるかどうかのターニングポイントになる学年だ」といっていたその二年生に配置された。
　私が担任したクラスですぐに気になったのが高宏たちだった。20人の男子のうち12人が「いじけ人間」で、そのうちの7人が「いじめっ子」グループをなしていて、男子3人と女子1人がいじめの標的にされていた。彼らを守ることから担任の仕事を始めた。
　5月のバス遠足の車中で、ホルモン分泌の異常から頭髪に相当の白髪を発していたS子を、みんなで「シラガ！」「シラガ！」とはやすのを制止したが、しつこく繰り返していた高宏を血相変えて叱り、帰校後残して説諭した。この時はまだ、高宏自身が、小さい頃の事故で頭の斜め後方に砂利ハゲがあって、小学校以来「まだらハゲ」とはやされて辛い思いをしてきたことを知らなかった。
　ある日、S子の母親から「下校途中に高宏にセーラー服の胸元を蹴られた」という電話があった。暴力を厳しく叱って、「なぜS子を目のかたきにするのか？」と聞くと、「ちょっとからかうと、『お前ら、いい加減にしろよ！　ぶっ殺すぞ！』って、すごい言葉を返してくるから頭にくるんだ」という。そんな言葉で自分を守らなければならないところまで放ってこられたS子の苦しみを話してやり、またS子にも火を注ぐようなそういう対応をやめるように諭して、S子の態度が和らぐとS子いじめは下火になっていった。
　授業でも、高宏たちのいじけ方は相当なもので、どうせわからない、どうせできないときめてかかっているから、説明も聞かなければノートもとらない。暇にまかせてしゃべる、いたずらする、叱られる、の繰り返しだった。叱られれば、「おればっかり」「おれたちばっかり」と反抗して、教師と一触即発の場面も出てきていた。
　高宏は、語彙が少なく、ぶっきらぼうで、「別に」「知らねえ」「関係ねえよ」「面倒くせえ」「むかつく」—そんな言葉しか返してこない。カバンに「なめんなよ」「横浜銀蠅」「極道」などのシールを張っている。美術の時間に、カッターナイフで自分の腕にミミズ腫れをつくってニタニタ笑っていると、美術の女教師に気持ち悪がられた。
　すでに、「自他への攻撃性、破壊性」を持ちはじめていたのだった。

第Ⅳ章　子どもの発達疎外、非行・校内暴力にきりこむ

　この高宏とのコードをどうやって見つけていこうかと私は腐心した。一つは、「ゆとり」の時間の数学の教え合い勉強で、リーダーが教えあぐねている時に、リーダーに付き添って高宏たちに教えてやることを意識的にした。できるようになったことを褒めると「まあね」と返してきて、顔がほぐれた。

　二つめは、昼休みや放課後、すぐに職員室に戻らず教室に残って彼らと話すことにした。高宏は、プロレスが大好きで、小遣いをはたいて後楽園ジムにプロレスを見に行っていた。そして、休み時間に、時には授業中にも、ノートにアメリカ人のプロレスラーたちのトーナメント表をびっしり書いて楽しんでいた。そこで、「ヘーッ、よく舌かみそうな名前を覚えているね」と感心し、プロレスラーたちのことを聞いてやった。話を聞いてくれるとなると口がほぐれ、だんだんと他の先生への不満なども口にするようになった。

　そのうちに、高宏は、私の額の抜け上がりをからかって、黒板の隅に「Мハゲ」といたずら書きをするようになった。これは私に自分の方に向いてほしいというサインだと思ったから、「おい、Мハゲじゃあんまり露骨じゃないか。ＭＧファイブってあるだろう。あれをもじってＭＧぐらいにしろよ。」といってやったら、階段や廊下のすれ違いに「ＭＧ！」と小声で呼びかけてくるようになった。そんな時には声をかけてほしいときなのだろうと思い、「なんだ、デブ」（高宏はやや肥満体）と応じてやると、にやにや笑って行ってしまう。

　私は、改めてかれの甘えの裏にある寂しさを思った。父親との交わりの薄さを、私なんかで埋めようとしているのではないかと思った。高宏の母親に聞いたところによると、高宏は一人っ子でカギっ子である。父親はバスの運転手で、早番、遅番と勤務が定かでない。小さい頃は、非番の日に高宏を遊びに連れて出て可愛がったが、学校に上がるようになると休みが合わなくなってそれも減った。喘息と扁桃腺持ちの高宏のために、内風呂のある戸建て住宅が欲しくて、高宏が４歳の頃から母親も保育園に勤めるようになり、カギっ子になった。中学一年の後半から生意気になり、親の言うことも聞かなくなり、母親を「ババア」呼ばわりし、学校からも注意を受けるようになった。カギっ子にしておいて非行に走っては大変と、「お前が寂しいのなら、お母ちゃん勤めやめるよ」というと、「今さら遅いよ。今さら母ちゃんなんかいらない！」と言われ、言葉がなかったという。

　「甘えたい時期に甘えられなかったその分を、今お母さんにきつく当たること

で甘えているんじゃないですか。」というと、「そうですね。今さら甘え言葉も言えなくて、あんなすごい態度で甘えているんですね。あんまりひどい時には、『文句あるならお母さんに体当たりしなさい！』って言うけど、まだ一遍も私には手をあげませんから、それが救いです。」といった。私は、この母子なら大丈夫と思った。

　三年生でも高宏を受け持ったが、彼は落ち着いて過ごすようになり、高校進学したいと言い出して、周囲の助けもあって少しずつ勉強するようになって、カスカスで高校に合格して巣立っていった。ずっと後になって、父親のあとを受けてバスの運転手になった。

　このような竹内の理論提起を中心にして、全生研は全力で非行・問題行動事態に取り組み、全国的に幾つものすぐれた実践をつくり出していった。それでも、子どもへの共感に立ち、子どもたちの自治活動をもとに学校を再建していったのは全体としては少数派だった。世の多くの学校は、大学紛争や高校紛争のときのように自分たちの要求をかかげることもできずに、ただ、何だかわからないものへの「むかつき」をやみくもな暴力に発散させる子どもたちの校内暴力を持て余し、結局もっと大きな権力としての警察力を導入したり、鑑別所に委ねて隔離したりして収めてしまった。

　事態は鎮静化させられたが、子どもたちに鬱屈したものは何も解決しなかったので、今度は他者への攻撃的傾向は弱い者に向かって、「いじめ」問題として噴き出てきた。それもまた、強圧的に抑圧されると、その裏にあった「登校拒否」が激増してきた。それが80年代半ば以降の実際だった。

　ここに至って、私たちは、それらの問題行動をとおして子ども・青年が何を訴えようとしているのかを根底から問い直さなければならない課題をつきつけられた。その課題を究明しようと、竹内が、子ども・青年が人格を持った人間として自立していくために、私たちは何をなすべきなのかの探索の先達の役割を果してくれたのである。それを次に見ていきたいと思う。

第 V 章

「子どもの自分くずしと自分つくり」不登校問題
―― 思春期における人格の再統合

1．子どもの成長・発達の基盤を問い直す

1982年の後半、『生活指導』誌は、子どもたちの荒れのもとにある子どもの発達基盤を問い直す特集を続けた。そのなかでの竹内の論述をとり出してみよう。

1) 竹内常一「成育史の中で子どもをとらえる」（1982年11月号305号）

まず、竹内は、「いったいこどもの成育史を探ることをつうじて子どものなにを明らかにし、とらえなおし、判断を下そうというのであろうか」と問題を設定する。それを考える材料として、この年の全国教研生活指導高校分科会での三つの実践報告を取りあげている。

一つは、小学校高学年から情緒不安定、家庭内暴力、中学で窃盗、家出、放火、そして病院、児童福祉施設、教護院に入院したことのあるHという生徒を入学させ、Hが級友、教師と刃物三昧のトラブルをくりかえし、エスケープ、登校拒否、家庭内暴力、自宅放火を続けて、悪戦苦闘の末、自主退学にせざるを得なくなった長野・上伊那農高の報告。

二つめは、普通高校進学希望だったのに、成績のために職業高校に来たために、無断欠席、夜間徘徊、家出常習、シンナー、中退・就労希望のY夫に取り組んで、学校を続けるまでに取り付けた熊本・大津産業高の報告。

三つめは、高校入学後、問題行動をくりかえして十数回の小処分を受け、高三の秋に退学処分相当の問題を起こしたT子に取り組み、父母からの自立をまっとうさせていった山形・竹田女子高の報告である。

いずれの場合にも、教師たちは何回も家庭訪問をくりかえし、問題を起こす背景を探って生徒の成育歴を知ろうとした。そこから見えてきたものについて竹内は次のようにいう。

Hの場合には、夫のアルコール中毒のために不仲になった母親がHにのめり込み、母子密着を起こして過保護・過干渉になってしまった。そして、父親もふくめてHの高校進学への期待を強め、それに応えられないプレッシャーからHの問題行動が強まっていった。

第Ⅴ章 「子どもの自分くずしと自分つくり」

　ここから教師に見えたものは、「直接的には、Hの自立を妨げている酒乱で暴力的な父、過保護・過干渉の母、そして高校進学によってなんとしても『中流』意識を維持しようとしている両親である。」しかし、そこにあるのは、「能力主義という傘の中に夫婦・親子が吊り上げられながら、互いにいがみあい、さらなる貧困の中におちこんでいるみじめさ」である。「そうだとすれば、Hの自立の壁となり、Hの中に住み込み、Hを支配しているのは、父母でありながら父母ではない。それは能力主義というものに代表される社会なのである。」そうすると、「この実践の場合、成育史をとおしてとらえたものは、Hの中に住みつき、Hを支配している社会であるということができる。」という。(305号14頁)

　二つめのY夫の場合も事情は同じである。高校卒業にこだわる父母の生活史がY夫の問題行動の後ろにある。中卒の父親はいつも端役の仕事で給料も安いため、今はタクシーの運転手をしている。継母の母親は、中学もろくに行けず、独学で美容師の資格を取った。だから、彼らは、「頼りになるのは自分だけだ。だから高校だけでも出ておかねばならぬ」と子どもに説いている。「ここでも、父母の教育要求は能力主義に閉じこめられているが、しかしそれはまぎれもなく社会に屈することなく自立を追求してきた父母の教育要求である。」こうした「支配する社会」に対する「抵抗する社会」を持っていたことが、社会に翻弄されているHの両親とは違ったところだ。それに支えられてY夫は学校に戻ったのだ。

　三つめのT子の場合は、少し事情が違う。T子の父は新聞配達店を営み、母は病院の婦長を務める共働きである。父は、職業婦人としては立派でも、家事に手の回らない妻を、妻・母としてはダメな女として内心憎んでいて、夫婦仲はかなり前からよくなかった。

　父は、不在になりがちな母に代わって娘のしつけに専念し、T子を妻のような女にしないように育ててきた。しかし、T子が問題行動を起こすにつれて、荒れて殴りかかり、止めに入る妻をも殴るようになった。母は、仕事のために仲のよい母娘関係をつくれず、中二ごろからのT子の異装や早退、ボヤなどの信号に関心を示さずに来た。夫の暴力を前に、T子を連れて離婚を考えるようになった。

　こうした両親のもとで、T子は「父を困らせてやろう」という憎しみから問題行動を重ねていったのである。小学校以来の欠席、早退、失火は、親の愛を引き出す手段だったのだ。

243

以上のことは、真実を語る以外に家庭崩壊を避ける道はないという教師の説得を受けてT子が語り出したものだ。そうして、T子は自分の成育歴を見つめつつ、自分のなかの閉ざされていたもう一人の自分の自立について考えるようになっていったという。さらに、自分のみじめさを母のみじめさと重ねる中で、T子は父から自立しようとし、母にも自立をよびかけるようになった。そして、県外の準看護学校に進学することになり、家を出たという。
　そこで、竹内はこう言ってまとめている。
　「子ども、または青年というものは、もう一人の自分の自立のために、古い自分とそれを拘束している親―社会を刺さなければならないのかもしれない。」（同17頁）
　こうしてみると、Hの実践では、成育歴をとおして見えてきたものが「子どものなかの社会」であったのに対して、T子の実践の場合には、それは「子どものなかのもう一人の自分」であったという違いが分かる。このことを確認した上で竹内は次のように述べている。
　「一般に子どもは、青年期の到来とともに、自分のなかに何かその正体はわからないが新しいもう一人の自分が生まれつつあるのに気づく。」しかし、そのとき、子どもは新しい自分に対立して存在している、親や家庭、学校に拘束された幼少年期からの古い自分の存在に気づく。「こうした古い自分は、新しい自分の登場に警戒を示し、これを抑圧しようとする。そればかりか、それを異物視し、異端視さえする。このために、子どもはプレ青年期のはじまる小学高学年頃から、この二つの自分の激しい葛藤にさらされる。この葛藤に内面的、意識的に取り組めない子どもは、これを無意識的にアクティング・アウトして荒れ、この二つの自分の間を揺れる。」この二つの自分の葛藤は、自分を取り巻く古い社会と、いまだ見えざる新しい社会の葛藤でもある。「子どもは、いまだ見えざる新しい自分を自立させようとするならば、この古い自分と古い社会をこわし、それを新しい自分のもとに再編しなければならない。つまり、幼少期の自分の『死』と自立した人間としての『再生』がなければならない。
　しかし、子どものなかに新しい自分が確固としてあるわけでないから、子どもは仮の自分を構えることでもって、青年期に乗りだしていく。その仮の自分のとる行動が逸脱だったり、反抗だったり、自閉だったりするのである。こうして子

第Ⅴ章　「子どもの自分くずしと自分つくり」

どもは、親と教師、家庭と学校の世界と訣別し、青年期遍歴に出るのである。T子の場合もまさに同じである。彼女は、非行をする自分と非行集団を実験的に構えることでもって、父母と対決し、いまだ見えざる自分を探っているのである。」(同18頁)

　私は、この竹内の指摘は重要であると思う。のちに取り上げる1987年出版の『子どもの自分くずしと自分つくり』(東京大学出版会)の中で展開された「思春期統合」ないしは「思春期における人格の再統合」というキー概念のさきがけがここにすでに提出されているからである。すなわち、親や教師、学校・社会に支配された古い自分と生まれ出てきた新しいもう一人の自分との葛藤のなかで、新しい自分の自立を探っていく思春期の解明につとめようとしていることである。
　竹内常一という人は、自分の教育学の概念構築のために新しい造語が上手な人であった。先に使った「文化としてのからだ」もそうだが、ここに使われた「もう一人の自分」もそうだし、「思春期統合」「思春期における人格の再統合」もそうである。

　さて、この論文の最後は、冒頭に提起した「成育史の中で子どもをとらえる」とは何を意味するのかという問いの答えとして、T子の場合を引いて、「この実践のばあい、教師はT子とともに成育史を探ることをとおして、T子のなかのもう一人の自分を究め、そこからT子自身のとらえなおしを進めつつ、父母の、そしておそらくは教師の自己変革を引き出している。」「そうだとすれば、成育史の中で子どもをとらえるということは、子どものなかのもう一人の自分をとらえることをつうじて、新しい社会をつくり出すことだともいえる。
　そう考えると、成育歴の中で子どもをとらえようとする教師自身、これらの親と同じ自立のたたかいをすることが求められているといわねばならない。」とまとめている。(同19頁)

2．人格的自立の探究―いじめ・登校拒否をめぐって

　1983年に入って、子どもをめぐって注目すべき実態や事件の報道がジャーナ

リズムをにぎわした。私が作ってきた「教育問題の新聞スクラップ」の見出しを見てみよう。

1月、「全国で高校中退激増、東京では学校七つも消えるほど」、「〝いじめっ子、いじめられっ子〟非行」。2月、「横浜浮浪者殺傷事件、〝面白半分でやった〟」、「町田忠生中事件、〝暴力生徒を先生が刺す〟」、「特集・子どもが〝弱者〟を襲うとき」、「特集・追跡忠生中事件」、「特集・いじめ社会―横浜・町田事件の病理」、「特集・ゆがんだ春―非行事件の周辺」、「女子中学生が集団リンチ」、「東村山五中事件〝中三・鉄パイプで職員室乱入〟」とある。

ところで、80年代初頭、頻発する校内暴力への対応は二つに分かれた。荒れる当事者と対話し、思いを聞き取り、生徒たちの自治活動を育てるなかに位置づけて学校再建を図ったところと、荒れた事象を収めるために警察力も借りて管理を強化し、荒れの中心メンバーを施設送りにして鎮静化したところと。残念ながら後者のところが圧倒的に多かった。そうして校内暴力の多くは鎮圧されたが、子どもの荒れのもとにある心のすさみは解決されなかったから、今度は「弱いものいじめ」という陰性の暴力へと「悪性化」していった。

これについて、時の中曽根内閣は、社会問題化した教育問題解決のために内閣直属の「臨時教育審議会」を84年に発足させ、管理強化と道徳教育の重視によって教育を正常化しようとした。

しかし、「いじめ」は学校や地域社会の地下に潜行して蔓延し、いじめの圧迫に耐えきれない中学生の自殺が多発するようになった。先の「新聞スクラップ」には次のようにある。

84年12月長野県松川村Oさん、85年6月水戸Mさん、10月いわき市S君、11月大田区Kさん、青森県野辺地K君、と続き、ついに86年2月には、教師まで加わった「お葬式ごっこ」で有名になった中野富士見中鹿川君の自殺事件が起こった。

そうなると、臨教審をはじめ教育行政はまた、「いじめは許されない」と取り締まり強化と道徳教育の鼓吹によって抑え込もうとした。そのため、表面的には下火になったように見えたが、子どもの裏社会ではいじめは続いた。その証拠に、90年代半ばになってまた、いじめによる中学生の自殺が連続して多発した。大きく報じられた94年の愛知西尾中大河内君の自殺をはじめ、「新聞スクラップ」

　　　　　　　　　　　　　　　　　第Ⅴ章　「子どもの自分くずしと自分つくり」

で10件を数える。そして、今もなお続いている。
　そうした中、臨教審体制の下で、ますます息苦しいものになっていった学校生活に耐えきれず、登校拒否に陥る子が増えていった。竹内も指摘してきたように、「他者への攻撃的傾向」から生まれた校内暴力やいじめ問題の裏側で、「自分への攻撃的傾向」「自閉的傾向」の登校拒否も進行していたのだが、いじめ問題が先に噴き出し、それが抑圧された後に登校拒否の増加が顕著になって、80年代後半に問題に上ってきたのである。
　これらを、竹内や全生研はどう取り上げていったか見ていくことにしよう。

1) いじめ問題

　①竹内常一「子どもの発達疎外にどう取り組むか」（1983年11月号319号特集「現代におけるいじめの構造」）
　ここでは、竹内は「いじめ」の問題に直接には触れていない。冒頭に、「まじめ」になろうとしてなりきれない内面的葛藤を描いたある高校生の作文を紹介しながら、「現代の子ども・青年が人格発達の要求を強く持ちながらも、それを悪性化せざるをえないのは、かれらの発達のための試みをたえず疎外するシステムがかれらをとりまいているからである。」といい、それは、支配としての教育と、支配としての文化なのだとして次のようにいう。
　「支配としての教育は、かれらにつねに権威服従的な態度を強要し、そうすることによってかれらにかれらの自発性や自主性を摘みとらせようとする。他方、支配としての文化は、かれらの欲望を乱開発し、欲望の衝動的充足を促し、そうすることでもってかれらの自発性、自主性を拡散させようとする。」（319号13頁）
　こういう中で、子ども・青年の発達の悪性化は三つの段階を追って進むという。
　第一段階は、一方では、権威服従的で自己閉鎖的傾向として、他方では、逸脱的で衝動的傾向として現われる。また、そこには、支配としての教育への権威主義的な「忠誠」競争と、支配としての文化への同調競争が生まれる。その競争のなかで、競争にのらない者への差別、迫害ともいうべきいじめの構造が生まれる。
　第二段階は、受動的な権威服従的な傾向は、権威と同一化して、やがて、能動的な権威服従的傾向となる。それとともに、自己閉鎖的な傾向は、権威に逆らう

自己を攻撃し、破壊しようとする自己破壊的傾向となる。他方、逸脱的、衝動的傾向は、他者の権利を暴力的に攻撃し、破壊しようとする傾向へ深化する。つまり、子ども・青年の中に権力的なものが巣食い、暴力的なものが根を下ろすのである。

このため、子ども・青年の内面で、人間的なものと、権力的、暴力的なものとが激しく対立し、葛藤するようになる。

第三段階は、このような人間的なものと、権力的、暴力的なものとの対立の中から、生きることの放棄と自己放棄という傾向が現われてくる。それは、自分は自立した一人の人格＝個性に発達しうるのだという希望の挫折、自分をふくむ集団を友情と連帯のあるものに発達させうるのだという希望の挫折であるという。

しかし、大切なことは、「現代の子ども・青年における人格発達の悪性化は、実はかれらの人格発達の要求の疎外態だということである。」「さまざまな非行や問題行動を起こしているけれども、それらはかれらの人格発達への要求から生じているのだということ」だ。

そうだとすれば、非行・問題行動を否定的現象として、権力的に統制しようとする管理的な指導は、子ども・青年の発達要求に応える教育とはいえない。「たとえそれが一時的に非行・問題行動をなくすことに成功し、学校を正常化したとしても、それは子ども・青年をよりいっそう権威主義的な人間にしてしまうだけである。」という。(同15頁)

「それでは、発達の悪性化の中にある現代の子ども・青年にどう取り組んだらよいのか。」

その指導は、「今日の支配のしくみの中にありながらも、自立と連帯を求めてあえいでいる子どものなかの『もう一人の自分』を発見し、それをひき出し、確立していかなければならない。」という。(同15頁)

そのための指導は、まずは個人指導である。「ここでいう個人指導は、一人ひとりの子どもの生活に即して、かれらのなかに今ある自分をのりこえていこうとするもう一人の自分をつくり出し」「意識的に今ある集団を変革しようとする個人＝個性を子どものなかにつくり出そうとするものである」ので、いわゆる適応主義的な指導のことではない。(同16頁)

とはいえ、指導は個人指導で終わるものではない。「個々人を真に全体的、普

遍的な個人に発達させようとするならば、個々人をとりまく社会的諸関係の総体—集団を変革していかなければならない。」(同18頁) すなわち、集団づくりが必要になるのである。

そこでの集団指導で大切なことは、指導が公的集団の表面をすべって、学級集団づくり主義 (なにひとつ問題を起こさず、学校秩序にすんなりとはまり込む学級をつくること) に落ちこまないように、子ども・青年に、かれらをとりまいている集団の状況、そこにおける個人と個人の対立、個人と集団の対立、集団と集団の対立や葛藤をひき出し、認識し、意識化させていかなければならない。つまり、指導は公的局面だけで集団をとらえるだけでなく、子ども・青年の日常生活における不平・不満が聞きとられ、その要求、主張が表現できるように、私的局面でも集団をとらえて、集団の非民主性を変えていかなくてはならない。そうすることで、かれらの個別的、部分的要求を普遍的、全体的要求に高めて、かれらのなかに、自分たちの要求を普遍化していく能力をつくり出していくのである。

ここに示された竹内の、子どもの人格発達の悪性化の中での非行・問題行動への取り組みのテーゼ—非行や問題行動自体が子どもたちの人格発達への要求の表れであるととらえること、そのなかで自立と連帯を求めている「もう一人の自分」を見つけ出し、ひき出し、確立していく個人指導を展開すること、そして、かれらを包む集団を民主的に発展させ、そのなかにかれらを位置づけていくこと—は、これまで竹内が非行・問題行動の論文で述べてきたことと同じである。いじめ問題への取り組みも、直接そうは言っていないが、とりたてて別の取り組みがあるのでなく、同じ範疇にあるといいたいようである。

2) 「登校拒否」問題

竹内常一は、かねてから、校内暴力に衆目が集まるなかで、その裏で登校拒否が急増していることへの憂慮を周囲の私たちに語っていた。校内暴力やいじめは、子ども集団ないしはその成員への歪んだ行動であったから、それを受ける側の集団の指導によって対応の方途を持つことができたが、登校拒否は、何らかの心理的作用によって、集団そのものから離脱していくものだから、集団の関わらせ方がわからない手つかずの問題だった。

しかし、早晩、登校拒否問題が教育現場の大きな課題に上り、取り組みの方途を切り開かねばならない問題になることを予知した竹内は、それへ研究のシフトを替えていった。
　その最初の表明が、『生活指導』1984年1月号に、特集とは何のかかわりもなく単独で掲載された論文「登校拒否論と生活指導実践」であったと思われる。

①竹内常一「登校拒否論と生活指導実践」（1984年1月号322号）
　はじめに、文部省基本調査で、82年度の「学校ぎらい」で長欠した中学生が2万人を超えたこと、そのうちどこまでが登校拒否といってよいか明確ではないが、「千人に四、五人」という臨床医たちの予測をはるかに上回る出現率であることを紹介している。
　そして、登校拒否をどう見るかということで、対照的な小児科医の平井信義と国府台病院精神科医の渡辺位の二人の臨床医の所説を紹介している。
　それによると、子どもが登校拒否に陥るのは、平井の場合には、学校も子どもの自主性の発達を妨げているような教育が行なわれていることで、間接的には原因を持つが、直接の原因は、子どもの自主性の発達を妨げている親子関係にあるという。したがって、登校拒否の治療教育の原則は、未成熟、未統合の自我の発達を促し、自主性を高めていくように、親が変わることであるとする。
　これに対して、渡辺の場合は、登校拒否は多くの症例から、親子関係や子ども自身の性格などよりも、学校状況と子どもの関係によって現われているという。現代の能力主義的、管理主義的な学校教育、学校至上主義の社会構造が、子どもの自主性・自立性の発達を奪い、喪失させているから、子どもが学校を本能的、無意識的に回避することによって自己の発達の可能性とその存在を防衛しようとして登校拒否が起きる。だから、それは現状では子どもの健康な反応で、異常な反応でも、病的な反応でもないと見るべきだという。病的となるのは、不登校という反応に対して教師や家人が叱責や督促や強制をするからだという。したがって、渡辺は、自主性・自立性を確立するためには、学校へのこだわりをのりこえ、かけがえのない自分をだいじにする心を養っていくことが必要だとし、自分を守るために登校拒否をしたことを立派なことをしたと教えるべきだとする。
　ここから、登校拒否への取り組みについて、二人の相違が出てくる。

第Ⅴ章 「子どもの自分くずしと自分つくり」

　平井の場合は、(1) 自主的に登校できない子どもに登校をすすめても意味がないから、登校をすすめることはやめる。(2) 子どもに自由を与え、責任を負わせ、親子の関係を回復し、自由と責任の能力を子どもに育て、子どもに自信を持たせるために、生活のすべてを子どもに任せていく。(3) 物質的、金銭的な欲望が強いので、統制能力を育てるため、小遣いの額を決める。(4) 十数年の間につくられた人格のゆがみは、いっぺんに直そうとしても無理だから、親は長期にわたる困難に「忍」の一字で耐えいく、の四点の方針を示している。

　他方、渡辺の場合は、(1) 登校刺激を加えると、子どもはますます逃げ場を失い、葛藤状態をひどくしてしまうから、登校刺激は絶対に避けるべきである。(2) 人間はすべて学校を通過しなければ人になれないみたいな、学校至上主義はやめ、学校へのこだわりを捨てさせる。(3) 親も、不登校でいることは、自分の身を守る表現で、ゆがんだ学校教育や社会の状況への告発なのだ、すばらしいことをやっているのだと彼らの行為を積極的に評価し、尊重していくように変わるようにする。この三つの方針を示している。

　二人とも、登校をすすめることはやめるという点では一致しているが、二人の治療方法には相当の違いがある。そこから、登校拒否の子どもに対する教師または学校のかかわり方についての提言にも相違点が出る。

　登校拒否は親子関係そのものに問題があると見る平井は、教師のかかわり方は親の努力に協力していくことにあるという。取り組みの中心は両親とカウンセラーであるべきで、教師が毎朝迎えに行くなどは、親を依存させるばかりになる。家庭訪問をするのはよいが、子どもが隠れるようなら、親子のトラブルを強めるからやめるべきだという。ただ、家庭への事務連絡は続け、回復期に入ったときに登校しやすくしておくことだ。教師の出番は、回復期に入り、子どもが登校しようとしているが、ふんぎりがつかないとき、受けとめる姿勢を示し、自主的登校をひきだすことであるという。友だちの誘いかけで子どもを学校に誘い出すことは、期待しない方がよい。しかし、回復期に入り、外部と関係を取ろうとしている時には、友だちの働きかけは意味があり、自主的な働きかけなら受け入れられる。

　これに対して、渡辺は、教師であろうと、友人であろうと、登校刺激となるような働きかけは厳禁だという。学友の朝の迎え、訪問しての登校の約束、行事の

連絡、宿題の提示などは避け、あらゆる学校刺激から解放すべきであるという。しかし、一人でさびしい生活をしている不登校の子どもには、もし子ども自身がいやがらなければ、教師や友だちがただ遊びに行くのはよいことである。子どもが訪ねてきた教師や友だちに心から好意を感ずることができれば、そうした人たちのいる学校だからと登校することはあり得るという。

「このようにみてくると、二人とも教師または子どもによる働きかけには消極的である。そこには、登校だけを追求する教師や学校への批判がある。」と竹内はいう。(322号84頁)

しかし、この二人の見解とは正反対に、友だちの働きかけはきわめて重要だとする都立教育研究所や足立区教育センターなどの調査もあり、東葛病院の精神科医石田一宏のように、教師と子どもの信頼関係をつくりあげ、「出ていらっしゃい」と働きかけたり、友だちに誘わせたりすることはやってよいという人もいる。

このように、登校拒否のとらえ方、かかわり方は、識者によってまちまちであるなかで、生活指導実践はどうあるべきだろうか。

当然、学校によって取り組みは多様になっているが、「そのなかで問題としなければならないことは、教師がどんなに取り組んでみても、逆効果になるという俗説が広がって、教師がすべての取り組みをやめ、親にまかせたり、教育相談や精神科にあずけっぱなしにする」傾向になっていることである、と竹内はいう。(同85頁)

平井も、渡辺も、登校督促する教師の指導には否定的だが、何もしなくていいとは言っていない。平井は、「子どもへの取り組みの主体は親だといっているが、教師はその自主性を育てる子育てに協力すべきだといっている。」「まして近年、早くから精神的な子捨てをする親、実際に子どもを捨てて消える親が出ている中では、教師が自主性を育てる仕事に直接取り組まねばならない場合もあるだろう」という。(同85頁)

渡辺も、「子どもが教師や他の子どもの訪問をいやがらなければ、訪問して遊ぶことは必要であり、それによって文化的な体験を与えていくことは必要だといっている。登校しなければならないという固定観念を持っているために登校できないでいる子どもに、登校や学校のことを感じさせないで、子どものひそかな自立作業に立ち合うということは、教師にとっても、他の子どもにとっても並大

第Ⅴ章 「子どもの自分くずしと自分つくり」

抵のことではないが、そこに取り組む可能性のあることは否定しているわけではない」という。(同85頁)
　そこで、竹内は実際に登校拒否に取り組んだ教師たちの取り組み方を紹介して、
(1) 登校を督促せず、自主的に来たくなったときに来るように話し、つながりをつけていく。
(2) 子どもと交換ノートをつくり、通信をして子どもの心をつかみ、信頼関係を深める。
(3) ズル休みだとか、サボリだとかいう他の子どもの評価に対して、かれがなぜ登校できないでいるかを詳しく話し、かれと遊ぶことができるように訴える。
(4) その際、教師は、子どもを登校拒否に追いこんだ学校、教師、子ども、親のあり方を点検し、その関係を変えること、それだけでなく登校を拒否している子どもの内部にあるその関係を変えることに注意し、それを学級の子どもたちに話す。
(5) そのうえで、学級での出来事を教師から、また学級の子どもたちから登校拒否の子どもに伝えていく、そして、かれの反応を見ながら、登校をすすめていく。

という手順を取っていることが多い、という。
　この場合、教師や学級の子どもが功をあせって、登校を催促したり、過大な要求をしたりして再び登校拒否に追いこんでしまうこともある。そこで、竹内は次のようにいう。
　「そのさいに必要なことは、教師や学級の子どもが、登校拒否の子どものかかえている苦悩、つまり、学校に行く、行かないということで、どう生きるべきかと考えこんでしまっているかれの苦悩にふれつつ、その苦悩を自分たちの問題として生きれるかどうかである。」(同86頁)
　そして、次のようにまとめている。
　「登校拒否は人格発達のある種の未成熟、未統合を原因としていることは事実だが、同時にそれは自立への要求があって発現していることも事実である。そのいずれにも学校、家庭は深い関係を持ち、現代の社会と教育のあり方に問題があることは否定できない。自立の要求と自立の能力との関係から、登校拒否をみて

いくことが必要である」。(同86頁)

　今日、教師が直面している登校拒否の様相は、平井や渡辺の指摘以上に多様になり、その裾野を広げている。登校拒否を自覚しない幼児的な登校拒否もあるし、非行、怠学との境界線が明確でない登校拒否も見られ、また、家庭崩壊や絶対的貧困と結びついた登校拒否も出てきている。「これらのことをも視野に入れて、登校拒否、学校ぎらいへの取り組みの原則と方法を明らかにしていくとともに、社会と教育のあり方をそれから検討していく作業をしなければならないだろう。」(同87頁)

②「登校拒否問題」の研究動向
　私の手元に『現代社会における発達と教育・研究報告第三集―「登校拒否」問題と学校教育―』(日本教育学会・現代における発達と教育研究委員会、1985年8月)という研究冊子がある。竹内常一の発起による85年10月の全生研「不登校・登校拒否問題教師のつどい」準備のお手伝いをしている時に先生からもらったものだ。
　これをみると、竹内は、前記論文で提起した課題追求のために、1984年度から日本教育学会・現代における発達と教育研究委員会思春期部会に加わり、「登校拒否」問題と学校教育についての調査・研究に携わってきたことがわかる。また、この研究報告冊子はその中間まとめだというが、そのなかで、竹内が中心的役割を果たしていたことがわかる。
　竹内は、こうした教育学会の研究委員会での研究を進めるかたわら、『生活指導』誌1985年6月号・8月号の2回にわたって、全生研の教師たちに不登校・登校拒否問題への共同研究を呼びかけ、記録や資料の提供・研究協力を要請している。
　その上に立って、「不登校・登校拒否問題教師のつどい」を企画し、85年10月12日、13日、東京で、各地からの参加者を集めて行った。

　私自身も、前任の小松川一中で最後に持った学年が2年生だった1979年に、自分のクラスの幸二が急性の登校拒否になり、一年半何もできずに終わった苦い経験を持っていた。前の年に同学年の同僚のクラスからも同じ急性の登校拒否生

第Ⅴ章 「子どもの自分くずしと自分つくり」

徒が出ていたし、他学年にもいたので、学校の課題としてとりあげて校内研修会を持ってもらった。そのときにその同僚の推挙で講師に来てもらったのが、先の竹内論文で取り上げられた渡辺位だった。研修会では、私たち二人の生徒の事例報告の後、先生に助言を頂いたのだが、竹内も紹介していたように、「今日の能力主義と管理主義の学校に問題があるのだから、学校の教師は一切の登校刺激になるような働きかけをするべきではない。そっとしておくのがよい。」という持論を展開されて、親を国府台病院の登校拒否の親の会に来させたらよい、という助言だった。二人とも家に閉じこもって外へ出ようとしなかったし、教師や友だちにも会うことを拒否していたので、その助言もあってそっとしておくほかなかった。三年生でも幸二を受け持ち、親とは連絡を取り続けたが、一年半、一日も登校しなかったので卒業認定してもらえず、原級留置になり、心残りのまま、私は異動年限で転任することになった。

　その時以来、私は、何もできなかったことが悔やまれて、登校拒否は専門医に委ねてしまえばいい問題ではなく、教師にも何かできるはずだという思いを心に抱き続けてきた。

　鹿本中に転任後の三年目の1983年に持った二年生のクラスで、また栄一という子の不登校に直面した。この時は、「幼児的未熟な子」型の不登校だったので、文化祭で級友とのかかわりをつくり、社会性を育てる取り組みによって、三ヶ月でのりこえさせることができた。

　そんなことが重なって、私自身も、80年代半ば以降の研究課題を登校拒否問題においていたので、この全生研「不登校・登校拒否問題教師のつどい」の事務局を引き受け、準備の手伝いをさせてもらった。その時にもらったのが、先の研究冊子だったわけである。

　竹内のこうした数年にわたる研究活動の上に書かれたのが『子どもの自分くずしと自分つくり』だった。

3.『子どもの自分くずしと自分つくり』の刊行

　これは、前に書いたとおり、竹内常一が、校内暴力やいじめ問題の陰にあったが、やがて大きな教育問題になると予知して進めてきた不登校・登校拒否研究の

集大成である。しかし、それは不登校・登校拒否の研究にとどまらず、非行やいじめを行なう子どもたちと共通の土壌から発生してくる問題として、いじめ・不登校・非行を串刺しにして解明した、いわば80年代竹内教育学の到達点を示したものとして画期的な著作となっている。

　私は、この書（東京大学出版会、1987年7月刊）を読んだとき、目の前の靄が晴れていく思いがした。これまで述べたように、私は70年代から非行・校内暴力、いじめ、不登校・登校拒否問題に取り組んできたが、非行やいじめの子には集団づくりで取り組めても、幸二の登校拒否には何も取り組めずに無念の思いを味わった。その後の栄一の不登校には再登校までこぎつけられたのに、幸二の場合にはどうして駄目だったのかわからなかった。それが、この書を読んで、幸二や栄一の心の葛藤やその違いが見えてきて、教師として何をしてやればよかったのかが分かってきたのだ。そればかりか、非行やいじめの子たちの心の葛藤も、現われる行為は違っても同じなのだとわかって、自分の子ども理解の浅さを思い知らされた。この書の読後、私の子どもたちを見る目が変わってきたことを感じる。そうさせてくれた著作だった。

　さて、この書の内容は「まえがき」で次のように述べていることが端的に表している。「本書の書名である『子どもの自分くずしと自分つくり』とは、前思春期から思春期にかけての子どもたちにおける対人関係の組みかえと自己の解体・再編のことである。本書は、いじめ・迫害、不登校、非行といった行動をつうじて、現代の子どもたちが試みている前思春期、思春期における人格の再統合の過程と構造を明らかにしようとしたものである。」

　竹内の80年代の研究が見事にまとめられているので、長くなるがまとめて提示したい。

第I章　いじめと友情

　ここでは、ある小学校六年生女子グループのリンチ事件を紹介し、加害の側、被害の側の子どもたちの成育歴・環境をもとに、その心の葛藤を分析し、なぜリンチに至ったかということを解明している。

　まず、リンチの実際だが、呼び出しをかけたのは、愛子、広子、さえ子や良子、百合らの九人、リンチを受けたのはみつえ。理由は、友だちのいなかった

第Ⅴ章 「子どもの自分くずしと自分つくり」

みつえが愛子たちのグループに入ろうとして接近したが、みんなの容姿や身体つきについて気にさわることばや視線を浴びせるので、愛子たちが再三「注意」してきたがやまないために我慢できなくなって呼び出しをかけたものだ。愛子、広子、さえ子らがみつえのスカートをまくって頭の上で結わえたり、パンツを下げたり、カッターナイフで脅したりし始めたとき、そのつもりがなかった良子が止めに入ったが、愛子たちに無視されてしまった。

事件はその日のうちにみつえの母親に伝わり、夜に母親から担任に連絡が入った。担任は、翌朝、「怖い、怖い、学校が怖い」といって布団から出ないみつえを迎えに行き、九人とみつえから事情を聴きとった。リンチのことはすでにまわりの子どもに伝わって話題になっていたので、担任は学級に聴き取った話を報告し、みんなの前で両者の話し合いを持って、互いに謝りあい、和解しあうようにして収めた。

しかし、事件の後、みつえの母親が九人の親に電話で抗議をしたために、親同士の反目がひどくなり、九人もみつえにかかわらないようにしたのでみつえは孤立していった。

では、なぜこの事件は起こったのか。

この事件で注目すべきは、良子とみつえ、愛子・広子とみつえの関係である。まず、良子とみつえだが、成績の良い、リーダー格の良子が事件に加わっていたのは担任を驚かせた。しかし、良子のような子は、学校へ過剰適応し、強迫的に秩序に服従する傾向をもつ。自分を厳しく抑圧している分、他者をも厳しく抑圧する。みつえが合唱部の班長の自分の指示を無視するのは、これまでの自分を否定される思いで許せなかった。つまり、良子の「注意」行為は、「良い子」の「学校くさいいじめ」であった。

しかし、これは少年期的なギャング集団による「集団いじめ」とは明らかに性格が違う。少年期の遊び集団は、おとなの設定したルールから自立して、自分たちでルールを確認しあって遊ぶ。だから、ケンカが絶えず、そのなかから自分たちで確認したルールを定める。そして、これに反したものには相当の罰を加える。これが「集団いじめ」であるが、それが限度を超えて迫害に転ずると、形式的平等に反するとブレーキをかけ合うこともできる。

その少年期的な「集団いじめ」と「よい子」の「学校くさいいじめ」とは違う

のである。
　しかし、良子の行動にはもう一面があるという。以前、優等生の弓子と良子が愛子たちに脅されたことがあった。だから、良子が愛子たちに接近し、リンチ事件に加わったのは、愛子グループを恐れて加わったという見方と、良子がこれまで持っていた学級のなかの主導権を守るために愛子たちに接近したという見方と二つの解釈ができる。もし後者の場合だとしたら、良子もまた思春期危機に足を突っ込み始めたのだといえる。
　さて、次には、愛子・広子とみつえの関係である。
　愛子は、両親の甘やかしのなかでわがままに育ったために、幼児的な心性を引きずり、自我の自己体系は不安定だった。それで親への依存が強く、学校の硬直した規則と系統的な学習に適応できなかった。それが小学5年から過保護の母親に反抗して母親から分離・独立しようともがき始めた。そこで、自分と似たさえ子のような子と仲良くなり、私的グループをつくりはじめた。6年になって、幼児っぽいさえ子よりも、クラスで一番性的にませている広子と友だちになっていった。広子は両親が離婚し、母親と二人暮らしだが、母親とよくトラブルを起こすので、愛子とうまがあったようだ。愛子と広子の間に前思春期的な親密な友だち関係が生まれはじめたのだ。この親密な関係について竹内は言っている。
　「子どもは特定の友だちの喜びや悲しみ、みじめさや怒り、不安や希望を自分のこととして感じるようになるとともに、友だちの名誉、誇り、自己実現のためにつくそうとするようになる。と同時に、子どもは友だちの自分に対する反応、態度に照らして、自己を見つめ直し、自己をつくり直そうとする。」(『子どもの自分くずしと自分つくり』14頁)
　「そのなかで、かれらは親の評価とは異なる評価を自分に対して持つようになる。いや、そればかりか、友だちのまなざしのなかでかれらは自分のなかのもう一人の自分にめざめはじめるのである。その意味では、友だち関係は子どもにとっては、親や教師から心理的に自立していくときの根拠地でもある。」(同15頁)
　「このような実質をもつ友だち関係が生じてくると、少年期のギャング集団は思春期のピアグループに変質していく。……それは自己実現のために、特定の価値ないしは理想を追求していく文化・イデオロギー集団となるのである。」(同15頁)
　この親密な友だち関係が愛子と広子の間に始まり、それを核にして学級の地下

第Ⅴ章 「子どもの自分くずしと自分つくり」

組織的グループができたが、十分な少年期的な徒党集団の成熟のない中で始まったので、少年期的なギャング集団という性格と思春期的なピアグループという性格を同時に混在させていた。二人が母子トラブルを抱えており、反学校的傾向を持っていたので、このグループも反教育家族・反学校的な価値志向をもつ集団に変質しはじめた。その価値志向に道をつけたのは、商業文化としての擬似的な青年文化であった。商業文化が宣伝する「女っぽさ」に彼女らがとりつかれていった。それをみつえが逆なでしたので、皆の怒りを買ったのである。

では、みつえはなぜみんなの怒りを買うようなことをしたのか。

みつえは、4年までは、甘えをあまり見せない、手のかからない、おとなしい子だった。妹が生まれてから急にわがままになり、自分に構ってくれない不満を母親にぶつけるようになった。母親はみつえのわがままを叱り、もとのおとなしい子に閉じこめようとした。しかし、みつえのわがままは、妹と母との関係をみて、これまでの母と自分の関係を変えたいという欲求から出ているものなので抑えきれなかった。ここに噴き出したもう一人の自分を自己のなかに統合していくためには、それを受け入れてくれる他人が必要なのだが、みつえにはその他人がいなかった。だから、みつえはいらだちの中で孤独をさまよった。

学校でも変化し、集団に従わず、一人勝手をするようになり、組織的な規律をだいじにするギャング集団に入れないで、非難の対象、集団いじめの対象になった。みつえは仲間関係が薄かったので、少年期を経験せず、幼年期からの自分をつくりかえることなく前思春期を迎えた。そして、求め始めた親密な友だちも持てず、クラスの反集団的グループの愛子たちに近づいていったが、その中にもうまく入れなかった。それどころか、思春期に入りはじめた愛子たちが最も気にする身体や容貌について、みんなの気にさわる発言や行動をくりかえし、怒りを買ってリンチになってしまったのだ。

さて、こうみてくると、このリンチ事件の主な骨格は、思春期の文化・イデオロギー的グループに変質しはじめた愛子・広子グループによる、自分たちの集団にありながらグループの同調的傾向、均質的状況に同化しようとしない、できない異分子であるみつえに対する異分子迫害であったといえる。

この文化・イデオロギー的なグループによる「迫害的ないじめ」の芽は、愛子・広子たちが学級の勢力として登場してきた時に、良子・弓子に対する「リー

ダーいびり」を行なったところにすでに出てきていた。

「今日の学校にひろく見られる、思春期の子どもたちのいじめの大半は、こうした迫害的ないじめである。それは、さきにみた学校くさいいじめの裏返しなのである。かれらはそうした形で学校に復讐しているのかもしれない。」（同27頁）

そして、この章の最後に、いじめへの学校の対応について竹内は述べている。

「一般に、学校社会の中でいじめや迫害がおこると、教師はこれを非道徳的行為として一方的に批判するか、両方ともに非があるとしてその場を収拾しようとする。たしかにそれは子どもの人権に対する差別的な攻撃であるから、子どもに人権侵害の事実をはっきりと知らせ、感じさせなければならないだろう。

しかし、それは、他面では子どもたちの友だち関係のもつれであり、友情を求めてのトラブルでもある。……そうだとしたら、一方的な道徳的批判や一時的な事態収拾だけでは、今日的ないじめの構造は解決しない。」（同27頁）

「今日的ないじめと迫害の構造を克服するためには、そうしたいじめや迫害を生み出している子どもたちの交わり関係と集団関係のもつれや、その中での子ども一人ひとりの自己の解体・再編成のもつれを指導の対象とし、子どもたちの中に自立と友情と連帯を確立していくことが必要なのではないだろうか。そうした取り組みを進める以外に、今日的ないじめの構造を克服していく道はないのである。」（同28頁）

第Ⅱ章　いじめと迫害

ここでは、今日の子どもの社会のいじめがどのように発展していくかを解明している。

1. 幼年期から少年期にかけての弱い者いじめ

幼年期から少年期にかけての子どもは、はじめは、約束事やルールを一人ひとり自分本位的に理解して自分勝手に遊んでいるが、かれらは遊びのなかで友だちとぶつかりあい、けんかをしながら、相互に共通の約束事やルールを発見・発明し、徐々にそれにもとづいて自分たちだけで協同行動をとることのできる少年期に入っていく。そして、ゴッコ遊びから、ゲーム的な遊びに興じるギャング集団になっていく。ところが、こうした遊びのなかで、自分の内的葛藤を行動化して他の子どもを攻撃するものが出てきて、弱いもののいじめが始まる。また、脅しや

第Ⅴ章 「子どもの自分くずしと自分つくり」

暴力によって自分本位的な理解を集団に押しつけ、それに反するものをいじめる、ボスによるいじめも出てくる。

「一般に、この時期のいじめっ子は、低所得階層の、それもまた家族解体のなかにある子ども、また、親子関係においてトラブルを持っている子どもであることが多い。具体的には、親に愛されたことのない子、親に見捨てられている子、親の気分本位の叱責や体罰にさらされている子である。」（同34頁）

だから、かれらのいじめは、自分を構ってくれるものを求める愛情欲求から来ているといえる。これが内的葛藤の行動化となる。

2．迫害的ないじめの萌芽

「ところが、こうした崩壊家族や低所得階層の子どもたちによるいじめがひろがりはじめると、かならず今一方に、これとは別の弱いものいじめが、中流階層の子どもたちの手によって行なわれるようになる。」（同37頁）

これらの子どもは、小さい時から、学校的な価値を絶対視する親の期待のまなざしのなかで、また、子どもがその期待を裏切った時にはただちに過酷なものとなるまなざしのなかで育ってきた。そのため、子どもはその内側に自分を支配する「他者」をとりこんで、かれらの自我はこの支配的な他者に呑み込まれ、自分を常に抑圧し、その期待に沿った社会的自己をつくっていくようになる。

こうした子どもは学校に行くようになると、その内なる「他者」を教師に投射していき、教師の期待や意向に必死に応えようとして、学校秩序に過剰に適応する強迫的な子どもになっていく。そのために、かれらはもし学校的まなざしに応えられないときは、自分の内と外のまなざしから冷たくまなざされて不安のなかにたたきこまれる。そして、ますます学校に強迫的にこだわり、学力・忠誠競争にのめり込んでいく。「かれらは、いつも勝ち負けにこだわり、懲罰を好み、嫉妬心・猜疑心が強く、被害感覚と傷つきやすさをもつことになる。こうした強迫的な傾向のために、かれらはいつも誰かを攻撃しようと身構える。」（同38頁）その結果、「教師の意図に過敏だから、教師が見下し、軽蔑しているような子どもを敏感に察知してかれらを攻撃の的にする。……かれらもまた、いじめっ子たちが標的とするような子どもを標的とするのである。」（同39,40頁）

こうして、「学級全体をまきこんだ迫害的ないじめが広がっていくことがある。その原因は、多くの場合、崩壊家族や低所得層のいじめっ子にあるようにいわれ

るが、実はそうではない。教師の支配的かつ差別的なまなざしにその原因があるのである。……その意味では、かれらのいじめは、教師を頂点とする学校くさい迫害的ないじめである。」(同40頁)

3. 少年期のギャング集団といじめ

いじめっ子のなかに、子どもたちの支持を得てギャング集団のボスになる者も出てくる。子どもたちがまだ自分たちの力で遊びを組織できない時期には、強引ではあってもトラブルに終止符を打って遊びを続けさせてくれるボスが受け入れられるからである。しかし、子どもたちが遊びのなかのルールに習熟してくると、もうかれの横暴を許さなくなり、団結してかれをボスの座から追放する。みんなが一つのルールに従ってこそ、みんなが同等であるという同質・同等の関係を求めるようになるからである。

それはさて、少年期の子どもは一定の共通のルールをもつ遊び集団をつくり、協同行動を自分たちの手で組織できるようになるが、そうするとますますルールの適用に厳しくなる。こうした同質・同等の関係が子どものなかに集団いじめを呼びこんでくる。形式的平等を正義とするかれらは、ハンディキャップを持つ子どもにも同じルールを押しつけ、強制する。それができないとあざけり笑い、軽蔑するようになる。そればかりか、ルールに違反したり、ゲームで失敗すると、それ相応の懲罰をつくったりする。これは遊び集団を自治する手段であるが、受ける側からすればいじめである。一人ひとりの人間はもともと異質なのに、ここでは異質性が認められない。同質・同等の原則によって遊び集団を作っている、その社会制作のし方がいじめをつくっていくのである。

形式的平等のなかで、くり返し過ちを犯すものがいると、子どもたちは次第にかれを同等のものと認めなくなり、かれを集団から排除していく。これまでかれを同質であるから同等であると考えてきたが、いまや同質だが程度の低いもの、いや異質なものとみるようになる。すると、同質・同等の関係は崩れて、同質・不同等、さらには、異質・差別という関係がかれらをとらえるようになる。

そのとき、巧妙かつ狡猾に自分の内的葛藤からいじめをくりひろげるものが現われる。小学高学年に、いじめの中心に登場してくるのは、多くの場合、集団のルールに極度にこだわり、巧妙かつ狡猾に優位な位置をとろうとする中流階層の子ども、強迫的な競争意識を強く持つ子どもである。かれらは競争的状況を自分

第Ⅴ章 「子どもの自分くずしと自分つくり」

に有利な場とし、そこに迫害的ないじめ状況をつくりあげていくのである。

4. 集団いじめから迫害的ないじめへ

少年期の集団いじめは、今日遊び集団のなかにとどまらないで、生活全体にあふれ出て、学校における迫害的ないじめに転化していく。

ドッジボールやサッカー熱のなかで、子どもたちが勝ち負けにこだわるようになると、授業のなかの競争的局面にも過敏に反応し、学力競争が強まり、教室のなかに学力による差別が広がっていく。学校場面はもう学習の場ではなく、競争と選抜の場となる。

同様に、子ども集団もまた遊び集団ではなくなる。スポーツ少年団やリトルリーグは能力別に分けられ、選手を選抜する機構となっている。そこから、スポーツのできる子は人間的にすぐれたものとみなされ、できない子は非人間的扱いをされるようになる。

このようにして、選抜・競争原理が学校場面にも、遊び場面にも浸透し、一元的価値基準に強迫的にとらわれる子どもをつくっていく。そのために、子どもたちはこの価値基準に合わないものを軽蔑し、それからはずれるものを迫害するようになっていく。このなかで、同質・不同等、異質・差別の関係が強化され、集団いじめは生活全体におよぶ迫害・いじめに転化していくのである。

もともと親を原像とする支配的な「他者」を内に持って、学校適応過剰であった教育家族の子どもたちを中心に、子どもたちは支配的「他者」を心のなかに一般化し、いじめをゲームのように展開して、価値基準からはずれるものの異質性を削ぎ落として同質化・均質化を図ろうとする。これが迫害的ないじめとなるのである。

こうしたとき、一方で「強迫的履行者」といってよい子どもと、他方に「強迫的黙従者」といってよい子どもが登場してくる。前者は、学校場面や遊び集団のなかに埋めこまれた競争秩序に強迫的に囚われて、それに能動的に過剰適応していく子どもである。かれらは、授業や遊びの内容にではなく、授業や遊びのなかの競争に勝つことだけが関心となる。

他方、後者は、学校秩序に形式的にだけ受動的に過剰適応していく子どもである。授業内容がわかっていなくても、板書を几帳面にノートに写すことにこだわる子どもである。

5. 迫害的ないじめとミニ校内暴力

 こうなると、子どものなかに、強迫的履行者の子を頂点にし、強迫的黙従者の子を底辺とする支配構造が生まれてくる。この集団が、かれらに属さない異質なものをスケープ・ゴートにして迫害を加えるようになる。これが小学校高学年の学級にひろがるミニ校内暴力状況をつくる。優等生の強迫的履行者によって進められることがしばしばである。

6. 少年期の仲間関係から思春期の親密な友だちへ

 次に、いじめのもう一つの側面から、いじめをのりこえる可能性を探っている。
 それは、心理的離乳を前にした少年期後期ないしは前思春期に子どもたちがふざけ・馬鹿さわぎをすることに、学校秩序に囚われてきた自分をくずす始まりをみることである。この時期にふざけ・馬鹿さわぎが出てくるのには二つの背景がある。一つは、思春期にさしかかり新しい身体が現われるとともに、もうひとりの自分が漏れ出てくる。しかし、それは同質の仲間集団から異質なものとして排除されないか、学校的なまなざしのなかで学校不適応にならないかと不安になり、ますます自分を固くコントロールしようとする。もう一つは、小学校高学年で、学力格差、運動能力格差が広がり、自分が学校適応不足であることを思い知らされる。この二重の学校適応不足の不安の場から逃れようとして、一種の幼児がえりをする。さらには、自分を自分でいじめぬかねばならなくする学校的なまなざしを、無意識にまなざしかえそうとする。それが、かれらにふざけや馬鹿さわぎをひろげさせるのだという。そのとき、青年文化や大衆文化をバックにそれをくりひろげ、ことに学校適応過剰の子どもをねらって悪ふざけが行なわれる。そうしながら、学校適応過剰の自分をくずそうとするのである。だから、この時期のいじめ・迫害は、学校の周辺や底辺にいる子に向かうと同時に、学校的尺度にもっともかなった優等生や良い子を攻撃する傾向をもつのだという。
 そして、こうしたふざけ・馬鹿さわぎのなかで、友だちが無意識に見せる姿のなかに、もうひとりの自分の姿を見て、親密な友だち関係が始まる。自分という独自の存在を受け入れてくれる友だちを熱烈に求めるようになるのである。
 この願い、親密な友だち関係が開かれていくために必要なことは、「かれらが相手の独自性を受け入れること、いいかえれば、互いに異質であることを受け入れることであり、それと同時に、相手のなかにも自分と同じ人間的な悩みや願い

があることを発見していくことである。そのことによって、友だちとの間に、異質であっても、なお同等であるという関係をつくり出していくことである。そうだとしたら、……いじめと迫害のただなかに、まさに親密な友だち関係への通路がかくれているのである。」(同58頁)

7．自分くずしから自分つくりへ

「こうした親密な友だち関係が広がっていくと、かれらは、これまで自分に課していたコントロールを解いて、徐々に自己を友だちの前に開いていくと同時に、友だちの内面に関心を持つようになる。かれらはこの親密な友だち関係のなかに自分の喜びや悲しみを、体験や内的体験を、不安と希望を投げこんでいく。そうすることによって、これまで漏れ出ることを怖れていたもうひとりの自分を見きわめようとする。……友だちは、そうしたかれらが持ちこんでくる問題を共感的に受け入れ、親や教師、家庭や学校の評価と異なる評価をしてくれる。その意味では、親密な友だち関係は、かれらにとってはあらゆる生活上の問題を改めて評価し直す場でもある。それはまた、ものの見方、感じ方、考え方を根本からつくり直す場でもあり、かれら自身の理想を生み出していく場でもある。」「友だちの自分に対する新たな評価や判断に応じて、自分を新しくつくり直そうとする。親密な友だち関係とは、かれらにとっては、親や教師、家庭や学校から心理的に独立していく根拠地であると同時に、忠誠と迫害の仲間関係からも自立していく根拠地でもある。」(同59頁)

そういう中で、子ども・青年は、他者との共存と連帯の関係を模索しつつ、人格的・社会的自立を追求していく思春期・青年期遍歴へと旅立つのだという。

第Ⅲ章　登校と不登校をくり返す子ども

ここでは、小学校5年生で50日ばかり、中学校入学後まもなくから1年間登校拒否におちいり、2年生では担任と級友の支えで登校できたが、3年生の7月から卒業まで3回目の登校拒否におちいった道子のことが取り上げられている。

道子の家族は、両親と兄、姉、本人からなる5人家族である。彼女が小学3・4年の時から、両親の不和が続き、父親とその他の家族は同一敷地内で別居するようになった。ところが、彼女が再度登校しはじめた中学2年に、父親が全身不随になり、入院したために、母親が勤めをやめて父親の看病にかかりきりに

なった。そのために、両親は思いがけず和解することになった。しかし、彼女にはそれは受け入れにくかったようである。だから、彼女は入院中の父親に一度も会いに行かなかったし、町で父親と会っても、自分の方から避けるという状態にあった。そして、父親が自宅に退院してきた中学３年の７月に、彼女は三度目の登校拒否になった。

このようにみてくると、彼女の登校と不登校は、家族の状況変化に対応しているようである。しかし、彼女は家族に関して何も書いていないので、その関連を問題にすることはできない。また、担任も彼女の家族問題には基本的に関わらないで、学校生活を通して彼女を指導しようとしていたので、担任の報告からも家族関係をうかがうことができない。

これに対して、「担任との通信ノートや班ノートのなかの彼女の文章は、登校と不登校の間で揺れている最中の子どもの内面を示す貴重な資料となっている。」（同67頁）と竹内が言っているノートがあるので、竹内は、それにもとづいて道子の２年生での再登校中の内面の動きや、３年生での中学校になって「二度目」の登校拒否の意味を解明しようとしている。それをとり出してみていきたい。

まず、竹内は、２年生からの再登校を「強迫的登校」とみる。小学校と中学校との２回の登校拒否のために、学校生活をきちんとやれるかという不安を持ち、それでも学校の要請に応え、先生や友だち、親の期待に応えてがんばらねばならないという強迫的観念にとらえられて登校しはじめたのだという。

彼女をそのように学校適応過剰にしたものは、「内なる他者」としてとりこんできた学校である。彼女は支配的な「他者」に固く縛られて自分を統制しようとした。ところが、学校の規範通りに行動しようとすればするほど、「学校」的なまなざし、学校仲間のまなざしの中にとらえられて、自分がそれらに応えていないのではないかと責めることになり、人とぎごちなくしか交わることができない。それが、「疲れた」という言葉になって出てくる。

そこから、「素直になってみんなと接したい」と願うようになるが、そのためには、自分を非難する他者に代わって、自分をありのままに受け入れてくれる他者が、現実的にも、内面的にも存在するようにならなければならない。それでも、日が経つにつれて担任や級友と信頼のきずながきて、素直になれる可能性が出てきた。ここにおいて、強迫的登校とは違う登校のしかたが彼女のなかに生まれ

第Ⅴ章 「子どもの自分くずしと自分つくり」

はじめたという。

ところが、彼女を非難する彼女のなかの支配的な「他者」はなかなか消えない。担任と友だちに支えられて登校していながら、自分は甘えていると見られているのではないかと責める「他者」を抱えこんでいる。彼女は解放されていないのである。一方では、自分を受け入れ、支持してくれる友だちを感じると同時に、他方では、その友だちが学校的なものを自分に押しつけてくるようにも感じる。教師も、学校も、そのような二重なものに見えるのである。

それが、6月の教育実習生の送別会で、友だちの支援を受けて閉会の言葉をやりとげ、学年キャンプで山道を歩ききり、体育祭も選手で参加でき、みんなと活動することに喜びと自信を持っていく。文化祭で演劇部の『リア王』の主役に抜擢されたのを見事にやりぬく。この姿を見た担任は、自主的に登校し、自主的な学校生活を送れるようになったと見たようだが、ここに落とし穴があったと竹内はいう。

3年生の7月まで順調に学校生活を送ってきた。だが、3年1学期の修学旅行の実行委員に立候補してなり、その仕事を立派にやりとげた、その「立派さ」に問題があったという。宿屋での過ごし方は多少ゆるくしてもかまわないという教師の指導にもかかわらず、彼女の班だけは就寝時間から何から、決めたことはピシッと守らせ、その潔癖さに班員がまいってしまい、彼女も悩んでいた感じになった。

この潔癖さ、きびしさとは何なのか。「それは、学校規範に呑みこまれて、それを強迫的に実行している彼女の完全主義的な構え方である。それが強迫的登校者としての彼女の姿なのである。彼女はまさに学校に『支配』されてきたのであるが、いま委員として班員を『支配』する位置に立ったのである。……修学旅行の委員になって、強迫的登校者としての彼女が再び現れたのである。」(同87,88頁)

つまり、彼女のなかの支配的「他者」は消えていなかったのである。彼女のなかで、担任や友だちは信頼できる他者となってはいたが、「担任もまた友だちも、彼女にとってはいつも二重に映っていたのである。つまり、自分を信頼してくれる他者であると同時に、また自分を支配する他者として存在していたのである。」(同89頁)

このようにみると、3年生7月の登校拒否の実像が見えてくる。「彼女は、友だちを迎えによこした担任のなかに、自分を信頼してくれる教師ではなく、自分

を『支配』する教師をみたのである。また、友だちのなかに、自分を援助してくれる友だちではなく、自分を『支配』する友だちを感じたのである。だから、迎えに来た友だちに『甘ったれないで』といわれたとき、これまでの友だちに対する恨みが噴き出したのである。だから、彼女はかれらを拒否し、かれらに反抗したのである。それ以上に、彼女は支配的な『他者』に対して、自分を爆発させたのである。」(同89頁)

そうだとすると、前の登校拒否が、支配的な「他者」を恐れて家庭に逃避したものであったのに対して、今度の登校拒否は、自分を強迫的登校に追いこんできた「他者」に対するはじめての反撃という性格を持っていたように思われるという。

この反撃は、後に12月5日の担任への6時間の「糾弾」となって具体的に現われてくる。「あのとき先生はこう言った。だから私は先生は嫌いなんだ」と克明なメモをもとに「糾弾」したという。しかし、「糾弾」をぶつけられたのは、これまでの担任と子どもたちの取り組みが彼女に届いたからこそで、担任に対する信頼をかけて、かれに自分をまるごと「糾弾」という形で投げ出したのであるという。「『先生の責任で私は休んだのだから、先生が卒業させろ。学校へ行かなくても卒業できるようにさせろ』という彼女の言葉のなかには、これまでの彼女からは考えることができない『甘え』がかくれている。依存がなければ、反抗も自立もないのである。それが思春期の特徴なのである。もしかしたら、彼女は、……担任が彼女の『甘え』を正面から受けとってくれるならば、登校しようと考えていたのかもしれない。ところが、彼女の予期に反して、担任は彼女の『糾弾』に絶望して、彼女に正面から応答しなかったために、彼女は登校するきっかけをつかむことができなかったのではないだろうか。」「登校拒否の子どものなかには、このような『二度目』の学校拒否をなかば意識的にして、自分にとって必要な『学校』を発見していくものがあるが、彼女もまたそうした子どもだったのではないだろうか。」(同91頁)

では、彼女がこのような「二度目」の登校拒否をしなければならなかった理由は何か。竹内は次のように分析している。

「彼女はこれまで教師や友だちからいつも助けられて登校してきただけであって、自分をつきだす形で登校してきたのではなかった。別ないい方をすれば、彼

第Ⅴ章 「子どもの自分くずしと自分つくり」

女は自分をまなざす支配的な『他者』に対して、自分をぶつけて、まなざし返すことがなかったからである。」「彼女はこの『二度目』の登校拒否によって、はじめて支配・被支配の関係から、また強迫的な磁場から自分を解放することができ、強迫的登校者としての自分をくずすことができたのではないか。彼女は、この『二度目』の登校拒否によって、強迫的登校者としての自分から、自主的登校者としての自分へと自己を再統合していくきっかけをつかむことができたのではないだろうか。彼女は『二度目』の登校拒否をしたからこそ、高校に進学することができたのである。」(同91,92頁)

「この実践は見かけは失敗のようにみえるが、……担任は自分から分離・独立する力を彼女につけたのであり、そうした反抗のできる関係を彼女との間につくったのである。……その意図にかかわらず、彼女を自立させるものとなったのではないだろうか。」(同92頁)

第Ⅳ章 強迫的登校と登校拒否

ここでは、諸家の先行研究を比較検討しながら、登校拒否の実像に迫り、この問題に対する我々の実践課題を明らかにしようとしている。

まず、1977年以降1985年まで中学校の登校拒否生徒が激増したが、これまで中流階層の家族の病理とみなされていた登校拒否が、低所得層の家族をも巻き込んで質的にもひろがりはじめたことを指摘している。

ところで、一概に登校拒否というが、必ずしも登校ないしは学校を拒否しているわけではない者も多く、登校拒否ではなく、不登校とよんだ方がよいという精神科医が増えていて、その方が登校拒否の多様化と質的変化に対応した言葉になっているという。

たとえば、北村陽英などは、学校に対する子どもの構え方から不登校生徒をタイプ分けして、(1) 学校に行きたい気持ちはあるが、いざとなると行けない者を「学校恐怖型不登校」、(2) 何らかの理由をあげて登校に拒否的な態度をとる者を「登校拒否型不登校」、(3) なんとなく学校に行かずに脱落してしまうもののうち、知能指数90以上の者を「萎縮型不登校」、知能指数70〜90の者を「境界知能例不登校」と呼んでいる。

ここから、竹内は、「登校拒否は、登校しなければならない、ないしは登校し

たいとしながらも、登校できないという心理的機制から不登校状態におちいり、そこからさまざまな神経症状を呈するものである」という定義を手がかりに、登校拒否とは何かという問題を解いていこうとする。

まず、「心理的機制」について、梅垣弘が「登校拒否は、登校刺激に対して特異なすくみ反応を呈するものである」といっている「すくみ反応」に注目する。梅垣らは、「すくみ反応」とは、「少年期から思春期にかけて子どもが同輩をあらためて見直し、確かめなおすときに、いいかえれば他者を『対象視』するとき、他者からも対象視されることになり、そのために他者のまなざしのなかですくんでしまう」ことだという。いいかえれば、他者のまなざしに対してまなざし返すことができないことがすくみ反応なのだ。教師や学校仲間のまなざし、学校的なまなざしのなかで被圧倒的存在と化して、それを克服できない状態におちいることなのだ、と竹内はいう。

では、「登校できないという心理的機制」をもたらすものは何か。

これには、大別して、登校拒否の原因を幼少期の母子関係に求める分離不安説と、学校ないしは学校仲間が登校拒否の症状形成に大きくかかわっているとする反分離不安説との二つがあるとして、それぞれの学説を検討していく。

まず、後者の反分離不安説の代表として、高木隆郎と渡辺位の説を取りあげている。

登校拒否の症状形成について、高木は三段階説をとり、渡辺は二段階説をとる。

高木は、第一期を、学校場面での適応障害、特に対人関係の失敗によって、頭・腹・足が痛いなどと訴えて学校を休むようになる心気症的時期とする。第二期は、親の登校督促に対して抵抗し、あらゆる手段で親と争い、ついに、家庭を制圧したかたちで登校しなくなる攻撃的時期である。第三期は、家族が登校を諦めると、家庭のなかで仮性適応するか、親や家族を避けて自己愛的な退避の態度をとるようになる自閉的時期であるという。

他方、渡辺は、第一段階を、学校状況への不安（学力低下のあせり、劣等感、罪障感、自嘲的・自責的評価など）から不登校状態を示す段階とする。第二段階は、親や教師からの登校督促で葛藤状態と不安が強められ、反抗・攻撃・引退といった行動化や身体症状・神経症的症状が多彩に現われる段階だという。

両者は、登校拒否は学校における適応障害ないしは学校に対する不安から生ず

第Ⅴ章 「子どもの自分くずしと自分つくり」

るというように、学校がもとだと見る点では一致しているが、微妙な点で違っているという。

　高木は、第一期の心気症的症状は学校場面への不適応に対する防衛機制だが、家庭への退避を許すような家庭的条件があるときに不登校になると、一部家庭の責任もあげている。しかし、不安の根源は、主要には学校仲間からの＜分離不安＞にあるとする。思春期の子どもはどうしても仲間との交友を必要としているからこそ、仲間との＜分離不安＞を強く感じるのである。高木が登校拒否に関して「学校場面」を重視する理由はそこにあると竹内はいう。

　これに対して、渡辺は、教師や親や子ども本人の「学校」というものに対するこだわりが登校拒否を生むのだという。つまり、子どもが学校仲間ではなく、学校の価値や秩序に強迫的にとらわれているからこそ、その学校に不安を感じ、登校を拒否するのだとする。これは、子どもは、学校に行けばいくほど自分が危機にさらされることを感じとり、無意識に登校拒否によって自分を守ろうとしているのだという。このために、学校原理にとらわれている自分と、それを回避して自己を守ろうとする自分との葛藤状況が激しくなり、そこから多彩な行動化や症状化が出てくるのだという。でも、親や他の家族が学校にこだわり、登校刺激を加えれば、子どもの葛藤を強めて症状を悪化させるのだから、二次的には、家庭も登校拒否にかかわることを渡辺も認めてはいるのである。しかし、その主要因は学校状況にあるので、従来その病理性を子どもの性格や能力などの資質、親子関係に求めて、それらを対象に治療しがちであったが、学校状況をこそ改変の対象にすべきだと、分離不安説を正面から批判しているのである。

　このように、高木のいう「学校場面」は学校仲間であるのに対して、渡辺のいう「学校状況」は能力主義につらぬかれた今日の学校原理をいっているというように、「学校」のとらえ方が違っているのである。

　さて、では、分離不安説ではどうだろうか。

　一般に、分離不安とは、乳幼児期に子どもが母親から分離―個体化していくとき、母親から引き離されることに不安を感じることを意味している。しかし、普通、子どもはそうした分離不安を経験しながらも、母親との共生的な依存関係をこえて、第一次的な自立を獲得していくのである。

　ところが、母親が姑や夫などに対する不満から子どもに密着して保障的な過保

271

護を続けるようだと、子どもは第一次的な分離―個体化を果たせず、両者の間に共生的な依存関係が固着することになる。そうしたときに、子どもが母親から引き離されるような事態に直面すると、激しい分離不安を感じて母親への依存要求を高めることになる。

　すると、母親は子どもの不安と一体化して、子どもの依存要求に応え、それによって自分の情緒的な不満をも解消しようとする。その結果、母子の間に相互依存がさらに固まる。

　しかし、同時に、母親の側に、過保護とは裏腹に、自分にしがみついてくる子どもに対する不満、怒り、拒否感情が無意識に高まってくる。でも、それを認めると、これまでの献身的な母親像がくずれるから、母親はそれを抑圧する。それでも、そうした不満、怒り、拒否感情が周期的に爆発するので、母親は罪業感にとらわれ、ますます子どもに対する過保護を強めていく。

　一方、子どもの側にも、自立を妨げる母親に対する敵意と破壊願望が無意識に生じる。しかし、母親に捨てられまいとして、自分の敵意を抑圧し、母親に従順であろうとする。

　こうした母親に対する恐怖を学校の教師に投影すると、教師による統制や叱責のなかに自分に対する敵意を感じることになり、学校で失敗すると親や教師の愛情を失いはしないかと恐れるようになる。そうして、なにかをきっかけにして登校を嫌うようになる。

　そうしたとき、共生的な母子関係がさらに強化され、母親は子どもに登校を督促しながらも、実は子どもに登校させないように働きかける。他方、子どもも、登校すると母親にどんなことが起こるかが不安になって、家を離れられなくなる。

　このようにして、母子が相互に分離不安をはらんだ依存関係におちいり、学校を恐れ、登校することを怖れるようになる。これが分離不安説の登校拒否の症状形成論である。

　ここから、「学校に行かねばならない、ないしは登校したいけれども、登校することができない」という「登校拒否の心理機制」の中味の検討に移っている。

　まず、「学校に行かねばならない」ということと、「学校に行きたい」ということとは同じだろうか、ということを問題にする。山中康裕のように、「学校に行かねばならぬ、行きたいのに行けない」という強迫的心性は同じだとみなすもの

第Ⅴ章 「子どもの自分くずしと自分つくり」

もいるが、登校拒否論のなかには、「学校に行かねばならない」という面にひきつけて考えるものと、「学校に行きたい」という面にひきつけて考えるものとがあるという。

渡辺位は前者の方である。かれは、「毎日きちんと登校し、よい成績をとり、学校生活でも他から注意されることなく模範的に行動できなくてはならず、どんなことがあっても高校や大学は出なければならないという一種の完全主義的な心理姿勢は強迫的と言える」といって、そういう子どもたちが登校拒否の中核にいるといっている。

これは、小沢勲も同じで、今日のほとんどの子どものなかに学校秩序に適応しなければならないという強迫的傾向ないしは学校適応過剰の傾向があると指摘している。

しかし、強迫的な登校傾向といっても、全ての不登校・登校拒否の子どもが渡辺のいうような「優等生」的な傾向を持っているわけではなく、萎縮群の子どもたちは違うという。

ここで、河合洋が、パーソンズの用語から、子どもの学校に対する強迫的なこだわり方に、強迫的履行型と強迫的黙従型とがあると指摘しているのを紹介している。(*65)

強迫的履行型の子どもとは、文字通りの優等生型である。かれらは、学力競争や忠誠競争において勝者である間はトラブルを起こすことは少ないが、思春期の時期に学校でのちょっとした挫折をきっかけに競争から脱落すると急性の登校拒否や非行に陥ることが多い。

これに対して強迫的黙従型の子どもとは、自分たちに与えられた現実を、一つの「宿命」として受動的に受け入れ、自分に関する些細なことがらについて異常にこだわり、配慮をしてしまう子どもである。これは、崩壊家族・貧困家族の子どもに少なくない。かれらは、学校から統制されつづけ、学校秩序に形式的に過剰適応するようになったのである。その意味で、これは社会的に未発達な子ども、とりわけ委縮群の子どもにあたるだろうという。

ところで、このように今日の子どもに強迫的登校の傾向がひろがっているのは、

---

65) 強迫的履行型と強迫的黙従型──すでに263頁の本文の中でも説明されている。

今日の学校が支配機構になっているからである。子どもは学校を貫いているイデオロギー的、政治的支配に深くとらわれて、「学校」的価値に過度の忠誠を示し、「学校」的秩序に過度に隷従するようになる。そして、「学校」を内面化して支配的な他者を自分のなかにつくり出し、それに呑みこまれて自分自身を抑圧し、学校適応過剰のニセの社会的自己を構えて、これに強迫的にしがみつくようになる。

渡辺が学校を問題にするのは、こうした視点からである。かれは、子どもが登校拒否に入るのは、もともとの性格からではなく、おとなによってつくられたこうした支配的な学校が子どもを自己喪失状況に追い込むのを回避してのことだという。だから、画一的な行動と知育中心の学習をしいられ、自発性を奪われ、無力化され、自己喪失の危機に立たされる、そうした危機を早期に察知して学校から撤退するのを渡辺は高く評価する。

竹内は、こうした渡辺のとらえ方を、今日の学校の「支配的性格」をとらえ、子どものなかにひろがる強迫的登校という問題をえぐり出すものとして評価する。しかし、渡辺の説明では、強迫的登校が今日の子どものほとんどに見られるのに、特定の子どもだけが登校拒否におちいるのはなぜかを明らかにしているとはいえない。かれによれば、早期に危機を察知する直観力の問題とされるが、それでは、登校拒否を社会問題とみることから、再び、個人の拒否能力という個人の資質の問題にされてしまうと批判する。さらに、支配的な学校を拒否することを褒めるのは、登校拒否の子どもを学校体制に対する純粋な反逆者に仕立てあげる危険性を含んでいるとして賛成しない。

では、もう一つの「学校に行きたい」という子どもの思いはどう考えたらいいのか。

竹内は、子どもは「学校に行かなければならない」と思うと同時に、「学校に行きたい」と思っているのではないかという。

ここで、高木の、前思春期から思春期の子どもは、友だちがなければ家庭や学校から心理的に離乳していくことができない、だからかれらは友だちを必要とし、要求するという思春期論を提起する。そして、この高木の思春期のとらえ方は、吉田脩二(＊66)の登校拒否論にも引き継がれているという。吉田は、思春期の特徴の一つに「求群感情」があり、「学校へ行きたい」という子どもの思いは、求群感情から生ずるものであるという。それは、「群を求めながら、究極的には、同等で

第Ⅴ章 「子どもの自分くずしと自分つくり」

はあるが人はみな異質でありそれゆえにこそ自己が自己たりうることを知り、自己形成を推進する」ものである。ところが、その求群感情が、極度の集団規制と序列化を進める今日の学校によって挫折させられ、傷つけられるから、子どもはより学校（仲間）にとらわれるようになるのだというのである。

仲間が思春期になって次第に自我に目覚め、個別化しはじめるようになるときに、学校の序列化にとらわれて、ただ良い成績をとることだけを追求しているような子どもの場合、仲間から評価されずに孤立していくので、この求群感情は満たされることがないという。

竹内は、これは、この時期、子どもたちが親密な友だち関係を核とするピアグループをつくり、それを介して教育家族と学校から自立しようとしはじめることに通じるという。子どもは、このグループをバックに学校的まなざしをまなざし返そうとするのだが、学校適応過剰の子どもはどんなに偽装しても、どのグループからも排除されるか、否定的な評価を受けることになる。そのために、学校仲間という、まなざし返すための重要な手がかりを失うことになり、学校からも友だち仲間からも逃避して、家庭に閉じこもることになるのだという。

それでは、学校教育は、不登校・登校拒否にどうかかわったらよいのだろうか。

先のようにみれば、反分離不安説のいう「学校」は二重構造をなしているといえる。

ひとつは、支配機構の一環としての学校である。それは、特定の価値や秩序、特定のイデオロギーや統制にたいする忠誠・同調競争を組織することで、子どもたちを選別・選抜する。それが、子どもたちを学校適応過剰にし、強迫的登校者にしてしまう。

いまひとつは、前思春期から思春期にかけての、学校から自立しはじめた学校仲間としての学校である。それは支配機構の学校とは対立している学校、「地下」の学校である。

「これが登校拒否の子どものいう『学校に行かねばならない』というときの『学校』と、『学校に行きたい』というときの『学校』なのである。彼らは、ま

---

66) 吉田脩二——（1939〜）精神科医、画家。東大阪市と奈良市の二つの「こころのクリニック」所長として思春期の若者から中高年まで病める人の診療にあたった。著書『人はなぜ心を病むか—思春期外来の診察室から』（高文研、1987年）、『思春期・こころの病—その病理を読み解く』（高文研、1991年）など多数。

さにこの二つの『学校』に引き裂かれているために、登校することができなくなるのである。そうだとしたら、不登校・登校拒否の子どもを指導する場合、この二つの『学校』を取り組みの視野に入れなければならないだろう。」(同135頁)と竹内はいう。

ところが、すでにみたように、渡辺の治療論は、学校原理へのこだわりから子どもを解放していく点に焦点を置くものであるのに対して、高木は、「登校拒否の唯一の特効薬は『登校』することなのです。登校さえすれば、不登校のために派生する二次的な症状は一挙に氷解してしまいます。」といい、学校仲間に参加することにその焦点を置いている。二人の治療における学校の位置づけは対照的なのである。

だが、高木もいつ、どのようにして登校させるかは慎重でなければならないし、登校圧力をかけるのは賢明ではないとしている。渡辺も、教師や学友の訪問や登校督促を否定はしているが、かならずしも全面的に否定しているわけではない。子どもが友人や教師の電話や来訪を避けなければ、登校を促す目的ではなく、個人の立場で遊びに行き、仲間からはずれ、孤立している子どもの孤独の不安を軽減するように協力することは必要だという。

「これは、家庭における子どもの自分くずしと自分つくりに、教師や学友が個人として参加することを勧めるものである。」(同136頁)

「しかし、教師にとっても、また友だちにとっても、これがきわめて困難なのである。どんなに教師が一個の人間としてかれに接しようとしても、ひとつには、教師にこびりついている学校臭さが子どものなかの『学校』を強化する危険性がある。いまひとつには、たとえ教師がそのようなものとしてかれを訪ねても、かれは自分のなかの『学校』を教師に投射して、教師を一個の人間としてみることができないだろうからである。」(同137頁)

「しかし、たがいにこれを超えていくことなしには、かれらは一個の人間同士として出会うことはなく、それがなければ新しい教育空間をつくりだすことができないのであるから、こうした試みはつづけられなければならないだろう。とりわけ、委縮群や境界知能例の不登校が広がっているとき、むしろ教師はもっと積極的に不登校・登校拒否に取り組むべきである。登校刺激を加えてはならないという登校拒否論を理由に、子どもへの取り組みはもう精神科医やカウンセラーの

第V章 「子どもの自分くずしと自分つくり」

仕事であって、教師の仕事ではないと考えるようなものは、いつになっても新しい教育空間を発見することができないだろう。」(同137頁)

もうひとつ、渡辺が「学校に行かないで生きる」ことを主張しているのをどう考えるかである。これは、渡辺の学校に対する絶望の深さ、同時に学校のとらえ方の単純さを示すものだと竹内はいう。そして、これについては小沢勲の見解が示唆に富むという。

小沢は、自分の治療の経験で、学業へのこだわりを捨てても、現代社会に踏み込めないものや、長年にわたって自閉的な生活に終始するものがいることから、「渡辺氏のいわれるように、学校へのこだわりを捨てれば、そこに自己の真の価値が認められる世界が拓かれる、とは私には到底思えません」といい、さらに、「私は現教育状況の厳しさを十分認識しながらも、そのなかでもがき、苦しみながら絶望を切りさく闘いをつづけている子どもたちや教師に、まだまだこだわりつづけ、学びつづけたいと思っているのです。というのは、登校拒否児の出現によってそのクラスの集団が、あるいは学校全体がそのことをきっかけにして＜学校ということ＞を考えなおしてもらえるように、私は学校に問題をかえそうとしてきました」と述べ、だから、「学校に、あるいは市民社会に否（ノン）をつきつけている彼らに、私達は私達自身の生きざまを点検されながら、それでもやはり彼らに自分達をぶつけていくことによって、つきあいつづけていくより他ないように私は思います。」と述べているという。(同138,139頁) そこで竹内はこの章の締めくくりにこう述べている。

「ここには、支配機構としての『学校』という現実にかかわりつつ、それを超えていくたたかいをつづける以外に、強迫的登校と登校拒否から子どもを解放するような『学校』ないしは『教育空間』の発見はないだろうし、魂のなかに根づいてしまった支配者から人間を解放するような社会の発見はないのではないかという思いが渦巻いている。まさに、強迫的登校と登校拒否に対する取り組みは、われわれにそうした課題をつきつけているのである。」(同140頁)

私は、この章を読んで「目から鱗」の思いをもった。幸二の登校拒否に何もできなかったのはなぜなのか、どうすればよかったのかが見えてきたのだ。

幸二の登校拒否は、２年の９月初めの水泳大会の日に欠席したのがきっかけ

だった。電話での私の問い合わせに、母親が「泳げないので水泳大会がいやで休んだのでしょう」と答えた後ろで、「そんなこと言ったら僕は学校に行けなくなるだろう！」と叫ぶのが聞こえた。その次の日からプツリと登校しなくなってしまった。私は家庭訪問して、水泳大会を休んだことはだれも責めていないよと伝えようとしたが、「会いたくない」と言って会うことを拒絶された。それから何度行っても自室にこもって会ってくれなかった。母親によれば、家から一切出なくなったという。完全に登校拒否の症状だと思った。

　この時、私には、水泳大会をズル休みしたと責められるのが怖くて来られない、という以上に幸二の登校できない気持ちが読めなかった。後から考えれば、次のことがいえた。

　幸二の家は、父親はある電気メーカーの部長で、母親は専業主婦、兄は私立大学の付属高校に通っていた。典型的な教育家族だった。幸二の成績は中位だったが、おとなしくまじめで、手のかからない子だった。クラスでも目立たない、問題のない子として見落としていたが、そこに落とし穴があった。彼は、親の期待に応えて良い子でいよう、自分も兄の後を追おうと、竹内のいう家庭化過剰、学校化過剰になっていたのだ。それが、水泳ができないために水泳大会をズル休みしてしまった。みんなに責められるのが怖いだけではなく、「皆と一緒に泳がなければならない」「学校をズル休みしてはならない」という彼のなかに住みついた支配的「他者」がかれを責めて、葛藤を抱えこんでしまった。外と内の他人の目を恐れて家に閉じこもってしまったのだ。そして、今度は、学校に行けない自分を責めて苦しんでいる。まさに、良い子の息切れ型の登校拒否だったといえる。

　私には、自分が支配的他者としてかれの目に映っていることも、彼のなかの支配的他者の目をまず崩していかなければならないこともわかっていなかった。だから、クラス集団に、幸二が出てきても責めないようにという指導はできたのだが、級友にも会わないという彼を迎えに行かせることもできず、そこから先の見通しが立たなくなってしまった。

　そこで、どうしたらよいのか学びたいと思い、校内研修会をお願いし、渡辺位に来てもらって助言を受けたことは先に述べた通りである。今の学校体制が子どもに登校を拒否させているのだから、教師も級友も登校刺激はしないでそっとしておくのがよい、親を自分の国府台病院の登校拒否児の親の会によこしなさいと

第Ⅴ章　「子どもの自分くずしと自分つくり」

いう助言どおりにし、母親もその親の会に通ってくれたが、それ以上は何もできずに終わった。それで、一年後にもう一度渡辺を招いた研修会をやり、何もできなかった残念さを訴えたら、「私は、教師がひとりの人間として訪ねてはいけないとは言わなかった」と答えられた。氏の助言は、詳しい説明はなく、端的に結論を言う話し方だったので、その意味を尋ねることがはばかられて、よくわからないまま終わってしまった。

　この章の終わりの方の、竹内による渡辺説の紹介を読んで、やっとその意味が解けた。

　「登校を促す目的ではなく、個人の立場で遊びに行き、仲間からはずれ、孤立している子どもの孤独の不安を軽減するように協力する」。それが「ひとりの人間として訪ねていく」ということなのだ。つまり、学校へ連れて来ようとする教師の立場を捨てて、一人の人間として遊びに行き、学校に行けない苦しみに共感できる共存的他者として寄り添い、彼の自分くずしと自分つくりに協力しつつ、登校しようと思うまで待ってやればよかったのだ。

　しかし、私の何とかして幸二を学校に登校できるようにしてやりたいという気負いを感じとったから、渡辺は登校刺激を加えないでそっとしておくように助言したのだと思う。

　たしかに、竹内がいうように、教師にも、友だちにも、一個の人間としてかれに接することはきわめて困難だろう。教師には学校臭さがこびりついているし、かれのなかの支配的な「学校」が教師に投射されて、教師を一個の人間として見させないだろうから。

　あの時、自分が一個の人間として、会うことを拒んでいる幸二のもとを訪ねることができたかというと心許ない。そこを渡辺に見ぬかれていたのだといえる。

　しかし、私は、「たがいにこれを超えていくことなしには、かれらは一個の人間同士として出会うことはなく、それがなければ新しい教育空間をつくりだすことができないのであるから、こうした試みはつづけられなければならないだろう。……登校刺激を加えてはならないという登校拒否論を理由に、子どもへの取り組みはもう精神科医やカウンセラーの仕事であって、教師の仕事ではないと考えるようなものは、いつになっても新しい教育空間を発見することができないだろう。」という竹内の言葉に強くうなずいた。

また、「支配機構としての『学校』という現実にかかわりつつ、それを超えていくたたかいをつづける以外に、強迫的登校と登校拒否から子どもを解放するような『学校』ないしは『教育空間』の発見はないだろう」という提起に、よりいっそう自覚的に学校づくりに取り組んでいく決意を固くさせられた。

　ここで話は飛ぶが、竹内のこの書を読み、目を開かれたおかげで、1988年の7月に、行男の登校拒否が起きたとき、素早く対応できたことを語っておきたい。
　その時、私は、教務主任をしていてクラスを持っていなかった。1年生の行男は、28歳の江川昇に受け持たれていた。行男は、6月23日体育の時間の水泳指導を見学し、級友に前の週から一回もプールに入っていないのをとがめられ、プールへ行く途中の女子トイレに隠れてしまい、5時間みんなで探し回る大騒ぎになってしまった。そして、体育のある日の欠席が続き、期末テストは受けたが、7月8日から全く登校しなくなってしまった。
　江川の報告をもとに学年会で話し合った時、私は、みんなに幸二との経験を話し、行男の心情の分析と対応のしかたを提示した。
　行男は1年生ながら169センチ、69キロと大柄、肥満気味で、色白、運動が苦手と、いかにも外遊びをしないで育ったという感じの子どもだった。小学校の成績は、4教科は5で、技能教科はよくなく、特に体育は1だった。友だちもまだできず、クラスで孤立していた。勉強はできて、良い子でいようという気持ちがあったのに、思春期にさしかかった子が、裸で水の中でもがく無様な姿をみんなの前にさらす屈辱に耐えられなくて、プールに入ろうとしなかった。これは幸二と全く同じだった。それを級友にとがめられ、トイレに逃避して場面回避してしまった。すると今度は、水泳を避けてトイレに逃げてしまった自分を級友が責めるだろうと、学校へ行くのが怖くなって登校を拒否することになった。だれも責めないよと言われても、実は、行男のなかに、「学校では先生のいうとおりにしなければならない。みんなと同じことができなければならない」という支配的な他者が住みついているから、先生やみんなが自分を責めるだろうという思いから離れられない。だから、行男のなかからその支配的他者を消す努力をしない限り、行男は学校に出て来られない。教師や級友が、彼にとっての共存的他者として受け入れられる努力をして、学校へ行っても大丈夫、行ってみようと思うまで

第Ⅴ章 「子どもの自分くずしと自分つくり」

待つしかない。学校へ連れ出そうと、教師や級友が家庭を訪ねて働きかけるのは、彼の葛藤を強めるだけだからやめた方がよい。

　しかし、これから夏休みになるので、その間に家庭を訪ねても学校に連れ出しに来たとは受け取られないだろう。まずは、担任の江川が週に１、２度部活指導の帰りにでも遊びに寄って、なにか遊びをしながら何くれとない話をして帰るようにして、親密な他者として受け入れられるようにしよう。その合間に、他の教師も遊びに寄って、みんなが彼とのパイプをつないでいくことにしよう、と提案した。

　私は、幸二のとき、一人で抱え込んで苦しい思いをしたので、若い江川に一人で抱えて苦しませたくないと思い、学年みんなで取り組むことにしようと考えた。

　学年の６人はみんな了解して、私の提案どおり実践されていった。江川は将棋を、江川と同い年で行男の連珠部顧問の丸田光治は連珠を、私はオセロをして遊ぶというように。

　夏休みの間に、江川をはじめ、行男と学年教師との間には親密さが通い始め、宿題を全部やり上げた行男は、教師を頼りに登校しようと思い始めたようだが、父親の強い登校刺激の結果と級友への不安が解けていなかったために、９月からの登校はかなわなかった。

　そこで、私たちは、２学期以降も同じ方針で臨み、気長に学年教師や級友たちとの親密なつながりを重ねる取り組みをつくり出し、行男の踏み出しを待った。その結果、８ヶ月たって、ついに３学期の終業式の日に行男は登校してきた。

　２年生になって、江川の事情で担任は一緒に取り組んできた丸田に代わった。はじめは、学校の中のみんなの目への被圧倒感からか、保健室登校という試みになったが、新しい級友とのつながりを深め、スモールステップを踏ませて一つ一つの行事を乗り越えさせて、教室にも入れるようになり、休むことなく一学期を終えることができた。一学期の終わりに、本人も「もう大丈夫」と書き、丸太も「いつの間にかクラスの一員になっていた」と書いた。それ以後、３年の最後まで安定した中学校生活を送って卒業していった。

　なお、この実践は、支部教研、都教研を経て全教の第１回全国教研の「不登校・登校拒否」特設分科会に報告し、注目を受けた。その後、求められて高垣忠一郎・藤本文朗・横湯園子編『登校拒否・不登校』第２巻中学生編（労働旬報社、

1995年刊)のなかに書かせてもらった。実践の詳細はそちらを参照されたい。
　そればかりか、この後転勤した西葛西中学校で、竹内理論の私の学びとりと行男との体験を学年のみなさんに役立てることができた。
　2年生の学年主任のクラスで和則の登校拒否が、また、3年生で女性担任のクラスから満男の登校拒否が起こったときに、私は副担任だったが、行男との体験をそれぞれに話して、決して再登校を急がせず、本人の回復と立ち上がりを信じて、それに役立つ支援をしていくことを話した。両担任とも理解してくれ、和則と満男の自己充電を待ちながらつかず離れずの接触をしてくれ、二人が再登校に踏み出したときに温かく受け入れるクラスの体制作りをしていったので、二人とも一年、半年経って再登校してきた。そして、それぞれに進路を自分で考えて進学していくことができた。

　長い紹介になったが、この竹内の『子どもの自分くずしと自分つくり』という労作が、どれだけ現場人の目を開き、実践に導いてくれたかのひとつの証左として報告しておきたかったのである。

第Ⅴ章　非行・不登校と思春期統合

　ここでは、非行・不登校の子どもたちの自分くずしと自分つくり（思春期統合）とはどのようなもので、われわれはそれにどのように手を貸すべきかを明らかにしている。
　まず、非行・不登校に落ち込む子を二つのタイプに分けている。
《学校適応過剰の子どもたち》
　そのうち、優等生の息切れともいわれる思春期初発型の不登校または急性の非行の子どもは、総じて素直で、まじめな「良い子」である。多くの場合成績もよく、リーダー的な存在であることが多い。
　かれらのこうした特性は、親や教師、家庭や学校が意識的、無意識的につくってきたものである。今日の家庭は学校をつうじて能力主義教育の傘の中に吊り上げられているために、大なり小なり教育家族になっている。親は、意識的、無意識的に子どもを小さい時から学校的な価値基準によって教育している。子どもの自発性や自主性を尊重するふりをしながら、それとなく能力主義に子どもを誘導

第V章 「子どもの自分くずしと自分つくり」

している。だから、子どもは早くから親の期待や思惑に素直に従おうとする、素直で、まじめな子として育つ。

その子どもが学校に行くようになると、今度は、教師と同じ関係を結ぶようになる。今日の学校は、かれらを学力競争、忠誠競争に駆りたてるので、教師は子どもの自然なものの見方・考え方・感じ方・行動のし方を無視し、抑圧する傾向を持つ。このため、子どもは自分が無視され、ふりおとされるのではないかという不安と不確実感を持ちながら、教師の要請に敏感に応えようとして、教師の指示や命令にすかさず応答するようになり、学力・忠誠競争にのりだしていく。かくして学校適応過剰な子どもがつくられていく。それでいながら、やがて学校の選別・選抜体制のなかで、自分は学校適応不足だという思いへ突き落されていく。

《学校適応不足の子どもたち》

他方、幼・少年期から、家庭崩壊や貧困のために、行動のみだれを見せる子どもの場合、親との間に充実した依存・甘えの経験がないか、親から虐待されてきた子どもが多い。

かれらは人生のかなり早い時期に、自分の欲求や感情、自発性や自主性を親によって拒否されたり、ねじ伏せられたりしてきたために、早くからストレス、欲求不満、心理的葛藤から身体的な異常や行動のみだれ、精神的なみだれを見せることがある。

これらの子どもも学校に行くようになると、親と取り結んできた対人関係のし方を学校に持ち込むから、早くから学校適応不足という傾向を示すことになり、学校からきびしい統制を受けることになる。その結果、かれらは学校適応不足でありながら、学校に過剰に適応しようとさせられていく。しかし、かれらは良い子になれるわけではないから、偽装をしていく。

その偽装の消極的なものは、強迫的に学校の秩序や教師の要請に自分を合わせ、たとえば時間割や忘れ物にこだわって明日の支度に長時間かけたりする。おとなしいだけが取り柄の子どもたちである。その極端な典型が学校緘黙症の子どもであるという。

積極的なものは、自分の家庭の問題をひた隠しにして、嘘で飾って中流階層の学校仲間と交わったり、「ひょうきん族」を装って、学校の中で一定の位置をしめようとしたりする。

いずれにしても、かれらの偽装は学校適応不足からくる不安をさけるための強迫的な過剰防衛であり、それでもって学校に過剰適応しようとするものである。
　ここから、前者のできる子たちは、本質的には望んでいない勉強を強迫的にくり返す「強迫的履行者」と、後者の学校に受動的に服従するおとなしい子は、「強迫的黙従者」ということができるという。
　「このようにみてくると、学校適応過剰の子どもも、学校適応不足の子どもも、本質的には学校適応過剰であると同時に、学校適応不足なのである。……それがやがて行動のみだれを生みだしていくことになるのである。」(同155頁)
《自分くずしとしての不登校・非行》
　学校適応過剰・学校適応不足の子どもは、総じて親や教師、家庭や学校を支配的な他者として自己のなかにとりこんでいる。このために、かれらの自我はこの支配的な他者に呑み込まれて、すすんで自己を抑圧し、他者の要請に合わせたニセの社会的自己をつくっていくようになる。ここにかれらを強迫的にする理由があるという。
　かれらの自我は、支配的他者に呑みこまれるために、はげしい不安と無力感にとらわれ、自己を防衛するために強迫的な防衛に出る。まずは与えられた規則や道徳に権威主義的に従う。今日の少年期の子どもが規律正しく、おとなしいのはこのためである。
　しかし、少年期が終わりはじめ、前思春期がはじまる小学校高学年になると、子どもたちの中から行動のみだれがはっきりと出てくる。
　そうなるのはまず第一に、学力・忠誠競争の第一ラウンドがこの時期にほぼ終了し、学校適応過剰の子どもたちの大半は、否応なく学校適応不足になるからである。第二には、思春期の到来のなかで、かれらの抑圧されつづけてきた自己が、内なる他者の目をかいくぐってもれだしてくるからである。これが家庭や学校の秩序に反するものとして噴き出してくると、かれらは学校適応不足だと非難され、また自らも非難するなかで、ますます自分と外界を強迫的にコントロールしようとする。しかし、かれらの学校適応不足は覆しようもないものとなり、内からの衝動がかれらのコントロールを超えてあふれ出てくる。
　そうして、親や教師、家庭や学校とのトラブルとなっていく。「そうしたとき、ある一線を越えていくものが出てくる。それは、ある子どもの場合は登校拒否宣

第Ⅴ章 「子どもの自分くずしと自分つくり」

言となり、他の子どもの場合はツッパリ宣言となる。閉じこもり、または反抗によって、かれらは、親や教師、家庭や学校ととりむすんできたこれまでの関係をこわしつつ、支配的な他者に呑みこまれてきた学校適応過剰の自分をくずしていくのである。」（同159頁）

《不登校・非行のなかでの思春期統合》

ここで、「思春期統合」という用語について、「思春期における自分くずしと自分つくりのことを、思春期における人格の再統合（思春期統合）という」（同181頁）と竹内が説明しているのを先だって紹介しておく。

さて、では、不登校・非行の子どもたちはどのように思春期統合をしていくのだろうか。

「不登校の子どもたちは、学校的なまなざしを避けるために家庭に閉じこもり、家族がそれを許さないで登校刺激を加えてくると、攻撃的となり、家族からもひきこもりはじめる。そこには、学校に対する拒否だけではなく、登校刺激を加えてくる家族に対する拒否さえある。しかし、そうした拒否は思春期統合をはじめた自分をありのままに受け入れてほしいというかれらのはじめてのなまの要求である。不登校のなかで、かれらははじめて自分をつきだしはじめたのである。」「かれらはたしかに現実の親に対して反抗しているのであるが、それと同時に内なる支配的な他者に対しても反抗しているのである。」「かれらの反抗は、内面における他者と自我との争い、また、他者のなかに呑みこまれてきた自分と、それから離脱しようとする自分との争いを象徴してもいるのである。」（同159頁）

そればかりか、かれらは親とのこれまでの関係、内なる他者とのこれまでの関係をくずしていくために、退行をし、幼児がえりをすることもある。

「そうするなかで、かれらはありのままの自分を共感的に支持してくれる他者と出会うことのなかで、はじめておずおずとありのままの自分を差し出すことができるようになっていく。」「こうした対人関係の組みかえのなかで、かれらは他者との信頼関係を回復し、その他者に支えられて、自己を主張・表現することができるようになっていく。それとともに、これまでかれらを囲いこんできた学校と訣別していくことができ、自分にとって必要な学校を発見していく。」そして、「学校に行く・行かないという問題を、自分の自主的な判断の問題とすることができるようになる。」（同160頁）

「他方、非行に走る子どもは、青年文化や『非行』文化によって武装し、ツッパリ仲間を支えにして、学校的なまなざしと対決していく。しかし、親も教師もかれらに追いうちをかけるために、かれらはますます結束を強めて、家庭や学校を拒否していく。かれらは行動こそ異なるが、不登校の子どもたちと同じく、学校や家庭を拒否し、それから離脱しようとしているのである。」「かれらは仲間とともに学校を拒否することをつうじて学校適応過剰・学校適応不足の自分をくずしにかかると同時に、その仲間のなかで新しい自分をつくろうとしているのである。」(同161頁)

ここでいう、ツッパリの子が学校を拒否しているというのは、現実には学校に出てくるのだが、それは仲間のいる地下の学校に出てくるので、制度としての学校には心理的には欠席していることを言っている。だから、かれらは「学校に行っている元気な登校拒否児」といってよく、その意味では、非行と不登校とはまったく別種のものではないという。

では、われわれは不登校や非行の子どもの思春期統合にどうかかわっていくべきなのか。

《信頼関係の回復》

「このようにみてくると、不登校の子どもや非行の子どもに対する援助・指導の目的ないしは内容は、かれらがその思春期統合の試みをまっとうすることができるようにすること、いいかえれば、かれらが外的にも、内的にも学校的なまなざしから自立していくことができるようにすることである。そうだとすれば、すべての援助・指導の方法はこの目標ないしは内容に規定されたものでなければならないということである。

これに照らして考えるとき、援助・指導するものにとってなによりも重要なことは、かれらがこれらの行動をつうじてどのような思春期統合を追求しているのか、かれらの対人関係の組みかえと自己の解体・再編成がどのような過程と段階にあるのかを見定めることである。そして、その過程と段階にふさわしい方法的対応を工夫していくことである。」(同162, 163頁) だから、親や教師が、不登校や非行をやめさせることだけにとらわれるのは間違いであるという。

いたずらに子どもに学校適応過剰を強いる意味でまちがいであるが、「とりわけ、教師による体罰や暴力的指導は、かれらの自立の試みを力によってねじふせ

第V章　「子どもの自分くずしと自分つくり」

るものとなるために、かれらの他者に対する信頼を根底から破壊し、かれらの人間としての尊厳を根こぎすることになる。」(同163頁)

「不登校や非行のただなかにある子どもにあっては、親と子、家族と子との、または教師と生徒、学校と生徒の関係は断絶している。それを自覚するならば、いま一度親と子の関係、教師と生徒との関係をはじめからつくり直していくこと、それも人間的な信頼の関係としてつくり直していくことが課題とならなければならない。……それは至難の業である。すでに述べたように、かれらが内なる他者を投射してくるために、教師はかれらから敵視され、敬遠されるからである。」「しかし、信頼関係をつくることはけっして不可能なことではない。というのは、かれらは親や教師と全面的に対立しながらも、思春期統合の試みをありのままに受けとめ、意味づけ、はげましてくれる、共感的で支持的な他者が現実的にも、内面的にも登場してくれることを願っているからである。」(同164頁)

でも、この可能性の現実化はきわめて錯綜した過程をたどるという。

子どものなかに教師や学校は、あるときは抑圧するものとして、あるときは支持してくれるものとして、いつも二重に映っているから、かかわれば抑圧だと受け取られ、かかわらなければ見捨てられたと受け取られる。

「だから、子どもが教師を信頼するようになったとき、かれらはしばしばこれまでよりもはげしい逸脱行動を見せることがある。それは、かれらがこの教師はどこまで自分を追いかけてくる教師であるか試しているのである。」「そうであれば、教師はかれらの『試験観察』に耐えるだけでなく、そのハードルをのり越えなければならない。それができなければ、教師はかれらのなかの支配的な他者に代わるものとして、かれらのなかの教師像を撃つものとして、かれらのなかに根づくことができない。」(同165,166頁)

また、信頼関係ができた後のことについて、竹内は次のように語っている。

「たとえ子どもとの一応の信頼関係ができたとしても、教師は決して焦ってはならない。とりわけ、教師が言葉で一方的に子どもを責めたり、理屈でかれらをねじ伏せたりしてはならない。また、事件のあった後に、子どもに無理に語らせたり、綴らせたりするのも避けた方がいい。自分の言葉でない言葉でまじめ宣言やたてまえ的な反省をするだけである。

そうした性急な取り組みに走るよりは、教師は、かれらの象徴的な行動からそ

の意味を一つひとつとり出していくようにした方がいい。また、かれらの対人関係のトラブルの一つひとつをほどいていくことのなかで、かれらからもれ出る言葉や感情に注目し、それらを肯定的に評価していく方がいい。そうすることのなかで、かれらが教師に対する不信をのりこえ、身体的にも、感情的にも、また精神的にも自己を表現・主張することができるようにしていくことの方が大切である。」（同 166, 167 頁）

 そして、信頼関係が安定してきたら、本格的にかれらと言葉で接し、論理的な説得や論争をしてもいい。また、自分くずしのなかで果てしなく自己解体へと落ちこんでいく子どもには、毅然として必要な要求を提起すべきである、という。

＜友だち関係の発展＞

 ところで、不登校や非行に取り組む教師は、こうした個人指導と並行して、かれらの友だち関係や、それを包んでいる子ども集団への集団的指導もしていく必要があるという。

 まず、学力・忠誠競争に、また文化支配に対する同調競争に積極的に乗り、その中の勝者になって優位に立とうとする、そればかりか、自分の優位をおかすものに攻撃的となり、自分より劣位のものに迫害的となる「強迫的履行者」の子どもは、心を許した友だちをもつことができないでいる。

 他方、だれとも関係を持とうとせず、自分を閉ざしている「強迫的黙従者」の子どもも、心を許した友だちができるわけがない。いや、そればかりか、かれらはしばしばいじめ・迫害の対象にされてしまうことがある。

 「そうだとするならば、かれらを指導していく場合、かれらのささくれだった友だち関係を、またかれらの自己閉鎖的な友だち関係を、心身ともに開かれた、親密な友だち関係に転換していくことが、援助と指導の課題になる。」（同 172 頁）

 親密な友だちが必要なのは、それが自分を映してくれる鏡になるからである。子どもは、親密な友だちに自分のさまざまな問題を持ちこんでいったとき、それに対する友だちの反応や態度に照らして、自己を見つめ直し、自己をつくり直そうとする。また、友だちの価値的な評価を介して、自分の価値判断を決めようとする。そうして、親や教師によって統制されてきたこれまでの世界から、かれら独自の世界を開いていく。そのように、親密な友だち関係は心理的離乳と自立の根拠地になるのである。

第Ⅴ章 「子どもの自分くずしと自分つくり」

「そうであるならば、教師は、ツッパリ仲間にみられるような、閉鎖的な仲間関係を一方的に解体するのではなく、かれらに真に親密な友だちとはなにかと問いぬかせることをつうじて、それを組みかえていく必要があるだろう。」という。(同173頁)

しかし、こうした指導は、この時期のすべての子どもに必要なのである。すべての子どもが、親密な友だち関係をつくるなかで、選抜・選別原理を越えた学校生活を集団的につくりだしていくことができるような指導がいま求められているという。

「それと同時に、教師は、不登校や非行の子どもを差別視したり、敬遠している子ども集団に対して、不登校や非行がけっしてかれらだけの問題ではないこと、とりわけ、かれらがそのなかで追求している自分くずしと自分つくりは子どもたちみんなの問題であることを明らかにし、かれらの思春期統合の試みに対する共感を組織していくことである。」(同174頁) そのなかで、みんなのなかにひそむ学校適応過剰と学校適応不足を問題にし、それから自立していくように指導していく必要があるという。

終章 現代社会における思春期統合

第Ⅵ章でなく「終章」としたのは、この章が全体のまとめになっているからで、今まで述べてきたことの繰りかえしになるところも多いので、この章の紹介は省略したい。

4．家庭と地域の再建の可能性

全生研は、80年代になって続発した校内暴力、いじめ、登校拒否といった子どもの問題行動の背景の一つに「家庭崩壊」があると考え、また、行政による地域生活の破壊があると考えた。80年代初頭にうち出された中曽根内閣の新自由主義の臨調・行革路線が、経済と社会的サービスの切り下げを断行し、それが社会の中下層の生活破壊をつくり出し、家庭崩壊を生みだした。また、地域コミュニティの崩壊を進行させたといえる。

そこで、『生活指導』編集部は、「ドキュメント・家庭崩壊の中の子ども」を、

1984年8月から85年3月まで9回連載し、家庭崩壊の実体と子どもたちへの影響を明らかにした。

さらに続けて、家庭をとりまく地域の教育力の回復のために、地域の再建の可能性の探究もなされた。それらの探究のあとを竹内論文によって見ていくことにしよう。

1) 竹内常一「現代家族の現実と課題—家庭崩壊と教育の再建—」
(1985年1月号336号特集「家庭崩壊にどう取り組むか」)

(1) 現代家族の登場

竹内はまず、経済の高度成長期を通じてつくりだされた日本の家族の根本的な変質と変貌を、戦前家族との対比で「現代家族」とよんで、その違いを説明する。新しい家族をふつう「核家族」とよぶが、それを使う核家族論者の賛美の色合いに疑問があるので、ここでは「現代家族」とよぶことにしたのだという。

戦前の家族は、前近代の家族とは比べようもないけれども、その農業家族に見られるように、機能的には、生産と消費の機能を中心にして、性、生殖、養育、生活保障、宗教・儀式、娯楽などの機能を総合的に持っていた。そして、構造的には、家督相続制を前提とする直系家族・世代家族の形態をとり、イエの永続を重視して、家父長の支配と家族の服従という権力構造、性別と家族内地位別の分業という役割構造、そしてイエへの全人格的、情緒的な一体化を強いる情緒構造を持っていた。

このような戦前家族は、明治国家が家族主義的な天皇制国家と、日本資本主義の基礎的単位としてつくりあげた家族だったために、工業化の進展の中で労働者家族やその夫婦家族（核家族）が増加しても、直系家族は家族の理念型とされ、家族の民主化は進まなかった。

ところが、戦後改革の中で、この半封建的な家族制度は、理念的にも法律的にも否定され、財産の均分相続制、夫婦家族・一代家族、男女合意による結婚、男女の平等が提唱され、家族はイエ制度から解放されるかに見えた。だが、戦後10年間、家族の「近代化」、民主化は進展しなかった。国民が戦後の生活防衛に追われるなか、戦後反動がイエ制度の温存、復活をはかり、家族主義的な社会規範を強化しようとしたからである。

第Ⅴ章 「子どもの自分くずしと自分つくり」

　しかし、1950年代後半から、国家と独占資本が一体となって工業化を猛烈に推進し、経済の高度成長を追求しはじめるにつれて、企業の労働力需要が高まり、全国の農村地帯から都市へ、特に東京・大阪・名古屋の三大都市圏へと急速に人々が流入しはじめ、新しい家族を構成するようになった。これを竹内は、統計資料によって裏付けてみせている。

　この結果、戦前の家族は急速に解体しはじめ、家族は前近代と近代の混淆形態から一挙に「核家族」とよばれた現代家族へと変質・変貌しはじめたのである。

　この事態は、農民家族の減少と労働者家族の激増を意味すると同時に、核家族化・小家族化をも意味しているが、このなかで家族は機能的にも、構造的にも根底から変化した。

　機能的には、かつての総合的な生活機能を失い、単純化された。生産的機能を失い、消費的機能だけをになう家族へと変貌した。ということは、家族はその消費機能を通じて労働力の再生産、新しい労働力の世代的再生産、そして老朽労働力の生活保障を果たす単位となったのである。こうした家族の変質は、農民家族においても進行し、特定の商品としての農作物の生産以外は、全て商品化に依存して消費生活を営むようになった。

　次に、そうした家族は、その消費機能のほとんどを商品化に依存するようになるとともに、他方では、社会的共同消費手段（生活道路、公共住宅、上下水道、エネルギー、学校、保育所、医療・保健施設、文化・スポーツ施設など）と、公共サービス（教育、医療、保健、社会保障、社会福祉など）に依存してその消費機能を果たさなければならなくなった。ということは、生活の共同化、社会化が進み、家族の機能は、性と生殖、経済（消費）と教育の一部に単純化されるようになったのである。

　これにともなって、構造面では核家族化、小家族化が進行していった

　こうした家族の外部構造の変化と並行して、その内部構造も変化しはじめた。つまり、家父長支配から、夫・妻それぞれが自律的に決定して実行できる生活分野を持つ「自律型」へ、役割構造は、夫は就労・妻は家事・育児にあたる性別分業へ、情緒構造は、愛情関係を中心とする友愛家族・仲間家族へと変化したと評価された。ここに、これらの構造変化を、戦後改革の家族の民主化、近代化を現実化したものとする核家族賛美論が登場してきたのである。

(2) 現代家族の現実とその評価

こうして登場した現代家族は、「一部の家族論者によって家族の民主化と評価されたような『核家族』であったのか、たとえそうだとしても、それは石油ショック後の経済の低成長期においても、『核家族』として発展・成熟をとげていったかというと疑わしい」と竹内はいう。(336号15頁)

家族の構造からみると、高度成長期に核家族化、小家族化は進行したが、低成長期に入ると、統計でみると停滞または逆転しているし、小家族化にもブレーキがかかっている。

さらに、夫婦家族と三世代家族の所帯構成比は、77年で非農耕地帯では62％：12％であるのに対して、農耕地帯では33％：53％であるので、核家族化は非農耕地帯、とりわけ、雇用者所帯では進行したが、農耕地帯では進行しなかったことがわかる。

では、こうして進んだ労働者家族の核家族化、小家族化は、労働者家族が望んだことだったのか。ここで資料をあげて、親が理想とする子どもの数が、1964年には3人が53％で最多だったのから、年々減って1979年には2人が43％で最多となったこと、実際の女性の出生力も1960年が3.2人だったのが、1980年には2.0人になったこと、を示している。そうなったのは、収入が少なく生活が苦しいから、子どもの教育にお金がかかるから、母体の健康を守るため、住宅事情が悪いからなどの理由からであると親たちは答えている。

労働者家族の核家族化、小家族化はまた、その父母を老人家族または老人単独家族として切り離すことによって成立したものである。

ところで、アメリカの社会学者T・パーソンズ[*67]も核家族を、成人のパーソナリティの安定化、および男女両性の性のバランスの調整、そして子どもの社会化にもっともふさわしい現代社会の基礎的集団であるとしたが、その前提としていたことは、夫は就労、妻は家事・育児という役割構造、つまり、性別分業にもとづく家族であった、という。

「しかし、そのような核家族がこの30年の間に生じたかというと、答えは明らかに否である。夫・父は、長時間労働と長時間通勤、転勤と単身赴任、日本型

---

67) T・パーソンズ——(1902〜1979) アメリカの社会学者。ハーバード大学で教鞭をとった。かれの社会学は機能主義の社会学と言われる。

集団主義とよばれる家族主義的な労務管理、能力給の導入と低賃金、能力主義的な勤務評定、企業内福祉などによって企業にまるがかえにされて、『モーレツ社員』『会社人間』となっていった。そのために、家族・家庭における夫不在、父親不在という状況が生じた。農民家族でも出かせぎは普通となり、同じ状況が生じた。」

「他方、実質賃金が上昇しない中での物価の上昇、社会的共同消費施設と公共サービスの不充実、そして消費革命のなかで強制される欲望の肥大と新しい型の消費などのなかで、現代的な貧困とたたかわざるをえないために、妻・母が就労しはじめた。ここに共稼ぎ・共働き家族が生じはじめた。」

「こうしたなかで、就労した妻・母は、労働と家事・育児という二重の役割を背負い込まなければならなくなり、妻・母は女性の自立をかけて性別分業という差別的な家族の役割構造に挑戦しはじめた。ということは、これらの妻・母にとっては、核家族論者によってとなえられた性別分業と愛情関係に立つ『核家族』は、家族の民主化でも近代化でもなかったということになる。」と竹内はいっている。（以上同18頁）

(3) 現代家族の危機と課題

このようにして、労働者家族は、一人の子どもと老人夫婦を犠牲にすることによって核家族をつくったのであるが、それでも家族として自助・自立を達成できず、生活の必要から共稼ぎ・共働き家族として自己を構成するほかはなかった。

しかし、ここに性別分業をのりこえようとする新しい現代家族としての可能性があった。女性の就労は女性の自立をうながし、性別分業の家族からの女性の自立は、その対極に男性の企業からの自立を要請し、さらに家族に国家と独占資本の下請け制度としての家族からの自立を要請してくるものであった。

だが、それは一筋縄でいくものではなかった。前にみたように、現代家族の機能は、生産的機能を企業に移して失い、消費的機能の大半も商品化と、社会的共同消費施設および公共サービスに依存するものとなり、パーソンズのいう成人のパーソナリティの安定化と子どもの社会化の二つの機能だけになった。その二つの機能は、核家族論者によれば、性別分業に立つ夫婦の愛情関係によって保障されるというものであったが、70年代後半以降の現代家族の現実はその二つも崩れたことを示している。離婚・別居による家族の構造的崩壊と、非行、登校拒否、

無気力などの子どもの発達的危機に示される家族の機能の崩壊が激増した。これは、夫婦の主体性の欠如や経済の低成長以来の新旧二重の貧困の深化によるものではあるが、より根本的には現代家族の成り立ちから抱えていた矛盾にもとづくものである、といって二つの虚妄性をあげている。

　第一は、「成人のパーソナリティの安定化」の機能だが、現実には性的分業にもとづいて男女差別を固定化し、そこに女性を拘禁した。妻は尽くせば尽くすほど夫に奪い取られ、夫はますます企業に拘禁される。家族はまるごと企業の労働力再生産要求に従属し、下請制度となる。その最底辺にいる妻のパーソナリティの安定化は崩されていく。ここから、妻の人間としての退廃と、人間としての反逆という二つの方向が生まれた。同時に、子どもの発達のくずれと、自立へのあがきも生みだしてきた。

　第二は、「子どもの社会化」の機能だが、対外的な社会的役割から疎外された母は、子どもと情緒的一体化を強め、子どもの自立を妨げるようになる。そうした中で親は、性的分業という男女差別観と、企業への全人格的奉仕という労働観を子どもに与えることもする。

　そればかりでなく、家族の教育機能を社会化した学校教育は、母親を教育ママへと固定化しがちで、親は学校の能力主義教育を無批判的に吸収し、子どもに権威主義的に立ち向かう。その結果、親子関係の葛藤はつねに破局への危機をはらむものとなった。

　もうひとつ、現代家族の解体的危機をすすめたものに、社会的共同消費施設および公共サービスの充実を国家がさぼったことがある。高度成長期の住民運動が昂揚し、国家に一定の譲歩をさせた1970年で見ても、産業基盤への投資と個人の生活基盤への投資の比率をアメリカと比べてみると、アメリカが14％対66％であるのに対して、日本は38％対49％と、生活基盤の充実を後回しにしてきたことがわかる。そしていま、臨調・行革路線でそれがより切りさげられようとしているので、家族の生活困窮がさらに進もうとしている。

　そうみてくると、「核家族は成立当初からその生活基盤に危機をはらんでいたのであり、その危機が行革・臨調のなかで現実化しはじめたのである。」という。(同21頁)

　では、現代家族の展望はどこにあるのか。

第V章 「子どもの自分くずしと自分つくり」

「現代家族は、その構造面で性別分業をこえる可能性を持つ共働き家族をつくりだしたように、それは機能的には、生活の公的・民主的共同化を追求する、社会に開かれた地域住民（市民）としての家族をつくり出し、国家と独占資本によるパーソンズ型家族の押し付けを拒否してきた。」しかし、いま、現代家族は岐路に立たされているという。「行革・臨調のなかで、……国家と資本の下請的な基礎単位として再編されて、軍拡、大企業優先、福祉切り捨ての下支えとして、構造的、機能的にも解体していくのか、それとも、それが家族員と住民の自立と共存と連帯の根拠地として自己を再編し、生活の公的、民主的な共同化、社会化と、平和を追求する現代民主主義の基礎的な集団となるかの岐路に立っている」。「現代家族は未熟であるがゆえに、その試練のなかでたえず家族の解体と再編成を経験することになるであろうが、後者の道を追求していく以外に、現代家族が民主的家族として自立していく道はない。そして、今日の荒廃した教育の再建はその道にそうてのみ開かれていくといえる。」と竹内はいっている。（同21頁）

次に、竹内は、この最後に述べた岐路の後者の道を切り開こうとする試みが、地域住民によって始められていることに注目し、「地域生活指導運動」としてとり出して見せた。

その「地域生活指導運動」をはじめて提示した第27回全国大会基調提案の冒頭部分と、それを補強した竹内論文「地域生活指導運動とはなにか」を取り上げておこう。

2) 第27回全国大会基調提案「生活と公教育の危機に対して、地域と学校をつらぬく生活指導の原則を明らかにしよう」（1985年8月号344号）（文責竹内常一）

(1)「行政改革」と「教育改革」の本質

「行政改革」は、日本型福祉社会と総合安保体制の確立を目的とし、60年代の「企業国家」、70年代の「福祉国家」から、「軍事・企業国家」に転換させようとするものである。

そのために、「行革」はこれまで人びとがつくりあげてきた、全生活分野における民主的な公共性と住民自治を解体しようとして、次のように展開されている。

第一には、「行政を住民自治、議会制民主主義から切りはなし、それを独占資

本の利益に奉仕する官僚主義的な集権分権体制に切りかえてきた。同時に、『分権化』と『参加』のしくみを通じて、労働者、住民の体制内化をすすめ、」「労働運動の右寄り再編と、草の根保守主義の復活・再編がすすめられ」てきた。

第二には、「これまでの独占資本向けの公共投資から生じた財政危機を、すべて福祉政策のせいにすることによって、社会福祉、社会的共同消費手段と公的サービスに対する公的責任を切り下げ、行政の自由化、民営化、『自助努力、・相互扶助』などによって『日本型福祉社会』なるものをつくりあげようとしている。」

第三には、「超過課税、受益者負担、自由化による大衆課税の基礎の拡大、さらに新税、大型増税によって立て直されるとされている財政を、ハイテクノロジー国際競争にむけての産業構造の再編、独占資本の海外進出、軍拡・冷戦体制の強化に向けて」動員し、「総合安保体制」を確立することを目ざしている。(344号 13,14頁)

では、「教育改革」はというと、臨教審が掲げている「教育改革」の課題は、たたまえの上では、教育の荒廃の克服にあるが、実際は「行革」が追求している「軍事・企業国家」にふさわしい教育制度をつくり出そうとして、次の四つを課題としている。

第一は、「高度の科学技術化、情報化の中で産業構造の再編を進めている独占資本のマンパワー要求を受けて、教育をさらに強力な選抜・選別の機構へ、労働力養成管理の機構に仕立てあげていくことである。」

そこでは、60年代の技術革新に対応する要素的な「能力」観ではなく、「軍事・企業国家」への忠誠心につらぬかれた総合的な能力・人格という新しい「能力」観がうち出された。

第二は、「多様化から生ずる学校教育の複線化、複々線化にスジをとおすために、『軍事・企業国家』の道徳・イデオロギーの教育を全学校のなかに確立していくことにある。」それは、教育の画一化を一層強め、一元的尺度による忠誠競争を強いるものである。

第三は、前記二つの「教育改革」をするのに、「行革」と同じ手法、すなわち「教育の自由化」を臨教審は審議のなかで出してきた。教育における公的部門、すなわち公立学校の縮小、教育への私的企業・第三セクターの導入、そして教育

の任意団体への委譲の三つの方策がそれである。

　第四は、「このような教育の多様化と画一化、そして教育の自由化・民営化をつうじて憲法・教基法にもとづく国民の教育の権利とその民主的な公共性を破棄していくことである。臨教審が、戦後教育改革を平等主義、画一主義として非難するのは、憲法・教基法のあるかぎり、教育を『軍事・企業国家』の利益に利用できないからである。」（同15,16頁）

　このように、臨教審の施策が具体化されると、「教育は公的部門、私的部門、民間部門の三つに分割されて、公立学校は貧民を管理するための、安上がりの教育機関にされ」、「公立学校は、子どもと住民の教育権、発達権を保障できないものになるだろう。」（同17頁）

(2) 住民・子どもの生活と生活指導
①地域生活指導運動の登場

　60年代後半から70年代前半にかけて、住民は、生活の公共部門化を求め、社会的共同消費施設とサービスの公的保障を一定程度かちとってきた。それによって、中間階層が一定の生活水準と個人主義的生活様式を確保し、ちょっぴりの満足を獲得してきた。

　しかしながら、「行革」が進行するにつれ、「人びとは、共働き、多就業、長時間労働、生存競争、借金などの生活構造のゆがみを全身に背負って生きているために、ひとたび健康問題、失業問題、老人問題、家族問題、経済不況などにさらされると、いっきょに生活破壊、家族破壊のなかにまきこまれ、生活の再生産が不可能になるような状況」になった。「中間階層」も二極化しはじめ、低所得層、貧困層が増加し、ちょっぴりの満足の背後に、絶望的な危機が口をあけているようになった。（同17,18頁）

　「こうした状況のなかで、住民の生きる権利を掘りおこし、住民の合意の民主的形成を介して、生活の共同化をすすめ、新しい民主的公共性をつくり出そうとする、第二段階の住民運動ともいうべきものが、各地にひろがりはじめている。それは、これまでの基地反対闘争や公害闘争のようなハードな運動をひきつぎながらも、地場産業による地域おこし、地域医療による地域づくり、文化やアメニティ（自然や原風景をも含む快適な環境）を求める都市づくり、生協運動による新

しい『生活の質』の追究、親子劇場による文化づくり、ミニ・スクールによる民間の教育づくりなどのソフトな運動をひろげつつある。」(同 18 頁)

こうした新しい住民運動の広がりと共に、福祉、医療、看護などの公私・民間の部門、また生協、農協、労組などの大衆団体の中から、自分たちの規定の任務の範囲を越えて人びとの生活に参加し、人びととともに生活問題、家族問題、地域問題を解決し、ともども民主的な権利主体、主権者主体に育ちあっていこうとする「地域生活指導運動」と呼んでよい運動が広がりつつある。たとえば、地域医療にかかわる看護師が、家族崩壊寸前の病気の老人夫婦、障害者の娘の三人家族に、ケース・ワーカー、保健婦、特別老人ホーム関係者と連携して取り組み、この家族の生活を指導・援助していった例などがある、という。

(以下略)

そこで、「家庭や地域における子どもの生活を指導する場合でも、教師は、親はもちろん、地域の公私・民間部門の生活指導に従事する人々―ケース・ワーカー、カウンセラー、医師、弁護士、文化・スポーツの専門家、職業安定所職員、家裁調査官、学童保育指導員など―と連携し、学校における生活指導と地域における生活指導との結合をすすめていく必要がある。」(同 31 頁)と結んでいるのである。

3) 竹内常一「地域生活指導運動とはなにか」(1985 年 9 月号 345 号)

これは、前記第 27 回全国大会基調提案を掲載した 8 月号に引き続いて、9 月号で「地域生活指導運動とどうかかわるか」を特集したその巻頭論文として書かれたものである。第 27 回全国大会基調提案で必ずしも鮮明にできなかった「地域生活指導運動」とはどんなものかを補強したものだった。基調提案では、国の「行革」路線によって、70 年代に人びとが獲得した生活の民主的共同化が掘り崩されるなかで、それに対抗する第二段階の住民運動が生まれ、そのなかで、住民自身による生活の民主的共同化を追求していく動きが生まれてきていることが提起されたが、その具体的姿の提示が不十分だったのを補おうとしたのである。

(1)「行革」による生活の社会化の再編成

第 27 回全国大会基調提案で明らかにした「行革」の三つの目的・方向をもう一度示し、そのうちの「生活の社会化の再編成」の三つの方針がどう具体化され

ているかを説明している。

　まず、「公的部門の縮小化と受益者負担の導入」では、公共住宅の抑制、健康保険料と自己負担額の引き上げ、老人医療無料制の廃止、年金支給の抑制、保育所の抑制、教科書の有償化、学校給食・社会教育の民間委託、教育施設の抑制と統廃合などが現われている。

　次に、「公的部門の縮小に対応する、福祉、教育などの私的企業への委託化」は、生活の商品化を家庭・地域の深部にもたらし、福祉産業、健康産業、教育産業、レジャー産業などが拡張されつつある。

　もう一つ、「『自助努力・相互扶助』による家庭・地域への責任の押し付け」は、公的部門や私的企業の営利からはずれた生活を、「民間部門」として住民のボランティア活動や社会参加によって社会化していくものである。

(2) 公私・民間部門による「生活指導」

　このように生活の社会化が公的部門の縮小、私的部門、民間部門の拡大のかたちで、生活の深部にまで深化してくると、それの媒体である国、自治体、公共企業、私的企業、民間団体は、住民の生活にまで関与し、住民の生活・生き方さえ管理するようになってくる。

　その最たる例がベビーホテル問題である。これは、国や自治体の保育政策の貧しさのなかで、保育時間、保育年齢、保育料負担で認可保育園を利用できない階層の人々が、営利主義的な無認可の保育所としてのベビーホテルを利用せざるをえなくなった問題である。そこでは、認可保育所より安い保育料で利益を上げるために、保育条件、保育内容を切り下げて、ただ預かるだけの施設になり、赤ちゃんの死亡事故まで起きている。このように、住民は私的企業に収奪されるだけでなく、生活そのものを破壊される―この場合は幼児の人間的発達は根底から破壊され、生命それ自体さえ奪われる―ことになる。このような生活の拘禁、発達要求の無視、生命の破壊という問題は、精神病院や老人ホーム、また戸塚ヨット・スクールのような塾でも発生している。

　他方、対照的な極で私的企業の生活の商品化がすすめられつつある。それは、社会福祉の不備・不足に対する中流階層の上位部分の不満につけこんで、私的企業が豊かな生活と快適な生き方そのものを売り込み始めたことである。銀行や保険会社が豊かな人生や快適な老後のために預金や保険の勧誘を行なったり、百貨

店が生き方やフィーリングを売ることで物を売ったりしている。そのことは、私的企業がいまや住民の生活や生き方そのものを指導する位置につき始めたことを意味している。

このように、国、自治体、公共企業、私的企業、民間団体が、広い意味で子どもから老人までの全世代の住民に対して生活指導を行なう時代になったといえる。

(3) 地域生活指導の展開

このような「行革」進行下の公私、民間機関の生活指導とは異なる、公私・民間部門に働いている専門職員やボランティア、生協、農協、労組などの大衆団体による地域生活指導運動がひろがりはじめている。それは、「住民の生活の必要・要求に応えつつ、住民とともに民主的な生活の社会化、共同化を探り当て、ともどもに地域の共同生活主体、自治主体として高まっていこうとするものである。」(345号15頁)

まず、加藤俊二他の児童相談所職員の例でいえば、「かれらは、父がくりかえし家出する欠養護の準母子家庭の兄弟、かつ空巣、車上ねらいを頻繁に行う二人の兄弟の施設入所要請を機会に、その家族の成り立ちを追跡する。そのかたわら、生活保護家庭、母子家庭、老人家庭、低所得者層が多く、非行も多いA団地の調査研究を住民とともにはじめ、さらにA団地集会所での出張定例児童相談活動、自治会主催の子育て学習会、夏冬の地域子ども学校、土曜学校の開催へと取り組みをひろげていく。これらの活動にたって、A団地での地域療育指導事業を児相の正式の重要事業として決定し、①地域住民の健全育成に関する意識の向上、②問題児童、保護者の集団・個別指導、③地域関係者の連携強化、健全児童と問題児童の融合を追求していった。」(同15,16頁)

「また、職業安定所職員のなかにも、激増する高校中退生の就職問題をきっかけにして、中退生の家庭生活に関与し、家庭のたてなおし、学校との協力、進路先の企業との連携を展開していき、かれらに進路開拓の力をつける取り組みをしているものがいる。」

「また、地域の中・小企業主のなかに、問題を持つ子どもをすすんで採用し、かれらを一人前のはたらき手にまで指導しようとするものもいる。」

そして、市役所職員の三木和朗は、「生活する市民の側から都市の豊かさとは何かを問う中で、都市における川の回復に取り組み、『よこはまかわを考える会』

第Ⅴ章 「子どもの自分くずしと自分つくり」

をつくりだすとともに、帷子川(かたびらがわ)発見団、帷子川少年少女発見団をつくりだしている。そのなかで、市民が川にあつまり、川にふれ、川をめぐるイベントづくりをして、水辺の創造のための市民の合意形成を追求している。」（同16頁）

さらに、医療、養護、保健、衛生の分野でも、生命と生活の安全、健康を守る観点から、住民ぐるみの活動が発展させられている。長野県八千穂村の佐久病院や、岩手県沢内村の村ぐるみの保健活動と老人―乳児の医療費無料化の取り組みがそれである。

農協病院としての佐久病院は、全村健康管理運動を展開し、「診てやる病院」ではなく、農民とともに健康と生活を守る病院として行動し、地域住民の生活指導センターであると同時に、地域コミュニティの中心となっている。

「沢内村は、深沢晟雄(あきお)が村長になった57年以来、自治体と住民と専門家が一致して、病気とたたかい、雪とたたかい、そして貧困とたたかいぬいてきた。そうした中で、60年ごろに早くも老人、乳児の医療費無料を実現していくとともに、全村健康管理を中心に地域医療、地域保険の体制をつくり出し、それらを中軸に村づくりを進めてきた。」

「こうしたことが可能になったのは、沢内村の歴代の村長をはじめとする村の職員や議員、医師や保健婦たちが、村人の生活と生き方にかかわる要求につねに深く耳をかたむけ、医療と保健を軸に生活の民主的共同化をすすめてきたからであり、そのなかで住民自身が草の根民主主義をふとらせて、地域の民主的な共同生活主体、自治主体となっていたからである。」（同17頁）

（4）地域生活指導運動としての学校の生活指導

みてきたように、「行革」は70年代の生活の社会化、公的部門化の再編成を強行し、公私・民間の機関や団体が、住民の生活と生き方の中心部にも関与する広義の生活指導を行なうものになっている。とはいえ、これらの公私、民間部門の生活指導のすべてが否定的なものであるとはいえず、住民の必要・要求に応えている面があることも無視できない。

これに対して、「公私・民間部門による住民の生活の深部までの統制に抗し、かつ70年代の福祉政策の問題点―「中産」階層を体制内化するために、この階層の福祉を優先し、低所得者層を含む住民全体の福祉の充実を取りあげなかった―をえぐりだしつつ、住民の生活、発達、生き方の必要・要求に応える地域生活

指導運動ともいっていい試みが、公私・民間部門の職員、ボランティア、大衆団体の手によって進められている。」(同18頁)

たとえば、非行生徒を追って地域に入ってみると、そこには、非行生徒の家庭問題に立ちあっている福祉司や福祉事務所のケース・ワーカー、非行生徒に取り組んでいる家裁調査官や保護司、弁護士、医師、かれのアルバイト先の雇主や就職相談をしている職安職員、また家族の相談にのっている生協員や宗教団体の人などの生活指導的試みと出会う。

「そうだとするならば、学校における生活指導は、非行問題にかかわらず、子どもの生活、発達、生き方の指導を行うさいに、地域における生活指導的な試みをしている人びとと深く連携するとともに、そうした試みを自覚的に展開する人びとをつくりだしていかなければならない。」もともと「生活指導教師は住民とその子どもの生活、発達、生き方の必要・要求を掘りおこして、かれらとともに生活の民主的共同化を追求し、支配からの家族と地域と学校の自立を追求し」てきたのだから。この伝統をみがきあげるためにも、「それはいまひろがりつつある地域生活指導運動と深く連携し、そこから生活指導の原則を改めて汲みあげ、自らを改革していかなければならないだろう。そうしないときは、学校教育は地域生活指導運動から脱落し、見放されるだろうし、『行革』下の民間部門に結集している住民から手痛い攻撃を受けることになるだろう。」と結んでいる。(同19頁)

この最後の部分で竹内が、「学校における生活指導は、いま広がりつつある地域生活指導運動と深く連携し、そこから生活指導の原則を改めて汲みあげ、自らを改革していかなければならない」と提起したのは、今の学校の生活指導への危機感の表明である。そこには、「生活指導」という言葉を生みだした生活綴方教師たちが持っていた、地域住民や子どもたちの生活、生き方の向上に資する指導を構築しようとする姿勢が、今失われているのではないかという危惧がある。かつて、宮坂哲文が「生活指導とは生き方の指導である」と言ったが、住民とその子どもたちの生活、生き方をより良いものにすることが生活指導の原点である。そのことを忘れて、規律づくりや活動づくりに精を出しても、住民や子どもの心と響きあえないだろう。「行革」の下で生活、生き方の再編成にさらされて、新

第Ⅴ章 「子どもの自分くずしと自分つくり」

しい生活、生き方を追求しはじめている住民、子どもの要求に立った指導をこそ、いま私たちは構築していかなければならないと警鐘を鳴らしたのである。

なお、この9月号345号には、「地域生活指導運動」の具体的姿を示す、家庭塾、学童保育、教育懇談会、地域子ども会、親子映画運動への取り組みの五つの実践記録が載せられている。それを中心になって進めた、学生、区役所職員、母親、地域住民としての教師、市民が書いたものだ。そのなかの、川辺一弘「学生、教師、親の要求を結合して」という家庭塾の実践は、私も当事者の一人だったので、これに触れておきたい。

川辺一弘らの「家庭塾」の成り立ちは、岸本裕史の提唱した「家庭塾」[*68]とは少し違っている。岸本の家庭塾は、「親が我が家で、我が子および子どもの友だちに、勉強する時間と場所を設定して、ほぼ毎日継続して勉強にとりくませていくいとなみ」であるという。(『月刊どの子も伸びる』1988年11月号) その意味では、初めから親が運営主体なのである。しかし、川辺らの家庭塾は、次のような経緯で出発している。

相馬勇二は、法学研究に携わる明治大学大学院生で、私の勤務する鹿本中学校の学区内にある学習塾の講師をし、かつ同じ区内に住む地域住民であった。かれは、学部学生時代に「高校生講座」の指導員を務め、民主的主権者を育てる教育に関心を持ってきた。そのかれが、塾の教え子の高校中退問題や、塾や地域の中学生の非行問題に心を痛め、全生研の本や『生活指導』誌を読むようになり、家庭・地域・学校をつらぬく地域教育運動の必要を自覚した。そこで出合ったのが、全生研の「地域子ども組織研究委員会」に所属する関誠の「豆塾」構想であった。関は、「ドブ川学級」の創出を指導した経験から、当時全生研の地域子ども組織づくりが「ひまわり学校」にかたよっていたのを批判して、多様なすじみちがあることを提唱していた。その一つが豆塾だった。

地域には、学習塾でもお客さんで、また学習塾にも行けないで街をフラフラ遊び歩いている中学生がいる。その生徒を2〜3人組み合わせて、家庭教師を頼み、

---

68) 岸本裕史──(1930〜2006) 神戸の小学校教師。百マス計算の生みの親。「見える学力、見えない学力」を唱え、多くの学校教師に共鳴を受けた。また、家庭塾の提唱者でもあった。

個別指導を受けさせられないか。未来の教師をめざす民主的な学生、その彼らの組織とタイアップして、このような形での豆塾を無数につくれないだろうか、というのが関の豆塾構想であった。

　これに触発された相馬が、自分が組織者となってやってみようと思い立ち、まず、自分の通う明治大学で教師をめざす学生たちを誘って「教育を語る会」という教育サークルを立ち上げた。そこで『ドブ学級』他を読み合い、机上の勉強だけでなく、実際に子どもたちを教える経験をしたらと豆塾構想を提起した。これに川辺一弘ら７名の学生がのってきた。そこで、相馬はかねて私と面識があり、前任校の小松川一中での学校づくりのことも知っていたので、教える対象の生徒を世話してやってほしいと私に依頼してきた。

　折しも、私の担任する中三の学年には、勉強がわからず、塾にも行けず、一人ではなかなか勉強ができないで、進路に不安を持ちながら悩んでいる生徒がたくさんいた。〝居残り勉強〟や〝夏休み教室〟くらいではとても間に合わず、日常的な手助けが必要だった。その子たちを何とかしたいというのが学年教師集団の願いだったから、私からの話に学年のみんなが〝お願いしたい〟と賛同してくれた。

　そこで、担任が声をかけてくれた生徒たちを集めて、私から「学生さんがボランティアで勉強を教えてくれる家庭塾を始めるが参加してみないか、親と相談してほしい」と説明し、後日、参加希望を表明した生徒の保護者を集めて説明会を持った。ここで、ボランティアとはいえ、講師の学生の交通費と夕食代分を家庭が負担していくことが決められた。

　こうして準備を整えて、1984年７月24日に、学生と生徒と親との顔合わせ会を行ない、23人の生徒を七つのグループに分け、７人の学生の担当を決定、会場の家の持ちまわり順を決めて、鹿本中家庭塾が発足した。

　週２回、英語と数学の基礎を中心に勉強をした。各家庭の負担は、学生の交通費と夕食代で一ケ月3200円だったが、気の毒がって、実際は各家庭で夕食を用意してくれた。

　問題は、各グループ別に個々バラバラになっていかないかということだった。そこで、月１〜２回開く「講師団会議」を当面の運営主体に位置づけ、教える内容、教え方、生徒のとらえ方、進めていく上での問題点などを検討、交流し、

第Ⅴ章　「子どもの自分くずしと自分つくり」

時には自己批判、相互批判も織り込み、指導力の向上と家庭塾の統一をはかった。ここには、指導者としての相馬勇二と相談役についた私が参加し、指導助言を行なった。

　また、グループ間の横のつながりをつけ、父母の理解を深めてもらうために、家庭塾通信「明日へ向かって」を学生が交代で月2回、合計14号まで発行した。さらに、11月には、高尾山への交流ハイキングを行ない、3学期には、生徒全員と有志の親の感想を集め、講師たちの励ましを載せた記念文集づくりをした。受験が終わった3月9日には、生徒23人、父母22人、学生7人に相馬、宮原および3学年教師2人が参加して、お別れ会を町会の会館で行なって1年間の活動を終わった。

　実践記録のなかで、教える側の学生であった川辺一弘は、次のように総括を書いている。

　「『家庭塾』は、たんなる家庭教師のグループ版ではない。学ぶことをあきらめず、自らを伸ばし続けていこうという願いを軸に、学生同士、生徒同士の磨き合い、高め合い、そして学生と生徒、学生と親との触れ合いをつくっていった。」（345号28頁）

　「子どもたちにとっては、父母と学生に支えられながら、仲間同士で教え合い、励まし合って自ら学ぶことを最後まで放棄しないで勉強しつづけたことが最も大きな収穫であったと思う。」「わたしたち学生は、講師団会議を軸に、集団の実践に心がけたことから、支え合いながら全員この実践をやり通すことができた。『働きかけるものが働きかけられる』というように学生自身にとっても学ぶ場であった。」（同34頁）

　「わたしたちの〝家庭塾〟の試みは、どのような意味をもつどのような試みであったか。今日『行政改革』と『教育臨調』による労働者、住民の生活と福祉と教育の権利への攻撃が強められている。そのような状況のなかで、わたしたちの実践は、『住民の生活と福祉と教育の根底から掘りおこし、発見、発明して、住民の民主的な合意形成を介して、新しい民主的公共性を創造しようとする』（『生活指導』85年7月号348号69頁、竹内常一「基調提案の論点」）試みといえるのではないか。それは地域住民とりわけ中学生を子にもつ父母たちの教育権に応えるという性格を持っている。」（同35頁）

なお、この記録は、始めた1年間と第2期の初めのところまでの報告となっているが、家庭塾は、相馬や川辺たちの手ごたえや親たちの要望もあり、1989年の第6期まで続けられた。そのなかで、2年目から生徒と講師の全体の交流と一体感づくりのために二泊三日の夏合宿を始めたり、定例父母会を持ったり、生徒募集を1・2年生にまで広げたりなど活動の発展もつくられた。ただ、相馬たちの願いであった運営主体を父母たちに移していくということは、生徒とともに父母たちも毎年入れ代わるなかで、行事や父母会に出て協力はしてくれても、継続して運営に携わってくれる人はとうとう組織できずに終わった。また、学生の方も卒業して入れ代わっていくので、組織者、指導者としての相馬の役割抜きには成り立たなかった。だから、相馬が神奈川県小田原市の旭丘高校に赴任して転居していくと共に、この家庭塾が幕を下ろしたのもやむをえないことだった。
　この実践については、相馬勇二が『地域子ども学校のつくり方入門』(明治図書、1989年刊)のなかに全体像を報告しているので、関心のある方は参照願いたい。

第Ⅵ章

集団づくりの新しい展開・世界に開かれた学校へ

1.『学級集団づくり入門　第二版』の改訂へ向けて

1）現代の社会状況のなかでの集団づくり実践の再考

　80年代、国は、70年代の二度のオイルショックがもたらした経済の低成長時代の中で、「行政改革」による日本型福祉国家と総合安保体制構築をねらった施策を敢行してきた。そのなかで、中間階層の二極分化による低所得層の増大、家庭崩壊などによって、子どもの成長・発達基盤がさらに悪化し、非行、いじめ、不登校などの子どもの問題行動が噴出してきたことを前章でみてきた。

　その子どもをめぐる状況の悪化が、私たちの生活指導実践、集団づくり実践の困難さをもたらしていることを感じるようになった。70年代のような〝乗ってこない子ども〟どころか、集団に参加できない子ども、集団を忌避する子どもへの対応に手を焼き、指導の行きづまりを感じるようになった。それが実践者の指導の硬直化からきているのか、それとも方法論が子どもに合わなくなってきたのか、と自問するようになってきた。

　そういう内部の問い直しだけでなく、外部からも、「班競争がいじめを生んでいる」という批判が寄せられるようになった。これについて、楠正明が1984年9月号331号の「主張」で「班競争はいじめの元凶か―内なる管理主義をのりこえよう―」を書いている。

　楠は、まず、〝熱心に班活動を持ち込んでいる教師の学級で、みんなと同一行動がとれない子が、班活動を遅らせる者として攻撃を受け、しまいには班に入れてもらえなくなっている〟という朝日新聞への横浜の主婦の投書と、ＮＨＫの番組のなかで、日本作文の会の遠藤豊吉が〝班競争を持ち込んでいる学級で、競争に同調できなかった子が排除され、そこにいじめが発生する原因をつくっている〟と発言したこととを紹介している。

　そして、「全生研」を名指しにした批判であるわけではないが、こうした問題が全生研の会員やその周辺の実践家の中にもしあるとすれば、それは、班競争導入の本来の目的に立った実践ができずに、内なる管理主義に犯されて、管理のための道具化しているところに誤りが生まれているのではないか。そこを問い直し

ていこうと楠はいっている。

　こうした状況の上に、学力競争、忠誠競争をもとにした管理体制が強化され、内なる管理主義に犯されやすい状況が広がるなかで、また、子どもたちの変化のために、前期的段階への実践がなかなか切り開けないなかで、これまでの方法・理論で通用するのかと、『学級集団づくり入門　第二版』の問い直しが始まり、やがてこれを改訂しようという流れが全生研のなかにできていった。

2）『学級集団づくり入門　第二版』改訂の流れ

　少し飛んでしまうが、『学級集団づくり入門　第二版』（以下『入門　二版』と略称）改訂委員会の事務局を務めた楠正明が1988年9月号388号に「集団づくりの新しい展開─『入門　二版』改訂に向けての論点の整理─」を書いて、その「はじめに」で「改訂作業の経過と基本的立場」を跡づけているので、それによって流れを見てみよう。

　全生研が『入門　二版』の改訂作業に着手することを決定したのは、1985年8月の第27回岐阜大会の総会だった。つまり、先の84年9月号の楠「主張」の一年後である。

　そして、全生研常任委員会が『入門　二版』改訂委員会を発足させたのは、それから一年後の第28回大会後の1986年8月である。

　この間、改訂への流れをリードしたものとして、三つの論文がある。すなわち、1985年5月号の大西忠治「今、子どもたちはどんなリーダーを求めているか」、1986年6月号の竹内常一「補論・いま、なぜゆるやかな集団づくりか」、1986年8月号の大西忠治「集団つくりの新たな展開」である。

　その中から浮かび上がってきた『二版』を改定する理由を、楠は次のように述べている。

　「一方には、ひたすら均質さを志向し、人間存在の多様さを容認できず、異質なものを排除する、集団的に生きるちからを弱められている子どもたち、学校秩序に過剰に適応し、内的・外的葛藤に苦悩し自己実現できない子どもたち、そういった子どもたちの状況の変化があり、他方に、それらを克服するどころか、それにますます拍車をかける能力主義・管理主義を強化してやまない学校をとりまく状況の変化がある。これら、子どもと学校をとりまく状況の変化こそが『二

版』を改訂する根拠にほかならないのである。
　したがって改訂の作業は、これまで全生研がつくりあげてきた理論と実践の原則を変更するというものではなく、原則は継承しつつ、『二版』発刊以来の一七年間に創造・蓄積された理論と実践をそれに組み込んで、さらに運動と研究を発展させようということにほかならない。これが改訂作業を進める基本的な立場である。」(388号111頁)
　その後、『入門　二版』改定委員会は二年間にわたって二つの作業をしていった。「学級集団づくりの新しい展開シリーズ」という集団づくりの今日的課題にとりくんだ実践集を編集・出版することと、『二版』のなかから検討すべき課題を抽出することである。
　前者については、87、88年の両年の間に『班づくり』『核づくり』の二冊が発刊され、『討議づくり』が編集途次である。後者については、研究者の浅野誠に討論素材の提供を依頼し、委員会で検討を進めた。浅野は、討論素材と検討委員会の討論をもとにして、87年3月号から88年7月号まで16回にわたる連続論文「集団づくりの新しい展開」を掲載した。「班づくりの発展的検討」「核づくりの発展的検討」「討議づくりの発展的検討」と「集団づくりの発展的検討のためのいくつかの視点」と続いた。それは、会の内外に検討の内容を公開するものとなった。楠が、「理論的研究を深めるには、それを支える実践が不可欠であるが、氏は検討素材とするべき意識的な実践が必ずしも十分に提起されているとはいえないなかで大変精力的に仕事をすすめてくれた」と述べたような労作だった。
　こうした検討を受けて、改訂委員会及び常任委員会での総括的論議を行なったうえで、この楠の「論点の整理」がまとめられたのだという。
　その後、88年8月の第30回大会総会で、『新版学級集団づくり入門・小学校編』『同・中学校編』の二分冊で発行することが決定され、新版編集委員会が発足した。そして、11月の全国委員会で新版編集のプロットが提案され、学習・討論が行われた。そのうえで、88年末から89年に『新版学級集団づくり入門』の素稿の執筆に入ったのである。

　ところで、こうした『二版』改訂、『新版』編集の作業に竹内常一はどうかかわっていたのであろうか。これについては、『竹内常一・教育のしごと』第5巻

の「はじめに」で竹内自身がこう述べているので紹介しておきたい。

「当時、全生研の内部にあっては、『第二版』を改定するかどうかをめぐって積極的・消極的な意見が混在していた。しかし、『第二版』を手掛かりにしながらも、その枠組みを超える実践が楠正明、神保映、鈴木和夫、関誠、高橋廉などの常任委員によって展開されつつあった。そして、そのなかから、中央指導部を核とする『ツリー（樹木）型』の組織論を体現している『第二版』の『学級集団づくりの構造案』を問い直したいという要求が提起されるようになっていた。

このような実践者の問題提起と並行して、浅野誠氏、大西忠治氏、そして私もまた『第二版』の批判的な検討をはじめた。……浅野氏は『生活指導』（1987年3月号〜1988年7月号）に『集団づくりの批判的検討』を連載しはじめ、それを同名の著書（明治図書、1987年）として刊行し、大西忠治氏もまた『ゆるやかな集団づくり』（明治図書、1987年）を刊行した。私もまた先に紹介した『学級集団づくりのための12章』（日本標準、1987年）をつうじてその基礎的作業を開始していた。

これらの試みがはじまる少し前に、めずらしく大西忠治氏がわざわざ私の家を訪ねてきたことがある。……そのとき、かれは支配が子どもの内面にまで及んでいることを考えると、集団治療的な方法をも視野に入れて集団つくりを再構築する必要があるといった。

私はそれに賛意を示したが、その作業はお互いの命取りになるかもしれないとつけ加えた。そう言ったのは、その試みは生活指導・集団づくりの再構築にとどまるだけではなく、国民的教養論と主権者教育論からなる国民教育論の総体を問い返すものになると予感していたからである。だから、『そうした試みは私たちが若い人たちに批判される形で行なわれたほうがいいのだ。そのほうが理論と実践を飛躍的に発展させることになるのではないか』とかれに言ったのである。

私は心底そう思っていたから、『第二版』の批判的検討を浅野氏に依頼し、『第二版』に直接関与しなかった若い世代に生活指導・集団づくりの再構築を委託したのだった。だが、国際的・国内的な状況の急展開はそれを許さなかった。それに、不幸にも予言どおり、その仕事は大西氏の命取りになった。……大西氏は『新版　中学校編』のⅡの三『学級集団づくりのすじみち』の未完成の原稿を残して世を去った。私はそれをできるだけかれの意思に添う形で完成し、それに収

録した。」(前掲書第5巻 xv,xvi 頁)

　ここでいう「国際的・国内的な状況の急展開」とは、この前のところで竹内が言っている、「私たちが『新版』両編を執筆・編集していた時期は、ソ連を中心とする旧社会主義国の崩壊ならびに中国の天安門事件(*69)、国連総会における子どもの権利条約(*70)の採択、南アフリカにおけるマンデラ(*71)の無条件釈放、湾岸戦争(*72)の勃発の時期に重なっていた。」(同 v 頁)を受けているようだ。こういう情勢の急展開によって、「ツリー型」組織論ではない新しい組織論へ民主主義論の再構築が急務になり、関わらざるをえなくなったということであろう。

　そういう情勢もあって、「当初、『新版』小学校編の責任者は私、中学校編の責任者は大西忠治氏、編集事務局責任者は神保映氏とされたが、大西忠治氏が不治の病にかかったために、私が両編の最終稿を書き上げなければならない羽目になった。」(同 v 頁)という。

　各常任委員が分担して書いた素稿をもとにしながら、竹内が全体を書き上げることになったのである。

　『二版』改訂から『新版』編集への流れは以上のようであったが、その内容的提起はどのようにされてきたかを、二つの論文にみてみることにしよう。

　①大西忠治「今、こどもはどんなリーダーを求めているか」(1985年5月号341号)
　まず、表題の設問は、子どもがわからなくなったことを背景にしているが、子ども・若者は社会の変化をいち早く映す鏡なのだから、その変化を理解するためには「現代はどんなリーダーを必要とする社会状況へと変化、進展しているか」

---

69) 天安門事件──1989年6月、中国で民主化運動を進める学生らが故胡耀邦主席の追悼で天安門広場に集まったのを、当局と人民解放軍が武力弾圧して死傷者を出した事件。
70) 子どもの権利条約──1989年11月に国連総会で採択された。全世界の子どもたちが保障されるべき権利について定めた国際条約。日本では1994年5月から発効した。
71) ネルソン・マンデラ──(1918～2013) 南アフリカ共和国の政治家、弁護士。若くして反アパルトヘイト(人種差別反対)運動に身を投じ、1964年に国家反逆罪で終身刑の判決を受けたが、27年の獄中生活の後1990年に釈放される。1991年、アフリカ民族会議議長に就任。アパルトヘイト撤廃に尽力したことで、1993年にノーベル平和賞を受賞。1994年、全人民参加の選挙で大統領にえらばれる。
72) 湾岸戦争──329頁の本文にその概略の説明がある。

第VI章　集団づくりの新しい展開・世界に開かれた学校へ

を考えてみなければ解けない。同時に、現代における「集団」とは何かと問いかけてみなければ答えられないことだ。

それは、〝現代における「集団」は、高度な技術にうらうちされた生産力と、高度に発達をとげようとしている情報社会において、人間集団としては、どのような変化と発展をとげつつあるのか〟と問い直してみることだという。

ところで、もしも個人が、自分自身の生活と希望とにおいて、自分自身のみで決定し、行動し、かつ充足し得るのならば、リーダーを必要としないのは自然なのではないか。あるいは、集団もまた不必要であり、やっかいなものと考えるのではないか。

とすると、現代の子どもがリーダーを求めないということがあるのなら、彼らは、一人で十分しあわせで満足しきっているか―あるいは、そう思いこんでいるか―あるいは、しあわせでも満足でもないにもかかわらず、ひとりでしか問題の解決のしかたを知らないかのいずれかである。

現代のわれわれの社会と生活は、高度産業技術に支えられて物質的にはある種の充足を感じ、高度情報化社会の中で、ひとりでいても、過剰な情報の中に身を置いている。だから、われわれのかなりな部分が、ひとりでいて、充足としあわせを得ているという観念を持ち始めている。子どもたちがリーダーを求めないのではない。親や、そしてわれわれ教師もまた強力なリーダーや、集団を求めることに熱心でなくなりはじめていはしないか。今、集団を求め、リーダーを求めることができるのは、この高度産業技術社会、高度情報化社会が、虚構の充足をつくっていることを見ぬくことのできる精神ではないか。

とすれば、われわれ自身が、この見せかけの充足を批判し、それにいどみかかる姿勢をきたえていく必要がある。

ここで、現代の子どもたち、われわれ自身が、「集団」を求めず、リーダーを求めなくなりはじめているのは、その仮構の充足のためだけではなく、現代の「集団」の性格の変化にも原因があると言って、三つの変化をあげて考察している。

第一の変化は、拡散化である。同じ企業集団でも、出向社員、臨時工、社外工、レイオフ、パートなど、どこまでがその企業の人間なのか不明確になっている。

こうした拡散化傾向は、その成員の集団に対する帰属性を弱くしている。

第二には、均質性を強めていることである。今や、農協も学生自治会も、労働組合も、商店組合も、似たようなものになった。集団の内部も均質化して、賃金待遇も向上し、均質的な、平均的な生活環境を手にでき、大量生産と生産技術とが平均的な生活レベルを幻想させるようになっている。
　だから、小さなしあわせと満足を仮構されて「集団」に求めるものが少なくなった。
　第三には、集団の目的志向の複合化と、狭い専門化とがある。会社も、学校も、自分の専門分野以外にも多角的に手を伸ばし、スーパーマーケットやデパートのような総合的、複合的性格が反映している。反対に、子どももおとなも、スイミングスクール、ピアノ教室、英語塾、英会話教室等々の細分化した専門集団に所属している。
　こうして、一方では集団の性格は不明瞭になり、他方では、好みや興味に応じて流動的に集団を渡り歩く—そのために集団意識の希薄化が生まれている。
　では、こうした現代の集団の変化の様相はどんなリーダー像をつくりだしているか。
　まず、拡散的傾向をもった、形態のゆるやかな集団におけるリーダーシップは、強固な個性よりは、もっと自由で、柔軟な思考力をもった個性で、役割分担を分かち持つことのできる複数の協力によって成立するものではないか。個人的核の存在よりも、よりあい的核グループの指導とでもいえそうなリーダーのイメージが可能なのである、という
　第二に、均質化し、平均化した集団では、強烈で、指導力あるリーダーを必要としない。集団は、均質化した集団の平均化した個性を代表したリーダーを求めているのであり、はじめから誰でもリーダーになり得る状況が子どもの集団の中に生まれてきているのである。それが子どもの求めるものなら、そこに依拠して核つくりの実践をはじめねばならない。
　しかし、均質的充足感に支えられたリーダーがその集団の変革のためのリーダーになるためには、みせかけの充足感のうら側にある不安定と退廃とを集団にもリーダーにも認識させねばならない。
　ただ、現代のリーダーは情報操作の技術の資質が必要になる。その意味では、誰でもがリーダーになれるわけではない。均質的な集団の均質的な気分や感情や

要求を一つの方向に結集する力量を持ち、その気分や感情や要求の方向を話し合いや、討論に持ち込む力量が必要であり、それが均質集団を真の組織にかえていく民主的リーダーになり得るかどうかのわかれ目となる。おそらくそれは、一人のリーダーの資質では足りないだろう。かわりあって出てくるリーダーグループの中の幾人かが、集団の成長の過程のなかで持ちこんでくる性格であろう。リーダーもまた役割を終えるとかわっていくという不安定さと流動性をもたざるを得ないだろう。

②竹内常一「補論・いま、なぜゆるやかな集団づくりか」(1986年6月号356号)
1985年秋の全国委員会以降に、大西忠治から提唱された「ゆるやかな集団つくり」ないしは「やわらかな集団つくり」は、「硬直した指導にたいして、柔軟な指導を、緊密に組織された集団にたいして、ゆるやかな集団を対置するものという、二重の意味をもっている」という。(356号29頁) それらがどのような実践的な文脈のなかで提起され、かつ受けとめられているのかという点で、提唱の背景を三つ挙げている。

その第一は、今日の学校の置かれている状況である。

一方では、何でも引き受けている学校の機能と役割が拡大化し、能率的に処理する学校の管理主義化の中で、指導が硬直化し、集団が「団体」化するのに抗して、子どもを生き生きとさせる集団とはなにかをいっそう鋭く追求していかなければならなくなっている。

他方では、知育に限定する学校の機能と役割の縮小化に伴う、学校の教育放棄の危険性のひろがる状況のなかでは、集団づくり実践は余計な仕事ととらえられる。だから、子ども・親・教師の中に、集団づくりの必要性についての合意を形成していかねばならない。

そのためには、いずれの場合にも、教師は学校状況を見すえて、指導を柔軟に展開し、集団をゆるやかに組織していかなければならないだろう。

第二には、今日の子どもの情況、さらには親の情況とのかかわりがある。

今日の子どもは自分主義的な傾向を強く持ち、集団ぎらいの傾向を持っている。しかし、他面、集団に直面すると、それに過剰に適応して、それに拘束される傾向を強く持っている。そして、その適応過剰の果てに、集団にたいする適応障害

を招くことがある。こうした二つの傾向のために、集団づくりは、一方では、子どもに拒否されるかと思うと、他方では、驚くばかりに子どものなかに入ることもあり、集団づくりの実践は足踏みしたり、空回りしたりする状況にしばしばおちいる。

　こうした状況は、集団づくりの技術が今日の子どもに対応しないものになっているから生じているのではないかと、大西の提唱は問うているのである。もしそうならば、今日の子どもが自然発生的につくりだしている集団を手がかりにして、集団づくりを進めていけるようなものに、その技術を改めていくべきではないかと問題提起しているのである。

　第三には、社会の状況の変化にかかわっている。

　高度成長期以降、社会では一方では市民社会としての成熟度を強めているが、他方では管理社会として強く組織されるようになった。

　そうした変化は、「緊密に組織された、固い集団」から、「ゆるやかに組織されたやわらかな集団」への指向として、また実務的な、冷たい集団から、人格的な、あたたかい集団への指向として広がっている。この変化は、個人としての自立を求めるものの要求である。

　ただ、この傾向を利用して、たとえば、タイム・レコーダーを廃止した企業で残業の競争が熾烈に行なわれ、残業を拒否するものに集団的な迫害がなされるような、見かけはやわらかだが、本質的にはきびしい管理が登場しているのに警戒が必要である。

　しかし、このような集団の変化は必然的な流れで、部分的ではあっても、個人的な自立を手にした人々の要求でさえある。実践の舞台が変化し、戦場が変化してきたのなら、踊り方を変え、戦い方を変えなければならない。

　そうだとすれば、いま、集団づくりはこうした集団の変化を実践の基本ベースとしつつ、集団のアナーキー化にも、集団のファッショ化にもおちいることなく、個々人の自発性、自主性に大きく支えられた、真に民主的な集団を意識的に追求していかなければならない。

　「わたしたちは、これまでの集団づくりの思想と技術をふまえつつ、それを大きく発展させなければならないという課題に直面している。ここから、『学級集団づくり入門・第三版』をつくっていかなければならないだろう。」と述べてい

る。(同32頁)

2.『新版学級集団づくり入門』の刊行へ

　以上のような問題提起を受けて『入門　二版』改訂委員会の二年間の検討がすすめられ、88年8月の30回大会の総会で、『新版学級集団づくり入門・小学校編』『同・中学校編』の二分冊で出版することが決定され、11月の全国委員会に新版編集委員会からプロットが提案されて、学習討議の上で執筆に入った。

　その後一年余の全生研常任委員会の総力を挙げた奮闘によって、明治図書から1990年5月に『新版学級集団づくり入門・小学校編』(以下『新版・小学校編』と略称)、1991年6月に『新版学級集団づくり入門・中学校編』(同『新版・中学校編』と略称)が刊行された。当初、小・中学校両編を同時に刊行する予定で進められていたが、編集途中で、中学校編の責任者であり、その最終稿をまとめるはずであった大西忠治が重篤な病に倒れたため、竹内常一が、小学校編の最終稿をまとめ終わった後に中学校編の最終稿をもまとめなければならなくなって、中学校編が一年遅れの発刊になったのである。なお、大西は中学校編が刊行された翌年の1992年2月にこの世を去った。

　この『新版学級集団づくり入門』の編集・刊行にあたった80年代末から90年代初頭の期間は、竹内が書いていたように、まさに世界史の激動の時期であった。

　1986年からソ連のゴルバチョフ大統領によって進められたペレストロイカは、[*73]1988年の「新ベオグラード宣言」によってソ連共産党の東欧への指導性の放棄の表明へと進み、東欧諸国の社会主義体制の崩壊を生んだ。1989年6月にはポーランドで自由選挙が行われ、11月にはベルリンの壁が崩壊して、1990年10月には東西ドイツが統一された。そして、1991年12月にはソ連自身も崩壊し、ロシア他の諸国に分立することになった。

　かたや、1989年11月に国連総会において「子どもの権利条約」が採択され、

---

73) ペレストロイカ——立て直しの意味。ブレジネフ時代に停滞・腐敗の様相を呈したソ連社会主義を全面的に改革しようと、1986年半ばからゴルバチョフ書記長が主導して展開した運動。

翌年8月にはこれが発効した。また、1990年2月には南アのネルソン・マンデラが釈放され、1991年6月に南アのアパルトヘイト廃止がかちとられた。
　こうした国際社会での「民主化」が進んだ一方で、1989年6月には中国で天安門事件が起こり、1990年8月のイラクのクエート侵攻を契機にした湾岸戦争が90年末から91年初頭に行なわれ、「民主化」への逆行もあらわれた。
　世界がどう進むのかが激しく模索された時期だった。
　『新版学級集団づくり入門』の刊行は、これまで見てきたように、70年代末から80年代にかけての日本社会の変動と、その中での子どもの変貌に対処しようとする「集団づくりの新しい展開」の理論化、方法化の必要から企図されたものではあったが、こうした国際社会の激動の影響からもまぬがれられなかった。編集・執筆の途次で、現代民主主義をどうとらえ直していくかが問われたのである。
　そのことをふまえて、『新版』の内容の特色を見ていくことにしたい。ただ、『新版』の内容を敷衍・展開して紹介するのは膨大にすぎるので、以下は、両編を読んでの私見的なまとめであることをお断りしておきたい。

1）『新版学級集団づくり入門』の内容の特色

　（1）『新版』と『二版』との違い
　前に楠報告が、「改訂作業を進める基本的立場」を「これまでの理論と実践の原則を変更するのではなく、原則は継承しつつ『二版』発刊以来の17年間に創造・蓄積された理論と実践をそれに組み込んで、さらに発展させようと」するものだと述べていたように、『二版』を絶版とするのではなく、『二版』はそのままにして、集団づくりの原則は踏襲しつつ、新しい状況に対応するように改変した『新版』を出そうとしたのだった。
　したがって、叙述のしかたとして、「班づくり」「リーダー（核）づくり」「討議づくり」の三つの層と「よりあい的段階」「前期的段階」「後期的段階」の三つの発展段階をふまえるのはもちろんのこと、その各所での方法技術の提示は、『二版』で行われたことを前提にして、そのどこが改変される必要があるか、また新たに付け加えていく必要があるかを説明するかたちをとっている。
　それにもかかわらず、両書には大きな違いがある。
　それは、端的にいえば、竹内も書いていたように、『二版』が「ツリー（樹木

型」組織論をもとにした民主主義を追求したのに対して、『新版』は市民の下からの必要と要求にもとづく民主主義を追求しようとするものになっている。これは、ソ連をはじめとする東欧の「社会主義」体制の崩壊の教訓を受けるものではあるが、それはすでに、70年代末以来の日本社会の構造変化に伴う地域住民や子どもたちの困苦のなかで、地域住民や子どもたちが市民的民主主義を求めて新しい動きを胎動させていることへの全生研の課題意識から導き出されてきたものであった。そのことは、小学校編の「まえがき」で述べられている。

その「まえがき」では、『新版』が作られた理由が、次のように述べられている。

「公教育の危機と子どもの発達の危機のなかにあるわたしたちは、いま、大きな岐路に立たされている。わたしたちは、臨教審路線にしたがって、なお子どもたちから生きる希望と勇気と自信をうばいつづける道をえらぶか、それとも、個人的・社会的自立を求めて、生活の民主的な共同化を追求しはじめた市民的な民主主義に導かれて、生きる希望と勇気と自信をともどもに取りもどしていく道をえらぶかの岐路に立っている。

こうした時代認識にたって、わたしたちは、八〇年代以降に、生活の民主的な共同化のなかにひろがりはじめた地域生活指導運動とのかかわりのもとで、学校における生活指導を見直してきた。

そのなかで、わたしたちは、生活指導とは、子どもたちが自分たちの必要と要求にもとづいて生活と学習の民主的な共同化に取り組み、そのなかで、人格的自立を追求し、社会の民主的な形成者としての自覚と力量を獲得していくようにはげます教師の活動であるととらえるようになった。

同時にまた、わたしたちは、生活指導とは、子ども一人ひとりの人格的な自立をはげますような生活と学習の民主的な共同化をすすめることをつうじて、学級・学校を根底からつくりなおし、地域に子どもたちの新しい共同生活をつくりだしていく教育運動的な活動であるととらえるようになった。

さらに、八〇年代後半から、わたしたちは、新しい問題状況を切り拓くために、『集団づくりの新しい展開』を提唱し、『第二版』を継承しつつも、学級集団づくりの新しいすじみちを追求してきた。そのなかで、わたしたちは、生きる希望と勇気と自信とをはぐくみあう集団、生活と学習の民主的な共同化に取り組む集団、

人格的な自立をはげます集団の創造を課題とし、学級・学校を民主的に改革していく道をさぐりはじめたのである。

本書はこうしたわたしたちの探究のなかから生まれたものである。」(『新版・小学校編』3,4頁)

ここにみるように、『新版』をめぐるキーワードは、「生活と学習の民主的共同化」である。ここでは、生活指導を、"子どもたちが自分たちの必要と要求にもとづいて"「生活と学習の民主的な共同化」に取り組むようにはげますこと、"子ども一人ひとりの人格的な自立をはげますような"「生活と学習の民主的な共同化」をすすめること、と定義し直している。これは『二版』の生活指導の定義と比べると際立ってくる。

『二版』では、「生活指導は、人間の行為・行動の指導ならびに行為・行動に直接的にかかわるかぎりにおいての認識や要求を指導することをとおして、民主的人格形成に寄与することを主たる目的とする教育活動である。つづめていえば、行為、行動の指導によって、民主的人格を形成する教育活動である。」としている。(『入門　二版』18頁)

この言い方には、「行為、行動」をする子どもたちの側よりも、「指導」し、「形成」する教師側に主体を置いたニュアンスが感じられる。指導し、形成する教師の側が主体で、行為、行動する子どもたちの側はそれを受ける客体の趣の表現になっている。

ここに、『二版』に依って実践する実践家が、子どもを集団化する「指導」に意識過剰になり、子どもの要求を置き忘れてしまう形式主義・操作主義に陥る罠があったといえよう。

だから、これに対して、『新版』では「生活と学習の民主的共同化」を前面に掲げて、子どもたちが主体ととらえ直して生活指導の再構築をはかったのである。生活し、学習するのは子どもたち自身であり、それを民主的に共同化していくのも彼ら自身である。教師は、彼らが自分たちの生活と学習への必要と要求にもとづいて、その必要と要求をみんなのちからで実現しようとするのを導いていく役割を果す側なのである。このことをはっきりさせようと、「生活指導とは、"子どもたちが自分たちの必要と要求にもとづいて"生活と学習の民主的な共同化に取り組み、そのなかで、人格的自立を追求し、社会の民主的な形成者としての自覚

と力量を獲得していくようにはげます教師の活動である」と再定義したのである。
「必要と要求」の主体は子どもたちであり、「生活と学習の共同化」に取り組むのも、「人格的自立」を追求するのも、「民主的な形成者の自覚と力量」を獲得するのも子どもたちである。教師は、それを「はげます活動」をするとしたのである。

　これは、「八〇年代以降に、生活の民主的な共同化のなかにひろがりはじめた地域生活指導運動とのかかわりのもとで、学校における生活指導を見直してきた」なかで生まれてきた認識だというが、そのことは、前章の第4節で取り上げてきた、新たな地域住民運動のなかで生みだされた地域生活指導運動についての第27回全国大会基調提案以来の竹内常一の言説に語られてきたことである。

　しかし、考えてみると、その住民主体で立ち上げてきた運動に学んで、子ども主体の立ち上がりを追求する生活指導を構築し直そうとする姿勢は、80年代に非行や登校拒否の子たちの思春期統合の苦闘に寄り添った生活指導を追求してきた80年代竹内教育学の延長線上にあると言えよう。

　それはさて、このような下からの民主主義を追求する生活指導の理論と方法を構築しようとするのが『新版』の基本的姿勢である。それは、世界史の激動のなかで模索されている現代民主主義追求の課題に応えようとするものでもある。

　この大前提の上に立って、『新版』の内容の特色をとり出してみたい。

(2) 『新版』の内容の特色

　第一は、『入門』としての章立てを、『二版』の「班づくり」「核づくり」「討議づくり」の順から、「討議づくり」「リーダー（核）づくり」「班づくり」に入れ替えたことである。これは、「討議づくり」の重視を表すものであるが、先の改訂の理由の状況を勘案すると、それを重視した理由が見えてくる。

　それは、子どもたちの「必要と要求」に立ち戻って実践を出発させるためには、その「必要と要求」を自覚化させる教師と子どもたちとの対話・討論、「必要と要求」を共同化する子どもたち同士の討論・討議から出発しなければならないというところにある。

　『二版』では、「班づくり」から書かれていたために、「班づくり」「核づくり」「討議づくり」は同時並行で行なわれるものと解説されていても、どうしてもこの順序で進めるものと読まれて実践されがちであった。そして、その「班づく

り」の冒頭に、「班は、……子どもたちに集団を教え、集団を認識させていくための、最初の教育的道具として編成されたものである」(『入門 二版』93頁)とし、「班についての正しい経験を持たない子どもたちに、それが必要か必要でないかなどわかるはずがない。なによりも最初に班を必要とするのは、子どもたちではなくて教師自身なのだ」「したがって、最初に班をつくるときは、これを子どもに相談するのではなく、教師の要求としてつくるべきである。」(同87頁)と書かれていた。このために、教師主導の意識が過剰になり、班を子どもたちを集団化する手段化し、子どもたちが何を要求しているのかを忘れて、ただ子どもを操作する操作主義の実践に陥りがちであった。

この反省に立って、子どもに自分たちの必要と要求を自覚させる「対話」から入り、その必要・要求を共同化していく「討論」を組織し、子どもたちによる「討議」によってみんなのものにしていくことを重視して、「討議づくり」から書き起こすことにしたのである。そして、その必要・要求の先頭に立ち、共同化、合意形成をはかるリーダーを育てる「リーダー(核)づくり」に取り組み、子どもたちがかかわりあう舞台として班をつくる「班づくり」を展開することとしたのである。総じて、子どもたち自身による自治を育てることを徹底して追求し、教師のひきまわしや操作主義を排除しようとしたのである。

第二は、今日の子どもたちのかかえる発達問題の課題に応える集団づくりの役割を明らかにしようとしたことである。

そのために、小・中学校両編とも、「学級集団づくりの方法」に入る前に、「少年期における子どもの自立」と「中学校の現実と生活指導の課題」の節を置いて、それぞれ、少年期の発達課題をとり出しながら、少年期をなくした子どもたちのトラブルを乗り越えて子どもの自立を図っていく生活指導はどうあるべきか、また、「中学生問題」として、能力主義・管理主義による受験体制下で思春期統合を模索し、苦悩しながら様々な問題行動を噴出させている中学生に、生活指導はどう対応していくべきか、を追求している。

その上に立って、それらの課題にとりくむ学級集団づくりはどのようなすじみちで進められるべきか、そのために「討議づくり」「リーダー(核)づくり」「班づくり」は具体的にどんな方法で進められるべきか、と章立てされているのである。

第VI章　集団づくりの新しい展開・世界に開かれた学校へ

　第三は、この20年間の子どもたちの発達状況の変化—「生きるちから」を弱められて、なかなか自己の要求を表明できなくなっている一方、傷つきやすく、自立のちからが弱くなっている子どもたち—の現状に対応して、集団づくりの方法技術が問い直されていることである。
　たとえば、『二版』では「討議づくり」の中心テーマであった「追求」、「リコール」には慎重で、名称も「批判と抗議」、「解任」と呼び変えている。たとえ、自ら班長になった者であっても、集団が厳しく迫ってくる「追求」場面、集団によって無理やり任務を下ろされる「リコール」の場面に耐えられる強さを今日の子どもたちは持っていない。自分の行為が批判を受けたと思うのでなく、全人格が否定されたと思ってしまい、挫折させてしまうおそれが多い。そこで、「批判」や「抗議」は必要だし、任務を下ろす「解任」も必要なことだが、集団の怒りを結集したような「追求」や「リコール」という激しい実践形態をとるのでなく、場面と対象を見定めたやわらかな実践形態を提起しているのである。
　また、「班競争」についても、子どもたちが集団を意識していく上では、評価によって自然に起こってくる班と班との競争は有効だし、あって当然だが、『二版』のように、集団を教えるために班と班との対立競争を激化させようとして、学級目標に対する競争を日直点検によって意図的に組織する「班競争」には慎重な立場をとっている。ましてや、その「班競争」の結果に「ビリ班」「ボロ班」の評価を加えることは、いじめを生むことにもつながるために、そういう評価そのものをやめにしている。
　さらに、「日直制」そのものについても、その導入場面や時期について吟味をよびかけ、点検が必要な決定に限って、前期的段階に入ってから導入した方がよいとしている。
　第四は、「学級集団づくりのすじみち」の節を設けて、先にあげた学級集団づくりの三つの層と三つの発展段階に沿って、学級集団の発展をどう指導していくべきかのすじみちを明らかにしているが、『二版』にあった学級集団づくりの方法技術の総体を構造的にまとめた「学級集団づくりのすじみち」の図表（いわゆる『構造表』）の掲載はやめている。
　これは、自分の実践の発展の度合を測るメルクマールとして多くの実践家に活用され、実践の発展に寄与したものだったが、一面、それに拘束されて実践を硬

直化することにもつながった。だから、実践の硬直化の克服をめざす『新版』では採用しなかったともいえようが、また、前記の「追求」「リコール」「班競争」をはじめとする今日的には検討を要する方法技術が『構造表』のあちこちにあるので、この表自体をひとり歩きさせないようにはずしたのだともいえよう。いわば、歴史的存在としたのである。

　第五は、したがって、『二版』から引き継ぐ方法技術についても、子どもたちの実態に応じた丁寧な展開で進めるように説いている。『入門』とは言いながら『二版』が学級集団づくりの理論と方法の解説の理論書であったのに対して、『新版』は、子どもの実際にあわせた実践の細かな手ほどきの様相が濃く、『入門書』といってよい叙述になっている。

　たとえば、同じ「リーダー（核）づくり」にしても、小学校低学年と中学校ではリーダーのイメージも資質も違ってくるとして、育て方の違いを丁寧に説いている。また、『構造表』では「男女二人班長制」を原則としているが、「一人班長制」でも「二人班長制」でもよいとして、集団の状況と子どもの力量を見極めて、どのような時には「一人班長制」を、どのような時には「二人班長制」をとったらよいかを具体的に説明しているのである。

　第六は、特に「中学校編」では、この間の世界史上の動きを受けて、広く世界に視野を広げた生活指導の必要を提起していることである。

　「子どもの権利条約」の国連での採択やその発効、マンデラの釈放と南アでのアパルトヘイト廃止獲得といった国際社会での民主化運動の前進は、その後の湾岸戦争の勃発によってその教育的意味が深くなった。『新版・中学校編』の「まえがき」には、「湾岸戦争は、アメリカを中心とする先進資本主義諸国による世界管理の確立、『南北冷戦』とさえいってよい世界状況の本格的な登場をわたしたちにはっきりと告げるものでもあった」（『新版・中学校編』1頁）と書いているが、子どもの権利条約やアパルトヘイト廃止の獲得は、こうした北の国々の秩序づくりに対する南の国々による世界的な子どもや市民の人権確立のたたかいであったのだ。

　だから、「まえがき」は次のように続けている。「わたしたちは、先の小学校編の末尾で、子どもの権利条約に応え、日本の子どもたちを人類的な課題に開かれた権利主体に育てることを生活指導と集団づくりの課題としなければならないと

述べた。その課題をひきつぎ、わたしたちは、生徒たちを精神的鎖国状況に閉じこめている日本の中学校を人類的課題に開かれた中学校にどう変革していくか、受験競争にしばられている中学生の生き方を〝Think globally, Act locally〟といわれる生き方にどう開いていくかを本書の主題とした。」(同2頁)

つまり、グローバル・エデュケーションをめざそうと謳い上げたのである。

竹内常一は、この立場に立って、90年代に入って、グローバル・エデュケーションの推進を生活指導運動に熱心に提唱していくようになる。

3.「子どもの権利条約」と湾岸戦争が提起したもの

1)『新版』と「子どもの権利条約」

90年5月刊行の『新版・小学校編』をまとめる際にも、89年11月に国連で採択された「子どもの権利条約」が強く意識されていたが、それを全生研が機関誌で本格的にとりあげたのは、90年8月に世界20か国以上の批准で発効した後の『生活指導』91年1月号「子どもに自由権をどう意識させるか」及び同1月臨時増刊号「子どもの権利と生活指導」からである。

後者は、「子どもの権利条約」をどうとらえるか、「子どもの権利条約」はどのような実践や学校づくりを要請してくるか、また社会各層にどう影響してくるかについての諸氏の見解を集めたものであるが、多岐にわたるので臨刊特集がなされた紹介だけにとどめて、前者の特集でグローバル・エデュケーションを提唱した竹内論文を取りあげておきたい。

①竹内常一「子どもに精神的自由権をどう意識させるか―『子どもの権利条約』と地球時代の教育―」(1991年1月号422号)

まず、『新版・小学校編』『同・中学校編』の編集のなかで追求にしてきたこととして、「わたしたちは、子ども一人ひとりの、人間としての尊厳を尊重し、かれらのなかに思想・良心の自由、意見表明の自由、言論表現の自由などの精神的自由権への要求を育むことを『集団づくりの新しい展開』の第一課題としてきた。」という。(422号9頁)

そして、「第二に、わたしたちは、子どもたちが精神的自由権の行使をつうじて、民主的な合意を形成し、生活と学習の民主的共同化に取り組むこと、また、そのなかで子どもたちを民主的な権利主体・自治主体にまで高めていくことを『集団づくりの新しい展開』の基本目的としてきた。」という。(同10頁)
　「このようにわたしたちが、子どもの精神的自由権を基礎にして、『集団づくりの新しい展開』を構想・執筆していたとき、国連は、『子どもの権利条約』の制定に取り組んでいた。」それが、89年11月に採択され、90年8月、20ヶ国以上の批准を得て発効したのだった。
　「その画期的意義は、わたしたちの課題との関連でいえば、子どもを保護の客体ではなく、権利主体、いや権利行使の主体として認めたところにある。そして、子どもに対して、意見表明権、表現・情報の自由、思想・良心・宗教の自由、結社・集会の自由、マスメディアへのアクセス権などの精神的自由権を認め、それを保障することを締約国に求めているところにある。」(同10頁)
　これは、先に書いた『新版』が課題にしたことと同じだとして、次のようにいっている。
　「このようにみてくると、わたしたちの課題意識は、『子どもの権利条約』の立法趣旨と合致していたことを誇りにしてよい。しかしながら、同時にいまわたしたちは、『子どもの権利条約』との関わりで、『集団づくりの新しい展開』をさらに拡張・深化することを求められている。」という。(同10頁)
　それはどういうことかを明らかにしようとして、まずは、「子どもの権利条約」が制定された背景から述べている。
　その第一は、世界中に困難な条件を抱えて生存している子どもがいて、特に発展途上国では、貧困や非衛生のため、年間1400万人の子どもが死亡し、健全な発育ができず、小児の頃から働かされ、6000万の子どもが教育を受ける権利を奪われている現実があること。これとは対照的に、世界の軍事費は、富める国の貧しい国に対する援助費の20倍に上り、兵士一人に支出する費用は、学齢児童一人の60倍になっているという現実があること。
　「したがって、国連が『子どもの権利条約』を採択したのは、人類の生存を危機におとしいれる戦争・軍拡・新旧の植民地主義・南北問題・環境破壊などを克服するためであるといっても過言ではない。」というのである。(同12頁)

第VI章　集団づくりの新しい展開・世界に開かれた学校へ

　第二には、ユネスコが「国際理解、国際協力および国際平和のための教育ならびに人権および基本的自由についての教育に関する勧告」(1974年)などによって、早くから人類的課題にとりくむ教育課題を提言してきたことがある。ユネスコは、この勧告のなかで、国際教育・人権教育の目的と方法を提言し、「すべての教育者に対して、現代の人類的課題を子どもたちに提起し、かれらが価値判断の自由・コミュニケーションの自由・討議の自由をつうじてこれらの課題に挑戦するように指導することを求めている」という。(同13頁)

　「そうだとすれば、『子どもの権利条約』は、①思想・良心・宗教の自由→②意見表明権→③表現・情報の自由→④結社・集会の自由を認めることをつうじて、人類的課題の解決のための教育を創造することを要請するものであると理解すべきである。」

　「このようにみてくると、わたしたちは、『子どもの権利条約』ならびに人類的課題の解決のための教育とのかかわりで、学級集団づくりにおける精神的自由権の尊重という原則を拡張・深化させなければならない」という課題が浮かんでくるのである。(同14頁)

　そのためには、『小学校編』が、「精神的自由権への要求を育てるために、対話・合意形成を生活指導の方法的原則とするとして、"1．子どもの生活に共感的に参加する"、"2．対話をつうじて現実を共有する"、"3．能動的・主体的なものの見方を育てる"、"4．要求を意識化させる"、"5．合意形成から実践へ"、という五つの原則をあげている」こと、そのために、討議づくりを重視していることに注目しなければならないという。

　そして、精神的自由権を子どもたち自身のものにしようとして、「討議づくりの新しい展開」を、①子どもの発議権を認め、意見表明権を行使できるようにすること。②批判と抗議をつうじて、真実をひき出し、ニセではない真の現実を創造していくこと。③少数意見、とりわけ、批判的な少数意見を尊重し、多角的な視点から問題を検討すること。④条件付き賛成・条件付き反対で要求を出すこと、条件が正当なら集団が受け入れることを教えていくこと。⑤精神的自由にかかわる問題は多数決で決めないこと、また、合意できない文化的とりくみには自主参加を認め、実践をとおして合意をつくること、を実践課題として展開すべきだと提起している。

「それでは、こうした『小学校編』の提言をふまえながらも、『子どもの権利条約』の精神を具体化していくために、いまわたしたちは学級集団づくりをどう拡張・深化させていけばよいのだろうか。

そのためには、近刊の『中学校編』が論じているように、なによりもまず、『グローバル・エデュケーションを構成する平和・軍縮・人権・開発・環境などの人類的な課題を学級集団づくりの主題のひとつにして、〝THINK GLOBALLY ACT LOCALLY〟といわれる生き方を生徒のなかに育てていくことを重要課題の一つとする必要がある』」(同16頁)

それには、「教師は、子どもとの対話をつうじて、学級や地域や世界の現実を、話題化と課題化という形で問題化していくのである。いいかえれば、対話のなかで、①子どもが発題していることを引き取り、話題を設定して、討論を組織すること、②子どもが発議していることを議題として引き取り、それについての原案を作成・提出して、討議を組織していくことが教師の課題になる。」という。(同16,17頁)

ところで、話題を討論に付していく場合、教師は、生徒、学級・学校、地域・世界の現実を示す写真やビデオ、アンケート結果、作文、同世代の事件の報道記事などの討議資料を用意して、それをどう解読していくかについて討論させることから始めるべきである。

ただ、『中学校編』は、長期にわたって自信と自尊感情と精神的自由権を剥奪されてきた子どもたちを討論や討議に引きこんでいくためには、特別な工夫が必要であるとして、①集団あそびや共食などによる身体的・感情的交流　②口ゲンカ・悪口・自己主張の組織化　③社会のさまざまな役割を演じさせる身体表現を通じて現実を認識させる　④群読・シュプレヒコールをさせる　⑤学級・地域・世界の問題を劇化して、その問題解決の方向について討論させる　⑥ディベート（競技としての論争）を持ち込むことなどをあげて、これらを駆使して世界に開かれた対話と討論と討議の広場をつくっていくこと、人類的な課題の解決と結びついた広場の文化をつくっていくべきだと言っている。

このように、学級集団づくりを世界に開いたものに拡張・深化していくためには、教師の積極的な関与が求められているのである。そのためには、教師自身が、人類的課題に開かれた生き方を自分のものにする自己変革を求められているとい

2) 湾岸戦争と日本の教育課題

『小学校編』を世に出し、『中学校編』をつくっている一年間の間に、世間を揺るがしたもう一つの出来事が起こった。イラクのクエートへの侵攻を排撃するための湾岸戦争である。これは、直接にはイラクとクエートというアラブの国同士の石油の利権をめぐる紛争の結果起こったものだったが、イラクのクエート侵略は許さないというアメリカを中心とする多国籍軍とイラクとの戦争になった。まさに、冷戦が終わったあとの空白をついたイラクの軍事行動を、新しい世界管理をめざすアメリカを中心とする欧米列強が鎮圧した、〝ならず者〟イラク制圧の戦争であった。北の国々による南の国への制裁だったのである。

リアルタイムでお茶の間に飛び込んでくる、多国籍軍による空爆やミサイル攻撃のすさまじい破壊力のテレビ映像に、日本の国民も子どもたちも釘づけにされた。破壊しつくされた街やおびただしい死傷者の姿を見て、近代戦争の実際に息をのんだ。そして、日本政府がこの戦争を支援して、難民輸送のためとはいえ、自衛隊機を派遣し、アメリカへの90億ドルの資金協力を決定したことを知り、日本の国民も子どもたちも、自分たちがこの戦争の傍観者でいられないことを悟って、さまざまな議論が巻き起こった。

このことの意味を、この湾岸戦争が「グローバル・エデュケーション」に大きな一石を投じたことを論じた竹内の論述のなかで見て行くことにしよう。

①竹内常一「主張／〝反戦・軍縮・平和教育の創造を〟——イラクの侵略に抗議し、湾岸戦争の停戦と和平を要求しよう——」（1991年4月号 426号）

これは、91年1月17日にアメリカを中心とする多国籍軍の空爆が開始され、湾岸戦争として拡大されるなかで執筆された「主張」である。

注目すべきは、全生研会員の報告によれば、映像をとおしてとはいえ、生まれて初めての戦争を目の当たりにして、戦争をきれいだという者やゲームのように楽しむ者、戦争気分にのめり込む者もいたけれども、子どもたちは、どの授業の初めにも、停戦と和平のためにいま何をしたらよいかを論議したがってなかなか授業が始められなかったという。

この事実が、いま日本の教師に何を要請しているかというと、「いま、わたしたちは、国際平和を希求し、戦争、武力による威嚇、武力の行使を永久に放棄することを宣言している憲法第九条を堅持しうるかどうかの大きな岐路に立っている」と同時に、「『ふたたび子どもを戦場に送らない』ことを決意した日本の教師の『不戦の誓い』もまた、大きな岐路に立たされている」わけで、こうした状況は、「わたしたちにいま新しい平和教育を創造することを求めている。」「その『新しい課題』とは、自国中心主義的な平和を越え出ると同時に、国際的なパワー・ポリティックスに抗して、世界平和を追求していく道を明らかにし、その道に人々を結集していくことである。」と竹内はいう。(426号6頁)

　それは、すでに、1980年のユネスコ軍縮教育会議の最終文書「軍縮教育10原則」でも、現実の国際的なパワー・ポリティックスの中で、積極的かつ具体的に世界平和を追求する課題を引き受けることを世界の教育に求めていたことである。

　だから、これに応えた軍縮・平和教育は、現代の人類的な課題に挑戦するグローバル・エデュケーションの大きな構成要素になるという。

　「そうだとすれば、湾岸戦争のなかで、いまわたしたちに求められていることの第一は、子どもたちを、『平和を維持し、専制と隷従、圧迫と偏狭を地上から永遠に除去しようと努めている国際社会において名誉ある地位』(日本国憲法前文)を占めうる日本国民に育てるだけでなく、世界平和を追求する世界社会の市民にまで育てていくことである。」

　「第二は、平和を人権、開発、環境、識字などと不可分にむすびついているものとしてとらえ直し、その概念を大きく拡張して、『北』の『南』に対する経済的・政治的・軍事的支配を克服する平和教育を創造していくことである。」(同7頁)

　「このような観点からみるとき、わたしたちは、いま、子どもたちに現代の人類的な課題を率直に提起し、かれらが、日本人であると同時に世界市民として、これらの課題について自分自身の見解をまとめ、表明することができるようにすることが求められている。」「受験教育と管理教育という『精神的鎖国』状況のなかに閉じこめられている日本の子どもたちを、人類的課題に挑戦しつつある『大きな世界』に向けて解放し、かれらが『積極的な平和』の実現を求めて生きるよ

第Ⅵ章　集団づくりの新しい展開・世界に開かれた学校へ

うに励ましていくことを課題としなければならない。」というのである。（同8頁）

　この竹内「主張」の延長線上に書かれたのが、6月号の文責竹内常一による第33回全国大会基調提案草案である。この中の湾岸戦争が日本の教育に何を提起したのかを述べた部分だけをとり出しておこう。

②第33回全国大会基調提案草案「人類的課題にいどむ教育を／子どもを人権主体に　学校に自由と自治を」　基調提案小委員会　文責竹内常一（1991年6月号428号）
（1）湾岸戦争と日本の子ども・教師
　湾岸戦争時に日本の教師と子どもが経験したことは、湾岸戦争をきっかけにして、期せずして戦争と平和について一大討論をくりひろげたことであるという。
　その経験では、「まず第一に、日本の子どもと教師が、いま人類の一員であるということはどういうことか、いま、地球市民であるということはどういうことかを体験した」。
　「第二に、子どもたちが、いつになく、湾岸戦争を報道するテレビを真剣に見つめ、それについて真剣に討論した。さらには、親とともにデモに参加したり、海部首相やブッシュ大統領に抗議の手紙を書いたものも少なからずいた」。（428号87頁）
　「子どもたちは、衛星中継を通じてリアルタイムで送られてくる情報を受動的に受け入れたのではなかった。かれらは、それらを自分の立場から能動的に意味づけ、すじみちをつけて理解しようとし、場合によっては、一定の行動さえとろうとした。とくに、日本政府が、対イラク制裁に実質的に参加し、90億ドルもの資金協力をおこない、自衛隊の中東派兵を公認するようになるにつれて、子どもたちは湾岸戦争に意識的に対峙しはじめた。その中で、湾岸戦争をめぐる真剣な討論がかれらのなかで組織されはじめた」のである。「そのさい、日本国民のなかにある戦争体験の伝承と、日本の教師がこれまで積み上げてきた平和教育が、湾岸戦争についてのかれらの想像と判断を方向づけていたことは高く評価されなければならないだろう。」という。（同号87,88頁）
　「湾岸戦争は、受験体制という精神的鎖国状態にある日本の教師と子どもに対

して開国要求を突きつける『黒船』であったのではないだろうか。そうだとすれば、湾岸戦争によって、世界に開かれた教室を地球時代の世界に向けてどのように開いていくべきかという問題に積極的に取り組んでいかねばならないのではないだろうか。」(同89頁)

その場合、わたしたちは、先進国による世界管理と南北冷戦という枠組みの中で経済大国としての日本という立場をとるか、それとも、南に対する北の支配の克服・世界平和の確立を追求する地球時代の地球市民という立場をとるかの選択肢の前に立たされるという。(以下略)

3) グローバル・エデュケーションへの試み

こうした竹内「主張」や基調提案の提言に応えて、全生研のなかにグローバル・エデュケーションを試みる実践が数々登場してきた。その中の代表的なものをとり出しておこう。

①鈴木和夫「カンコーヒーから日本を見る (1) ～ (3)」(1993年4月454号～6月457号)

これは、小学校5年生社会科の「日本の工業」という単元での授業実践である。

鈴木は、日本の工業の学習にあたって、次の視点で教材を選定しようと考えたという。

(1) 身近なもので、子どもたちが調査できて、日本の工業が検討できるもの。
(2) しかも、それによって、日本と外国との関係、特に「南北問題」が検討できるもの。
(3) そして、さらに、自分たちの生活に戻って、自分と世界を考察できるもの。

これらの視点で検討したとき、「以前、竹内常一先生が『カン一本で、日本の工業は教えられるのではないかな』と示唆されていた」ことを思い出し、「缶詰」「缶ビール」「缶コーラ」……と浮かぶなかから「カンコーヒー」を教材に選んだのだという。

そして、学年で行く自動車工場・和紙工芸工場の社会科見学の他に、独自に「カンコーヒーから日本の工業を考える」の指導計画をつくって、同学年の教師の了解をもらった。

はじめの「課題設定」のところでは、コンビニで買い込んだ十数本のカンコーヒーを教卓に並べ、「カンコーヒーからどんなことが学習できるか？」と投げかけ、各班で学習課題の予想を立てさせた。すると、日頃は勉強が嫌いで、授業にのってくることの少ないムータンが興味を示し、前にあるカンコーヒー一本一本を手に取って、ラベルの印字から、会社や原料、産地の違いなどを読みとって班の予想づくりの音頭をとっていったという。

　班で出し合われた課題を模造紙に書いて張り、重複をまとめて表題をつけた。1．工場の場所と立地条件　2．カンとコーヒーの原料とその生産地　3．生産量と消費量　4．流通問題　5．外国との関係　6．カンコーヒーと食品問題　7．カンコーヒーと環境問題

　これらの課題をもとに、班と個人の関心で調査テーマを決めて、次の「調査活動」に入った。すると、学力上位の子どもたちの調査活動は、カンの部分についての図書・文献調査が主になり、ギャングエイジ真っ只中の子たちは、街頭での調査活動が中心になった。

　しかし、先の調査課題によっては、店の人に聞いただけではらちが明かないことに突き当たり、製造会社に手紙で聞くことになった。手紙の返事が来る間に、3班の和田の発案で、模造紙に世界地図の白地図を書き、それに調べて分かったカンの材料の産出国を記入していった。子どもたちは、これを「カンコーヒーマップ」と呼んだ。

　返ってきたA社からの返事でいろいろなことがわかっていく。A社が使っているコーヒー豆の産地を「マップ」に記入していくうちに、その産地が北回帰線と南回帰線にはさまれた赤道を中心とした地域に集中していることが図面に浮かび上がってきた。子どもたちは、これを「原料ベルト地帯」と呼ぶようになった。そればかりか、このベルト地帯が、ユニセフの活動で学習した飢餓地帯と一致していることにも気がつく子どもが出てきて、「コーヒー豆をつくる地域と飢餓になる地域が重なっているのはどうしてだろう？」という疑問を持つようになった。これについては、暑い地域だからコーヒー豆の栽培に適しているのだろうという予測以上には出られず、6年生でのユニセフ募金の学習活動での「モノカルチャー」の問題まで本格的な追究は持ちこされたという。

　最後に送られてきたD社の冊子になった資料からは、さらにいろいろなことが

読みとれた。それには、世界中のコーヒー豆の産地が書いてあり、コーヒー豆の値段やよく飲む国も載っていた。それをさらに「マップ」に記入していくと、産地はベルト地帯の「南の国」で、それを飲んでいるのは「北の国」だとわかってきた。さらに、コーヒー豆の価格の平均371円にA社の年間使っている1000トンを掛けると3億7100万円払っている計算になるが、A社の売り上げが年間280億円だから、原料費の70倍の売り上げになっていることを子どもたちは知った。売上高に対して、原料費が安すぎることに気がついたのである。

そこへ、2班のカンナが、「コーヒー南北問題」という新聞の切り抜きを持ち込んできて、コーヒーの価格を決めているのは、産出国ではなく、日本を議長国とする国際会議だと知って、さらに「南の国」の不利益さに気がついていく。

そこで、公太の発議で、国際会議に代わってクラスでどのくらいの価格がいいのか「討論会」をやることになった。六つの班に分かれて、消費国代表の日本、産出国でも高い値段のコーヒー輸出国のジャマイカ、アフリカで一番日本に輸出しているエチオピア、世界最大の輸出国のブラジル、アジアで一番日本に輸出しているインドネシア、コーヒーでの結びつきは浅い中国、のそれぞれを班で受け持って学級国際会議を行なった。

産出国側からは、日本の儲けを減らして産出国に回してほしいとか、もっと単価と数量を増やしてほしいとか出され、日本からは、数量を増やせば産地の熱帯雨林がもっと伐採されるという反論も出されたが、せめて高く売っているジャマイカ並みの価格（それでも平均価格の4倍位）にそろえるべきだというのが大方の意見になったところで終わった。

この後、カンの調査に入り、カンコーヒーの缶は、冬場温めるのでスチール缶を使うことがほとんどだが、外国から原料を買って造った方が安いためにリサイクルがネックになり、環境問題を生んでいることや、アルミ生産を外国に持ち込んでその国の公害、電力供給問題を生んでいることを知っていくのであるが、この連載では省略されている。

最後に、鈴木は次のようにまとめている。

「日本の工業の特徴が、教科書などで紹介している以上にきわめてエゴイステックな利潤追求のシステムを『国際化』したものであること、そして、それは、南の国との歪んだ関係をベースにしたものであることを読みとることは容易なこ

第Ⅵ章　集団づくりの新しい展開・世界に開かれた学校へ

とである。扱う教材によって、こうした事実が教師と子どもの協同した研究で追求されていくことも可能である。同時に、日本という国の現実をこうしたグローバルな視野から眺めていくと、子どもたちの抱いていた日本という国について改めて考えていくことになり、現実をさらに追求していくテーマが浮かんでくる。」(457号117頁)

②溝部清彦「われら地球大使―熱帯雨林はどこへ行く―」(1993年11月号462号)

　これは、6年生社会科、「世界と結びつく日本」という単元での授業実践である。
　溝部は、(1) ハンバーガーの牛肉がどこから来るのか。(2) ハンバーガーひとつ分の牛肉をつくるのに、熱帯雨林が何㎡必要か。(3) 熱帯雨林を切り開いたあとの土地が、何年で牧草も生えない砂漠になるか、という事実を知って衝撃を受け、子どもたちと追求してみようと思い立ったという。
　まず、学習リーダー会に問題を投げかけ、「ハンバーガーの牛肉を追跡しながらアメリカ、ブラジル、そして熱帯雨林へと子どもたちを誘い、グローバルな学習と、精神的にも学校に囲われない学習をしよう」とした。
　リーダー会がはじめにつくったテーマは「ハンバーガーは、暮らしを便利にしたか」で、YES、NO、にクラスを分けてディベートすることになった。
　便利派からは、「母親の働く時間や負担を軽くした」「食べたいとき、すぐ食べられる」「母親がいなくても、お金があれば食べられる」などが出され、反対派からは、「ハンバーガーの味付けが濃く、からだに悪い」「ハンバーガーを食べることで家族での食事の時間が減って、だんらんが失われた」「ハンバーガーは紙、容器の無駄遣いだ」などが出された。
　ここでわかったのは、食生活が階層そのものを表していることだ。すなわち、経済的にも生活が安定している家庭では、ハンバーガーはほとんど食べない。生活に追われている家庭では、便利な食物として重宝している、ということだった。
　このディベートを受けて、班ごとの調査活動を始め、街ゆく人へのインタビュー、ハンバーガーショップでの原料輸入国、接客サービス等のリサーチの結果を印刷して共有した。
　また、世界中でどのくらいの人がハンバーガーを食べているか調べようと、大

使館に手紙を出すことにした。住所を調べるために、大使館に電話して聴いたが、ここで片言英語を使って活躍したのは、学力は高くないが、母親と二人暮らしのなかで培ってきた生活学力を持つ郁美だった。ここから、郁美の学習姿勢が積極的に変わった。

　学習リーダーの茜はアメリカからの帰国子女であり、その父親が情報提供して子どもたちの手助けをしてくれた。そこでわかったことは、アメリカの牛肉の値段は日本の半分以下であり、しかも、アメリカは牛肉をブラジルから輸入しているということだった。しかし、大使館に聞いても、アメリカがどれくらい牛肉をブラジルから輸入しているのか、また、アメリカは牛肉を自給できるのに輸入するのはなぜかわからなかった。一方、ブラジルはなぜアメリカに自国の分まで輸出しているのかにも大使館は答えてくれなかった。

　そのうちに、茜が市立図書館でブラジルの経済白書を探してきてその解読が始まった。これに刺激されて他の班も図書館に通い始め、熱帯雨林の資料を手に入れた。NHKテレビの地球SOSで、ハンバーガーの容器は無駄なゴミをつくるし、牛を育てるのに熱帯雨林を燃やしている、という情報を本母が仕入れてきた。

　ここから〝牛肉をアメリカに売り、熱帯雨林を破壊しているなかで、ブラジルは豊かになっているのだろうか〟という疑問が出てきたので、リーダー会で討論した。

　資料を見ると、ブラジルでは、1980年に人口千人当たりでテレビの台数が122台、乗用車が63台だったのが、1990年にはそれぞれ238台と115台と二倍に増えているので豊かになったという意見に対して、10年間で二倍位は当然のことで、絶対数が少ないからそんなに豊かになっていないという反論が出た。それに、アメリカに輸出するために熱帯雨林を破壊して牧場にしているけれど、1分間にサッカーグランド6個分の広さの熱帯雨林が破壊されているというから、失うものが多すぎる、という意見も出された。

　そこで、まとめの討論として、第三世界対先進国という構図で地球環境サミットを開くことになった。そこで出されたのは次のようなことだった。

　肉1kgを生産するのに穀物20kgを必要とする。もし、先進国が肉を減らせば、第三世界の10億人が助かる。北の世界の人の平均摂取カロリーは3000カロリーなのに対して、第三世界では2000カロリーで、それはアメリカのドッグ

フードより貧しい。ペットよりましな生活ができるように、北の国は第三世界に援助をすべきだ。ブラジルの人が自分たちで熱帯雨林をきっているように見えるが、鉱山の写真を見ると、わずかな白人がブラジル人を働かせて掘らせているから、お金で命令して先進国の人たちが第三世界をしいたげているように見える。それと、日本は、先進国のなかでも援助金が少なく、アメリカより一ケタ少なくてドイツの半分だ。日本も、合成洗剤、フロンガス、動物愛護、再生紙と、先進国のなかで地球のために頑張っているけど、やっていることが小さい。

　最後に、アメリカ人の大学講師に来てもらい、質問に答えてもらったら、アメリカにも徹底して自然保護を実践する人もいて、いろいろな考えの人がいることがわかった。

　授業のしめくくりは、学んだことを個人新聞にまとめて読みあうことで終えた。

4．「新学力観」と対峙する

　こうしたグローバル・エデュケーションへの試みの実践が追求される一方で、文部省の側は、1989年改訂の学習指導要領が1992年から本格実施されるにあたって、「新しい学力観」なるものを推奨しはじめた。これがまた、学校現場に新しい混乱をもたらし、それにどう対応していくかが現場に問われたのである。

　「新しい学力観」がなぜ登場して来たのかを明らかにするためには、日本の子どもたちの「学力」をめぐってどんな問題があったのか、今どうなっているのかを知っておく必要がある。それを明らかにした竹内の論文からみていこう。

1）竹内常一「『落ちこぼれ』問題をどうとらえ直すか」（1992年2月号438号）

（1）「落ちこぼれ」問題の登場

　1970年代の前半に、「落ちこぼれ」問題がクローズアップされ、社会問題になった。直接的には、高度経済成長を支える人材づくりのために教育の現代化を標榜した68年改訂学習指導要領が「新幹線授業」を生み、授業についていけてない者が半分以上いるという全国教育研究所連盟の調査報告が1971年に出されて、世間にショックを与えたものだった。

　70年代初頭、高度経済成長のなかで、親たちは家族と地域の教育力を失うに

つれて、子どもの将来を学校に大きく依存するようになって、高校・大学進学率を押し上げていった。そこへ1973年に石油ショックが起こって、高度成長がとどめを刺され、一億総中流幻想が大きく揺さぶられる中、親たちは学校「学力」を絶対化し、子どもをより偏差値の高い上級学校に進学させようという受験競争を過熱化させていった。石油ショックの後、高校進学率は92％に、大学進学率は38％に、夫々それ以前より、7％、8％一挙に跳ね上がった。

こうした事態のなかで、親たちは、これまで一年通学していれば、でき・不できに関係なく進級できた「年齢主義」の学校に異議も申し立てなかったのに、1970年代前半を境にして、当該学年の課程の習得を保障する「課程主義」を要求するようになった。これは、「年齢主義」から「課程主義」への転換を求めるものではなく、「年齢主義」を基本にして、その上でその学年の課程を一年で習得させる「課程主義」を要求する「欲深い」教育要求になった。そうなったのは、石油ショックによって中流から落ちこぼれる不安を持つようになり、その不安から逃れるために、我が子を学校から落ちこぼすまいとしたからである。

ところが、このような「落ちこぼれ」をつくった詰め込み教育課程への厳しい世間の批判を受けて、1977年に改訂された学習指導要領は、親たちの「課程主義」的な教育要求に応えるものではなかった。「基本・基礎の重視」をうたいながら、英語3時間にみられるような授業時間の削減を強行し、「ゆとりの時間」を特立した。このため、学校は当該学年の課程の習得を保障する時間的条件を失った。

同時に、「ゆとり体制」下の学校が、「性格」「特別活動」「部活動」などを評価対象とする推薦入学制度が拡大されるなかで、子どもたちを学校秩序に対する「忠誠競争」に組織する管理体制をとるようになった。

「ゆとり体制」の学校が、親たちの「課程主義」的な要求を満たすものではないと見るや、都市圏の親たちは、学力保障を塾・予備校によって満たすようになり、「ダブル・スクール」状況が当たり前になった。しかし、塾・予備校に依拠できない非都市圏では、親たちは、草の根保守にリードされて、学校に「学力向上」を求めるようになり、今日の「学力向上運動」につながる動きが各地に広がった。

このために、学校は、都市圏・非都市圏を問わず、学習指導要領によって「制

度化」された「学校知」、受験のための「受験知」を生徒に注入する場になっていった。こうして、一元的能力主義に支配された学校ができあがっていったのである。

このように、学校と親と教育行政とが子どもたちを激しい受験競争に追いつめていった結果が、80年代になって、非行・校内暴力、いじめ、不登校・登校拒否などの問題行動を生んできた現場の状況は、私が第Ⅳ章の第3節に書いたとおりである。

(2)「落ちこぼれ」問題の新しい様相

ところが、「落ちこぼれ」問題は、80年代前半を境にして、新しい様相をとるようになった。それは、三つの様相となって現われているという。

一つは、当該学年の到達目標を達成できない一部の子どもたちの深刻な「低学力」と「知的荒廃」が突出していることである。これらの子どもたちの多くは経済的=文化的な貧困層に属しているために、「生活知」を獲得できていなくて、ものごとに行動的に働きかけ、それらを一つひとつ言葉と数でもって認識していくことができない。だから、読書算の基礎学力のレベルの学習でつまずき、学校から「落ちこぼされ」ていく。

このために、「落ちこぼれ」問題は、まずは、経済的・文化的貧困層の社会階層の子どもに集中的にみられるという、社会階層的性格を強く帯びるようになったのである。

二つめは、「これらの子どもたちとは別に、早期教育による知識の言語主義的な注入のために、知的発達を狂わせられ、人格発達をも疎外されてしまう中流階層の子どもたちがいる。かれらは、一知半解の言葉と数を操りはするものの、そうすればするほど自分を取り巻く世界から遠ざけられ、自閉的な思考のなかに閉ざされることになるのである。

その意味で、かれらは教育によって知的発達を剥奪された子どもたち、教育によって知性を荒廃させられた子どもたちの典型であり、後述する『できる』子どもたちの問題性を一身に体現している子どもたちである」という。(438号13頁)

三つめは、1980年代前半から本格的にはじまった高得点競争に参加を強いられていく中流階層の子どもたちにみられる「学力の空洞化」現象であり、次の問題傾向を持っている。

第一には、「できる」といわれている子どもたちでも、読書算の基礎学力は獲得していても、言葉と数を介してものごとを意識化できているかというとかならずしもそうではない。
　「かれらは、言葉や数を形式的にあやつることはできたとしても、それを介して世界と出会うこともなければ、世界を意識化していくこともない。その意味では、かれらは形式的には読み書き能力は持っているかもしれないが、実質的には世界を解読し、自己を表現していく読み書き能力を獲得しているとはいえない。」（同14頁）
　「第二に、かれらは、言葉を概念や形象として学びとっていく言葉の二次的な学習のレベルにおいても大きくつまずいている。かれらは、『重さはバネ秤ではかり、質量は天秤ではかる』ということは知っていても、重さの概念も、質量という概念も理解できていないことが多い。この例に典型的にみられるように、科学の基礎的概念が理解・習熟されていないのである。かれらにあっては、科学の基礎的概念は、丸暗記という形か、さもなければ操作的な定義として覚えられているにすぎない。それらは、一定の知識の体系の結節点をなす概念として理解され、かつ習熟されているのではないのである。」（同14頁）
　つまり、かれらは「学校知」を獲得してはいても、知識をその原理から把握するという意味で、知識を理解しているとはいえないのである。
　「第三に、こうした言葉の二次的学習のつまずきのために、中等教育から大学にかけておこなわれる概念と論理、形象と文体をつうじてものごとを体系的・全体的に認識していく学習においてもつまずくことになる。
　かれらは、基礎的概念を理解することができていないために、概念のネットワークをつうじて体系的に物事を認識していくことができないのである。……文学作品についても、かれらはそのスジをとらえることはできても、その一つひとつの形象に深く感応・想像・表現しつつ、それらを統合して、一つの文学的世界を創造していくことができないのである。」
　「こうした各レベルの学力の空洞化のために、かれらはなにを学んでも、かれらのまえに生きるに値する世界がせり上がってこないのである。また、なにを学んでも、かれらのなかに生きる勇気と希望が育まれてこないのである。……かれらはいくら学んでも、世界を意識化することも、それを意識化する自己を確立す

第Ⅵ章　集団づくりの新しい展開・世界に開かれた学校へ

ることもできないで終わるのである。かれらは、学びをとおして世界と自己の主人公になっていくことがなく、ますます支配の傘のなかに閉じこめられていくのである。」(同 14,15 頁)

それにしても、子どもたちの学びの空洞化をつくっていくものは何かというと、それは、かれらが「学校知」を学ぶことをつうじて、それを制度化している「支配と服従」「抑圧と被抑圧」のイデオロギーと関係性を学び取っていくからであるという。

かれらは、「学校知」の習得を排他的に競わせられ、それへの隷属を求められ、そういうものだと思いこまされ、支配者を自己のうちにとりこんで、自己の魂としていく。だから、かれらは授業中教師に向かって質問したり、仲間に向かって発信・発言しようとはしない。かれらにとって、学ぶということは、もはや他者と協同して真理・真実を追求し、連帯していくのではなく、一人ひとりが他者と対立して競争することであり、点取り競争するものとなる。そして、知識を点数として多く私物化したものが優位に立ち、私物化できなかったものが劣位に立つことを学んでいく。このために、点数を多くとるものは、傲慢・尊大となり、点数を多くとれないものは、自尊感情を剥奪されて、無価値の烙印を押される。

「このようにみてくると、今日の『落ちこぼれ』問題は、子どもたちの学びの教育的剥奪から生じていると言わねばなるまい。」(同 16 頁)

(3) 学びをどう復権させていくか

では、どのようにしてこの隘路を超えていくべきなのか。

竹内は、それは、グローバル・エデュケーションの道、子どもの権利条約の道だという。

「その道は、ユネスコ『学習権宣言』[*74]が示す道である。それは、『学習権とは、／読み、書く権利であり、／質問し、分析する権利であり、／想像し、創造する権利であり、／自分の世界を読みとり、歴史をつづる権利であり、／教育の手だてを得る権利であり、／個人および集団の力量を発達させる権利である』と宣言しているが、このような学びを回復していく道を追及していくことを課題とすることである。」といっている。(同 17 頁)

---

74) ユネスコ「学習権宣言」——1985 年の第 4 回ユネスコ国際成人教育会議（パリ）で採択された、人類が学習権を持つ意義について宣言した文書。

「そのためには、わたしたちは、70年代前半以来の子どもたちの生活と学習の能力主義的な社会化のあり方そのものを抜本的に検討し、子どもたちの生活と学習の民主的な社会化・共同化の道をさぐっていかねばならないだろう。

その場合、とりわけ、経済的＝文化的貧困層の子どもの深刻な低学力と、中流階層の子どもたちの学力の空洞化という二重の『落ちこぼれ』問題に照準を当て、それとのかかわりで学びを復権させ、生活と学習の民主的な社会化・共同化の道を追及していかねばなるまい。」(同17,18頁)

「そうした道は、わたしたちの実践にそくしていえば、ひとつには、自主参加を原則とする学習会の組織化からはじまり、夏休みの合宿学習会、さらには生徒会学校や地域子ども学校へという形をとって追及されてきた。」「いまひとつは、授業そのもののなかで、学習の民主的共同化を追及する授業のなかの集団づくりとして、また、授業における学習の協同的関係を発展させつつ、意識的に学習目標を追及していく学習集団の指導として展開されてきた。……今、こうした実践を積極的に継承しながら、それをグローバル・エデュケーションといういまひとつの道に開いていく必要があるのではないか。そうすることによって、学びの復権を可能にするとともに、現代を生きるに必要な『知』をすべての子どもに保障する新しい『課程主義』を確立する必要があるのではないだろうか。」(同18頁)

このように、竹内は、「学力の空洞化」という新しい「落ちこぼれ」問題を提起した上で、次に、「新しい学習観の創造」を論じるなかで、「新しい学力観」と対峙する。

2) 竹内常一「新しい学習観の創造」(1993年2月号452号)

「いま、日本の学校は、三つどもえの力関係をなしている三つの力に取り囲まれている。

その第一は、これまで学校を支配してきた一元的能力主義である。」。

「第二は、臨教審・中教審路線のちからである。それは、1987年の臨教審答申に起源をもつが、1991年の中教審路線によって修正され、新学習指導要領ならびに新指導要録として具体化されつつあるものである。」(452号67頁)

「この路線は、……受験競争によってマンパワーを選抜するものに変わりはな

いが、その選抜のシステムを複線的に多様化するものである。その意味では、それは、一元的能力主義の学校制度をスクラップして、複線的に多様化された学校制度をつくりだそうとするものであり、能力主義的な教育と学習にかえて、新しい教育と学習を持ち込もうとするものである。」(同68頁)

「第三は、子どもの権利条約を支持し、その理念にもとづいて日本の学校を改革することをめざすちからである。……このちからは、一元的能力主義をも、また臨教審・中教審路線をも批判し、子どもの生存権・社会参加権・学習権にこたえる教育と学校をつくりだそうとするものである。」(同68頁)

そこで、この三つの力が描く学習概念の違いをとり出して、比較している。

(1) 能力主義の学習概念

「第一の一元的能力主義は、いうまでもなく、権力が公定した要素的な知識・技能を絶対化し、受け入れ、ためこむ学習を組織するものである。」

「だから、受験競争とは、権力が公定した制度知を多くためこんだものがより多く権力に与かることができる競争であると定義していいだろう。

いや、そればかりか、ここでは、制度知のためこみと並行して、かくされたカリキュラム、……つまり、学習活動のなかに埋めこまれている支配・被支配、抑圧・被抑圧の関係を取りこみ、身につけていくことでもある。」(同68,69頁)

(2) 新学習指導要領の学習概念

「ところが、新指導要領・新指導要録は、このような能力主義の学習概念を知識中心であると批判して、新しく『学ぶ意欲』と『学習の仕方の学習』という学習概念を対置している。」(同70頁)として、それが出されてきた経過を次のように説明している。

臨教審第二次答申では、基礎・基本の習得の徹底と学習の仕方の学習が、生涯学習社会における初等・中等教育の目的とされた。

それに続く教育課程審議会答申も、「自ら学ぶ意欲と社会の変化に主体的に対応できる能力の育成」のために、知識・技能の習得をとおして思考力・判断力・表現力・想像力・直観力などを育成すること、「自ら学ぶ目標を定め、何をどのように学ぶかという主体的な学習の仕方を身につけさせる」ことの重視を唱えた。

両者ともに、基礎・基本の習得と学び方学習の二つを教育課程改訂の方針としていた。

ところが、その後の、新学習指導要領が実施されるにつれて、基礎・基本の意味がすり替えられて、学び方学習だけが強調されるようになってきた。新学習指導要領は新学力観に立つものであると力説する指導要領解説者の奥田真丈や高岡浩二は、「基礎・基本は、今まではすべての子供にとって共通な内容としてとらえられていたけれども、これからはもっと弾力的なものとして柔軟に考えていったほうが良い。単に知識や技能だけではなく、思考・判断・学習意欲、そういったものの総体が基礎基本だということだ。」という。

つまり、かれらは、これまでの一元的能力主義の学習概念を批判して、学び方学習をつうじて、学ぶ意欲・思考力・判断力・表現力などの新しい学力の教育を力説するのである。

だから、それは、子どもたちが自分の生活現実や権利状況にもとづいて文脈的に学んでいくことを認めるものではない。子どもが自分の生活コンテキスト（文脈）から学び方を発展させようとすると排除される。学習内容とは全く無関係な機能主義的な学び方学習である。そればかりか、どのような学習内容とも無条件に結びつくことが可能になっている。

このような学び方学習を強調するのは、情報化社会が、一生学びつづけ、新しい資格を取り続ける労働者を必要としているのにこたえるためで、その要請に応えて立てられた「社会の変化に主体的に対応できる、豊かな心をもちたくましく生きる人間の育成」とか、「科学技術の進歩や情報化の進展に対応するために必要な基礎的な能力の育成」とか、「国際社会に生きる日本人の育成」とかの教育目的に容易に結びつくものだからである。

(3) 子どもの権利条約の学習観

「それでは、子どもの権利条約の学習概念とはなにか。

子どもの権利条約は、生命・生存・発達の権利、子どもとして保護される権利、市民的自由と社会的参加の権利、教育への権利を子どもに認めるものである。……このなかでもとりわけ注目すべきことは、本条約が、意見表明権をはじめとする精神的・市民的自由への権利を基軸にして、子どもの社会参加権と学習権とを統一的に保障しようとしていることである。……ここでは、学習は、なによりもまず、社会参加と結びついたものとして組織される。つまり、学習は、現実世界に深く根ざし、現実世界を変革するものとしてとらえられているのである。い

いかえれば、学習は、現実世界における子どもの人権と固有の権利の実現のためのものであって、けっしてそれ以外の目的のためのものではないということである。」(同72,73頁)

ここで、竹内は、そのようにいえる根拠として、子どもの権利条約に先立つ1985年のユネスコ「学習権宣言」の例の「学習権とは」の定義を引いて紹介している。それは前の論文で引用したので参照願いたい。

「ここでは、学習とは、子どもの生活現実ならびに権利状況をコンテキストにして、世界を解読し、世界を創造する行為ととらえられているのである。そして、そのような学習行為が『教育活動の中心』に位置づけられねばならないとされているのである。」(同73頁)

では、それはどのようにしてなされるべきかというと、1974年のユネスコ教育勧告(*75)にすでに示されているという。

「それは、(1) 課題中心的・問題提起的な教育方法、(2) 対話による学習方法、(3) 想像的で創造的な教育方法、(4) 参加と社会的活動による学習方法などによって教育方法全体の抜本的改革を提言したものである。」

「しかも、この勧告は、これらの教育方法の改革をつうじて、①なにをではなく、どのように考えるかを教え、②分析的で批判的な能力を発達させること、③他者の権利を尊重しながら、自己の権利を行使すること、④自由な討論を受け入れ、それに参加し、集団のなかで働く能力を発達させること、⑤人類的な課題にたいする社会的責任および恵まれない集団との連帯を発達させることを追求しなければならない、としているのである。」

「このようにみてくると、学習権宣言も、ユネスコ教育勧告も、いずれも、『なにをではなく、どのように考えるかを教え、分析的で批判的な能力を発達させること』を課題とする批判的な学び方学習をその学習概念としている」。だから、「子どもの権利条約もまた、このような批判的学び方学習をその学習概念としているといってもいいのではないだろうか。」と竹内はいうのである。(同74頁)

(4) 批判的学び方学習と新指導要領の学習観との違い

「それは、子どもの生活現実または権利状況をコンテキストにして、批判的学

---

75) ユネスコ教育勧告——1974年に採択された「国際理解、国際協力および国際平和のための教育ならびに人権および基本的自由についての教育に関する勧告」のこと。

び方学習を組織するものであって、けっして新指導要領のように学校的コンテキストが指定する学び方を教育するものではない。

　また、それは、思想・信条の自由への権利をふまえ、自主的な社会参加と学習をつうじて、子どもの態度・思想・価値観形成をはげますものであって、けっして新指導要領のように思想・信条の自由を否認し、学校コンテキストが指定する態度・思想・価値観を教えこもうとするものではない。それは、思想は教えるものではなく、子どもが自主的な学習のなかで形成していくものであるととらえているからである。」(同75頁)

　これは、知識・技能の教育に対しても同じであるという。

　「批判的学び方学習は、子どもの生活現実と権利状況というコンテキストに立って、世界(教材)を解読していくことをはげますものである。……学校的コンテキストに閉じこめられていた知識・技能をかれらの生活向上と権利実現のなかに再組織していくものである。……その意味では、批判的な学び方学習は、権力に公定された制度知を反転させて、それを現実変革のための民衆知につくりかえていくものである。」(同76頁)

　このように、竹内は、いま日本の学校現場でせめぎ合っている三つの学習観の違いをとり出して見せたのだが、竹内の予知したとおり、文部省筋が「新しい学力観」を強く推奨しはじめて現場に戸惑いが起こってきた。このために、『生活指導』誌も1993年11月号462号で「『新学力観』とどう向き合うか」を特集したのだが、竹内も、同11月臨刊号463号に「新しい学力観」を正面から取り上げた論文を寄せた。それを見ていこう。

3) 竹内常一「参加・学習・自治―『新しい学力観』と子どもの権利条約―」
　(1993年11月臨時増刊号463号)

(1) 「新しい学力観」が打ちだされた経過

　はじめに、「新しい学力観」が打ちだされてきた経過を解明している。前の論文と重なるところがあるが、まとめておこう。

　1986年の臨教審第二次答申は、「必要な基礎的・基本的内容の習得の徹底を図るとともに、社会の変化や発展のなかで自らが主体的に学ぶ意思、態度、能力

等の自己教育力の育成をはかる」ことをこれからの教育の目的にすべきとした。

　それが、1987年の教課審答申では、微妙に変化して、順序が逆になり、「自ら学ぶ意欲と社会の変化に主体的に対応できる能力の育成」が前に出て、「国民として必要とされる基礎的・基本的内容の重視」が後に置かれた。

　それでも、「主体的な学習の仕方を身につける」と、「基礎・基本の重視」という方針は並列されていたので、60年代以来の一元的能力主義はひきつがれているかに見えた。

　この二つの答申を受けて1989年に学習指導要領が改訂されたのだ。
ところが、1991年の中教審答申はこれを、「これからは、全員が同じ教育内容を受けるような形式的な平等ではなく、個性に応じてそれぞれが異なるものをめざす実質的な平等を実現していくことはますます重要になる」と訂正した。

　これは、「形式的平等から実質的平等へ」の転換、「一元的能力主義」から「多元的能力主義」へ、「縦並び多様化（序列化）」から「横並び多様化」への転換を主張するものだ。

　「つまり、中教審は、学校教育が共通的な内容をすべての子どもに教える形式的平等に立っているかぎりは、学校教育は画一化し、子どもを縦並びに序列化するのは必然であるから、もうこれを前提とすることはやめて、子どもが個性に応じて異なる内容をめざすものに学校教育の在り方を転換する必要があると提言していたのです。」(463号35頁)

　この後から文部省は、「新しい学力観」を声高に主張するようになったという。すなわち、「これからの教育においては、これまでの知識や技能を共通的に身に付けさせることを重視して進められてきた学習指導を根本的に見直し、子供が自ら考え主体的に判断し、表現できる資質や能力の育成を重視する学習指導への転換を図る必要がある。」(文部省「小学校教育課程運営資料」1992年) と主張するようになったのである。(同35頁)

　これは、臨教審や教課審が教育目的にしていたことの一方の「国民として必要とされる基礎・基本の重視」を切りすてるもので、新学習指導要領をも否定するものであった。その「新しい学力観」が、制度化された知の内容の伝達を重視してきたこれまでの一元的能力主義を否定した点では注目されるが、だからといって、それが正しいわけではない。

(2)「新しい学力観」の問題点

「新しい学力観」では、「自ら目標を決め、何をどう学ぶかという主体的な学習の仕方を身に付けさせる」ことを前面に打ち出しているが、この前半の「自ら目標を決め、何をどう学ぶか」が子どもに保障されているのかというとそうではないという。

それを保障するためには、「それは何よりもまず学習における子どもの自己選択権・自己指導権・自己評価権、さらには教育に対する子どもの参加権を認め、その能力を発達させるものでなければならないはずです。また、それは、子どもに社会参加と学習の権利を認め、世界に開かれた態度と価値観を形成するものでなければならないはずです。」（同 36 頁）その保障を主張しているものが「子どもの権利条約」なのである。

ところが、1992 年の子どもの権利条約の批准にあたっての政府見解は、「条約が批准されても、現在の学校教育の基本的な在り方を変更する必要はない」というものだった。そうだとすれば、従来どおり子どもは学習における自己選択権・自己指導権・自己評価権を認められず、「目標」も「何を」も自ら決められず、「主体的な学習の仕方」を育成しようとしている側がこれを特定し、その学習の仕方を習得させることを意味していることになる。

そうなると、「その『学習の仕方』とは、情報処理・情報操作の客観主義的な学習の仕方であり、自己反省・自己誇示の主観主義的な学習の仕方であり、『人間としての在り方・生き方』を学習する仕方なのです。『新しい学力観』は、子どもの自発的な学習を介してこれらの学習の仕方を身に付けさせ、特定の学習コースを子どもに自発的に選択させようとしているのです。」「その意味では、それは教科の領域を『徳育』の場に再編するものであるといっても過言ではないでしょう。」（同 37 頁）

先にみた子どもの権利条約に関する政府見解は、子どもが条約の保障する参加と学習と自治の権利を行使して「新しい学力観」の思惑を超えていかないように、子どもの参加と学習の権利を制限・否認しているのである。

(3) 子どもの権利条約が要請しているもの

では、「新しい学力観」が否認している子どもの参加と学習と自治の権利とはなにか。

第Ⅵ章　集団づくりの新しい展開・世界に開かれた学校へ

「子どもの権利条約が市民的・精神的な自由への権利を子どもに認め、意見表明権を行使して、現実の世界に参加することを子どもに保障していることは周知のとおりです。……しかし、これは当然のことなのです。なぜなら、子どもは自分のからだを軸にして現実の世界のなかに、人々の間に棲みこむことをつうじて、それらを認識し、それらについての判断を行なっているからです。その意味では、本条約はこの当然のことを生まれながらの権利として認めた」のだという。(同38頁)

「ところが、近代の強制・義務教育学校は、制度化された知を伝達することによって、かれらを世界ならびに他者から隔離しただけでなく、かれら自身からも隔離し、国家の傘の中につりあげ、……国家の一員として臣民化してきたのです。そればかりか、それは制度化された知の修得度に応じて子どもを選別・選抜してきたのです。」(同38,39頁)

子どもの権利条約の市民的条項は、このような強制・義務教育の学校ならびに制度化された近代の知から子どもを解放し、参加と学習と自治の権利と責任を子どもに認めたものである。子どもの権利条約に呼応する国際的な教育運動が、参加と社会活動による学習方法を重視するのは、参加なしには認識は成立しないものであり、知識というものは、知る主体と知られるものとの相互作用のなかの文脈（コンテキスト）のなかではじめて意味あるものとなるのであって、けっして客観的に存在するものではないからである。

さらにいえば、知るためには、対象に働きかけるスキル（術または技能）が必要である。それには、知的スキルといわれる、表現、聞くこと、討論すること、自己主張、インタビュー、情報獲得、批判的分析、公正な判断などがあり、また、アクション・スキルといわれる、差異の承認、葛藤解決、寛容、参加、コミュニケーションのスキルなどがある。

「人間は、このような参加と学習のスキルを駆使して世界と他者に働きかけていくなかで、はじめて世界と自己、他者と自己との関係を知り、知識を一身上の真理として発見・獲得し、世界と他者と自己に開かれた態度・価値観を発展させていくことができるのです。」(同39頁)

もう一つ、子どもの権利条約が子どもに認めていることは、参加と学習における自己決定権である。参加と学習の自己決定権を基礎にして、教育への参加権、

教育自治への参加権をも子どもに認めているのである。

「なぜならば、教育への参加権、教育自治への参加権が認められてこそ、子どもは社会参加と学習における自己決定権を行使することができると同時に、その能力を発達させる指導を得ることができるからです。権利としての自治が認められてこそ、子どもは生活と学習の共同化を追求し、その生活と学習を自治することができるのです。」

「このようにみてくると、本条約は、子どもに対して参加・学習・自治の権利を認め、その能力を子どもの中に発達させていくことを学校に要請しているのです。」（同40頁）

(4) 子どもの参加・学習・自治の権利に応える教育の創造を

この要請に応えるため、学校はつぎの三つの側面において参加と学習と自治の権利を認め、子どもがその能力を発達させていくのを保障する必要があるという。

①社会参加をもとにして学習と自治活動を進めていくこと。
②その学習活動と自治活動の仕方を批判的に総括し、新たな学習活動と自治活動の仕方をつくりだしていく批判的な学び方学習と自治的集団の自己指導を育てていくこと。
③学校自治のみならず、ひろく教育自治への参加、教育参加をつうじた社会参加に発展させること。

以上見てきたような竹内論文の課題提起に導かれて、全生研の会員たちは、全国各地で90年代の実践を推し進めていくのだが、私もまた、90年代に勤めた西葛西中学校で行なった実践があるので、特にこの最後の竹内論文「参加・学習・自治」に啓発された実践を二つ報告しておきたい。若い人が多い学年で、担任なしの学年主任としての実践である。

私は、この学年に3年前から副担任として所属してきたうえで、定年前の最後の3年間学年主任を務めた。組合員は半分だったが、非組合員を含めて若い教師たちは、生徒に要求することは要求しても、生徒を大事にし、伸び伸びさせて、管理的に抑え込むことはしない人たちだった。そこで、私は、学年方針として、生徒たちの自己選択権、自己決定権を尊重した自治を目標にしようと提起

第VI章　集団づくりの新しい展開・世界に開かれた学校へ

した。そして、みんなで協議して、入学してきた新1年生の最初の学年集会で、教師集団として提示した目標が次の四つだった。

1）「公正・公平」な人間関係をつくろう―強い者勝ちをなくし、いじめのない、みんなが安心して生活できる学校にしよう
2）「自由」は「責任」に裏づけられてあることを知ろう―修学旅行を「自由」のなかで楽しめる学年を目標にしよう
3）お互いの基本的な関係を大切にしよう―①時間を守り合う　②挨拶をし合う　③人の話を聞き合う
4）自分の進路を自分で選んでいける力をつけよう―高校中退せずに済むようにしよう

　この学年は、小学校時代「いじめ」がかなりひどかったと聞いていたから1）をまずみんなで押し出した。2）3）は、若い教師たちの素朴な願いだった。4）は、私の教師になった原点の願いである。―私は、進路選択でつまずいた一人だった。中3の進路決定の直前に父が商売に失敗したために、まわりの勧めで普通高校は諦め、すぐ就職できる工業高校の電気科に進学した。しかし、どうしても電気の勉強が好きになれず、悩んで中学校の担任に相談したら、「そうでしょう、どうも君は工業に向いているとは思えなかった」と言われ、ガーンとうちのめされた。しかし、中学校3年間野球に明け暮れて、ろくに読書もせず、自分の適性を考えることもなく、自分で進路を選ぶ力をつけていなかった自分が悪かったと考えて、自分のような子をつくらないように中学の教師になろうと決心して、苦労して国語の教師の道へ方向転換したのだった―。

　一つ目の報告は、その進路指導に関わる「職業講話」の実践である。

　私たちの学校では、区教研の進路指導部が作った「進路ノート」を使っていた。そのノートでの1年生の課題は、「自分を知る」と「身近な職業を知る」だった。1学期、「自分を知る」のページをやらせた後、夏休みに「身近な人の職業調べ」を課題にし、B4一枚に印刷した報告書提出を宿題にした。

　最初の学年集会での目標の提示が効いていたのか、270余人みんなが実に丹念に自分の身近なおとなから、その職業のやり甲斐、必要な資格、収入、なるためのアドバイスなどを聞いて、写真や絵などを付けて立派な報告書を仕上げてきた。

　夏休み明け、二学期の活動を相談する学年ＰＴＡ委員会を開いた時、この「身

近な人の職業調べ」が話題になった。どの親も子どもたちが熱心にやって一生懸命仕上げたという。そして、あれは提出した後どうするのかと私に質問してきた。秋の学芸発表会の展示部門で教室を一つ使って全員の分を展示することになっているというと、「それではざっと一瞥されて終わってしまい、もったいない。調べた内容をもっとみんなで共有できる方法はないだろうか」という意見が出された。よくできたものを子どもたちで発表し合う場をつくるのもひとつの方法だが、それでは間接的になる。いっそのこと、子どもたちが調べた職業人のなかから何人か選んで、本人から直接職業の話を聞く会をもったらどうかという話になり、二学期の学年ＰＴＡ行事として親子で聞く「職業講話」をやることになった。

親たち自身が発議したことなので、生徒の提出した報告書を見て、親たちで講話をしてくれる人を探してくれることになり、ＰＴＡ行事として運営もしてくれることになった。

でも、私は、親たちで職業を選んで、生徒にお仕着せで講話を聴かせる会になって、生徒が受け身になったのではと思い、聞きたい職業をまず生徒に選ばせて、その中から各人が選択して聴くようにもっていってほしいと頼んだ。親たちもよくわかってくれて、進路指導の本から職業一覧をコピーし、生徒から聞きたい職業のアンケートをとって集計して、それから生徒の報告書から該当の職業人を探して交渉するという手間をかけてくれた。生徒たちが選んだ中から決めた職業人は次のとおりだった。

美容師、新聞記者、コンピュータ技師、スチュワーデス、警察官、保母、弁護士、医師

問題は、いつやるかだった。親たちは、11月19日（土）にある授業参観日の午後にしてはと言ったが、私はむしろ授業参観の２時間目を親子で聞く職業講話にしてはと提案した。そんなことができるのかと親たちは懸念したので、私が学校の了解をとることになった。この時間を特別活動の進路指導の授業参観としたいと運営委員会に諮って了承された。

当日は、親が講師の接待、会の司会進行を務め、生徒たちの質問をとったりもして有意義な時間になった。生徒の出席希望は多いところと少ないところと偏りができたが、無理な調整はせず、生徒の自己選択に任せた。生徒は、進路指導担当教師のつくった講話メモ用紙にメモを取りながら熱心に聴き、質問した。後日

書かせた感想もとてもよく書けたので、学年だよりにそれぞれの講話に対する生徒の感想の代表的なものを掲載した。

　翌年、2年生でも学年ＰＴＡ委員のメンバーは変わったのに、まだ職業は他にも沢山あるので、もう一度学年ＰＴＡとして職業講話をやりたいといい、生徒もやりたいというので、また秋の授業参観の時に同じ形でやった。今度生徒が選んだ職業は、次のとおりだった。

　トリマー、薬剤師、小学校教師、ミュージシャン、俳優、福祉士、インテリア業務員、スポーツインストラクター、青年海外協力隊員

　生徒の選択を見て興味深く思った。1年目は主に〝なれたらいいなあ〟というメジャーな職業を、2年目は〝自分でもなれそう〟という堅実な職業を選んでいるということである。1年生より2年生と、それだけ職業選択を身近なものに感じるようになったのであろうか。実は、この後があって、下の学年でも同じ職業講話の実践をするようになったのである。

　それにしても思うのは、子どものための教育実践に親と子どもが共々に本気で「参加」し、「自治」をつくりだしてくるのは、それぞれに自己選択権、自己決定権が持てたときだということだ。それだからか、3年前に卒業させた子たちは、全都平均の8％と同じ20人位の高校中退者を出してしまったが、この子たちには、ほんの数人しか出ていない。それだけ主体的な進路選択がさせられたということだろうか。中には、1年生で弁護士の講話を聴いたある女生徒で、弁護士志望の夢を追い続け、一浪して大学法学部に入った子もいる。

　さて、二つ目の実践は、学芸発表会での演劇づくりの実践である。

　校内暴力期の1980年創立のこの西葛西中学校は、「文化祭」でなく「学芸発表会」という名称を使っていた。しかし、開校10年経って、中身は文化祭的になっていたので、あえて「文化祭」に名称変更を提案もしなかった。

　これに、クラス単位で参加するか、学年単位で参加するかは、各学年に任されていた。といっても、生徒の意志を聞くのではなく、学年の教師たちで決定していた。私の所属した学年は、前から学年単位でやっていて、他の二学年は学級単位でやっていた。副担任の3年間は、学年教師たちの意見に任せていたが、学年主任を引き受けた3年間は、先にも述べたように、生徒の自己選択権、自己決定権の尊重を提起していたので、クラス参加、学年参加の両方の形を生徒に説

明し、生徒の希望をとって決めるように提案して了承された。結果的に3年間とも生徒たちは学年単位の方を選んだ。

はじめの3年間は、演劇に堪能な男女の教師がいたので、私は工作的な展示物グループの指導にあたった。しかし、あとの3年間は、それらの教師が転出し、演劇の指導者がいなかったので、私が演劇グループの演技指導を担当し、他の教師二人に裏方指導を頼んだ。

1年生では、演劇グループの出演者希望のメンバーを見て、民話劇の方が良いと判断し、『王様の耳はロバの耳』を選んでやった。2年生では、自分たちで選んでやりたいというので、任せたら『眠れる森の美女』をアニメから劇化してやった。楽しくやれたけれど、訴えるものがなくて物足りなかった。

さて、そこで3年生である。この年の参加形態のグループ分けは、次のとおりだった。

演劇、合唱、ビデオ制作、影絵、小劇場（演奏・バラエティ）、制作・展示、ダンス

3年生の演劇が二日間とも舞台発表のトリをやることになっている習わしなので、私は、今度は訴えるテーマのはっきりとした劇をやらせたいと思い、また、9月20日に運動会、10月初旬に部活の大会、10月半ばに中間テストと行事が続く中では生徒による台本作りは無理だと判断して、4年前の生徒に人気があった『リア王』を取り上げようと思った。

そこで、9月末の生徒への参加形態の説明会で、今年は『リア王』をやりたいと提示した。理由は、上記の日程の他に、"自分の眼で真実を見ぬく力を持たずに、甘い言葉に騙されてひどい目にあったリア王の話は、自分の力で自分の進路を選び、切り開いていく課題を持った君たちに合っていると思うから"と説明した。生徒たちからは何も意見は出なかった。

そこで、中間テストが終わったらすぐに役決めができるようにと、『リア王』の台本を印刷製本しておいて、10月9日の学芸発表会学年出発会で配って相談を始めようとした。

ところが、しばらく台本に目を通していた生徒たちの中から、活発な女子たちが、「『リア王』でなく、別なものがやりたい」「『リア王』は暗いし、台本見ると言葉が難しくて私たちに合わない」「最後の学芸発表会だから納得できるものを

やりたい」「去年だって、先生から候補作を出したけど、結局私たちに選ばせてくれたではないか」と異論を唱えた。控えめな女子からも、「台本まで印刷・製本してくれた先生の苦労を無にして申し訳ないが、私たちも別なものがやりたい」という意見が出されたので、全体に訊いてみると一部の男子以外はほとんどが別なものにしたいという意見だった。

そこで、私も了解して、12日の月曜日まで3日間待って、その間にやりたい劇を探して、『リア王』を越えるものがあったら替えることにした。

土曜休みの10日の午後、二人の女子から電話がかかってきた。女子みんなで相談した結果、中の三人が都立K高校の文化祭で見て感動した『天使にラブソングを……Ⅱ』をやりたいということになった。今、その映画のビデオを借りてきたのでみんなで観るが、明後日、先生にも見てもらう、というのである。

私も、このアメリカ映画を都立A高校やH高校で劇化して文化祭で上演して好評だったことを前に新聞で読んでいた。そこで早速、家の近くのビデオ屋から借りてきて観てみた。今は、ショウ劇場の歌手になっているデロリスという女性が、閉鎖になりそうな、昔世話になった修道院付属の高校に院長に頼まれて音楽教師として赴任し、生徒たちを激励して聖歌隊コンクールに出場させ、優勝させて閉鎖から救うという話である。

デロリスが、いじけて荒んでいた生徒たちの心をつかみ、自信を持たせて成功に導いていくストーリーと、ロック調にアレンジした英語の聖歌とダンス入りのミュージカル風の展開が、生徒たちのやる気をそそったようだ。だが、中間テスト後17日、休日を除くと正味12日の日程のなかで劇と歌とダンスを仕上げるのは至難の業だ。一緒にビデオを観ていたライターを生業とする長女も「高校生だからできたので、中学生には無理じゃない？」と言った。

12日、出演者23人を集めて、女子から提案させ、私の懸念も付け加えた。しかし、合唱曲3曲のうち、2曲は2年生の時の合唱コンクールで2クラスが歌っているから覚えられるし、ダンスはビデオを観ながら振りを付ければできるから、是非やりたいという。

問題は台本だった。ビデオから台本をつくるなんて時間はない。ある女子が、姉が先月この劇を文化祭で上演したK高校に行っているので、姉から頼んでもらってK高校に借りに行くと言った。その文化祭の劇を見たというその子に訊く

と、クラス演劇だったというので、私はその日のうちにK高校に電話し、当該クラスの担任に台本の借用をお願いした。14日に4人の女子が訪ねて行って、台本の他、劇中歌2曲の楽譜と舞台図を借りてきた。
　だが、それは教室演劇の台本だった。教室を鍵の手に左右に分け、二つの舞台を作って、それを交互に使って舞台転換を頻繁にしていく展開だった。これでは、体育館のステージで演じる台本にはならない。おまけに、45分位にまとめていたので、台詞の繋ぎやストーリーに飛躍がある。もう、生徒の手で舞台用に直すには時間がないので、私が中間テスト中に舞台台本に作り替える了承を生徒たちから取った。そして、大急ぎで自分のテスト問題をつくりあげ、テストの金・土と日曜の三日間、高校の台本をもとに、ビデオを回したり、止めたりしながら夜なべをして、ワープロで5幕13場の舞台台本を作り上げた。
　19日、全員を集めて『天使にラブソングを……Ⅱ』への変更を確認し、台本を配って、20日に役決めをやって練習に入った。裏方も準備にとりかかった。
　責任者には、体育委員の中心として運動会のダンスをまとめた女子が選ばれた。出過ぎず、だれとも等距離を置いて、みんなの意見を聞いてまとめていくのが信頼を得ているようだ。主役のデロリスやリタをはじめ、どの役も、それぞれの希望を出しながらも、我を張りすぎず、それぞれに合った役で決めていったのには感心した。
　責任者のその女子は、「先生は学年主任で忙しいでしょう。みんなやる気だし、自分たちで練習できるから、いちいち来なくていいです。困ったら呼びに行きます。」と私に言ってきた。たしかに、私立高校の学校説明会の時期で、仕事は立て込んでいたので、私は、その子と練習計画を立て、毎日報告を聞き、ポイントの指示だけをして、練習は完全に生徒に任せ、他の先生に任せた大道具、小道具、衣装以外の照明や音響・効果の裏方の指導に回った。
　学年持ち時間一杯の70分の力作になったので、芝居の練習に手一杯で、歌やダンスの練習は、朝練と学校の裏にあるスポーツセンターを使っての夜の自主練習が必要になった。生徒たちは、発議し、討論し、決定して、精力的な取り組みを進めていった。そして、11月初めの休日返上でのリハーサルにやっとたどりつき、11月4、5日の本番を迎えることになった。
　大規模校で、親も含めると全生徒が一度に体育館で観られないので、舞台発表

は二日間行ない、生徒が半分ずつ観た。そのなかで、3年の劇は2回公演できた。

一日目は、スピーカーが舞台の外側にフロアーを向いて付いている構造のため、舞台内によく音楽が聞こえず、最後のクライマックスのダンスが乱れて失敗してしまった。悔し泣きした女子たちが音楽係の男子を責めたので、出演者全員と音楽係を教室に残してミーティングを持った。そして、舞台構造を計算したリハーサルができなかったための失敗で、音楽係を責めても仕方のないことだと話し、練習でやってきたように舞台奥にカセットデッキを置いて音楽を流す形で練習し直し、明日もこの形でやることを確認して終わった。

二日目は、昨日の失敗を取り戻す意気込みでみんなの演技にも気持ちが入り、音楽とダンスもぴったり決まって、見事なフィナーレを迎えて万雷の拍手を受けた。今度は、女子たちが感激の涙を流し、全員で労苦をねぎらい合った。

私は、生徒たちがここまで見事にやりとげるとは思っていなかった。自分たちで選択し、自分たちで決めて取り組むことが、こんなに参加の意欲とすばらしい自治の力を発揮させるのだということを、改めて生徒たちに教えられた思いだった。一年から続けてきた生徒の自己選択権、自己決定権を尊重する方針が実り、花開いたと感じさせられた。

5．学校論三部作と『教育のしごと』の刊行

1）学校論三部作

竹内は、1992年8月『いま、学校になにが問われているか―学校論へのいざない―』(明治図書)、1993年9月『日本の学校のゆくえ―偏差値教育はどうなるか―』(太郎次郎社)、1994年4月『学校の条件』(青木書店)、と立て続けに学校を論じる著作を刊行した。竹内自身で、これを「学校論三部作」と呼んでいるが、なぜこうも意欲的に学校論を世に問おうとしたのであろうか。それについて竹内は『教育のしごと』第5巻の「はじめに」でこのように書いている。

「私たちが『新版』両編を執筆・編集していた時期は、ソ連を中心とする旧社会主義国の崩壊ならびに中国の天安門事件、国連総会における子どもの権利条約の採択、南アフリカにおけるマンデラの無条件釈放、湾岸戦争の勃発の時期に重

なっていた。」「私は、これらの世界的な動きを見据えながら、生活指導運動が内発的に必要とし要求していた『新版』の作成に専念しつづけた。」「私は、そのなかで二つの言葉を繰り返し反芻していた。」という。(前掲書v頁)

それは、歴史学者上原専禄の「小さいことにこだわりながら、大きなことを考える、大きなことを考えながら、小さいことにこだわる」という言葉と、地球民主主義を知るなかで見聞きした〝Think Globally, Act Locally〟という言葉だという。両者は重なるものがあり、それが現代を生きるドラマトゥルギーを示すものと思われたからであるという。

「そして、この二つの言葉を反芻しているうちに、私はこれまで『全体像認識』という言葉で追求してきたものがこれらの言葉のなかに象徴的に示されていることに気づいた。」「それは、具体的な行動のなかでものごとの全体的連関を把握すること、具体的な行動のなかで全体性（ないしは総体性）そのものを体現して生きること、つまり『具体的全体性』であったのだ。

これに気づくにつれて、私のまえに、これまで先送りをしてきた学習指導を論ずるパースペクティブが開かれていった。」(同vi頁)

そうして生まれたのが学校三部作だという。

「これらのなかで私は、ユネスコ教育勧告（1974年）、ユネスコ『学習権宣言』（1985年）、国連『子どもの権利条約』（1989年）のなかにこめられている『参加・学習』論に立って、『学びの復権』を主張し、それを『多元的』な能力主義の『主体的な学び方学習』に対置した。」という。(同vii頁)

これは、竹内がこれらの学校論を書いた内的動機を語ったものであるが、最後のところには、外的動機もあったことが語られている。すなわち、「それを『多元的』な能力主義の『主体的な学び方学習』に対置した」というのは、90年代初めに文部省が打ちだした「新しい学力観」に代表される多元的能力主義の学校教育政策に対抗する学習論、学校論を構築する必要を感じてのことと言える。

事実、竹内は、『新版　学級集団づくり入門』両編を仕上げた後、前節で取り上げた三つの論文、「『落ちこぼれ』問題をどうとらえ直すか」（1992年2月号）、「新しい学習観の創造」（1993年2月号）、参加・学習・自治—『新しい学力観』と子どもの権利条約—」（1993年11月臨刊号）を『生活指導』誌に書いて、文部省の「新しい学力観」体制を批判し、子どもの権利条約にもとづく「参加・学

習」論を提起して対抗している。その内容は、前節でみたとおりである。

　この学校三部作は、それぞれこの三つの論文を中心にして、それを敷衍、発展、組み合わせて詳しく論じられていて、本旨は前節で紹介した通りなので重複は避けることにする。そして、私が下手な論評をするよりも、内容をきわめてよくとらえた書評があるので紹介したい。それは、『竹内常一　教育のしごと』第5巻の「栞」に載せられた、竹内の國學院大学の同僚の里見実による「竹内常一氏の学校論について」という一文である。

　「……（前略）……竹内氏たちの生活指導実践の指導原理とされてきたのが、参加と自治の理念であった。この参加と自治を基本原理にすえた〝学び〟のヴィジョンをさぐるという企図が、『日本の学校のゆくえ』と『学校の条件』をモティーフとしてつらぬいている。

　『日本の学校のゆくえ』は、制度としての学校がいまどのような転機にたたされているかを論じた状況分析の書だ。教育制度や政策への関心が希薄で、いささか状況音痴気味のわたしは、目の覚めるような思いでこの本を読んだ。……（中略）

　九〇年代の教育改革の特徴の一つは、それが学力、もしくは学習の概念の変更をつよく迫るものであるということだろう。共通な教育内容を国家基準として提示し、その修得の徹底を迫る一元的能力主義が、自己教育力の育成と個に応じた指導の多様化を重視するいわゆる新学力観にとってかわられた。この転換をどう評価し、それにどう対応するか、『ゆくえ』の議論は〝教育改革〟批判、〝新学力観〟批判というかたちで展開されているけれども、著者はそのことをとおして、むしろ運動の側がそれにどう対応し介入するかを問うているのだと思う。問われているのは、われわれ自身なのである。

　新学力観にたいしては、守旧的な能力主義からのそれとともに、〝国民的〟な共通〝教養〟を重視する運動的な立場からの批判がありうるだろう。教えるべき知識の内容こそが問題なのに、新学力観はそれを問わずに、いたずらに教育水準を引き下げ、大多数の生徒を知育から引きはなす差別的多様化を促している、と批判者たちは考える。官制の指導要領に反対しながら、教える〝内容〟については独自な研鑽と試行を重ねてきた民間教育運動の担い手である教

師たちには、とくにその思いがつよいようだ。

　だが、どんなにエラボレート（入念に仕上げる―宮原注）された教育内容でも、それが一方的に教師から生徒に伝達されるものであるかぎり、ましてそのカリキュラムが共通必修内容としてパッケイジ化されたものである場合には、それはもはやそれだけで生徒の内発的な学習意欲を喚起するものとはなりえないだろう。

　情報というレベルでは子どもたちの目に映る〝世界〟はますます拡大しているのに、子どもがそのなかで自分の存在を意味づけていく自己関与的な世界はますます小さな私的空間に閉塞し貧困化していくという現象が、とりわけ近年は顕著になっている。世界はつねに与えられたものとして、かれらの前に提示される。いくら与えつづけても、そこに〝学び〟は成立しない。自分の世界を自分が主体になって構築していく、そのプロセスが〝学び〟であるからだ。

　〝教え〟中心から〝学び〟中心へ。この学習観の転換なしには、教育の再生はありえないだろう。教育にたいする公的保障の切り下げと差別的な多様化という方向を指向しながらも、なおかつ新しい学力観は、一元的能力主義の否定と〝教え〟中心の教育からの脱却という、われわれにとっても緊要な課題をさしだしている。それを挑戦としてうけとめることのできないエッセンシャリスト[※76]は、硬直したプロフェッショナリズムのなかに自らの城を築くことにならざるを得ないだろう。

　〝学び〟を中心にすえる、ということは、生徒が〝学ぶ主体〟になる、ということである。生徒の自治と参加が、決定的に重要になってくる。新しい学力観では、まさにそのことが棚上げにされている。となれば、いかに生徒の体験や活動を強調しても、結局は、教師の〝やらせ〟におわるほかはないだろう。これが『ゆくえ』と『条件』で竹内氏が展開している新学力観批判の中心点だろう。

　知的な面での自律的な人格の形成と、感情的、道徳的な面でのそれとが緊密に結びついていることを、ジャン・ピアジェ[※77]はくりかえし力説した。

76）エッセンシャリスト――本質主義者、本質派。文化遺産の伝達を教育の主要機能とみなし、文化遺産の共通の中核（知識、技能、態度、理想など）を教師が責任をもって体系だてて教えるべきと主張する。

『世界人権宣言』(*78)第二六条の解説として書かれた有名な論文のなかでピアジェはいう。

『一人の個人が知的な面で何らかの束縛にしばられている場合には、精神的・道徳的な面でも自律的な人格をつくることは不可能になります。自分自身の力で真理を見出すのではなく、命令に従って学ぶように義務づけられた個人は、自律的な人格を形づくることができません。知的な面で消極的受身な立場におちいった人間は、精神的・道徳的に自由であることはできないでしょう。これと同じように、大人の権威に従うことのみを道徳と心得ているような個人は、またクラス内にある唯一つの社会的関係とは、権威を持っている教師と生徒のあいだの個人的な関係なのだと考えているような個人は、知的な面で活動的な人間であることはできないでしょう。』(「現代世界における教育を受ける権利」秋枝茂夫訳『教育の未来』法政大学出版局、1982年)

子どもの権利条約にたいする政府見解と新しい学力観とは表裏一体のものだ、と竹内氏はいう。新しい学力観は、自己教育力の育成をうたいながらも、子どもの学習権と参加権を統一的にとらえることを否認し、かれらを、与えられた校則とカリキュラムによって他律的に管理される受け身の存在として位置づけている。そうであるからこそ逆に、学習と学校生活そのものを、生徒たちの権利、自らのコミュニティと歴史を創造し、自らのイニシアティブにおいて知的世界を構築する権利を保障するいとなみとして内容づけていくことが、対抗的な教育実践のますます重要な課題になっていくわけである。」(栞7〜10頁)

なんとよく、竹内が言いたかったことをとらえ、要約・敷衍してくれた書評だろうか。

2)『竹内常一　教育のしごと』(青木書店、1995年5月〜11月)

学校三部作を上梓した後、竹内は、もう一つの仕事にとりかかった。個人著作集『竹内常一　教育のしごと』の編纂である。この刊行の事情を「はじめに」で

---

77) ジャン・ピアジェ――(1896〜1980) スイスの心理学者。発達心理学を臨床的研究として確立した。20世紀で最も影響力の大きかった心理学者の一人。
78)「世界人権宣言」――1948年12月、第3回の国連総会で採択された、すべての人民とすべての国が達成すべき基本的人権についての宣言。

こう書いている。

「青木書店の桜井香氏から個人著作集を刊行したいという申し出があったのは1993年のことであった。私は自分の仕事はそれに値するものではないと考えていたので即座にそれを断った。それにもかかわらず、本著作集を刊行する気になったのは、浅野誠・乾彰夫・折出健二・中西新太郎・藤本卓の五人の研究者が各巻に私の仕事を批判的に論ずる独立論文を寄稿してくれることになり、私自身この五人の研究者をはじめとする多くの人びとに私の仕事にたいする批判と評価を預ける気持ちになったからである。」

そして、この著作集の編集にあたっては、現在刊行中の著作『若い教師への手紙』、『学級集団づくりのための12章』、『子どもの自分くずしと自分つくり』、『いま、学校になにが問われているか』、『日本の学校のゆくえ』、『10代との対話 学校ってなあに』、『学校の条件』は除いた、また、『生活指導の理論』と『教育への構図』も全体としては含めないことにしたという。

「そのうえで、私の問題意識がどのようなすじみちをたどってきたかわかるようにするために、研究領域を意識しながらも、年代的に編集することにした。」そのなかに、例外的に『生活指導の理論』から第1巻に「集団の人格形成作用」と「教師の指導性と集団のちから」を、第2巻に「集団の指導と管理」を、第4巻に「現代っ子情念論」を取り込むことにしたという。

結果として、第1巻は「生活指導論」として、60年代から70年代初頭に生活指導運動に介入しつつ発表してきた論文を中心に構成されている。

第2巻は、「集団論」として、70年代に集団づくりをめぐって発言した論文を収めている。

第3巻は、「学校改革論」として、70年代に高校の生活指導をめぐって、主として『高校生活指導』誌に発表し、後に単行本や講座本に収容された高校改革を視野に置いた諸論文で構成されている。

第4巻は、「子ども・青年論」として、「1970年代後半から噴出した子ども・青年の問題にたいする私の教育学的介入を示すものである」と竹内自身が言っているように、80年代に発表した子ども・青年の非行、いじめ、不登校・登校拒否や発達のもつれを持つ子どもをめぐって問題提起した諸論文を収容している。

第5巻は、「共同・自治論」として、80年代の前記の子ども・青年をめぐる問

第Ⅵ章　集団づくりの新しい展開・世界に開かれた学校へ

題噴出が問いかけたものと、それへの対応としてうちだされた臨教審路線による教育改革とを受けて、生活指導、集団づくりの再構築を投げかけた諸論文を掲げて構成している。

　それぞれの巻にとられた諸論文の多くは、高校生活指導問題をあつかった第3巻を除いて、本論においてとりあげてきたところと重なるものが多いので、ここでは、その内容は取り上げないことにし、出版の紹介だけにとどめる。

　先にも述べていたように、単行本には収容しなかった諸論文を、読者にわかりやすいように再構成して目次を作り、それぞれ一巻本にまとめあげた著作集になっている。そのために、年代の中では、目次に沿って筋が通るように並べ替えてあるので、必ずしも暦年順にはなっていない。私の本論の方が、時々の時代情況、教育問題の発生に応じて編集された『生活指導』誌の発行順に竹内論文を取り上げているので、暦年に忠実になっている。

　このようにみてくると、竹内常一の80年代後半から90年代にかけての仕事は、『教育のしごと』第5巻の「はじめに」に自身で書いているように、「生活指導・集団教育論の再構築」であった。それは、85年の27回全国大会基調に地域生活指導運動を取り上げ、住民自身の手で自分たちの生活を共同化する姿に学び、『学級集団づくりのための12章』で小学校実践の分析から、子どもの側からの集団づくりの必要を意識化し、全生研全体の「集団づくりの新しい展開」を経て『新版　学級集団づくり入門』の刊行へとまとめられていった。それと、80年代末から90年代初頭の世界史的激動のなかで、子どもの権利条約に導かれて、こどもの生活の側からの「学びの復権」を提唱し、それを保障する学校づくりの展望を示した「学校論三部作」を提起することになったのである。

第VII章

新たな荒れ
——発達異変のなかの子どもたち

1．再びいじめ・迫害による自殺の多発

　90年代半ばには、80年代半ばに続いて、いじめ・迫害による自殺が多発した。80年代、行政はいじめ追放のキャンペーンを大々的に張り、減少傾向にあるかに見えたが、根本的な対策が取られたわけではなかったので、隠れていたいじめが悪性化して再発したのだ。

　一番大きく報道されたのは、94年11月27日に起こった愛知西尾市東部中の大河内清輝君のいじめによる自殺事件であったが、直後の12月に愛知岡崎の中一男子、福島の中三男子の、翌年にかけても6件の中学生男女のいじめによる自殺報道がされている。実は、大河内君事件の前にも全国で6件の中・高校生のいじめ自殺が起こっていたという。

　そのなかで、大河内君事件が注目を浴びたのは、単にいじめを苦にしてというのではなく、グループの子たちの日常的ないじめの上に、多額の金銭の収奪を伴う迫害があったという点にある。しかも、それが周りに見えなかったのは、大河内君自身がグループの一員に見えたためだという。その悪性化した迫害性、不透明性に世間が驚いたのである。

　こうした引き続くいじめ自殺事件を受けて機関誌で特集した「いじめ問題を読みひらく」（1995年5月号483号）の中で、琉球大学（当時）の照本祥敬の論文が注目される。

1）照本祥敬「『水平暴力』のもとでの『パワーゲーム』の対象化を―『いじめ』克服のための基本的視点として―」（1995年5月号483号）

　　照本は、現代のいじめを「水平暴力」としてとらえるべきだという。
「弱い者いじめ」という場合、「強者」―「弱者」の構図のなかで、「強者」が抑圧者に、「弱者」が被抑圧者になって、前者が後者に何らかの力による危害を加えることである。現代の日本では、この抑圧―被抑圧の構図が巧妙に制度化されているから、そういういじめは、大人社会を含めて多々現われてくる。
　しかし、いま子どもたちの世界に起きている「いじめ」の構図は、この図式だけでは説明できない。ある場合の「いじめ」の加害者が、別の場合には被害者で

第Ⅶ章　新たな荒れ―発達異変のなかの子どもたち

あったりもする。

「わたしは、現代の『いじめ』を、制度としての抑圧―被抑圧の関係を縦軸にしつつ、これに貫かれた水平面での『弱者』間の、『被抑圧者』間の攻撃ないし暴力である、ととらえる。」―パウロ・フレイレは『被抑圧者の教育学』(*79)(小沢有作・楠原彰・柿沼秀雄・伊藤周訳、亜紀書房、1979 年、三砂ちづる新訳 2011 年) の中でこれを「水平暴力」と呼んでいるという。

「こう考えるのは、子どもたちは競争秩序のもとで日常的に抑圧されており、この被抑圧状況のもとで、かれらは＜自分よりも「弱者」を見つけださなければならない＞という強迫観念のなかを生きている、とみるからである。現代の『いじめ』は、自己存在への不安と背中合わせの強迫観念のなかで生きているかれらの現実を表現しているものとみるからである。」(483 号 48 頁)

この、同質化した集団状況のもとでの「弱者」の確定作業は、ある秩序への「同調競争」の組み込まれ方の差異にもとづいて、たえず少数の「弱者」の特定化がなされる。

「ここで展開されるのが被抑圧者間の『パワーゲーム』である。〝パワーゲームとは、支配と服従の人間関係の檻の中で、自分が下になって相手に服従するか、逆に相手の上に立って支配するかを決定するための力の競い合いをいう。〟(西山明、田中周紀『さなぎの家　いじめのパワーゲーム』共同通信社、1994 年)」(同 48 頁)

では、このパワーゲームの展開に、制度としての学校がいかに関与しているか。「競争秩序に貫かれた日常のなかで、子どもたちはつねに自己の抑圧、自己否定の危機に直面しており、この自己否定の恐怖・不安から逃れるために『弱者』を必要としている。」

その際に、「学校」という競争秩序のもとでのパワーゲームの展開過程のなかで、「弱者」が誰であるかを教えているのは、じつは「学校」であると竹内常一はいっている。(『子どもの自分くずしと自分つくり』東京大学出版会)　学校の「周辺」ないしは「底辺」に位置する子どもを示しているのは競争秩序のもとにある

---

79) パウロ・フレイレ――(1921 ～ 1997) ブラジルの教育者。マルクス主義や反植民地主義的な思想の流れにおける教育哲学に対して大きな貢献を果たした。『被教育者の教育学』が名高い。

学校自身であり、かれらを「いじめ」のターゲットとしてパワーゲームのなかに無自覚に放り出しているのである。

このような能力主義競争の中心軸からはずれたところで展開されるパワーゲームへの周囲の無関心が、「いじめ」の被害者を「問題グループ」の一員であるとみなすことで「いじめ」の事実そのものを黙殺する体制をつくり出しているのだという。

「こうみていくと、子どもたちが展開している出口のないパワーゲームに、制度としての学校がいかに積極的に関与しているかは明らかであろう。」（同49頁）

次に、パワーゲームの内部構造はどうなっているのか。

「能力主義の中心軸から外された、『学校』から『周辺』とみなされる層の子どもたちは、『正規』のパワーゲームから振り落とされた『弱者』に位置づけられる。かれらは『弱者』同士であることを意識下に潜ませつつ、『正規』の基準とは異なるパワーゲームを新たに展開していく。」（同50頁）

そして、「弱者」同士の間の「水平暴力」の力学にこれまで以上に曝されて、支配―服従の関係構図をつくろうとするとき、もはやむきだしの力に依るしかない。実は、ここに、大河内君の場合のように、「いじめ」に暴力と金銭が絡んでくる訳がある。かれらにとって力を象徴するものは、この二つ以外にないからである。

「こうしたパワーゲームの内部構造に目を向けるとき、『いじめ』の被害者がなぜ周囲に保護を求めず、死を選ぼうとまでするのか、その内面構造が浮かび上がってこよう。

『いじめ』の自己申告を困難にしている大きな要因として、被害を受けている子どもの周囲に彼にとって信頼できる他者が不在であることが指摘される。……『他者の不在性』は、支配か服従かを競うパワーゲームをとおして強化されつづけている。こうした枠組みの中での『いじめ』の自己申告は、絶対的『弱者』としての自己認知を周囲にたいして表明するものとなる。いうまでもなく、この表明は、ストレートに自己否定へと向かう。……学校秩序の『周辺』の、さらにその『底辺』に位置づけられた子どもは、もはや自分よりも『弱者』を見つけだすことができず、パワーゲームに支配された現実を生きつづけることに絶望していくのである。」（同50頁）

第Ⅶ章　新たな荒れ―発達異変のなかの子どもたち

　最後に、照本は、「『いじめ』克服の基本的視点」をいくつか提起している。
　まず、「パワーゲームからの自己解放は、この閉ざされた関係世界そのものを他者との共同をとおして対象化していく作業をくぐらなければできない。関係性についての『知』を深めなければ、このゲームからの出口を発見することはできない。」という。
　ただ、「子ども同士の関係はその内側に、『学校』―子どもの関係を、被抑圧者同士の関係はその内側に抑圧者―被抑圧者の関係を取りこんで成立しているから、子ども集団の関係性の対象化は、必然的に、『学校』と子どもたちとの関係の対象化を志向するものとならざるをえない。」(同51頁)
　次に、「抑圧―被抑圧の重層構造のもとで、子どもたちは自前の社会を制作していく可能性と条件とを奪われている。現代の『いじめ』は、こうした閉塞状況のなかで他者の『弱さ』を攻撃しあう迫害的性格を強めている」ことを把握したうえで、自他の「弱さ」をそのまま認めあえる関係世界を追求する必要があり、「いじめ」る側も実はこうした関係性を要求するシグナルを出していると認識させていく。こうした認識の共有をとおしてかれらの社会制作を励ます、という文脈のなかで「いじめ」の克服を展望することが必要なのであるという。

2.『子どもの自分くずし、その後―〝深層の物語〟を読みひらく』の出版

　竹内常一は1998年に『子どもの自分くずし、その後』を太郎次郎社から出版した。
　「本書は『子どもの自分くずしと自分つくり』以後の私の子ども問題研究の中間報告であるが、副題にもあるように、私は子ども問題の〝深層の物語〟を読みひらくことを本書の課題にした。」と、この本の「あとがき」にあるのが、この本の位置を語っている。
　『子どもの自分くずしと自分つくり』が1970年代後半から80年代に噴出した、非行、いじめ、不登校・登校拒否などの問題行動をめぐる子ども・青年問題研究のまとめであったとすれば、この『子どもの自分くずし、その後』は、まさに、書名が示すとおりその後の10年間に現出した子ども・青年をめぐる問題状況の研究、解明のまとめである。そこに、「〝深層の物語〟を読みひらく」という副題

を付けなければならなかったところに、子ども・青年の問題が深いところから探らなければ解けない深刻さを帯びてきているという認識が示されている。だから、この書は、一言でいえば、「90年代の子ども・青年の〝からだとこころ〟の異変の危機を深部から解き明かそうとしたものだ」ということができよう。

プロローグ「遍歴から再生へ」

子どもは、青年期の訪れとともに、自分のなかに新しい自分が生まれつつあるのを感じ、幼少年期からの自分をこわしにかかる。しかし、まだ新しい自分が確固としてあるわけではないので、仮の自分を構えながら親の世界から決別し、自分さがしの遍歴に旅立つ。仮の自分のとる行動が、反抗であったり、逸脱であったり、内閉であったりするのだ。つまり、青年期のイニシエーション（入門式―宮原注）として、幼少年期の自分の死を図り、新しい自立した人間としての再生をめざすのである。それは十歳ごろから二十代後半まで20年近い遍歴になる。

ただ、その遍歴はすべての青年に享受されるわけではない。高度成長以後人格的自立を可能にする「価値としての青年期」が大衆化されたが、同時に、その青年期は受験競争下の学校や、学校に従属してしまった家庭によって囲いこまれ、奪われる状況の中で、困難な青年期遍歴をしなければならなくなっている。

I章　生まれること、死ぬこと

そのことを断ったうえで、この章では、まず、友子という高校生を持つ母親への手紙という形で、親子のイニシェーション劇（成年式）へのアドバイスを語っている。

友子が、6時半という家で決めてある門限を守らなくなり、いろいろ逸脱行動が出てきたことを心配する母親に、それは、青年期に入って新しい自分をつくろうとして、それまで親の価値世界で生きてきた自分をくずそうとする行動だと説明する。そして、青年というのは、幼・少年期の自分の死、そして自立した人間としての再生を、青年期のイニシェーション劇における始まりと終わりとして迎えるその間に、長い自分さがしの青年期遍歴の過程を通るものだという。

そこで、母親が彼女の遍歴に同行するには、第一に、彼女のなかにイニシェーション劇をまっとうするだけの「わたし」（自我）の存在していることを信じる

第Ⅶ章　新たな荒れ―発達異変のなかの子どもたち

ことだという。それがあると信じる人間がいてこそ、彼女は仮の自分を超えて、原質的な自己のうえに新しい自我をつくりだすことができるのである。

そして、第二に、このようなイニシェーション劇を構成している行為の一つひとつから、劇の展開を見通し、それをそれとなく暗示してやることである。そうすることで、新しい自我と新しい世界の追求に彼女を押し出してやることだという。

それができるためには、母親自身も、40代を過ぎて人生の頂上をあとにしはじめる思秋期にさしかかっているのだから、子どもを支配しつづけようとする親ではなく、自分のこれからの人生のために中年期の死と再生を図る親のイニシェーションを先にすることによって、親が子どものそれに共感でき、それを理解し、暗示してやることができるようになることだという。

そのことができたら、友子のなかに新しく誕生しつつある人間と交信できるコード（ことば・暗号）を発見できるであろうという。

Ⅱ章　〝深層の物語〟を読みひらく

ここでは、教育実践記録から子どもの〝深層の物語〟をどう読みひらくかを示している。

1．閉ざされた〝深層の物語〟へ

まず、『ひと』1996年7・8月号で特集した「〝教育〟を紡ぐ小さな物語」に寄せられた十数編の記録から見えてきたものを書いている。

その物語の大半に、子どもの直接的・間接的な「拒否」が見られるという。

第一は、学習行為の拒否。第二は、教師や友だちとの関係の拒否。第三は、学校そのものの拒否としての不登校と中退。総体として、これらの物語からうかがえるのは、教育という関係行為が成り立ちにくくなっている現代日本の学校の問題状況だという。

そして、それを生みだしているものは教師の抑圧性だとほとんどの教師が見ている。たとえば、初発の感想を書かない理由を聞きもしないで一方的な指示をする。子どもの意見を一方的に間違いだとする正解主義を押しつける。「自由勉強がんばり表」での点検と評価をする。「それじゃ社会に出て通用しないぞ！」と叱責する。体罰を振るうなどである。

物語の大半は、子どもの拒否によって教師自身の抑圧性があぶり出され、教師としてのアイデンティティが揺らいだことによって書かれているが、子どもが「拒否」をつうじて提起した問題が開かれっぱなしになっている。
　そこで、その中の一編、野口祥子の「石のように固まっていたひろし君が踊った」を竹内がどう読んだかをひらいて見せる。
　小学３年のひろし君が、運動会の出し物民舞「みかぐら」を、体育館のすみに石のように固くなってうずくまり、「踊れないから、やらない」と拒否し続けるのを、野口はあの手この手でひろし君の緊張感を解き、個人指導を続けて、ともかくも運動会で３年生のなかで踊ることができるまでに持っていった。その結果について、野口は、できないことをできるようにはしたが、本当の教師の課題は、ひろし君が「踊れない自分でもしっかりみんなのなかにいられる」ようにすることではないかと総括した。
　これに対して、竹内は、ひろし君が踊ったことで問題は落着し、野口がひろし君の発達課題を見つけたことで物語の表層においては決着がついているように見えるが、「踊れないから、やらない」という言説で表明されたかれの深層の問題は解決されていない、という。かれにとって「踊る」とは、からだから踊り出していくものではなくて、頭でからだを動かすものになっていて、頭でからだを動かそうとすればするほど、からだは石のように固くなってしまうのだろう。本来先に成長すべき本能や感情よりも前に知性が成長してしまった発達のもつれがあって、頭が学校と社会の期待するからだを構築しようとするのに対して、かれの自前のからだの拒否反応を生みだしているのではないかという。
　だから、かれの課題はそのような発達のもつれをどう超えていくかにあるのであって、「踊れない自分でもしっかりみんなのなかにいられる」ようになることではないのではないか。そうなることは、かれの精神の中に棲みついている〝こうあらねばならない〟という「権力的・暴力的なもの」（これは竹内がたびたび使う造語で、学校・家庭・社会に遍在する子どもやおとなを上から力で抑圧する装置というほどの意味―宮原注）への恐怖からかれ自身自由にならなければできないことで、踊ることよりも困難な課題をつきつけることになるのではないかという。
　問題は、「上手に踊れないから、やらない」というひろし君をつくり出している学校システムにある。民舞とは本来、共同体のカーニバルのなかで、他者と踊

第Ⅶ章　新たな荒れ―発達異変のなかの子どもたち

りをともにする中でいつの間にか身につくものではないのか。それを、手取り足取り、要素を積み重ねるようにして踊れるようにして、白昼衆目のなかで運動会のなかで踊らせようとする。だから、これまでの学校教育の中で、踊りを頭でからだを動かすものととらえているひろし君は踊れないのだ。その学校システムを問い直すことがなくて、野口のように結論づけてしまうなら、物語を深層において閉じてしまうことになる。そうではなく、教育実践における「小さな物語」を〝深層の物語〟として読みひらいていくべきだという。

2. 子どもの〝深層の物語〟を読みひらく

そこで、次には、三つの実践記録から子どもと教師の深層の物語をとり出して、いま子どもがおとなに何を求めているのかを明らかにしているが、そのうちの二つを見てみよう。

一つめは、長野の清水智の「子どもが子どもになる時」（1988年12月号）からである。

小1の恵二は三人兄弟の末っ子。父は、脱サラの後の茸栽培がうまくいかず、借金返済と仕事のために父母が子どもに手を掛けられずにきた。恵二は兄姉にくらべて「いい子」で、いつも一人遊びをしていた。保育園の年中組のとき、大便が腸に滞ってしまう大腸肥大になり、手術を勧められたが、薬で排便をさせてきた。小学校入学後も登校しぶりはなかったが、9月初めの夕飯時、突然茶碗とポットを母に投げつけ、直後から不登校になった。

担任の清水は、登校を督促せず、クラスの子たちと週に二、三度恵二の家に放課後遊びに行くことを続けた。父母の不在が目立つのが気がかりだったが、やがて祖母から二人で夜遅くまでパチンコに行っていることを告げられる。

清水が関心を持ったのは、落書きに近い恵二の絵で、学級で一番背が高い自分を、一緒に並んだ級友のなかで一番小さく描いていた。また、お化けのふりをしている自分（おそらく本性を表していない自分のことだろう）を描いていた。ところが、不登校を始めてから4か月後に、自分を等身大に、大きく描くようになった。そのうえに、かれの手から出たレーザー光線のようなものが、友だちを突き抜けて教師の清水に届く絵を描いた。この絵は、前の絵がノート半分の弱々しい線の絵だったのに、ノート2ページの大きく大胆なタッチの力強い絵だった。

その後、清水の説得もあって、恵二は大学病院に入院して大腸肥大の手術を受

けた。母親はずっと添い寝をして、便が出るたびにお湯で肛門を手で洗った。このとき恵二ははじめて親に甘えることができたのか、退院とともに登校を始めた。

この記録から、竹内は、二つの深層の物語をとり出している。

「そのひとつは、親が親でないとき、子どもは子どもになれないという物語であり、親が親になれたとき、子どもが子どもになれるという物語である。この場合、母親が、おとなしいはずの恵二のなかの泣きわめく子ども、そのためについに身体症状に取りつかれることになった子どもを受け入れることができたからこそ、恵二のなかの子どもはやっと人格的に成長しはじめることができたのではないだろうか。」「清水がこの記録のなかでさりげなく差しだしているこの深層の物語は、現代の子どもが子どもになれないことの問題基盤が『家族（ファミリー）のいない家庭（ホーム）』のなかにあることをえぐりだしており、『家族』をいまあらためてつくりだすことなしには『子どもが子どもとなる』ことができないということをよく示している。」という。（同86,87頁）

「いまひとつの物語は、恵二が自分自身を等身大の存在として描き、友だちだけでなく、教師をもレーザー光線によって射たおさなければ、不登校を超えることができなかったという物語である。この物語は、子どもが保護され、教育されるだけの存在であるかぎりは、『子どもは子どもになる』ことはできないということ、またその保護し、教育するものと対等平等であり、それを拒否し、否認することができなければ、子どもは子どもになれないことを雄弁に物語っている。」（同88頁）「子どもは親や教師、家族や学校に同一化しているだけでは、それに反する自分を抑圧・解離するほかない状況に閉じこめられる。そのために、子どもはいつまでたってもそれを統合して、自己を一つの全体として実現することができないことになる」のであるという。（同89頁）

二つめは、永廣正治「『安絵』」（全生研第32回全国大会紀要1990年）からである。

ここでは「共依存的な関係を取りむすぶ子どもたち」の問題を読み開いている。

5年生の安絵は、3・4年と不登校だった恵美子が「安ちゃんがいるなら学校へ行く」と言ったため、5年で恵美子と同じクラスになった。そして、担任の思いを汲んで、一年間恵美子にぴったり寄り添った学校生活を続けた。しかし、6年生になって、恵美子に寄り添うことにつかれ、担任の永廣の指導に反発をはじ

めた。さらに、恵美子が低学力に悩む涼子や友だちのいない池田さんたちのなかに居場所を見つけると、揺れが大きくなり、公的なリーダーをやめ、アナーキーな行動をとるようになった。これに責任を感じた永廣が、そのアナーキーぶりを生かすことができるような学級づくりをはじめると、彼女は生の自分を出しはじめ、教室にカーニバルを持ち込むような活動を始めたという。

　この安絵の揺れを、竹内は、安絵の個人ノートをもとに読みひらいていく。それによると、安絵は、恵美子と一緒にいるのはつらいといい、そう思う自分を無責任だと責めながら、でも、もっと自由になりたいと訴えている。そのくせ、涼子がたまに恵美子と仲良くしているのを見ると、いじけ、焼きもちを焼く自分を変だという。でも、涼子は手離したくないので、恵美子と池田が涼子にベタつくと許せなくなると安絵はいう。

　この安絵の揺れには、小学校高学年の女子の集団的ないじめの底にある心理・社会的関係がよく表れている。安絵は、涼子や恵美子と友だち関係だというが、実際は、異質対等の友だち関係ではなく、世話するものと世話されるものとの「共依存」的な関係である。

　安絵がなぜこのような共依存性を持つようになったのかというと、「リーダーシップのある子は、自分が世話をする子どものなかに自分の存在価値を求めるようになってしまうからだ。その意味では、その子は自分が世話している子に依存しているのである。問題を持つ子どももいつまでも世話されるものという役割を演じることになり、世話をしてくれる子に依存しつづけることになるのである。ところが、その問題を持つ子どもが、リーダーシップのある子にとっては、自分が抑圧・解離しつづけてきたもう一人の自分と瓜二つであるために、かれは問題を持つ子をいじめることになる」という。（同93頁）

　それなのに、なぜ安絵はいじめに走らなかったのか。それは、もう一人の明るくリーダーシップのある加代子が安絵と恵美子、涼子との関係のあぶなさに気づき、「交代してもいいよ」と名乗り出てくれたことと、永廣が、恵美子と安絵が互いに文句のいいあえる対等・平等の関係になりつつあることを加代子に教えられて、安絵が本音の自分で行動する道を開いたからだという。事実、安絵は一学期の終わりに学級から身を引き、二学期になると変身し、永廣の教室設営案にたいして、コミック文庫つくり、小鳥・魚・植物の飼育、窓に絵具で絵を描く、天

井からものを吊るす、床に絨毯を敷く、などの対案を出し、教室をカーニバルの場にしてしまった。これについて竹内はこういう。

「おそらく安絵と学級の子どもたちが教室にカーニバルを持ち込むことによって、……このクラスはいじめゲームにおちいることなく小学校高学年を乗り越えることができたのではないだろうか。……その意味では、安絵は自分を出すことによって、『子どもが子どもになる』深層の物語を展開することができたのだといってよい。」(同95,96頁)

「しかし、それはいまの子どもと教師にはそれほど容易にできることではないのだ。そうできないほどに子どもと教師の自己表現を許さない心理・政治的な力—権力的・暴力的なものがかれらの関係ならびに内面に深く食いこんでおり、かれらを社会的・教育的に搾取しているのだろう。そのために、『子どもが子どもになる時』を持てないでいるのである。」(同96頁)

3. なぜ小学高学年の子どもが荒れるのか

バブル崩壊以後、小学校高学年の教室に、あの80年代初頭の中学校の「校内暴力」に匹敵するかたちで、子どもたちの深刻な「荒れ」「崩れ」が広がってきた。

「その小学高学年の『荒れ』とは、学級がまるごと友だちに対するいじめと教師に対する反抗へと突入し、既存の学級秩序を全面的に解体していくというものである。ピアス・茶髪をはじめとする若者のファッションが横行し、器物破壊、エスケープ、空き教室侵入、教師への暴言・バイ菌扱い・無視、授業破壊、校長への担任すげ替えの直訴などが続発し、『何でもあり』といった事態が学級全体をつつみこむことになる。」(同103頁)

その「荒れ」は、特定の子どもによってひきおこされるのではなく、そのきっかけをつくるのは、塾の授業に魅力を感じ学校の授業を軽視する中学受験の子だったり、スポーツ少年団の権威主義的指導に服従している子だったり、若者文化＝消費文化に囚われている子であったり、授業についていけない子であったりするのである。だれかをきっかけにひとたび学級が「荒れ」はじめると、学級まるごとの「荒れ」にふくれあがり、学校空間への「反乱」の趣になる。そのために、すべての授業が崩壊し、教師は、挫折感、敗北感から身体の不調をきたしたり、中には休職・退職に追い込まれるものも出てくる。このような「荒れ」は「新しい荒れ」とも呼ばれるが、「学級崩壊」ともいえるといっている。

第Ⅶ章　新たな荒れ―発達異変のなかの子どもたち

　では、なぜこうも小学高学年の子どもが「荒れ」るのか。次の順序で進行するという。

　小学校低学年でのいじめ・迫害は、学校適応過剰の子たちが、それに反している学校適応不足の子をいじめる形をとる。完全主義的・強迫的な教師が学校適応不足の子を疎んじることがいじめの対象を暗示してしまう。

　小学中学年でも傾向は変わらないが、低所得階層や崩壊家庭の子ども、授業やスポーツ少年団から下りた子どもの中に、学校文化や学校秩序から離脱・離反するものが現われる。しかし、まだ大半の子どもは学校適応過剰のなかにあるから、これらの子どもを排除する。

　ところが、小学高学年になると、5年の夏休みを境にして、状況は一変する。その時期になると、スポーツ・音楽・勉強の面でふるいわけられた学校適応不足の子たちが徐々に多数派になり、学校的な基準になおこだわっている「おとなしい子」や「いい子」にいやがらせやいじめをするようになる。女子のなかには、標的を次々に取り換えるいじめがゲーム的に展開されることもある。このような「いじめゲーム」「パワー・ゲーム」をつうじて反学校的な群れがひろがり、しだいに「リーダーいびり」に焦点化されていく。

　そうなると、リーダー的な子どものなかに、反学校的な子どもたちに自分たちの主導権が奪われることを恐れて、かれら以上に反学校的な装いをとることで、主導権を確保しようとするものが出てくる。それが「教師いびり」となって、一気に「荒れ」が学級を包むことになる。

　これと平行して、これまで友だち同士であったものの間でも、いじめのゲーム化がひろがり、「いついじめの標的にされるかもしれない」という不安に取りつかれて、自分をいじめの側に置くしかない状況におちいり、学級は収拾不可能な事態になるのである。

　「このようにみてくると、小学高学年の『荒れ』は、学校の権威的・競争的なシステムが子どもたちのなかに生みつけたいじめ・迫害が、めぐりめぐって学校に向かうようになったものであるといえる。」と竹内はいう。(同 108 頁)

　小学校の教師たちは、強迫的な完全主義にとらわれがちで、子どもたちに「おとなしい子」「いい子」であることを要求し、指導を貫こうとする。授業も正解主義、注入主義であるから、授業のなかでも「支配と服従」を教えることになる。

そのために、子どものからだの成熟に必要な野性的な少年期を奪い取り、かわりに子どものなかに「権力的なもの」に対する恐怖のイメージを植えつけてしまう。
　かくして、「おとなしい子」「いい子」とは、学校的な基準に合致しないあらゆる情念を抑圧・解離している子どもであることになる。かれらは、本能や感情を成熟させることなしに先に知性を発達させることになり、その知性で本能や感情を抑圧してきた。
　「これらの子どもは、野性的な少年期を奪われてきたために、その少年期において成熟するはずの人間存在に不可欠な『恒常性（ホメオスタシス）』—外的な変化に対応して呼吸・脈拍・消化・排尿・免疫反応などの内的な環境を動的に変化させてその平衡を動的に維持する機能—を成熟させることができなかったのである。ということは、かれらの人間存在としての恒常性を内的に維持する [免疫系・自律神経系・内分泌系—脳幹部—大脳辺縁部系] を成熟することができなかったということである。
　そのために、かれらは、これらの未成熟から生ずる不快や不安、恐れや怒りといった原始的な情念につねに内側から脅かされてきた。しかも、それらを身体的に表出することを禁じられてきたために、それらを抑圧・解離するほかなかったのである。」(同110,111頁)
　「これが『おとなしい子』『いい子』の本質なのである。……かれらはからだの変化にともなう思春期の到来をきっかけにして、その閉じこめられてきた内的葛藤と情念を噴き出すことになる。それが「キレる」という行動の本質なのである。このために、かれらのからだはかれらの意識をこえて心身のトラブルを直接に行動化し、身体化するものとなるのである。」(同111頁)
　さらに不幸なことは、子どもたちのからだが少年期をつうじてモノやひとのなかに、自然や社会の中に住みこみ、それらと直接交渉することが保障されていないために、モノやひとと交流しあうことのできる技法・技量・術を身につけた「文化としてのからだ」を獲得できないでいる。
　「その原因は、第一に、学校が、身体的接触を基本とする伝統的な遊びにかえて、身体的接触をルール違反とするスポーツを小学生にも押しつけたところにある。」「おしくらまんじゅう・手つなぎ鬼・馬跳び・相撲・エスケンなどの伝統的な遊びを排除し、早くからスポーツを取り入れるようになっているのは、子ど

第Ⅶ章　新たな荒れ─発達異変のなかの子どもたち

ものからだの成熟を阻害するものである」。「なぜならば、人間存在の恒常性を保障する [大脳辺縁系─脳幹部─免疫系・自律神経系・内分泌系] のうちの自律神経系の末端がひふにつながっている。ひふは『外部化された脳』『第二の脳』といわれるほどに、人間存在の根底をなしている。しかも、ひふはまさに『触れあう』ことのなかで人間存在の恒常性を維持する大脳辺縁系を成熟させる役割を果している」(同113,114頁) からである。それなのに、からだを接触する遊びを失ったことで、自他のからだを意識し、自他のからだの成熟度を確かめ、身体接触と身体間距離の取り方を学ぶことができなくなったのであるという。

　第二に、子どもたちがからだから自然と交流する野性的な生活を失ったことで、モノと交流し、ダンシングすること、モノを整理し分類すること、モノを巧みにとりあつかうことなどの「わざ」を身につけることができなくなったことがある。

　第三に、子どもたちがその遊びのなかで「ルールをつくるルール」を体得しながら、そのルールのもとで遊ぶ経験を失い、リトル・リーグに代表されるようにおとなの仕切るルールのもとで遊ぶことで、社会を制作する方法をからだで覚え、そのもとで自分のからだをコントロールするちからを身につけられなくなったことがある。

　第四に、学校が祭りや行事からそのカーニバル性を奪い、それらをセレモニー化してしまったために、子どもはからだから祭りや行事に参加できなくなったこと。「小学高学年の『荒れ』は、拘禁された子どものからだの無意識的な表出、前思春期の子どもたちに特有の『バカ騒ぎ』であるだけでなく、失われたカーニバル的空間を再生させようとする無意識的な試みでもある」という。(同117頁)

　以上、小学高学年の「荒れ」をからだの面からみてきたが、ちょうどその時期が、子どもが学業・スポーツ・音楽などの局面でふるいわけられる時期になっていること、また消費文化・若者文化にとらえられる時期になっていることを見なければならないという。

　90年代になって、私学が中高一貫の「六年制」を採用するようになり、中学受験が増える中で、親や子どもが塾と違って受験に役立つ情報を効率的に伝達してくれない小学校の授業をまだるっこがって、そういう中の子どもに授業破壊をするものが出てきた。他方、授業についていけなくなった子ども、授業が自分たちとかけ離れて空疎に感じる子どもに、退屈のあまり授業中の立ち歩き、私語・

茶化しなどが現われてきた。

そうしたなかで、大衆文化・消費文化に染まった子たちが、それをバックにして、学校権力と学校文化に反抗しはじめ、「荒れ」が始まるのだという。

「そうだとすれば、『荒れ』を克服していくためには、まず教師が子どもの生活世界に遠慮なく立ち入る学校家父長的な態度を改め、かれらを独立した人格として敬意をもって接すること、そうした尊敬をふくんだ身体的・精神的な距離でかれらと関係を取り結ぶことが必要なのではないか。」「こうした教師と子どもの関係性の変容を前提にして次に必要とされることは、意味のある学び、それもからだから発する共同の学びを組織することである。そうすることによって、かれらのからだをモノやひとのなかに、自然や社会のなかに住みこみ、それらと交流し、対話し、ダンシングすることができるようにしていくことである。そうすることができるとき、子どもたちは脱身体化・脱行動化して、知性と魂を自由に羽ばたかせることができるようになると同時に、他者と協同・連帯していくことができるようになるのである。」「そのような学びの組織化をつうじて、かれらの生活世界を強め、メディアが仮構するヴァーチャル・リアリティにたいして、かれら自身のリアリティをかれらの手で構築させていくことである。」（同 120,121 頁）

「このようにみてくると、子どものからだの再生、学びと自治の復権以外に、かれらの『荒れ』や『崩れ』を批判的な行為と言説に引き上げていく道はほかにない。」（同 121 頁）

Ⅲ章 〝からだとこころ〟の異変

ここでは、前章までに見てきたような子ども・青年の〝からだとこころ〟の異変はどうして出てきたのか、どうしていくことが必要なのかを解き明かそうとしている。

1. 子ども・若者の〝からだとこころ〟の異変

まず、日体大の正木健雄と日体大体育研究所が 1984 年に行なった、養護教諭・教師・校医からみた「子どものからだのおかしさ」調査を紹介して、それが何を示しているかを考察する。

この調査では、「アレルギー」「背中ぐにゃ」「すぐ〝疲れた〟という」「朝からあくび」「ころんでも手が出ない」「腹痛・頭痛」「ボールが目にあたる」の顕著

な増加が見えるという。

「この調査にみられる『からだのおかしさ』の変化は、①自律神経系の未成熟または失調、②免疫疾患であるアレルギー疾患、③内分泌系や自律神経系に関わる心身症・神経症的徴候、④乳幼児期における原始反射の未成熟が子どものなかにひろがっていることを示している」という。そして、それは、「人間の恒常性を支えている[大脳辺縁系（視床下部をふくむ）─脳幹部─免疫系・自律神経系・内分泌系─ひふ]のトラブルが子どものなかにひろがっていることを示している」という。（同126頁）

そればかりか、その後の正木の調査によると、大脳前頭葉の未発達ないしは衰退も出てきたという。これは、「感情・思考・意思・創造や正義・勇気・愛・理想などの座であり、人類のなかで唯一進化の過程にあるとされる大脳新皮質の前頭葉に重大な異変が起きていることを示している。」「ということは、[大脳新皮質─大脳辺縁系─脳幹部─免疫系・自律神経系・内分泌系]の全体が危機にさらされているということである。」（同127頁）

2．人間存在の基底の危機的状況

ここでは、先にあげた「からだのおかしさ」のおおもとの問題を検討している。

（1）自律神経系の未成熟と失調─〝背中ぐにゃ〟とはなにか

正木は、当初「背中ぐにゃ」の原因は、背筋力・腰のちからの低下または未発達としていたが、後には、その原因は姿勢を維持する自律神経系の未成熟または未発達にあるとした。

それは、正木が臥位姿勢から急に座位姿勢になるときの血圧調節機能を測る方法で、自律神経系が育ちそびれているという今日の子どもの問題性をつきとめたことでわかった。臥位姿勢から急に座位姿勢になると血圧が急激に低下するが、2分間で元の水準に戻らない血圧調節不良群の子が、1956年にはギャング期の小学高学年で激減し、14歳を境に大人の血圧調整不良群の15パーセントに接近していったのに、1984年では、小学5年になっても急減せず、14歳を過ぎても60パーセントの高水準を示したという。このことは、この両年の間に、自律神経系が基本的に成熟する小学4・5年生を中心とした少年期が消滅したことを示している、と竹内はいう。

「自律神経系は、血圧調節だけでなく、呼吸・循環・消化・吸収・生殖などを

つかさどりつつ、運動・知覚をも支えている。また、内分泌系・免疫系とともに人間の防衛体力・自然治癒力をも構成している。したがって、この部分の未成熟または失調は今後、自律神経失調症候群といわれる傾向を子どもたちのなかにひろげていくと同時に、子どもの防衛体力・自然治癒力をますます弱化させていくにちがいない。」「それは、自然に成熟していた [自律神経系―大脳辺縁系] を教育によって成熟させなければならないという、困難きわまりない課題を引き受けなければならないことになるだろう。」という。(同135頁)

(2) 姿勢機能の未成熟と情動行動のトラブル

「背中ぐにゃ」とは、正しい姿勢が取れずにぐにゃぐにゃすることだが、それは恒常性に関わる [免疫系・自律神経系・内分泌系] と感覚・運動に関わる [運動性神経系] の両方に関わり、両者を媒介している「姿勢機能」の未成熟ないしはくずれを意味している。

この「姿勢機能」について、「ワロン[*80]は、『姿勢機能』はすべての筋肉組織と関係をもち、臓器反応と運動反応との結合をつくると同時に、本能的欲求の充足・不充足や内部感覚や外部感覚から生ずる快や不快、恐れや怒りなどの情念を臓器表出（臓器反応）から身体的な表出・表現に転換し、それを社会的に意味づける役割をはたしているという。(ワロン・久保田正人訳『児童における性格の起源』明治図書、1965年）と紹介している。(同135頁)

そして、この「姿勢機能」は、恒常性のバランス・アンバランスを感知する内受容感覚、自分のからだの姿勢・平衡・運動を感知する自己受容感覚、外部の対象の刺激を受ける外受容感覚から生ずる、快・不快、恐れ・怒り、喜び・悲しみなどの情動を外部に表情・姿勢・身振り・態度・行動として表出するのだという。その情動行動が他者に認知され、意味づけられて、その社会の文化的な感応＝表現形態になり、子どもの感情を豊かにし、子どもの思考・性格を形成していくのだという。

「しかし、これらの局面においてトラブルが発生し、それが固定化すると、情動は不安定な臓器表出や身体的表出にとどまる。そのために、それらは他者から否定的に評価され、抑圧され、切りはなされ、解離されることになる。このため

---

80) アンリ・ワロン―― (1879～1962) フランスの心理学者、精神医学者。児童心理学の領域で社会的条件を重視する独自の体系を樹立した。

第Ⅶ章　新たな荒れ—発達異変のなかの子どもたち

に、内部におさえこまれた情動は大脳辺縁系のトラブルを増幅し、恒常性を維持する免疫系・自律神経系・内分泌系を乱すことになる。

　そうだとすると、『背中ぐにゃ』に典型的にみられる身体的弛緩は、『肩こり』に典型的にみられる身体的硬直とともに、今日の子どもにおける『姿勢機能』の未成熟・未発達を示していると同時に、免疫系・自律神経系・内分泌系や運動性神経系のトラブル、脳幹部や大脳辺縁系のトラブルを象徴的に示していると見ることができる。」という。(同137頁)

　(3)　アレルギー症候群のひろがり

　もう一つ、正木の調査で突出していたのがアレルギーの増加である。その急増を問題にする者が、1978年の28パーセントから1984年の77パーセントに増えている。

　そこで、竹内は、鈴木和仁の「小児のアレルギー症状をめぐって」(『保健室』1987年12月号)の調査結果を紹介して、その実際を確かめている。

　それによると、アトピー性皮膚炎・結膜炎・鼻炎・気管支喘息の四大アレルギーの総計が、小二から高二までのどの学年でも子どもたちの50パーセント前後になっている。また、四大アレルギー疾患以外の不定愁訴「頭痛・腹痛・腰痛」「疲れ」「肩こり」「立ちくらみ」などを訴える者が、年齢が上がるとともに増えている。これは、100人に40〜50人の子どもがアレルギー疾患にかかっているという多くの医師の証言とも一致する。鈴木和仁は、これらは食物アレルギーを背景として起こる可能性があるといっている。

　一方、東京医科大学病院小児科の調査では、「アレルギー性緊張・弛緩症候群」が子どものなかにひろがっていることを示している。それは、緊張症状としては、「じっとしていられない」「体をゆったりできない」「びんぼうゆすり」「落ち着きがない」「イライラする」「怒りっぽい」「興奮しやすい」「衝動的な行動」「集中時間が短い」「乱暴な行動」「悪戯の連続」などがあげられる。弛緩症状としては、「だるい」「疲れやすい」「無気力」「あくびが多い」「いつも眠い」「不活発」「無精」「のろま」「難聴」などが見られる、というものである。これについて、松延正之は、「アレルギー緊張・弛緩症候群は花粉の吸入、あるいは卵や小麦などの食物摂取、食品添加物によっておこる精神神経症状や行動異常を呈する症候群をいいます」と述べているという。(同142頁)

このことから、荒れたり、ひきこもったりする子どものなかには、ストレスから荒れる子、朝食を食べないことによっておこる低血糖から荒れる子と並んで、アレルギー緊張・弛緩症候群からなる子もいることに注意する必要があると、竹内はいう。

(4) 神経症・心身症のひろがり

子どもが訴える「腹痛・頭痛」のなかには、単なる腹痛・頭痛ではなく、アレルギー疾患や自律神経系失調やストレスによる心身症ではないかと思われるものが多いという。

「神経症とは、解剖学的・器質的な意味での神経の病気ではなく、心因性の症状、体験に対する心因反応のトラブルである。」「これにたいして、心身症は身体症状を主とするものであるが、その診断や治療に心理的因子についての配慮が特に重要な意味をもつ病態であるとされている。しかし、心身の相関性が重視されるにつれて、神経症と心身症の区別はかならずしも明確なものでなくなっている。」(同 143 頁)

子どもの神経症は、近年、衝動的な暴力などの「行動化」、身体症状としてあらわれる「身体化」、ひきこもりなどの「内閉化」、手洗い強迫にみられるような「強迫化」の傾向を強めつつあるという。

他方、心身症については、近年、躁的防衛傾向や強迫的傾向とならんで、失体感症（失身体感覚症―身体感覚を主観的に体験できないために、身体的な衰弱や疲労感を訴えないこと）や失感情言語化症（アレキシサイミア―自分の感情を適切なことばで表現できないこと）の傾向が顕著にみられるという。

「失感情言語化症にかかっている彼らは、怒り、悲しみなどの感情を感じとることも、言葉で表現することもできない。外界のできごとの細かい部分に関心が限定され、自分の感情を認知することも言語化して伝達することもできない。」(野田正彰「"明るい自閉"社会の行方」『新・調査情報』6号・ＴＢＳ出版、1997 年) という。

「失感情言語化症にあるものが、このような特徴を示すのは、第一に、全体的・統合的・並列的な思考をになう『右脳』と、直線的・分析的・系列的な思考をになう『左脳』とのつながりが発達していないために、夢や空想が乏しく、象徴的能力・言語化能力が貧弱になっているからである。第二にそれは、知性の営みを

する大脳新皮質と情動の営みをする大脳辺縁系・脳幹部との連絡の欠陥から生じているともいわれている。そのために、後者に発する情動が前者に伝達され、情緒・感情として言語化されることがなく、反対に自律神経系を介して臓器表出となり、直接的な身体的表出となるともいわれている。

そうだとすると、ここでも①[大脳新皮質―大脳辺縁系]の構造と②[大脳辺縁系―脳幹部―免疫系・自律神経系・内分泌系]の構造のトラブル、さらに③両者の関連構造のトラブルが問題として浮上してくる。」という。(同145,146頁)

3．くずれゆく子どもの人格
(1) 前頭葉の未成熟・未発達

正木は、その後の調査のなかで、前頭葉の活動による高次神経系の興奮の働きと抑制の働きを調べ、両者の働きがともに強くない「不活発型」の子どもと、両者の働きが強く、その平衡性と易動性のある「活発型」の子どもが年齢とともにどう現れるかを調べた。その結果、「不活発型」は、1969年には幼児で三割だったのが加齢とともに少なくなっていたのに、1980年には幼児で五割に上ったのが小学校でも中学校でも二割程度のまま減らなくなり、1990年にはその横ばい状態は男子で三割になった。逆に、「活発型」の方は、1969年には幼児の一割から小学5年以上では六割になったのが、1980年では5年で五割になったのに6年では四割に減り、1990年では女子は高学年で六割になるのに、男子は中学年の三割から高学年で二割に減るという逆転が見られるようになったという。

この調査結果から、正木は、大脳新皮質の前頭葉の発達に異変が生じていると判断した。年齢とともに「興奮」の働きも、「抑制」の働きも強くならず、「興奮」と「抑制」のバランスが取れず、お互いへの切り換えもよくなっていかないで、これまでのように加齢とともに自然に育っていかないばかりか、逆戻りしてしまうことも出てきたことがわかった。

この正木の調査が正当なものならば、「この異変は、いまだ人類において進化の過程にあるといわれる前頭葉が衰弱しはじめていることを示している。ということは、前頭葉において担われている感情・思考・意思・創造が発達しないだけでなく、退化しつつあるということである。」と竹内はいう。(同149頁)

(2)『滅び行く思考力』と『よみがえれ思考力』

J・ハーリーは、その著『滅びゆく思考力』(大修館書店、1992年)と『よみが

えれ思考力』(同1996年)のなかで、いまの若者世代の脳の問題性を次のように指摘している。

第一に、それは言語的思考力の減退をもたらしている脳になっている。

脳は、右脳と左脳からなっているが、右脳は、全体的・視覚的・直感的であり、音楽ではメロディに、言語処理では身振りや身体言語に反応し、話し手の意図の要旨をとらえるちからをもつ。それに対して、左脳は、語・文字・綴り・数に反応し、視覚的で、時間の概念、因果関係、分析・総合的思考の力をもち、音楽では音符や歌詞に反応、言語処理では語音を区別し、語順とその関係をとらえ、機能語等の意味を理解する。

右脳と左脳はこのようにちがう働きをもちながらも、同じ問題を異なる側面から取り組み、その情報を交換していくなかで、感情と認識を統合して、ものごとの具体的全体性を統一的に把握していくとされている。ところが、情報化社会の進展のために、いまの世代は全体的に映像やリズムに反応しがちな「右脳化」の傾向を強くもつようになっている。このために、本来、左脳で処理すべき学習課題をも右脳でとらえようとする傾向が強い。

そればかりか、学校教育も、「知識」を子どもに詰め込むが、「知る」ことを子どもに学ばせず、子どもの右脳化した物事のとらえ方に迎合するようになっているため、左脳の言語化をうながし、分析・総合的な言語的思考を発達させることができないでいるという。

第二には、子どもが早い時期から相互に応答しあう対人関係と情動的交流をもつことができないでいるために、情緒的ニーズを満たされず、感情を発達させないまま学校に入ってくるので、学習課題にたいする思考を活性化させることができないのだという。

(3) シニシズムとやさしさごっこ

「このような言語的思考力の減退をもたらしている脳—神経系の構造は、先にみた失感情言語化症を生みだしている脳—神経系の構造と似ていると同時に、前者から生ずる子ども・若者の心理・社会的現象もまた後者から生ずるそれと似ている。」(同153頁)

野田正彰の「"明るい自閉"社会の行方」によれば、今日の若者のなかにある「自閉」的傾向は、暗いいじけた自閉ではなく、「明るい自閉」で、かれらの自

第Ⅶ章　新たな荒れ―発達異変のなかの子どもたち

我は内面に向かって問いかけ、その凝集の力で外に向かって開かれようとするのでなく、個室（情報の選択と組み合わせによってつくられる個室内自我ないしは自閉的自我）の範囲でよくまとまっている。そして、情報で武装し、他者との深いコミュニケーションをとれず、感情が浅薄化する傾向を強くもっている。そのため、気持ちや意志の疎通を欠いているにもかかわらず、互いにうなずきあい、笑いあう「ディスコミュニケーションの共同体」をつくる傾向が強い。「もしかすると現代の青年は感情の神経回路が未発達で、思考や身体化の神経回路のみ発達させているのではないか」「私はコンピュータ新人類の研究をしている時、アレキシサイミア（失感情症）の仮説を何度となく思い浮かべた」と野田はいっているという。（同 154 頁）

　大平健の『豊かさの精神病理』（岩波書店、1990 年）によれば、いまの若者は、第一に、自分のからだに生ずるトラブルを回避するために、からだをモノ化する。自分のからだを「一種の機械あるいは容器」のように見なし、それを徹底的にコントロールしようとする。整形やシェイプアップ、健康食品でからだを加工し、からだを飾りたてるモノにこだわる。

　第二に、かれらは自分の内面のトラブルを回避するために、内面をもモノ化する。自分の内面を言語化する代わりに、自分の持ちモノをリスト化し、〝生活〟の見取り図としての「頭の中のカタログ」を作り上げる。

　第三に、かれらは他者とのトラブルを回避するために、他者をもモノ化して、つきあい方もモノ化し、なまの感情の衝突を徹底して排除し、自他を傷つけるようなかかわりをなくそうとする。それがかれらの「やさしさ」なのであるという。

　「このような二人の見解は、『知識』を情報として消費することに関心は示すが、経験をとおして『知る』ことは避ける反知性的傾向、また知的・精神的な価値を自分にとって関係も意味もないものとみなし、冷笑的な態度をとるシニシズムの傾向」「また『いじめ』と裏腹の関係において『やさしさごっこ』がいまの子ども・若者のなかにひろがっていることと一致している」と竹内はいう。（同 156 頁）

　その「社会的正義と公憤が無価値・無意味なものとして冷笑の対象とされ、私的なゴーマニズム[81]が蔓延する傾向、愛情が人と人、我と汝、『わたし』と『あな

81）ゴーマニズム――漫画家小林よしのりの漫画『ゴーマニズム宣言』の中で使われたキメ台詞「ごーまんかましてよかですか？」から作られた、傲慢を通すという造語。

た』の関係ではなく、モノを媒介にした関係ないしは他者をモノ化したうえでの『やさしさごっこ』となる傾向は、いまの子ども・若者における人格の危機を示している。」という。(同 157 頁)

4. 人間存在としての全体性の回復
(1) 人為的に加工される子どものからだ　少年期不在

今日の少年期が、[大脳辺縁系—脳幹部—自律神経系]を成熟させる野性の生活と集団(社会)をつくりだす経験を欠いているために、子どもの人間存在としての基底部分を成熟させないでいる。そのうえに、思春期が受験体制のなかに囲いこまれているために、育ちそびれた自律神経系がトラブルを一層増幅させる結果になっている。

そればかりか、「文化としてのからだ」も獲得できず、教育や医療、管理社会や消費文化をつらぬくボディ・ポリティックスによって、その自前のからだを剥奪され、人工的なからだへと加工されているのである。これによって、いまの子どもはからだとこころがつぎはぎだらけのものになり、その未分化を分化・統合・全体化できないでいる。

そう考えると、野外の生活と心身の全体的な「鍛錬」を取りもどすことによって、動物脳を強め、[大脳辺縁系—脳幹部—免疫系・自律神経系・内分泌系]を成熟させ、恒常性を維持するちからを回復させることこそが神経症状や心身症状の最大の予防になるという小児科医たちの提言が首肯できるという。

(2) 脅かされている子どもの人間存在

一方、アレルギー疾患が子どものなかにひろがっているのをどう考えたらいいのか。

正常で健全な免疫系は、自然の与えたすばらしい防御システムである。からだに侵入した異物をすぐに発見できるのは、免疫系の生化学反応を引きおこす物質である「抗原」によってである。免疫系のもう一つのすぐれた特徴は、一度ある抗原と接触すると、その経験を決して忘れないという「記憶力」である。感染物質に一度接触するだけで生涯完璧な免疫防衛機構がしかれることになるという。(S・ロック、D・コリガン『内なる治癒力』創元社、1990 年)

ところが、このような免疫系が正常に機能しなくなって、自己免疫疾患が生まれている。自己免疫疾患とは、「生体の一部があたかも外部から侵入した異物の

ごとく自己によって認知され、生体はあたかも外部から侵入した病原菌を白血球が殺しにかかるごとく、みずからの一部を攻撃してしまう」ことで、それが神経症的・心身症的なアレルギー症状を生みだすのだという。(成田善弘「こころとからだのかかわり」小此木啓吾編『今日の心身症治療』金剛出版、1991年)

さらにまた、神経症・心身症は、子どもの自我が乳幼児期からの対人関係の葛藤のなかで衝動や情動を抑圧し、抑圧された衝動や情動が無意識のうちに長くくすぶり、神経症や心身症を発症させるのだという。乳幼児期からの外部の人やものと自我との関係、内面化された他者と自我との関係の葛藤が、精神の座である大脳新皮質と、衝動・情動の場である大脳辺縁系との分離または不調和を生みだし、大脳辺縁系に隔離・抑圧された衝動・情動が脳幹部を介して自律神経系や内分泌系にトラブルを起こし、神経症や急性の心身症を発症させるのだという。(A・ミッチャーリッヒ『心身症　葛藤としての病2』法政大学出版局、1983年)

「ところで、こうした神経症・心身症のひろがりのなかで、近年、境界パーソナリティに近い子どもが現われてきているという報告が相次いでいる。」(同163頁)「境界パーソナリティとは神経症と精神病の中間のパーソナリティ構造を指している。このパーソナリティは失感情言語化症的な傾向をもつと同時に、薬物乱用・自傷行為・自殺企図・家庭内暴力・性的逸脱などの『行動化』や心身症などの『身体化』を示すという特徴をもっている。」

「神経症者が抑圧・解離を中心的な防衛機制とするのに対して、境界パーソナリティは『分割（スプリッティング）』を中心的な防御機制としている。『分割』には、①自我が主人格と副人格ともいうべきものに分割され、それらが交代に出現する『自我分割』と、②外的な対象の異なる二つの側面を統一的にとらえるのではなく、それらを別個の対象としてとらえる『対象分割』とがある。そのため、親や教師も対象分割の対象にされることもある。

このために、一方に、失感情言語化症的な特徴をもつ主人格が立ち、それがからだや感情を抑圧・解離する。他方に、その抑圧・解離されたからだが『分割』された副人格として現われ、しばしば『悪魔』的な行動をとることになるのである。」という。(同164頁)

「悪魔の声は、体を否定する自我に拒絶された体の復讐の声である。幻想が崩壊する時、幻想を固く信じてきた自我は無力になる。自我の統制力が失われる

と、余儀なく幻想に仕えさせられていた体は破壊的に反応する。体は無力な自我を押しつぶし、一時的にその能力を得る。それは、敵意や否定的な力として爆発し、幻想が達成しようともくろんでいたすべてを破壊する。」(A・ローウェン『引き裂かれた心と体』創元社、1978年)

神戸児童殺害事件をはじめとする他殺・自殺の連続は、子どものなかに境界パーソナリティにみられるような「自我分割」「他者分割」の傾向がひろがっていることを示しているのではないだろうか、と竹内はいう。

「このようにみてくると、子どものからだとこころの不調が、人間の恒常性を維持する免疫系・自律神経系・内分泌系にまでおよんでいるだけではなく、人格の統一性の分裂・解体をも引き起こしているということができる。子どもたちの人間存在がいま根底から脅かされているといっても過言でない。」というのである。(同165頁)

(3) なにが子どもを存在的危機に追いこんでいるのか

第一は、自然環境の破壊が子どものヒトとしての人間的自然を破壊するところにまでおよんでいること。世界で年間1400万人死亡する5歳未満の子どもの420万人は大気汚染で死んでいる。東京都内でも、5歳未満の子どもの55人に一人が公害病患者である。

第二は、今日のあまりにも人工的でかつ文化的な環境、いいかえれば、核シェルターに代表されるような管理的環境が、子どもを自然から隔離していること。このために、子どもたちは自然に成熟するはずの[大脳辺縁系―脳幹部―免疫系・自律神経系・内分泌系]を成熟させていくことができないでいる。

第三は、今日の子育て・教育・医療、さらにはそれらの人間関係が、未分化である子どものからだとこころを無理やりに切り離し、こころへの配慮もなしにからだを加工・管理しようとしていること。また、からだへの配慮もなしにこころを加工・管理しようとしていること。管理国家・管理社会の秩序に反するすべてのものを矯正と治療の対象とし、人為的にからだとこころを再加工する。遺伝子操作や臓器移植にみられる医療技術は、生命としての人間をサイボーグとしての人間にする危険性をもふくんでいる。

「その意味では、今日の子どもに加えられている『見えない権利侵害』が、子ども・若者のからだとこころの異変をつくり出しているといっても過言ではな

い。」(同167頁)

　「そうだとすると、私たちは、近代化を至上価値としてきたこれまでの生活・子育て・教育・医療・文化の総体を根底から問いただし、人間的自然をもふくむ自然と人間との新しい関係を追求する子育て・教育・医療文化をつくり出していかねばなるまい。」という。(同168頁)

　(4)　人間の内なる自己治療系を成熟させる教育へ

　「これまでは、恒常性を維持する[大脳辺縁系―脳幹部―免疫系・自律神経系・内分泌系]は自動的にはたらくものであって、大脳新皮質すなわち意識はそれをコントロールすることができないとされてきた。ところが、近年、そうした考え方はくつがえされ、大脳新皮質は辺縁系を介して恒常性をコントロールするはたらきをもっていることが明らかにされつつあり、人間には[大脳新皮質―大脳辺縁系―脳幹部―免疫系・自律神経系・内分泌系]にまたがる『内なる治療系（ヒーリング・システム）』があると考えられるようになっている。」W・B・キャノンや、S・ロック、D・コリガンらの説は、「人間はその内なる治療系（ヒーリング・システム）の全一化をつうじて自分自身で自分を癒すことができるものであることを示している。」という。(同168, 169頁)

　だが、これは世に流行りの「癒し（ヒーリング）」のように、外部からの人為的な治療や教育、産業化された治療や心身加工的な教育ではなく、本人自身の治療系にもとづくものである。この「自己治療系にもとづく『癒し』と自己治療系を発達させる学びは、自己に対する関係性、他者に対する関係性、自然に対する関係性を根底から問い直すことをつうじて、……人間と自然との新しい平和的な関係を追求するものである。」

　だから、「教育は、子どもの自己治療系を破壊するような教えと学びではなく、その発達と成熟を保障するような教えと学びを子どもたちに保障することをいま最大の課題としなければならないのではないだろうか。」と竹内はいうのである。(同170頁)

Ⅳ章　不登校・いじめを超えて

　この章は、これまでの竹内の不登校・いじめ問題についての所論のまとめ的提起になっていて重なるところが多いので省略する。

エピローグ 「ある教師への手紙」新しい旅立ちへ

　ここでは、教育困難の高校へ転勤し、何でもありの教室と生徒の罵倒のなかで奮闘したある女教師への賛歌を書いている。
　彼女は、生徒たちへの指導では立ちつくしていたが、自分の不出来だった息子の子育てに苦労した体験から、問題を抱えた生徒たちの父母の苦悩に共感を寄せて、学級通信をとおして、父母への感謝や自分の願いを届け続けた。それを読んでくれた親たちが、だんだんとそれに応答するようになったので、父母たちに「力を借りたい」と申し出たところ、学級ＰＴＡが「父母を励ます元気の出る会」として開かれるようになった。
　その父母たちの変化と共に、生徒たちも変わり、教室に「優しさ」が生まれたという。
　ここから、竹内は、「あなたは子育てに苦労した母親として生徒の父母に共感することができたからこそ、父母もまた生徒の教育にてこずっているあなたに共感し、あなたを子どもたちの『教師』にならせようとしたのではないでしょうか。」といっている。(同222頁)
　一般に、教師は、教師というアイデンティティにこだわって、生徒や父母に関わろうとする。そればかりか、家父長的な構えで、上から目線で関わり、自分の思いにかなわないと生徒を切りすてることもする。そうではなくて、いま教師は、教師というアイデンティティにこだわらず、親、地域住民、働く者などのアイデンティティを介して親とつながっていくことなしには、親からも生徒からも「教師＝先生」として再生できないのである。

3．「新たな荒れ」「学級崩壊」

　1998年には、子どもたちの問題状況がもう一つ新たな展開を見せた。
　1月の末には栃木県黒磯で男子中学生による女教師ナイフ刺殺事件が起こり、2月初めには東京江東区で男子中学生がナイフで警察官を襲って拳銃を強奪する事件が起こった。そのために、子どもへのナイフ販売規制や所持品検査の世論が起こり、議論になったりした。

第Ⅶ章　新たな荒れ—発達異変のなかの子どもたち

　だが、なによりも黒磯事件について「『普通の子』キレて強行」と新聞に報じられて、普通の子でもキレると何をするかわからないという怖れを世人が抱いたことが大きかった。なぜならば、すぐにキレる子が増えていることが話題になっている最中だったからだ。

1）ムカつき、キレる子と「新たな荒れ」

　これら二つの事件が起こる前に企画編集し、事件直後の２月に発行された1998年３月号524号でも「子どもがキレたとき」を特集していた。

　①この号の＜今月のメッセージ＞「子どもがキレるとき」で常任委員の北嶋節子が次のように書いている。

　「日常の生活スタイルの中ではまったくごく普通の子が（おだやかに見える子が）突然何らかの人間関係のトラブルや衝撃にぶつかった時に、感情を爆発させる状況—キレるを最近よく見るようになりました。……また常に何かいらいらしていて、ストレスをため、友だちが自分の身体にぶつかったとか、返事をしてくれなかったとか、自分の作品を笑ったとか、ごくささいなことで感情をむき出しにしてすぐトラブってしまう子もたくさん生まれてきています。」（524号６頁）

　また、1998年８月号でも「『ムカつく』子どもと学校づくり」を特集したのと合わせると、〝ムカつき、キレる子〟が現場の問題になっていることが伺える。

　②船越勝「『ムカつく』子どもと学校づくり」（1998年８月号529号）

　和歌山大学の船越は、「ムカつく」子どもの多発は「新たな荒れ」の特徴をよく示しているという。そして、「新たな荒れ」というのは、80年代の校内暴力期の「荒れ」に対して、いまの「荒れ」を「新たな荒れ」というのだが、その新しさには三つの側面があるという。

　第一は、「荒れ」の当事者が、校内暴力期にはツッパリだったのに、いまは「よい子」や「普通の子」だということ。ただし、それは世間的な命名であって、黒磯事件の子にしても「普通の子」といわれながら、詳細にみればそういっていいのかという問題をはらんでいるという。

　第二は、「荒れ」の示し方では、前者の方は「荒れ」に至る文脈がはっきりわかったのに、後者の方は「荒れ」の文脈や背景がわかりにくい。それは子どもた

ちへの支配が日常生活の全面にわたっているからで、日常的なストレスの蓄積が限界点に達して突然荒れるのだ。

第三は、前者の時には、子どもたちの意識的な反抗という性格が強かったが、後者の場合、子どもたちの無意識的な身体の反乱ともいうべき性格になっている。「ムカつく」ということば自体が身体的な感応の表現で、子どもの情動が身体化されて表出されることは、竹内が『子どもの自分くずし、その後』で書いたとおりである。

「それにもかかわらず、これらの行為の中には、やはり『ムカつく』子どもたちの私たち教師やおとなに対するメッセージが含まれていると見るべきだろう。そのメッセージとは、既存の学校や社会のあり様に対する異議申し立てということであり、また、こうした学校や家庭の支配から助けてくれというヘルプの要求でもある。」という。(529号11頁)

③竹内常一「『ふつうの子』とナイフ刺殺事件」(1998年5月号526号)
これは、5月号のサブ特集「ナイフ刺殺事件を子どもと読みひらく」に書かれたものだ。

竹内は、まず、朝日新聞の「『普通の子』キレて強行」という見出しの報道を取り上げて、「これは、問題を起こしたことのない子、不良・ワルではない子という意味で『普通の子』ということばを使ったとみていい」が、それはメディアの名付けだという。(526号70頁)

それならば、この子は何も問題を抱えていなかったのかというと、記事によれば、最近保健室に頻繁に行くようになり、具合が悪いといいながら平熱で、授業に出たがらないこともあったという。一学期、「テストが不安」で数日欠席。二学期、ひざを痛めて運動部をやめ、保健室通いの頻度が上がった。たびたび「嘔吐」したというが、これは臓器表出である。これらは、すでに不登校の初期的な兆候―心身症的な訴えの一環ではなかったか。

「それなのに、かれはなぜ『ふつうの子』といわれるのか。それは、端的にいえば、かれをめぐる人間関係の中にかれの自己表出や自己表現をおさえこむ外的な力がはたらいていたからである。そればかりか、それを内面化していたかれ自身が自己表出や自己表現を抑圧・解離していたからである。今日『ふつうの子』

第Ⅶ章　新たな荒れ―発達異変のなかの子どもたち

といわれる子どものほとんどは、外的・内的な力にすすんで従って、自分の衝動や欲望や情念を抑圧・解離し、『おとなしい』仮面をかぶることを習性としてきた子どもである。」という。(同71,72頁)

では、その「ふつうの子」がキレるのはどうしてなのか。

かれらが、自分の衝動や情念を抑圧・解離してもそれは消え去るわけではない。かれらを取り巻く「権力的・暴力的なもの」に常におびやかされていることの怖れや不安はかれらの内部に深くくすぶり、かれらの人格の成層の基底的な層までを侵すようになる。

第一に、それは、〈恒常性〉をになっている[大脳辺縁系―脳幹部―自律神経系・内分泌系・免疫系]を乱し、腹痛とか頭痛とかの身体症状を起こし、内的葛藤の激化とともに心身症的な症状へと拡張されていく。

第二に、それらが姿勢や身体所作を維持する「姿勢機能」を混乱させる。「恒常性」を維持する機能が内部にくすぶる情念のために失調状態になるために、子どもは姿勢を保つことができなくなる。

第三に、かれらの自我が無意識との閾(しきい)を高くして恐れや不安、怒りや憎しみを封じ込めてきたために、具体的行動として現われなかったのが、その閾が一気に崩れると、それらの情念が具体的な行動として噴き出す。これが「キレる」という行動になるのである。

この事件に即していえば、この少年は、「『権力的・暴力的なもの』に常におびやかされる中で、それに対する不安を抱えこんできた。しかし、それを抑圧・解離して、『普通の子』という仮面をかぶりつづけてきた。そして、まさにそのために、『キレる』までになったのである。そうだとすれば、『普通の子』に逆戻りさせられるということは、(女教師がかれの保健室通いをとがめたことを言っている？―宮原注)かれにとっては、これまで以上の恐怖と不安の中に封じ込まれることであったのではないか。その恐ろしさのために、かれは教師を刺殺するまでの『キレ方』をしたのではないか。」と竹内はいう。(同73頁)

そうみると、いまの中学生に対して必要なことは、「子どもたちの関係のすべてに遍在している『権力的・暴力的なもの』に対する『恐怖と不安』、それも幼いころから刷り込まれてきたそれに対する『恐怖と不安』のイメージからかれらを解放し、かれら自身のちからとそのイメージを豊かに育てる真正の『政治教

育』なのではないか。」という。(同73頁)

2)「学級崩壊」をどう超えていくか

〝ムカつき、キレる子〟の問題に手を焼くと時を同じくして、学級まるごとが荒れて教師の指導の及ばないものに崩れ去っていく「学級崩壊」が問題になってきた。『生活指導』誌は、前記の「キレる子」と「ムカつく子」の特集の間に、7月号で「学級崩壊を超える」を特集した。常任委員の坂田和子の巻頭論文によってこの問題を考えてみよう。

①坂田和子「学級が崩壊するとはどういうことか」(1998年7月号528号)
「学級崩壊」とはなにかについて、坂田は次のようにいっている。
「いじめや暴力が蔓延し、授業が成立しない。仕事をしないだけでなく器物破壊、エスケープなど、生活のルールがことごとく破られる。教師の指示に子どもが従わないどころか教師への暴言・無視が横行する。」「これらの現象は、一部の『問題を抱えた子ども』だけに限られるものではなく、中学校から小学校高学年を中心とした多くの子どもたちの『荒れ』としてクローズアップされるようになってきた。」「また、そういった事態は特定の教師のもとにだけ起こるのではなく、崩壊した学級の担任教師の『まさか私のクラスが……』という言葉に象徴されるように、経験や実績を問わずどのような教師の学級でも起こっている。」(528号8,9頁)
では、こうしたことが起こっていることの意味するところは何か。
日本の学級は、明治中期以降今日に至るまで、子どもを支配し訓練する単位としての性格を強くもたされてきた。そこでは、「人格」のモデルが示され、教師自身がそのモデルになり、モデルに近い子どもが「優等生」とされ、子どもたちにモデルに近づく努力を求める「同心円型」学級が作られてきた。(浅野誠『学校を変える学級を変える』青木書店、1996年)
ところが、「子ども社会」が崩壊し、社会の進展とともに親や子どもに学校、学級が相対化されるにつれて、学校や教師の描くモデルに向けて競争しつつ自分自身をつくりかえようとしない子どもが増えてきた。
そのなかで、学校秩序に合せて自分をつくってきた子がいじめの標的にされ、

第Ⅶ章　新たな荒れ―発達異変のなかの子どもたち

その子が苦しみながら教師批判の先頭に立つような事態が出てきた。暴力事件を起こした子が「関係ねえよ」とうそぶくのに「反省文」を書かせることが無意味になった。授業をエスケープする子に「将来のために勉強しなさい」という言葉が説得力をもたなくなった。

そういう子どもたちによって、学校が問われ、学校の再生が求められているといえる。それは、旧来の「同心円型」学級を再生させ、「学校秩序に忠実な優等生」や「反省文」や「将来のために」が通用する学校をもう一度作り直すことではない。子どもや父母が生きているリアリティから乖離した「学校的常識」を問い直し、内なる「家父長的なもの」を脱ぎ捨て、子どもや親に本当に必要な学校を求め、つくっていくことではないかという。

「『子ども社会』が崩壊し、行動的少年期を失った子どもたちは、一方で安らぎと親密さの中で何よりありのままの自分でいられる居場所としての家庭をも失っている。

なんでもありの現代消費社会にあって、もはや子どもは保護される立場にはなく、市場そのものである。その市場を狙って展開される利潤追求の企業戦略は、子どもだけでなくその親たちをも翻弄し、我が子を追いたてる者にさせていく。学校・家庭・社会のどれもが、子どもを囲い込み、同調競争と能力主義競争へと駆り立てている。そんな中で、子どもたちは葛藤やストレスを抱え込み、からだに異変を起こし、傷んでいる。……

そういった子どもの現状を前に、私たち教師に課せられた課題は、『学級をどうまとめていくか』ではないだろう。……そんな中で、『学級崩壊』は進行しつつある。……『崩壊しつつある』ことを子どもたちと共に認識しあうことからはじめて、学校の再生を課題として学び合う中で、『学級』とは何なのかという問いと向き合っていきたい。」(同11,12頁)

この坂田の課題意識に応えて、「学級崩壊」事態のなかで、教師は何をすべきかを論じたのが、次の竹内論文である。

②竹内常一「教師の責務を主体的につかむ」(1999年4月号538号)

まず、竹内は、「学級崩壊」の中の子どもとの出会いを語ることから始めている。

講演を機会に、S県の小学校を訪ね、「学級崩壊」状態にある全生研会員の5年生のクラスを見学したとき、子どもたちは算数の授業を始めようとする担任を無視してやりたい放題のことをこれ見よがしにしていた。教室に入ってきた竹内をみつけた担任が、「何か子どもたちに話してくれませんか」と求めたが、その荒涼としたクラスの様子に涙がにじんできた竹内は、思わず「あんたたちを見ていたら涙が出た」といった。すると近くにいた女の子がふり向いて、「うちのおかあちゃんもいつもそう言うわ！」と鋭く切り返してきた。教室は一瞬白くなったが、すぐにまた喧騒の中に埋もれた。
　ところが、その女の子は、茫然として立ちつくしていた竹内を気づかってか、竹内の周りをうろつきはじめたので、「さっきはごめんね。あんたはああ言われるのがいやなんやな」と話しかけた。すると、その子は手のひらで竹内の額をなぜながら、「つるつるしてて、気持ちええなあ」「あの先生な、ウソばっかり言うんや」と言って立ち去ったという。
　このできごとについて、竹内はこう言っている。
　「私には、彼女の言動は、もって行き場のない、蓄積された怒りをたたきつけてくるもののように思われた。『あんたたちを見ていたら涙が出た』という私の言葉が、彼女のなかに蓄積されてきた怒りを誘い出したにちがいない。そして、彼女はその怒りを私に転移してきたのだ。『うちのおかあちゃんもいつもそう言うわ！』という彼女の言葉は、その怒りがだれに対するものであるかを暗示している。また、彼女の怒りにたいして私がすなおに謝罪したために、彼女は一転して私を慰めることになったのであるが、このことは彼女がだれに慰め、なだめてもらいたいかをよく示している。」
　ここに見える「目まぐるしく急転する彼女の言動の二面性は、彼女の内面における怒りと慰めのドラマの存在、いや、そればかりか、彼女のこれまでの人間関係における愛着と敵意、恐れと怒り、見捨てられとしがみつき、怒りと慰めなどのドラマを象徴的に示している。」（538号10頁）
　ところで、このような子どものトラブルの激発に巻き込まれた教師は、二面性を持つ子どものどちらの顔を信じていいのかわからなくなり、教師自身もいつしか甘やかしと叱責、迎合と弾圧、おだてと見捨てなどの二面性を持つようになる。そのために、子どもと教師とは互いに疑い合い、裏切り合うことになり、両者の

第Ⅶ章　新たな荒れ—発達異変のなかの子どもたち

関係が修復不可能なまでにもつれ、悪性化してしまうのではないか、という。

ここで、竹内は、ジュディス・L・ハーマンの『心的外傷と回復』(*82)(みすず書房、1996年)によってこの二者間の問題を解明しようとする。

前述のようにして子どもと教師の関係がもつれ、悪性化した結果、「教師もまた『心的外傷』ともいってよい深手を負うのではないか。ちょうど治療者が心的外傷をもつ患者のトラブルに巻き込まれて、回復しがたい深手を負うようにである。」(同10,11頁)

だが、「『学級崩壊』のなかに巻き込まれた子どもと教師の関係は、通常の子どもと教師という二者関係であるとは言えない。というのは、子どもと教師の二者関係のなかに、子どもにたいする加害者である第三者がひそみかくれていて、その第三者が子どもと教師の関係を引き裂き、対立させているのではないか。その意味では、『学級崩壊』のなかの子どもと教師の関係は、心的外傷を負った患者と治療者の関係に似ている。」といって、ハーマンの説明を引用している。

「……治療者・患者関係には一種の破壊的な力がくり返し侵入してくるらしい。この力は伝統的には患者の生得的な攻撃性のせいにされてきたが、今では加害者の暴力であることが認識されている。精神科医エリック・リスターは、外傷を受けた人における移転は単純な二者関係を反映した転移ではなくて一種の三者関係であると述べている。すなわち『この恐怖はあたかも患者と治療者とが第三者の面前で身を寄せ合っている感じである。幻の第三者とは加害者である。』(ハーマン前掲書211頁)」と。(同11頁)

「だが、このことは、けっして子どもと教師の間に介在し、両者を対立させようとしているのは、母親だということを意味するものではない。両者の間に介在しているものは、子どもを支配し、抑圧し、搾取し、無力化させる『権力的・暴力的なもの』であって、個々の親はその象徴的な存在にすぎない。母親を拘束しているのは、政治的・経済的支配と結託している家父長制的支配である。」と竹内はいう。(同11,12頁)

この「権力的・暴力的なもの」が、夫婦や親子、教師と子どもの間に深く浸透

---

82) ジュディス・L・ハーマン——(1942〜)アメリカの精神科医。ハーバード大学医学部精神臨床準教授。マサチューセッツ州ケンブリッジ病院のドクター。著書『心的外傷と回復』は、PTSDをめぐる歴史、症状、治療過程を詳細に描いた、この分野での必読書。

し、「平和的・共生的なもの」がそこに育てられていないために、子どもは、親の一挙手一投足のなかに、さらには教師の一挙手一投足のなかに、「権力的・暴力的なもの」を感じ、それにたいする恐れと怒りにとらわれるのである。10年前の調査結果に、「親に暴言・暴力を加えたいと思ったことがある」と答えた子どもが小学上学年で6割に上るとあったが、今その子どもの怒りは親に抑制されて、教師に向かっているのではないか、という。

では、どうしていくべきなのか。

「このようにみてくると、いま教師はかつてない『教育することの困難』に直面しているということができる。しかも、その『困難』は、子どもと教師、子どもと子ども、子どもと親の間に浸透し、両者を引き裂き、対立させている『権力的・暴力的なもの』によって引き起こされているということができる。

そうだとすれば、いま『教育することの喜び』を奪還していくためになによりも必要とされることは、この『権力的・暴力的なもの』に対抗しうるだけの『平和的・共生的なもの』を私たちのなかに育てていくことである。

そのためには、まず第一に、教師は子どもの身体と人格に侵入・侵犯することをやめ、それらを尊敬することである。異性を尊敬するように、子どもにたいする尊敬を身体的・精神的な距離として示すことである。そうすることによって、公共空間における他者との平和的な交わり方を子どものものにしていくことである。」（同14頁）

「第二に求められることは、子どもたちに『自分をおし殺すことなく、生きていいんだよ』『人は信じていいんだよ、だから疑ったり、攻撃しなくていいんだよ』というメッセージを身体と言葉で伝えることである。これが『受容』と言われるものの本質である。」「それをベースにして子どものイニシアを引き出し、そのもとで約束を交わし、『平和的・共生的な関係性』を導き出し、『権力的・暴力的なもの』とたたかう連帯を発展させ、同僚や父母や他の子どもたちをそのなかに参加させていくことができるのである。」（同15頁）

「第三に求められることは、このような『権力的・暴力的なもの』とたたかう連帯関係を基軸にして、『やさしさごっこ』と『いじめ』による社会制作に対抗して、平和的・民主的な社会制作の実験を開始することである。」「集団づくりとは、はじめから『権力的・暴力的なもの』とたたかう政治教育であり、集団が

社会的正義のもとにおいて運営されることを追求する政治教育なのである。」（同15頁）

なお、竹内は、この論文やこれに続く第41回全国大会基調提案でも取り上げてきたジュディス・L・ハーマンの『心的外傷と回復』が、現代の子どもの心の傷つきを理解し、新しい生活指導を構築していく上で重要な文献と考えて、東京近辺の若い研究者・実践家に呼びかけて、その読み解きのゼミを1999年4月から1年間にわたって國學院大學で開催した。私も、この年から國學院大學で非常勤講師として勤め始めた縁で声をかけていただき、みなさんと共にゼミの学習に参加させてもらった。

虐待やレイプや戦場体験などによって「心的外傷」を負ったクライエント（患者）と治療者との間に、常に加害者による被害体験がフラッシュバックしてきて治療者の治療を困難にするという構図は、子どもとそれを指導する教師との間に、子どもに虐待や抑圧を加えてきた第三者からの被害体験の怖れや不安が反映して、教師の指導を困難にしているのと同じだという学びとりをさせてくれた。この場合の第三者は、親や体罰を加えた教師などの具体的な第三者であるばかりでなく、その背後にある受験競争や能力主義・管理主義の教育体制、あるいはそれを親や教師に押しつけてくる社会体制という目に見えない第三者が介在しているという指摘が、日本の教育状況への理解を深めてくれた。

第VIII章

21世紀の生活指導を求めて

1. 21世紀へ向けての「教育改革」を読み解く

これまでも、落ちこぼれ、非行、校内暴力、いじめ、登校拒否、いじめによる自殺、少年の殺人など、教育問題が社会問題になる度に「教育改革」が喧伝され、約十年に一度の学習指導要領の改訂が行われて、教育現場はそれにふりまわされてきた。それらの「改革」をめぐって、それをどうとらえ、対応していくかを、そのつど竹内常一が提起してきたところは本論の節々で取り上げてきたが、90年代末になって、国側が今度は21世紀をにらんだ「教育改革」を打ちだしてきた。

それについて、竹内が、97年に二本の論文を書いて論評を試みている。今度の「教育改革」を打ちだしてきた大状況の把握から、現場に現われてきた具体的な状況まで、そこにあるねらいや「改革」の方向をどうとらえ、どう対応していくかを究明したものである。それを順にみていくことにしよう。

1) 竹内常一「教育改革の深層—教育改革のトポス」(1997年4月号510号)

ここでは、表題のとおり、21世紀に向けて20世紀の終わりにうちだされようとしている教育改革が、どのような深い底流から出てきているかを解明しようとした。21世紀になって15年経った今からみても、その情勢分析は先見の明ある卓見だったし、現在にも通じるものだと思うので、少し詳しく触れていきたい。

(1) 教育改革の急旋回

第15期中央教育審議会は、1996年7月に「21世紀を展望した我が国の教育の在り方について」を答申し、なお引き続いて大学・高校改革、中高一貫教育、学校間の接続、ならびに国際化・情報化・科学技術の発展などの社会の変化に対応する教育について審議するはずだったが、任期の97年4月までにこれらの課題についての答申をまとめることなく解散してしまった。

一方、97年に入って橋本首相が「日本の社会経済システムを21世紀にふさわしい形に新たに創造する」という方針を掲げて、行政、経済構造、金融システム、社会保障、財政の「五つの改革」に教育改革を加えて「六つの改革」とすることを打ちだした。これは、これまで相対的に独立したものとして進められてきた教育改革を「社会経済システム」の改革の一環として進めるものに位置づけ直

第Ⅷ章　21世紀の生活指導を求めて

したものだった。

　文部省はこれを受けて、教育長の承認制廃止、通学区域の弾力化、2003年からの学校五日制完全実施、公立の中高一貫教育、大学入学年齢緩和、大学・高校入試改善、ボランティア活動の充実、学校外活動の評価、こころの教育の推進などをふくむ「教育改革プログラム」を作成し、これらの課題にたいする答申を新たに任命された第16期中央教育審議会に求めた。同時に、2003年からの学校五日制完全実施のために学習指導要領の改訂の答申を教育課程審議会に求めた。

　この急旋回がなぜ起こったのかについて、竹内は次のように解明する。

(2) 日米安全保障体制の再定義と日米摩擦の深化

　まず、日米安保体制の再定義として、1996年4月に日米両首脳署名の「日米安保共同宣言」によって安保条約が事実上改定されることになったことを取り上げる。「そこにおいて両国は、『日米安保条約が日米同盟の中核であり、地球的規模の問題についての日米協力の基礎たる相互信頼関係の土台となっていること』を確認している。」(510号80頁)

　なぜそんな確認を必要としたかというと、一つには、1995年9月、沖縄駐在の三人の米兵による少女暴行事件が発生し、沖縄県民をはじめ日本国民の憤激を買ったこと、つづいて太田沖縄県知事が米軍用地強制使用の代理署名を拒否する態度を示したことから、日米関係に揺らぎが生まれたことがある。

　もう一つは、「この当時、アメリカではすでにジョセフ・ナイ国防次官補のイニシアティブのもとで、『東アジア・太平洋地域における米国の安全保障戦略』(1995年2月)が定められていた。そこには『我が国の陸軍、空軍、海軍、海兵隊の在日基地は、アジア・太平洋における米国の最前線の防衛ラインを支えている。これらの軍隊は、遠くペルシャ湾にも達する広範囲の局地的、地域的、さらに超地域的な緊急事態に対処する用意がある。』」とされていた。(同80頁)

　「このようなナイ構想を基本にして『日米安保共同宣言』がつくられたのであるが、それは米兵の少女暴行ならびに太田県知事の代理署名拒否という事態を逆に利用して安保体制の強化を目的とする安保条約の再定義となったのである。その再定義の力点は、アメリカの多国籍企業のアジアと世界の経済支配を保障することにあるだけでなく、そのもとでの日本の多国籍企業のアジア進出を保障することにあった。これによって、沖縄の米軍基地を核とする日米軍事体制はこれま

で以上にアジアの安全保障の柱となった。」（同81頁）

ところで、安保条約第二条に「締約国は、その国際経済政策におけるくい違いを除くことに努め、また、両国の間の経済的協力を促進する」とあるように、軍事面だけでなく、経済面でも協力をうたっているのが日米安保条約なのだ。これをもとにして、アメリカは日本製品の輸出をめぐる日米経済摩擦での日本側への一方的譲歩を要求してきたが、それでも対日貿易の赤字が解消されないために、日本のマクロ経済政策に注文をつけるようになった。「1980年代の中頃から、アメリカは、日本の財政引き締めが内需不足を生みだしているために、日本製品の海外市場への殺到を引きおこし、日米貿易の不均等を生みだしていると批判し、内需拡大のために経済政策を転換し、金融緩和・積極財政に移行することを要求した。」（同81頁）

「このために、日本は金利の大幅引き下げを行なうとともに、緊縮財政路線をとってきた臨調行革予算を取りやめ、緊急経済政策として公共事業費の増額を柱とする総額6兆円の財政措置をとった。さらに、その後の日米の経済構造摩擦のなかで、日本は1991～2000年度に総額430兆円の公共投資をする約束をさせられた。それだけでなく、1994にはさらに200兆円の公共投資の増額を求められた。日本政府もバブル崩壊からの脱出のために1995～2004年度に630兆円の公共投資基本計画を閣議決定したのである。」（同81,82頁）

しかし、この630兆円の半分は国の一般会計と財投で負担するが、残り半分は地方自治体負担とされた。このために、各自治体は巨大な市庁舎や文化会館の建設、道路整備に予算を使い、住民サービスの財政支出を圧縮することになった。

そればかりか、アメリカは日本のミクロ経済政策にも注文をつけ、大店法の緩和をはじめとする規制緩和、ウルグアイ・ラウンド合意[*83]によるコメの市場開放、民営化への資本参加や知的所有権などを要求し、実行させた。教育改革が科学技術の振興・理科教育の振興・大学改革を大きな問題にしている裏には、日米間の知的所有権摩擦の深刻化が働いている。

こうして、「日米の経済政策協調は、包括的政策協調という性格を強くもつようになり、日米安保条約の経済的側面が日本経済全体に浸透するようになったの

83）ウルグアイ・ラウンド——ウルグアイのプンタ・デル・エステで1986年に開始宣言された、世界貿易上の障壁をなくし、貿易の自由化や多角的な貿易の促進をうたった通商交渉。

である。」(同82頁)

(3) 行革・規制緩和と雇用の多様化・流動化

「このような安保再定義に応じて、国政レベルでは行政・財政・金融・経済構造・社会保障構造の改革が90年代に入って急激に進められてきた。」大蔵省改革、省庁再編、消費税の5％への引き上げ、法人税引き下げ、介護保険、規制緩和のための労働法制改正など。

「これらの改革はいずれも、ひとつは先にみた軍事と経済にわたる日米安保条約の再定義に応えるものであると同時に、いまひとつはプラザ合意(*84)後の円高のなかで多国籍企業化した日本の大企業の国家再編要求に応えるものである。」(同82頁)

日本の政府は、戦後反動期から高度成長期にかけて、産業の保護・育成のためにさまざまな統制を敷いたが、経済のグローバル化と日本の大企業の多国籍企業化が進む中で、これまでの国家による公的規制が日米の多国籍企業にとって障害となった。そのために、企業の経済活動に対する規制緩和が声高に語られ、政府からの自由と市場の全面的開放が唱えられるようになった。

「こうしたなかで、政府は1994年に規制緩和の基本的な考え方・手順を定めた『今後における行政改革の推進方策について』を閣議決定した。その主たる内容は、①経済的規制は『原則自由・例外規制』として大幅な緩和を目指す、②社会的規制については最小限のものにとどめ、徹底した見直しを進めるというものであった。」「②の方針が保険・衛生・公害・環境保全、防災・国土利用・教育・文化などの市民生活に関連した分野の規制を意味する社会的規制を最小限にとどめると同時に、これまでの規制を徹底的に見直す」としたように、規制緩和が経済領域のみならず、社会・文化領域にまで広げられた。(同83頁)

この結果、「『政府からの自由』『自己責任原則と市場原理』を基本とする新自由主義政策が教育をふくむ市民生活全体にひろがり、『なんでもあり』の新自由主義的イデオロギーが氾濫することになったのである。」(同83頁)

このような規制緩和を背景にして、大企業は大規模なリストラや国内生産の大幅な縮小とアジアへの企業の進出を進めた。それと平行して、「雇用の多様化・

---

84) プラザ合意——1985年にニューヨークのプラザホテルで開かれたG5(先進5カ国蔵相、中央銀行総裁会議)で討議された、ドル高の為替レートを是正するための一連の合意事項。

流動化」をうたってこれまでの雇用慣行を解体させてきた。
　ここでいう「雇用の多様化・流動化」とは、「労働者を①「長期蓄積能力活用型グループ」、②「高度専門的能力活用型グループ」、③「雇用柔軟型グループ」の三つに分け、長期雇用を保障する労働力は①を中心にして徹底的にスリム化し、それ以上の労働力が必要なときは②の契約社員・派遣社員や③のパートタイマーから調達するというものである。」
　「このような企業の雇用の多様化・流動化方針に対応して、政府は労働基準法・職業安定法・最低賃金法・労働者派遣事業法などの改正をすすめ、人減らしと労働条件の切り下げを支援するだけでなく、将来12兆円規模となるといわれる人材派遣市場をつくりだそうとしているのである。」
　「そればかりでなく、この雇用の多様化・流動化方針を受け、学校教育の複線化が6年制中等教育を中心にして急激に進められつつあるのである。」（同84頁）
　こう見てくると、橋本内閣によって教育改革が社会経済改革の一環として組み込まれた大きな背景が見えてくる。教育そのものの改革なのではなく、国家経済を担う人材育成の場として利用するために教育をどう変えていくかというものなのである。
　(4) 地方行革と首都改造・全国総合開発政策
　「ところで」ということで、この後、国レベルの行革と規制緩和が地方レベルでどうすすめられているかに移っているが、概観するにとどめたい。
　地方行革の第一は、国家の役割を国防・外交・対外通商などに限定し、国民生活に関わる社会保障・福祉・保健・医療・介護・教育などを地方自治体に移管しようとするものであるが、それらの財源を保障するものでないので、国民生活の切り下げになる。
　第二は、自治体合併による広域的分権化に見えるが、実際には中核都市を核とした広域行政化・広域集権化によって、効率主義的な地方行政体制を築く自治体リストラとなる。
　第三は、「官主導から民自立への転換・規制緩和」をうたい、「民間活力の導入・施設の効率的運営や市民の創意、自主的活動を生かす施設づくり」を目指すとしているが、それは福祉・保健・医療・介護・教育などにわたる「生活の商品化・市場化」・「自立自助・相互扶助」と抱き合わせである。文部省のボランティ

ア活動推奨もこの範疇に入る。

　第四は、効率的な行政運営を強調すればするほど地方自治体の官僚主義が強化され、住民の参加と統治を排除し、住民自治を切りすてるものになる。

　そして、このような広域行政化・広域集権化を前提とする地方分権化を総合するものとして新全国総合開発計画（「五全総」）が策定されつつあるという。たとえば、日本を「北東国土軸」「日本海国土軸」「太平洋新国土軸」「西日本国土軸」の四つの国土軸に再編することを構想している。そのなかに、首都改造として、首都機能分散のために首都圏300キロ構想、業務核都市構想、それらを結ぶ広域各都市幹線道路計画がすすめられている。その構想のもっとも具体化されたのが、首都圏中央連絡道路、広域核都市幹線道路、外郭環状道路によってつながれようとしているさいたま新都心なのである。

　これらが教育改革を急旋回させている問題基盤だとすれば、われわれもまた視野を大きくして下からの教育改革を構想することが求められているのだという。

2）竹内常一「教育改革の意図を読み解く」（1997年9月号517号）

（1）教育の市場化・教育の多様化と選択の自由

　先の論文で取り上げた橋本内閣の1994年の閣議決定「今後における行政改革の推進方策について」を受けた、政治的・社会的規制の新自由主義的な緩和方針の下に、生活の商品化・市場化がいま教育分野にも広がりつつある。それは、これまでのような画一的な教育サービスではなく、消費者個々人の選択の自由に応えるような多種多様な教育サービスの提供という形をとりつつある。つまり、今日の教育産業は、教育サービスの個人主義的消費を可能にする教育市場をつくりだしつつあるのである。

　これは、公教育学校においては、「通学区の弾力化」をうたって学校選択の自由を住民に与え、これによって学校の統廃合を促進するものになっている。

　また、高校では、単位制高校、総合学科、総合選択制高校が選択の自由を保障するものとして導入され、中高一貫教育の導入で中等教育の複線化がすすめられようとしている。また、選択の自由と教育の多様化は、次の教育課程の改訂では、中学校での選択教科の拡張、小学校での「総合的な学習の時間」の設置として具体化されようとしている。

「このような教育の規制緩和、教育の市場化、教育の多様化を前提として、現在進行中の教育改革は、親または子どもの個人の自己選択をつうじて「一人一人の能力・適性に応じた教育」を実現しようとしているのである。」(517号25頁)

　しかし、「選択の自由には『自らの判断で選択し、行動したことには、自らが責任を負う』という自己責任の原則がともなっているということを忘れてはならない」(16期中教審「審議のまとめ」)と、選択の責任を親または子どもに押しつけてはばからない。(同25頁)

　だから、親たちは、市場的・公的セクターが提供する多種多様な教育を、自己責任のもとに選択することを強要されて立ちすくむしかなくされている。それが将来どういう結果になるかは定かではない点で、その選択はギャンブルに近い。そのギャンブルに自己責任を負わねばならないとなると、親は子どもの教育に自信を持てなくなるのも当然である。

　しかも、それは与えられたものの中からの「選択の自由」であって、子どもにとって必要な教育を創造していく自由を与えられたものではない。子ども・親・教職員の学校づくりへの参加、つまり、学校協議会による学校づくり・自己教育圏づくりの「創造の自由」を保障するものではない。

(2) 新自由主義に立つ教育改革の本質

　文部省は、1987年の教課審答申の「自ら学ぶ目標を定め、何をどう学ぶかという主体的な学習の仕方を身につけさせる」とした「新しい学力観」から、「いかに社会が変化しようと、自分で課題をみつけ、自ら学び、自ら考え、主体的に判断し、行動し、よりよく問題を解決する資質や能力」「自らを律しつつ、他人とともに協調し、他人を思いやる心や感動する心など、豊かな人間性」「たくましく生きるための健康や体力」の育成をうたった1996年の15期中教審答申の「生きる力」へと教育改革の目標を言い改めてきた。

　これは、後者は前者を拡張したものであって、実質的にはほとんど変わるところがないが、よく見ると微妙な変化がかくされている。冒頭に、「いかに社会が変化しようと」としたところに、社会の先行きの不透明性の増大の強調と裏腹に「生きる力」が強調されているのだ。これは、教育改革を企業社会の新自由主義的な再構築に動員しようとするもので、それを歴史的課題に開いていくものではない。それは、教育から道徳的価値や社会的意味の追求を排除し、教育を経済的

利益の追求に従属させるものである。

　E・ジュゲは、新自由主義について、それは自由主義経済の論理を認めないような考え方をしてはならないという前提に立っている点で、「全体主義的」システムとなっているといっている（『自由主義を超えて』岩波書店、1994年）というが、教育改革がどんなに「主体性」を強調しても、その「主体性」は自由主義的な市場経済にたいして「ノー！」ということを許すものではない。

　「新自由主義的な教育改革がこのような全体主義的な体質を持つものであるかぎり、それがどんなに『学び』を強調しても、その『学び』は企業の効率主義的な利益追求のもとで個人主義的な利益を追求するものに限定され、思想・良心の自由や真実への自由にもとづく『学び』となることはないだろう。」という。（同28頁）

（3）新自由主義に立つ教育改革の社会的基盤

　それでは、「新しい学力観」や「生きる力」にみられるような能力主義の変容はどこから生まれてきたのか。それは、現在進行中の教育改革は、資本主義経済の新自由主義的な再構築という社会的基盤を持っていて、その一環であると見る必要があるという。

　資本主義経済は、1973年のオイルショック以来、史上三度目の大不況に直面し、それを80年前後からＭＥ（マイクロエレクトロニクス）情報技術の高度化と国家からの市場経済の自由によって超えようとしている。ＭＥ情報技術の高度化によって、企業は比較的短小な投資で生産性を向上させ、組織的にも弾力的な可動性を持てるようになってきている。そのなかで、企業はパート、社外工、派遣労働者などの不熟練労働者の多様な競争的雇用形態をひろげ、フレキシブル（弾力的かつ流動的）に雇用量や賃金コストを調整できるようになっている。

　前の論文でも取り上げたが、日経連「新時代の『日本的経営』」（1995年）によれば、今後の雇用形態は、①長期蓄積能力活用型グループ、②高度専門能力活用型グループ、③雇用柔軟型グループの三つに分割される。終身（長期）雇用は①のグループに限定し、他のグループは有期雇用とする。賃金においても月給制・職能給・昇給制をとるのは①のグループだけで、他のグループは年俸制・業務給・時間給・職務給をとるとされている。

　しかし、このような雇用・賃金形態の再編は、70年代後半から80年代にかけ

て、①成績考課、②情意考課、③能力考課からなる人事考課・勤務評定として導入されはじめていた。この人事考課は、80年代から90年代に、①個人ごとに今期に達成しようとする能力や業績の目標を具体的に申告させる、②上司のチェックを通じて各人の目標を確定する、③中間フォローを行なう、④期末にその目標の達成度をレビューして従業員が「納得」する形で評価を与える、というプロセスを踏む「目標管理制度」と、自己負担による学習を通じてキャリアを発展させていく「キャリア・デベロープメント」を導入して、賃金における職能給・業績給の比率を高めていた。(熊沢誠『能力主義と企業社会』岩波新書、1997年)

「このようにみてくると、『新しい学力観』や『生きる力』は、このような人事考課、目標管理、キャリア・デベロープメントなどの新しい能力主義管理の学校版であることは明らかである。だから、それらは、企業の効率主義的な利益追求のもとで個人主義的な利益を追求するものに『学び』を封じ込めるものとなっているのである。」(同30頁)

(4) 新保守主義に立つ「心の教育」の強調

このような「『原則自由・規制例外』を基本方針とする新自由主義が、『なんでもあり』のルールなき競争主義を際限なくひろげ、モラリティを限りなく崩壊させていると同じく、その教育改革は子どもの心身にわたるトラブルを極減にまでおしひろげ、子どもたちをモラリティの崩壊の中にたたきこんでいくものであるといっても過言ではない。

だからこそ、現在進行中の教育改革は、新自由主義的な学校秩序そのものから生じてくるモラリティの崩壊を弥縫(とりつくろうこと―宮原注)するために、新保守主義的な『心の教育』を強調せざるを得ないのである。」(同30頁)

神戸児童殺害事件を契機にして、新保守主義的な道徳教育を強調する教育課程改訂に向かっているが、ボランティア活動とそれの評価を内申書に結びつける動きや学校へのスクール・カウンセラーの導入はその一環である。

ここで、スクール・カウンセラーの導入が問題なのは、カウンセリングが学校システムの中に組み込まれたとき、それがカウンセリングとしての実質を貫けず、やわらかい管理と化すのではないかという危惧があるからである。それだけでなく、子どもたちの問題現象を子ども同士で解決する道をふさぎ、子ども個々人の自己責任の問題に切り下げ、その子どもを他の子どもたちから隔離するものとな

第Ⅷ章　21世紀の生活指導を求めて

り、勇気ある知性と社会的連帯を子どものなかに育てるものになるのではなく、モラリティの崩壊から新自由主義的な社会秩序を弥縫する新保守主義の役割を果たすことになるのではないかと考えられるからだいう。

　最後に教職員政策を取り上げている。

　「いま教員統制は、①スクール・カウンセラーの導入にみられるように、教職員の職種化をすすめ、常勤教職員の減量化と非常勤教職員のアウトソーシング（外部から労働力を調達すること）をひろげ、教職員の雇用形態を流動化させる、②教職希望者に対する介護実習の義務化にみられるように、現職の教職員にも子どもと同じくボランティア活動が要請され、新保守主義的な思想統制が強められる、③教職員の中に人事考課や目標管理を導入し、教員労働運動を分裂・弱体化させ、教育・学校の自治を骨抜きにするといった形をとって展開されつつある。」

　「そうだとすれば、私たちは、教育改革と教職員政策とを統一的にとらえ、教育運動と教育労働運動とを統一的に展開していく視点を早急に明確にする必要があるのではないだろうか。」（同31頁）

2．「９０年代を振り返り、２１世紀の生活指導を探る」の連載

　2002年4月号577号から2003年2月号588号まで、10回にわたって竹内常一の上記の連載が行なわれた。竹内によれば、『新版　学級集団づくり入門』（『小学校編』1990年、『中学校編』1991年）出版以後の生活指導実践をあとづける必要があると考え、この時期、「教師たちが21世紀に向けて何を追求してきたのかだけは確かめたい」と連載を引き受けたのだという。そのうちの6回を取り上げて、どのような模索がなされたかを見てみよう。

1）　連載第1回「意味ある経験を生みだす活動を」──中野譲「たまごから見える世界」[2000年11月臨刊号所収]（2002年4月号577号）

　＜実践のあらまし＞

　荒れる小3のクラスに途方にくれていた中野は、荒れの中心にいるじゅんがお店見学で「ミネラル卵」の前に立ち止まっていたのにヒントを得て、前から知り合いであった有機農業を営むＡさんのところの300円、500円の卵と、市販

の78円の卵との違いを子どもたちに見せた。すると、Aさんの卵に関心をもったじゅんたちが先立ちで、卵からニワトリへ、ヒヨコの飼育へ、そして有機農業を展開するAさんとの交流へとクラスの活動を発展させる中で「荒れ」から脱出していった。

　＜竹内分析＞
　中野実践で大切なことは、何よりも子どもをつなぐ活動をつくることを重視していることだ。活動をつくることなく、「集団」をつくることだけを自己目的にする実践では、その「集団」は教師にとって必要なものではあっても、子どもにとって必要なものではない。子どもたちにとって必要な「集団」は、かれらが主体的に展開する「活動」にそってつくられるものだ。そういう観点から中野の指導をみると、次のような点ですぐれている。
　その第一は、子どもが卵を割り、中身を手づかみにし、黄身や白身にまみれて遊ぶことを認めていることである。子どもたちに卵との間に敷かれている仕切り＝「卵は割れるからそっと扱わなければならない」という固定観念を乗り越えさせているから、子どもは卵の黄身にまみれて遊ぶことができている。
　「中野は、子どもたちの身体がものと世界から隔離され、ものと世界に関わっていく身体を失っているととらえているからこそ、身体のレベルから経験を立ち上げていくことを重視しているのである。」(577号79頁)
　第二には、子どもたちの活動をかれらにとって意味ある経験にしていく指導をしていることである。中野は、子どもたちの経験を絵や文章にすることを子どもたちに促している。
　300円のニワトリが脱走したとき、鶏舎から逃げ出したじゅんに、「ウーッという声がこわかった。せまくて、くさくて、はげかかったニワトリは苦しそうではきそうだった」と語らせている。その後、かれはスケッチで真紅の羽、胸は真っ青、散らばった羽のニワトリを描き、「おれも脱走したい」ともらす。「子どもは身体を介して関わってきたできごとを表現することをつうじて、それを意味ある経験として意識化していく。ニワトリはかれの身体をつうじて語り、かれもまたニワトリをつうじて自己を語っている。」(同80頁)
　他方、子どもたちは500円のニワトリの鶏舎の環境の良さに驚く。「ニワトリのたてものは、カーテンみたいなものであけしめができ、太陽の光にあたるよう

第Ⅷ章　21世紀の生活指導を求めて

になっています。ようけい場の中は、くさくはなかった。草をしきこんだ土の上でかっているので、その中の小さな虫たちがふんを食べ、くさくなくしているのです。びっくりしました。ニワトリはのびのびしていました。幸せそうでした。」と書いた子がいる。ぼんやりした子の〝たか〟までが「小さなおりの中で生きるより、広いところで生きるほうがよいです」と書いた。

「子どもたちはこのようにして、『あなたの生活は500円？　300円？』と問い合うようになる。」「そして、その問いに答えるように、かれらは500円のニワトリのヒヨコを飼うために環境のよい鶏舎をつくろうとする。子どもたちは意味ある経験を追求しはじめたのである。」（同81頁）「かれらが鶏舎づくりに取り組むのは、ヒヨコを幸せにするためであり、幸せな環境を生きたいとするかれらの願いを実現するためである。かれらはヒヨコを飼うことをつうじて、自分たちと世界とのつながりをひろげ、より意味ある世界に参加しようとしているのである。」（同82頁）

しかし、ことはものの世界との交流だけにとどまらない。それは人と人をつなぐ指導にもなっているという。

子どもたちは、じゅんがニワトリのスケッチの時間延長を求めたのを認めたし、たかの500円のニワトリへの短い感想文を「なんだか短いのにすごくいい」とほめた。さらに、「あなたの生活は500円？　300円？」の話し合いで友だちの語りに深く耳をかたむけている。そこには最初の荒れた学級の姿はなくなっている。

そして、有機農業を営むＡさんとの人格的な交流の中で、有機農業という人間と自然の交流へと進み始めている。Ａさんに導かれて、その良い環境をつくりだしていく働き方―「労働」に目を開いている。ここに、農と環境をキーワードとする新しい指導性の探索がある。子どもたちは、地域のネットワークに参加することのなかで、子ども世代とおとな世代との連帯を生みだし、地域の未来をたぐり寄せているのであるという。

「私たちは今、このような地域的な広がりのなかで子どもの生活をつくっていくことが求められているのではないだろうか。」と結んでいる。（同83頁）

2) 連載第2回「あらためて子どものグループづくりを考える」—新居琴「『何でもあり』から『ぼくらの学校へ』」[1997年第39回全国大会紀要所収] (2002年5月号578号)

＜実践のあらまし＞

新居は転勤した小学校で荒れる3年生を担任する。校区は、大都会の衛星都市にあり、所得制限のある公団のA地区と、駅近くの一戸建て中心のB地区からなっていた。A地区は、母子・父子や生活に追われている人の家庭が多く、身辺自立や社会的なルールが身についていない子が多いが、外遊びが好きでたくましい。B地区の子どもは生活上のしつけはできていて、まじめに学習するもの、塾や習い事をするものが多い。

しかし、どちらの地区にもリーダー的な子もいれば、トラブルを抱えている子もいた。

こうしたなかで、3年生当初のクラスは、奇声・どなり声・立ち歩き・遅刻・靴かくし・ケンカ・眠りこみなど「何でもあり」であった。学習規律の取り組みは成り立たず、新居は、「"ベル席"とか、班員を同数とする男女混合班などの今までの実践ではだめだ。私が変わらなければ！」という発想に切りかえた。

まず新居は、もう一人の担任と相談して合同音楽、合同体育を行ない、身体表現、ゲーム、手遊び歌、Sケン、団結くずし、人間知恵の輪などを取り入れた。これらのからだを軸とする活動は、子どもたちのからだを解き放つものであったので、夢中になった。運動会の民舞ソーラン節でも、荒れるが機敏でない子、運動に自信のない子も乗ってきた。

このような地区の学校では、B地区の子どもがクラス、さらには学校の主導権をとるのが普通だが、こうした取り組みの中で、A地区の子どもの出番がつくられ、B地区の子どもに代わってクラスの主導権をとることになったのは注目してよいと竹内はいう。

6月になると、「班は自分たちで作りたい」というので、班の数・人数も自由、班に入らない（一人班）のも自由、全員の同意があれば班を移動するのも自由となり、男子だけの班・女子だけの班・男女混合の班がつくられた。

新居は、同性の親密な仲間をつくれない子どもにとって、同性の班は必要だと

考えたので、子どもが必要とするまで男女別の班も認めたのだ。その結果、さびしさを抱える女子たちが同じ班になり、元気を取り戻していった。そして、3学期のキックベース大会をきっかけに、班員はできるだけ同数・男女混合ということになったという。

4年生でも、「いっしょになりたいもの同士」「男女混合で人数はだいたい同じにする」「最後まで自分たちで決めたい」を原則に女子リーダーを中心に自分たちで班編成をした。

4年生時に、新居がもう一つ取り組んだのが、地域の拠点（ステーション）作りだった。子どもたちの小グループをつなぎ、共に育てるには地域の力が必要だ」と考え、まず、B住宅の中心にいて地域の子どもにやさしい母親に「地域のサロン」になってくれるように頼んだ。それがきっかけになって、何軒かの地域のステーションが生まれ、それを拠点にして「小さく分散していたグループが大きな集団へ」育っていった。

こうして、3月、クラスは最後の活動の演劇にグループごとに取り組み、子どもたちは、「めっちゃ、居心地よかった」と言って進級していったという。

＜竹内分析＞

「このクラスは実にさまざまな問題を抱える多様な子どもたちからなっている。そうしたクラスの場合、統一的な指導は必然的に画一的な指導と化す。班が学級のたんなる基礎単位だと、それはこの多様な子どもたちを管理するものになる。その結果、B地区の子どもが知らず知らずのうちにクラスの主導権をとることになるだろう。こうして学校は子どもたちのなかの階層分化を一層拡大する役割を果たすことになる。」（578号67頁）

こうしたことを察知した新居は、3年生6月の班編成で、「班の数・人数も自由」「班に入らないのも自由」「男女別・男女混合も自由」「班の移動も自由」という弾力化・流動化を打ちだした。「このような弾力的に編成される班は、学級の基礎単位としての『班』であるよりは、子どもが必要とする、子どもが自主的につくるグループをふくむ班なのだ。」

「新居がこのような班の弾力的編成を採用したのは、子どもがそう要求したからでもあるが、それ以上にクラスのさまざまなレベルに生ずるさまざまな問題や矛盾にただちに取り組む必要があったからではないかと思われる。毎日クラスの

なかに個別的な問題や矛盾がつぎつぎと起こる。それは関係者にとっては切実な問題だが、簡単にみんなの問題とはならない。みんなの問題にする前に、その一つ一つの問題に取り組む小さなグループとリーダーシップがそのとき・その場で必要になるのだ。」

「このような小さなグループとリーダーシップがあるとき、子どもたちはまずその範囲内で問題を共有し、その解決に共同して当たり、自治的活動を発展させることができるようになる。また、この小さなグループはクラスのさまざまなレベルからさまざまな問題を立ち上げ、他の小さなグループと結びついて、大きな動きをつくっていくことができるようになる。」(同68,69頁)

その点で、4年生で地域のステーションをつくったのは必然であり、子どもたちは地域に遊びと溜りの拠点を求め、親たちも子育ての共同化の拠点としてステーションを必要としていたのだという。

そうしてみると、新居実践は、「班は生活と学習の共同化を追求する多様な共同的グループとそのネットワークをつくりだしていくことを課題とする」という『新版』中学校編の規定を発展させるものであったということができるという。

3) 連載第4回「学校の中にいま一つの学校をつくる」—柏木修の94年、97年、98年、99年、2002年の『生活指導』所収の一連の実践報告 (2002年7月号580号)

＜実践のあらまし＞

柏木は、ウォークマンを聞きながらでしか登校できなかったという管理主義の厳しい中学校に転勤し、学校体制に抗しようとして学校・学年づくりに関与する公務分掌から外された中で、自分の受け持つ国語科の授業で積極的に現代的な問題を取り上げ、そこでの学習活動を行事・文化活動（文化祭の劇と展示）、さらに地域活動に発展させていった。それと平行して、学年内に各種の実行委員会や有志活動を組織して学年集団づくりをすすめ、学校の中にいま一つの学校をつくりだして暴力と管理の学校を変えていった。

まず、柏木の学級集団づくりの一環としての運動会の大縄跳びの実践を取り上げている。

クラス対抗の学年種目であるが、かれのクラスには軽度の知的障害を持つ男

子の磯崎がいて、大縄跳びが跳べず、かれが入るとクラスは1回も跳べなかった。みんなで繰り返し跳び方を教えたがだめだった。そこで、仕方なく、母親とかれ自身の了解をとって、側で回数を数える号令役につけることにした。ただ、柏木も生徒たちも引っ掛りを感じていた。

磯崎はエイズ学習の時、薬害にかかった人の名前をだれよりも多く上げ、「殺人ともいえる薬害エイズを認めない人を許せない」と書いてみんなを驚かせた。そんなこともあってか、予行演習で1位をとった翌日、女子学級委員長が「磯崎をはずして跳ぶのは差別しているようでいやです」と言い出したのでクラス討論を持たせた。優勝したいからこれでいい。いやそれより練習でまとまりたい。磯崎は号令で参加している。いややはり仲間はずれだ。磯崎がやりたいというならやらせたい。いや跳べないのは自分のせいだとかれを苦しめることになる。さまざまな意見が出たが、結局、ビリでもいいからかれをのけ者にしないでスッキリしたいという選択をした。結果、本番でビリにはなったが、磯崎はみんなの支援、次には自力で跳べるようになり、クラスは合計71回も跳べ、優勝したような歓声だった。

次に、学習活動から行事文化活動・地域活動への発展はどう展開されたか示されている。

〔中1〕 干潟問題、世界環境問題、第三世界、女と男問題。道徳の時間で「エイズとたたかいつづけた11年・少女イブ」を鑑賞し、国語の授業に発展させる。

〔中2〕 国語で『薬害エイズ原告からの手紙』を取り上げ、原告への手紙を書く。文化祭の劇と展示のテーマとして薬害エイズを取り上げることを学年総会で決定。レッドリボン運動（エイズへの差別・偏見を持っていない意思表示）が始められ、「龍平君を支える会」と交流。「セックス感染者は自業自得」の発言を取り上げ、セックス感染者差別をめぐる紙上討論と養護教諭との合同授業。

〔中3〕 従軍慰安婦問題、在日朝鮮人特別措置法、チェルノブイリ問題。コミック「危険な雨」、ビデオ「チェルノブイリの真実」、広河隆一講演パンフ[85]レットを取り上げ、学年総会で文化祭のテーマとしてチェルノブイリ問題を

---

85) 広河隆一──（1943〜）フォトジャーナリスト、戦場カメラマン、市民活動家。フォトジャーナリズム月刊誌『ＤＡＹＳ ＪＡＰＡＮ』の元編集長。長年パレスチナ問題やチェルノブイリ原発事故を取材し続け、かたわら救援活動も行っている。

採択。地域の「チェルノブイリ子供基金」と連携し原告を支える署名運動に取り組む。

＜竹内分析＞

(1) 大縄跳び実践について

これは、単なる感動的な「団結」の物語ではない。中学校での運動会の定番演目であるクラス対抗の綱引き、ムカデ競争、大縄跳び、また、文化行事の合唱コンクールなどは、「競争」のなかで「団結」を追求させるものであるために、「団結」を妨げるものを「差別」するという面を持っている。

「この実践にあっても、クラスは大縄跳びに勝つために磯崎をはずした。しかし、それが差別になるのではないかという疑問から、クラスはかれの参加を認め、学年ビリを選ぶという決定をした」。この「クラス決定は、『競争』と『団結』の学校文化のなかで『反差別』と『連帯』の文化を追求するものであった。」「だから、かれらは運動会をめぐる関係性を変革することができ、それにたいする新しい主体性を立ち上げることができたのである。」「クラスは運動会のなかにいま一つの運動会を、学校の中にいま一つの学校をつくりだしたことは否定できない。」(580号65頁)

(2) 三年間の実践について

「第一に注目すべきことは、指導要領とタイムテーブルによって仕切られている学活、道徳の時間、国語、行事の時空間をひとつづきの時空間としてとらえ、生徒の自主的活動を発展させていく時空間として再編成していることである。」(同66頁)

「第二の特徴は、その際かれが学年集団づくりを意識して、国語の授業と文化祭の学年文化活動発表会を実践の二つの中心としていることである。」かれの国語科教育は異色で、「かれが取り上げている説明的文章の教材のほとんどは、社会の周辺部で差別されている人々の問題、いいかえれば、『新しい社会運動』がテーマとしている問題に関する文章である。しかも、その文章はほとんどその内部にこれらの現代的問題をめぐる対話や討論をふくんでいる。」(同66頁)

しかも、「かならずその教材に関するビデオや文章を提供し、生徒が他のテクストとの関連で教材を読みひらくように励ましている。ということは、その文章に秘められている対話や討論をあらわにし、それらに参加するなかで自分の見解

をつくり、論争の場に関与するということになるのである。」「その意味では、かれの国語科教育は『総合学習』という視点をふくみもつと同時に、生徒の言語活動を自治的、政治的活動へと発展させるものである。」（同 67 頁）

「第三の特徴は、このような説明的文章による現代的課題の学習が学活、道徳の時間に拡張され、複数の文化祭テーマを導き出していること、学年総会が最終的に文化祭テーマを決定していること、行事活動を背景にしてさまざまな自治的活動や文化活動、さらには地域活動をというか市民的活動を発展させていることである。」（同 67 頁）

次に、このように学習活動から行事活動へ、さらには市民的活動への展開を可能にした柏木の独自の組織論に注目している。

第一は、文化活動発表会が各クラス 4 名の学年委員の有志を中心にした、出入り自由の実行委員会によって企画・運営されており、その原案が学年総会で審議・決定されていることである。有志による実行委員会をつくることで、学年主任の指導下にある学年委員会から独立させ、しかも学年総会のもとで活動させることで学年全体に責任を持たせている。

第二には、文化活動は、そのテーマに関心を持ち、その活動に熱心なもの（有志）によって進められてこそ、豊かなものになるという原則が貫かれている。それは、実行委員会の組織にも、スタッフ、キャストや展示グループの決定においても採用している。義務的に働くリーダー、義務的参加をする成員のもとでは文化活動は発展しないからである。

第三には、このような活動スタイルが生徒のものになるにつれて、学級や班の枠を越えて、ボランタリーな文化活動や市民的活動が展開されるようになり、外の市民的活動と連携・交流するまでになっていることである。

「このようにみてくると、柏木の実践は、『学級集団づくり入門　第二版』が「前期的段階」とした自治的・市民的活動を十分に展開しているということができる。市民社会の成熟は学校にそれを可能にしているのであるが、学校の硬直性・閉鎖性・党派性がその可能性を生かしていないのである。」（同 69 頁）

4) 連載第5回「子どもの世界を生きる―障害児学級の中の教師と子ども―」―篠崎純子「『合点、ゆっきはあっしが捜すでござる』……人と人との話・輪・和づくり」[1998年10月号所収]（2002年8月号581号）

＜実践のあらましと竹内分析＞
　この回は、篠崎の実践の紹介と竹内の考察が交差しながら述べられているのでそのとおりに取り上げていく。
　表記の実践記録のなかで、篠崎は、自分の受け持ったひまわり級のなかの、注意欠陥症の雄太、精神発達遅滞の星太郎、染色体異常の雪彦の三人とのかかわりを報告している。
　まず、雄太との出会いでいえば、逃げるのが天才的な雄太を追いかける日々が一カ月も続いたある日、やっとつかまえると、「とっとと消えろ、そこの女」と叫ばれた時、とっさに「ははーぁ」と言ってしまった。「ははーぁだと、頭が高い、遠山の金さんだ」と片肌を脱いだ。篠崎はひざまずき、「ははーぁ、お奉行様とは気づかず。さあ、奉行所へ。さあ、お仕事でございます。」と返したら、「ふふーん、わかればよいのじゃ。では奉行所に参ろう。ついて参れ。」と言って、ひまわり級の方へ歩きだした。それまでは、親からテレビの時代劇が大好きだとは聞いていたが、逃げたのをつかまえた時、「鬼女め」と泣き叫んだり、片肌を脱いだりしたのが、遠山の金さんのまねごとだとはわからないできたのだ。
　それからは、篠崎と雄太との関わりは時代劇の世界で行なわれることになった。「雄太にはたっぷりと時代劇の世界に浸らせてあげよう」と思い、「姫」になったり、もう一人の担任が「越後屋」に、教頭が悪代官になってくれたり、周りの子が「ははーぁ」とやってくれたので、教室がすっかり時代劇の世界になった。
　そんななかで、一人で逃亡した雪彦を篠崎が捜そうとしたとき、「テーヘンダ、テーヘンダ、銭形の親分さん、ゆっきが逃げてしまった」と叫んだところ、雄太が「合点、ゆっきはあっしが捜すでござる」と応答して一緒に探してくれた。それ以後、子どもを捜すことをたのむと必ず教室に帰ってくるようになった。その頃から交流学級に友だちができ、交流学級とひまわり級で遊ぶようになり、交流学級で国語や給食を一緒にするようになった。
　ここで竹内はいう。「雄太との本格的な関わりは篠崎が『ははーぁ』とひざま

ずいたところから始まっている。それまでは雄太は一人で時代劇を演じていたのである。かれは日常生活を時代劇の世界に変えて、その世界と構成的に関わっていたのである。しかし、それがだれにも理解されず、意味づけられることがなかったのである。」（581号57頁）

「『子どもを知る』ということは、かれを世界から切り離して、孤立した存在として客観的に認識することであってはならない。『子どもを知る』ためには、私たちはかれが生きている世界に身を差し入れ、その世界を想像的にとらえなければならない。そして、その世界と向き合っているかれの行動に応答することで、かれの世界に参入し、かれとともにその世界を織りなしていくことができなければならない。そうしたなかで、はじめてかれはかれの生きている世界を開示してくるのであり、それにどう対応しているのかが見えてくるのである。

実際、雄太の行動に対する篠崎の応答によって、雄太の生きる世界は開示されただけでなく、かれの時代劇の世界はひまわり級に広がることになった。それに、雄太の世界がみんなに共有されるようになるにつれて、かれもまたひまわり級のできごとに応答し、みんなと相互応答的にひまわり級の世界を織りなすことができるようになると同時に、交流学級にも参加できるようになった。」（同58頁）

二つめは、星太郎との出会いである。星太郎は、「いーいー」（いやいや）と「バーバー」（バイバイ）の二語しか発しない子である。リライトしてしまうと筆者の呼吸がわからなくなるので、篠崎の文章をそのまま載せている。

「いつの間にか、校外に出てしまう星太郎を必死で捜す。あっいた。もうしょうがないなぁーと思いながら声をかけようとした私は、声をのんだ。星太郎はまるで恋人をやさしくなぜるように、業者の車をなぜている。アーウと何か語りかけながら……。私は彼から見つからないところに移り、しばらくそのようすを見ていた。

車のドアーのノブをなぜたり、バックミラーを、はぁーと息をかけて磨き、ナンバーを一字ずつなぞり、泥をとるという動作を、三、四回くり返した。そして満足した顔で、石に腰をかけ、じっとすわっていた。

運転手さんが戻ってくると『ハァーイ』と満面の笑みを浮かべて立ち上がった。『星ちゃん、ありがとなあー。車きれいになしてくれてな』と運転手さんは星太郎を肩車してくれた。そのときの星太郎のうれしそうな顔といったらなかった。

『バーバー』と車を見送ると、彼はスタスタと教室に戻っていった。」(同59頁)

「次の日も星太郎はいなくなった。体育の授業を校庭でやっている時のことである。ゴミ収集車のところに行って、じっとおじさんの動きを金網にひっついてみている。何か話をしている。おじさんに星太郎のことを聞くと、『体育の時間はほとんど見に来ているよ。いないと風邪でもひいたかと心配するくらいだよ。この子、車が見えないうちから待っているから。耳がいいんだよ。星ちゃんの新しい先生かい。いい子だよ。どうかよろしくお願いしますよ』と深々と頭を下げられてしまった。星太郎は耳がよい？ 本当かな。体育がいやで逃げ出しているんじゃないのかとこのとき私は思っていた。車がいなくなると、彼は体育をやり始めた。」(同61頁)

この後のこととして、竹内は次の事実を紹介している。

「この出来事が朝会に出たくないと抵抗するかれの大パニックを解く鍵になった。かれが朝会に出たくなかったのは、石油配達車が遠くからオルゴールを鳴らしながらやってくるのがわかっていたからである。車が登場したとき、それが篠崎にもわかり、『星太郎、あんたはすごい。車のオルゴールの音、聞こえて泣いていたんだ。あれ、見に行きたいの』というと、かれは『はあーい』ということばをはじめて篠崎に発した。そして、星太郎を抱いて車を見に行くと、かれは車を指して『ブーブー』というだけではなく、『ブーブーブーハアーィ』と歌までサービスしてくれたという。」(同61頁)

この星太郎とのことについて、竹内は二つのことを言っている。

一つは、篠崎の記録の書き方が、子どもの行動の事実だけが書かれているのでなく、子どもにたいする篠崎の身体的・感情的な応答を表現しているのが優れているという。

「教育実践記録というのは、子どもの言動を書くことをつうじて教師の身体的、感情的、知的な応答を表現し、かつ認識していくものである。実践記録の影の主人公は教師なのである。子どもをめぐる事件の筋だけが書かれていて、影の主人公である教師の姿が見えない実践記録はおもしろくない。」(同60頁)

もう一つは、「かれが篠崎に『ハアーイ』と答えたのは、彼女がかれの世界を生きる他者として立ち現われたからではないだろうか。彼女がかれに応答する他者として立ち現われたからこそ、かれもまた彼女のことばに応答する『彼女の他

者』として立ち現われることになったのではないか。そこに自分の発話を受けとめてくれる他者が存在していることが信じられるとき、人は他者にむけてことばを発するのではないか。」という。(同62頁)

　もうひとつ星太郎とのエピソードに注目している。これも篠崎自身に語ってもらおう。

　「私を横にすわらせてほっぺをくっつけて本を読んでもらうのが大好きだった。が、その日は違った。私の椅子を教室の一番後ろまで運び、一冊の本を読めと持ってきた。おびえるようにあわてて席につき机にかくれてしまった。あるページまでくると、そーっと目だけ出して、片目をつぶって本を見ている。『犬がワンワンないて』と読むと、本を私から振り落とし、『わんわんこ』と泣きじゃくりながら抱きついてきた。泣きじゃくるかれの小さな背中をなぜながら、初めての言葉が私はとてもうれしかった。」(同62頁)

　「わんわんこ」というのは、「わんわんこわい」という意味だという。以前せんべいを食べていて犬に飛びつかれ、倒されたことがある。それから犬が恐くて仕方なくなったのだが、それでも犬の物語を聞きたくて、防御の姿勢をつくって物語を聞くことにしたのがこの場面だという。このくだりについて竹内はこういっている。

　ここには、星太郎の実験が見られる。一つは、人が怖い昔話を聞きたがるように、「恐いもの」に一人で挑戦して、「恐いもの」に対面する中で自分を確かめたかったのではないか。

　いまひとつには、「怖いもの」に襲われたときに、自分の助けに応答してくれる他者が篠崎という形で存在することを実験したかったのである。

　「そうだとすると、この出来事には、自己と他者の存在を確かめ、その相互応答的な関係を確かめるというドラマが秘められていたということができる。」「かれは『恐いもの』に挑戦できる自己を確かめると同時に、自分を見守ってくれる他者を確かめようとしていたのである。」「これは星太郎における『社会の誕生』を意味している。『わんわんこ』ということばは、たんにかれの気持ちを伝えるだけのものではなく、自己と他者と世界の三者関係を成り立たせるものであったということができる。かれはこの言葉を通じて世界を他者と織り上げはじめたのである。

記録によると、これを境に、星太郎の言葉は少しずつ増えていったという。……包帯をした篠崎の手を心配そうに見つめ、「『アシシ（足の）、イチャー（医者へ）』（胸をたたいて＝ぼくと）『バフィ（バスで行こう）』」と語りかけることができるようになった。それと平行して、かれもまた雄太と同じく交流学級の子どもたちと遊ぶことができるようになり、そこの授業にも参加できるようになったという。」(同63頁)
　この回を丁寧に紹介してきたが、それはこの篠崎の障害児学級での実践が、2000年代の生活指導の大きな課題となる軽度発達障害の子どもたちへの取り組みの重要な先導的実践になったからである。その意味あいを竹内が見事に解明してくれているからである。

5）連載第7回「友だちのいるクラス―『いじめの文化』から『ケアと応答の文化』へ―」―田所恵美子「『やっぱり子どもがかわいい』が原点」[1996年10月号所収]（2002年11月号584号）

＜田所学級の生徒の文章＞
〔ちかこ〕　私って自分のことキライ。だってブサイクだし、学校でやっていること何もできないし、ちょっとでも根にもつタイプだし、何事も自分で解決しないで、友だちや先生に解決してもらおうとしたり、見た目で人を差別しちゃったり。とにかくいやな奴だと自分でも思う。特に前までは「友だちなんていない」とか「少ない」なんて思いつづけていた。でも、自分がそう思っているだけで、私のこと一人の友だちとしてみている人だっているみたい。それに私ただ一つだけ認めてることあったの。それは少なくとも良い友だちがいるってこと。なんでもっと早く気づかなかったんだろう。（ちかこは不登校の子）

〔ふみ〕　わたしもちか子と同じで集団てあまり好きじゃない。ちょっと前まで「友だちなんていらねーよ」とか思ってた。いざ一人になるとけっこう淋しいよ。わたしみたいにつっぱっているとよくわかる。でも、ちか子はちがうよ。よくまわり見てみ、誰かしら自分のことを見ているヤツいるから！　自分のこと友だちって思ってくれるヤツ必ずいるから。私でさえいるんだから。（中略）ちかちゃんだって何も恐がることないんだよ！　まわりに友だちが

いるんだから。その友だちがきっと助けてくれるよ。だから少しでいいから心開いていこう。私もつっぱって生きんのやめよう一って努力するから！ いっしょにがんばろうよ！ 困ったときはギリギリのところで助けるから。私もつっぱって生きんのやめるから！

〔ゆうじ〕 オレだって自分がいやで自分を責めることがあった。おもてでは明るくして強がって見せてるだけかもしれない。それにオレも自分より弱いヤツをいじめて、うさばらしして……でもそんな自分がなんだかむなしかった。そこで心の支えになるのはやっぱり友だちだった。(中略)このクラスには忘れかけている「思いやり」があった。同情なんかとはちがう目、やさしい目だった。だからこの班ノートに弱い自分が書けてる。心の中見せてる。たまっていた思いはきだせてる。くじけない心の支えみんなに手伝ってもらってつくった。(ゆうじは班長) (584号62,63頁)

これらの文章は、95年度田所学級1年3組の学級通信「パレット」からの抜粋である。

＜竹内分析＞

これらの文章で注目すべきは、「これらの文章がモノローグではなくて、ダイヤローグ（対話）からなっていること」である。「実際、これらの文章の中の言葉は具体的な他者（個人ならびにグループ、クラス）に関心と配慮を示すもの、また理解と応答を求めるものとして発話されている。」「これらの文章の中の言葉は具体的な他者と対話しているだけでなく、相互に応答しあっている。」(同63,64頁) モノローグ的な発話の多い、また一つのことをなぞりあう会話の多い現代の中学生の中で、めずらしく対話的なのが特徴であるという。

では、なぜ中学一年生がこのような対話的な文章を書くことができるようになったのであろうかとして、「田所が率先して身体的・言語的な対話・交流の世界（空間）を切り開き、押し広げてきたからである。」(同64頁)と、田所の二つの実践的力点を紹介している。

第一は、田所が生徒たちと身体的なコミュニケーションをかわし、生徒同士の身体的コミュニケーションを引き出していること。「体が開けば心も開く」ことを信じるから。

まず、「抱きしめる」「肩をもんでやる」「目かくし」「おしくらまんじゅう」

「『手相』をみてあげる」「『腕を組んで』歌いながら歩く」「膝の上にだっこしてほめてやる」などを田所が率先してやっている。

次に、「全員と握手して挨拶しよう」「コインわたし」「腕相撲」「人間知恵の輪」などを取り入れて、生徒たち同士の身体的コミュニケーションを図っている。

「身体的なコミュニケーションは、触れることは触れられることであり、触れられることが触れることであるように、相互応答的、相互主体的である。そこでは他者の身体は行為者の客体でありながら、同時に応答する主体として行為者の前に立ち現われてくる。それが『体が開く』ということである。その応答する体にいろんな思いがこもっているから、『体が開くと心も開く』のである。」(同64,65頁)

第二に重視しているのが、班ノートと学級通信による言語的コミュニケーションの回路を日常生活の中に埋めこんでいることである。

田所学級の班ノートには工夫がある。「わたし祈っています」「愛しています」「困っています、怒っています」「びっくりしました」「いい気分です」「ヒーロー・ヒロイン＊＊君・さん」「班ノート・パレットを読んで」「仲間にこたえていこう」の欄にわけてあり、その欄はそんなに大きくない。そのために、生徒は書く焦点を得て、まっすぐに自分を語ることができる。しかも、交替で書くので発話の自由は皆に平等に保障され、同時にだれもがそれに応答できるようになっている。

そして、このような班ノートから学級通信がつくられ、記名や匿名で公開されていく。だから、生徒たちが語ることが皆のものになる。公共性を持つことになるのである。

「班ノートと学級通信は、生徒が自分という人間を表し、示すことができる場であると同時に、他者の応答を聞くことができる場であるということができる。」「それと同時に、生徒たちは、自分を表し、他者に応答することをつうじて、クラスのなかに『配慮（ケア）と応答の文化』をつくり上げている。それに支えられているからこそ、生徒たちは自由な言説を交換できるようになっているのである。」(同66頁)

それを女子のいじめ事件が発生したときの話し合いの例で説明している。

まず、学級通信で同心円状に広がるいじめの構造を図示してだれもが何らかの

関わりを持つことを示し、班長会で「いじめた人のつるし上げでなく、クラスからいじめをなくす取り組みをしよう」と確認した。そして、班内の全員でいじめられたりつらかったことを発表しあい、それを本人に又は班長が代わってクラスに発表させた。また、いじめをなくすことを決意できた班にはそれも発表させた。この取り組みの意義を竹内は三つ挙げる。

　第一は、いじめられたことを語り、その語りを聞きとるなかで、いじめられたものに共感し、いじめの加害性を自覚させていることである。

　第二は、語りに耳を傾け、共感することで、語られる事実を生徒たちの共有の事実、公認の事実にし、語り・聞くものをいじめを「告発」する共同の主体としていることである。

　第三は、いじめの語りが友だちに聞き入れられ、共有される中で、いじめられてきたものが癒され、いじめによって奪われた自己と世界を取りもどすことができるようになっていることである。

　「かれらは、友だちのいじめられ体験の語りを聞き取ることのなかで、他者のなかの内なる声、閉ざされてきた声に心を配り、それに応答し、かれらとつながることを学んだ。そして『ケア（配慮）と応答の文化』をつくり上げていくことをつうじて、かれらは対話と自己対話を豊かに展開し、共に生きるに値する共同の世界を切り開いていくことができるようになった。」（同68頁）

　だから、冒頭のような対話的な文章を書くことができるようになったのだと結んでいる。

6）連載第10回「『奉仕活動』から『ボランティア活動』へ」―豊田健三郎「ボランティアの向こうに見えるもの」[2001年第43回全国大会紀要所収]（2003年2月号588号）

＜実践のあらまし＞

　1999年9月、東海豪雨が名古屋市や西枇杷島町を襲った。その地域に関わりの深い豊田は「水に浸かった街をテレビで見て、いてもたってもいられなくなり、何か手伝いをと、休日に現地に行った。」そして、人々から聞いた命からがらという様子を学級通信に書いた。

　子どもたちは何かしたいといいだしたが、豊田はまだ、子どもは現地で活動し

たり、社会にアクセスして直接参加するものではないと考えていたので、西枇杷島プロジェクトチームをつくり、募金を集め、現地の小学校に聞いてボールを送っただけにした。

　その小学校の子どもと教師からお礼の手紙をもらって、M子は、「なんか募金だけしてるのは、みんなをばかにしているような気がしてきた。私も行ってみたい。」といいだした。その結果、西枇杷島チームの六人がクラスを代表して二カ月後の現地に行くことになった。そこで、自立支援ボランティア「負けせんぞ！水害　にしび」チームと出会い、「君たち学びに来たのなら、このニュースを配りながら、何か困っていることはないか聞いてまわったら」と言われた。その活動のなかで、人々の大変な生活に触れ、三週間たった水害のゴミは引き取ってもらえなくて困っていることがわかり、「君たちの知恵も貸してほしい」と頼まれる。早速そのことがクラスで討議される。それが新しいきっかけになって、二週間後に17人の子どもが現地に行き、募金を役場に渡すときに、ゴミ問題のお願いもした。

　こうしたなかで、TとAは畳を買ったNさんの家に畳を入れに行き、Tはその後も何度もボランティアに参加するようになる。M子やY子はカーペット、こたつなどの配布。Y子はこのとき知り合ったお年寄りのTさんとその後も交流し、息子さんを亡くして打ちひしがれているTさんやほかのお年寄りを励まそうと「孫運動」を組織し、中心になった。

　ボランティア活動は、1月のもちつき、2月の公園・公民館設置を求める町長へのメッセージ作戦への参加と続いた。そして、卒業を前にした3月、「私達は、本当は、私達の地域でこそ孫運動をしなくてはいけないのじゃないだろうか。西枇みたいな助け合いの地域にしなくっちゃいけないのではないだろうか。」といって、地域にアプローチしはじめた。

　＜竹内分析＞
　このボランティア活動のなかで何が起こったのか、豊田の側と子どもの側と論じている。

　豊田が勤務する学校や地域では、「福祉実践協力校」が常態になり、子どもを「奉仕活動」に動員する体制ができあがっている。それに対してかれは「うさんくささ」や「嫌悪感」を持ってきた。ひとつには、「よいこと」として押しつけ

られる「奉仕活動」は、かれが考える「自発的で、体験しながら自分自身の必然にもとづいて自分を変えていこうとするボランティア」とは同じでないと感じるからである。いまひとつは、「ボランティアの向こうに社会そのもの、政治そのもの、地域そのものをとらえて、『共同』ということを学びたい」という思いと合致しないものを感じたからである。

　この前者の「自分の必然としてのボランティア」ということだが、かれはテレビで被災地を見て「いてもたってもいられなくなり」「現地に行った」。この被災のただ中にある人たちと場を共にし、その人たちに応答したいという自発性こそがボランティアだと考えた。

　この姿勢は、かれの子どもへのかかわり方と通じる。窓から飛び降りようとする子、いじめられた被虐待児、嘔吐・下痢症状の不登校児などの心の痛みをみると「いてもたってもいられず」、その子の声を聞き取り、その子に応答することをしてきた。そうすることによって、子どもと親と自分との相互応答的な関係と共同の世界を編み直しはじめた。

　これはケアの姿勢と作法である。「ケア」は本質的には「他者の必要・要求に開かれている」こと、「他者に応答し、配慮していく」ことであり、そのなかで自他をつつむ共同世界を見出していくことである。

　「そうだとすると、かれをつらぬいている『必然』とは、『切り離された他者とともにあること』『その他者の共同存在であること』である。」

　「このことは、後者の『ボランティアの向こうに社会そのもの、政治そのもの、地域そのものをとらえて、共同を学びたい』ということばに対応している。」「これまでケアやボランティアがいつも『よいこと』として国家に利用されてきた。だから、それらを素直には受け入れられない。……だが、そうしているかぎり、人は他者と出会い、共同の世界を開いていくことができない。ここにかれの悩みがあったのではないか。」（588号68,69頁）

　そうしたとき、活動のなかで知り合った仏教徒Iさんから「仏典では＜善を行なう＞よりは＜悪をやめる、とめる＞ことが大切なこととされる。社会悪そのものに反対していくことがボランティアの基本です。」ときいて、「光明」となったという。

　そこから、かれは「社会悪に反対していく」というのを、「共同的なものを破

壊していくものに反対していく」、「破壊された共同の世界を編みなおしていく」と受け止め直した。

　「その意味では、実践記録のタイトルの『ボランティアの向こうに見えるもの』とは、共同の世界を新しく編み直していく営みということではないか。破壊された共同性を連帯して編み直していく『市民的公共性』を立ち上げていくことではないだろうか。」だから、「かれは知人の手伝いという私的レベルを越えて、地域の自立・共同を支援するボランティア活動、市民的公共性を立ち上げることに関与するボランティア活動に参加することになったのではないか。」と竹内はいう。（同69頁）

　このような経験をするなかで、豊田は、参加が「世界づくり、関係変革、自分つくり」としての「学び」を子ども一人ひとりのなかに生みだしていくと考え、現地参加に否定的な態度を改め、子どもと現地に出かけるようになったのではないか。

　そして、現地で子どもたちは対等の活動参加者と遇され、一定の役割を担うことになり、ゴミ問題では「君たちの知恵を貸してほしい」と頼られ、一人前の参加者として活動しはじめ、地域の人たちとつながっていく。そのなかで子どもたちが次のように変わっていく。

［A君］　軽いＡＤＨＤだとされるが、行動好きのかれは、人前でしゃべったり、呼びかけたりすることのなかで意欲的になり、すぐに「施設に」という言葉が出る親子関係を変えていった。

［F君］　学力が低く、書く力にも不安があるが、クラスの人気者のF君は、この活動の実質的リーダーとなり、現地の人たちから一番覚えられた

［Y子］　女子のリーダー、部活キャプテンのY子は、水害で困りながらおおらかに助け合い、いつも笑顔でいる人々に自分が励まされて、「弱者」に開かれた態度を持つようになった。

［M子］　学校の福祉活動の中心人物だったが、「募金だけしているのは、みんなをばかにしている気がした」と参加し、現地の人の「したたかな知恵」と行動力を一番学びとった。

［T君］　クラスのリーダー的存在で、適応過剰で抑うつ的だったが、Nさん宅に畳を入れに行って、現地の人やボランティアの人の温かさ、明るさに触

れ、「今日のボランティアはぬくもりを感じました」と書いた。そして、家に戻り、出社できなくて休んでいる父親に、「そんなにがんばらなくていいじゃん」といった。

「Y子にしても、Tにしても、『弱ったことを堂々と話し支え合う人々』に癒されて、切り捨ててきたいま一人の自分に応答することができるようになっているのである。」

「このように子どもたちは家族のなかに『共同の世界』の風を呼び込みながら、自分たちの地域を西枇杷島と同じような『助け合い』の地域にしなければならないといいだすまでになった。かれらは社会そのもの、政治そのものと出会う新しい出発点に立ったのである。」と竹内はいっている。(同71頁)

なお、この連載がまとめられて、2003年に竹内常一著『おとなが子どもに出会うとき、子どもが世界を立ちあげるとき』(桜井書店)として上梓されたことを付記しておきたい。

3．21世紀初頭の生活指導の課題

前章で、1990年代後半のいじめ・迫害による自殺事件、黒磯女教師ナイフ刺殺事件などの中学生が起こした事件や小学高学年以降の「学級崩壊」事象などにみられる子どもたちの暴力性の激化、むかつき・キレる子の登場といった「新たな荒れ」の問題をみてきた。それらの深層に子どもたちの〝からだとこころ〟の発達異変があることを竹内常一が『子どもの自分くずし、その後—〝深層の物語〟を読みひらく』で解明したところをみてきた。それはまさに、「教育することの困難さを直視」させられるものだった。

しかるに、また、20世紀末から21世紀初頭には、小学校に入学早々から、授業中に立ち歩いたり、すぐにパニックを起こすなどして教師の指導を受け付けない子どもたちが登場してきた。そして、その多くの子たちが、小児科医たちの臨床研究によって軽度発達障害を持つと診断されるようになった。

全生研も、21世紀初頭から年に一回位ずつ『生活指導』誌で特集を組んで軽度発達障害の問題の解明に努めてきた。だが、これらの特集では、竹内常一はほ

とんど執筆していず、発達障害問題に詳しい若い研究者や実践家に解明を委ねている感がある。もっとも、この時期、竹内は、大学を古稀で定年退官した後、大きな病を患って全生研常任委員を数年間退任していた時ではあった。

　発達障害問題の解明の先頭に立った若手研究者の一人である湯浅恭正は、21世紀になって顕著になってきた発達障害児の生きづらさを次のようにいっている。

　「学校というものが多様な約束事を前提にして、どのような集団でも行動できる子どもを前提として生活を組み立てているために、ADHD児の不注意・多動性・衝動性という特徴が際立った異質性を示す。そのために、『誰もができている行動をなぜ制御できないのか』という強烈なまなざしの空間に生きなければならない生きづらさを抱えることになる。」（2003年3月号589号「ADHD児が生きる世界と集団づくり」42頁）

　しかし、21世紀になって進行した子どもたちの生きづらさは、軽度発達障害児だけではなかった。新自由主義の経済・社会政策のますますの推進の中で進んだ「現代的貧困」が子どもたちを追い詰めていることも、2008年以降の50、51、52回全国大会の三回の基調提案が解明してきた。その子どもたちを生きづらさから抜け出させていくには、「ケアすること」が必要であることが、54、55回全国大会基調で提起されてきた。

　この「ケアする」ことの大切さについては、竹内は、すでに前記2002年～2003年の連載「90年代を振り返り、21世紀の生活指導を探る」のなかの田所実践と豊田実践の分析のなかで触れているし、2004年10月号609号の論文「子どもを他者と世界に結ぶもの―配慮し、応答すること―」で「ケアする」とはどうすることかの解明を行っている。

　それらの上に立って、竹内常一が、おそらく15年ぶりに書いたのが、第56回全国大会新潟大会基調報告「『ケアと自治』を基本とする生活指導と集団づくり」である。これは、二年前から常任委員会作成の「基調提案」は数年に一度になり、その間は、大会現地と常任委員会の基調作成担当者との合同作成の「基調報告」となったので、この年は現地新潟支部と常任委員会基調作成担当とでつくられ、文責竹内常一で成ったのである。

第Ⅷ章　21世紀の生活指導を求めて

1）第56回全国大会新潟大会基調報告「『ケアと自治』を基本とする生活指導と集団づくり」大会基調委員会　文責竹内常一　（2014年8／9月号715号）

（1）今次大会の課題―54、55回大会からの宿題

54回大会では、新自由主義が生活をその深部まで競争化―市場化し、人びとの社会的連帯や個人間のつながりをズタズタにし、「自己選択・自己責任」の名のもとで「自律的個人」として生きることを強いているなかで、いまの子どもたちが自己や他者や世界に対する「基本的信頼」を持てなくなっていることをまず指摘した。

その中で生活指導に求められているのは、「何かができる、できない」「問題を起こすあなたが悪い」といった能力主義・自己責任論を越えた、その子の存在そのものを承認し、言葉にならない子どもの呼びかけに応答し子どもの基本的信頼を育み、回復させることであると提案した。

55回大会では、京都生研が、もっとも課題の大きな生徒（「K」）に対して「共感的指導」を軸にする個人指導と集団づくりをすすめてきたが、この共感的指導は「ケア」の指導だと新しく位置づけた。なぜなら、自分たちは、「K」の行為を道徳、社会規範に照らして裁断するのではなく、それが「善であれ悪であれ」その行為を「してしまわなければならなかったのだ」とまず受け入れてきたからだ。そして、「何か理由があるはずだ」という確信に立って「K」の思いを引き出しながら、本音（存在要求）と対話する関係になろうとしてきたからだ。それは「ケア」なのだという。

さらに、「共感的指導」を「共闘的指導」に発展させるために、「配慮（ケア）と応答の関係から、批判・援助の関係へ」の転換が必要だとして、その発展を次のように説明する。

「『K』はこれまでの疎外と抑圧に傷ついてきたために、疎外し抑圧するものの暴力性を無自覚に感じ取り、暴力で対抗する自分をつくってきた。しかし、共感的指導が進む中、『K』は自らの傷つきを語り、応答してくれる他者（ケアする他者）との間で、傷つきを癒し、新しい生き方を模索し始める。〈もう一人の自分〉が自覚され始めるのである。このとき、『K』への指導は『K』の中で育ってきた〈もう一人の自分〉と共闘する指導に転化していく。……このような共闘

的指導によって、集団は『K』の自分づくりに参加しながら、同時に自分自身の自分づくりと闘う集団となる。」(715号43頁)

このように、二つの大会では、「ケアと自治との統一的展開」とも、「集団づくりのケア的転回」ともいえる問題が提起されたのだが、それに対して幾つかの疑問が出されてきた。たとえば、これを「ケアから自治へ」という提起と受けとっていいのか。そうだとすると、それはかつての「解放から規律へ」という仲間づくり論の再現ではないか。また、いまの子どもの存在の危機的状況に対応するものだとしても、何がケアから自治を導き出すものなのかが明らかでないという疑問も出されている。さらに、「集団づくりのケア的転回」というのならば、それがどのような自治的集団をつくるべきかを示さなければならないという意見もある。

そこで、このような論議を意識して、「本基調のタイトルを『ケアと自治を基本とする生活指導と集団づくり』とし、ケアと自治の相互浸透的な関係を明らかにし、集団づくりの脱構築（しくみの拘束から抜け出る、というほどの意味か？―宮原注）に取り組むことにした。」といっている。(同44頁)

次には、まず、教育基本法改正と新自由主義的な改革は何をもたらしているだろうか、それに対抗する生活指導と集団づくりの脱構築には何が必要だろうかから論じ始めている。

(2) 新自由主義と教育基本法改正以後の「教育改革」

2006年の教育基本法改正の焦点の一つは、旧法2条の「教育の方針」を削除して、新法2条に「教育の目標」を設けたことである。

旧法2条は、旧法1条の「教育の目的」の確定ならびに達成を方向づける「方針」を「この目的を達成するためには、学問の自由を尊重し、実際生活に即し、自発的精神を養い、自他の敬愛と協力によって、文化の創造と発展に努めなければならない。」と定めた。

憲法26条に定める「教育を受ける権利」とは、この旧法2条の示す学問の自由の尊重と実生活との結合に立った教育を受ける権利であった。

ところが、教基法改正はこの「教育の方針」を削除し、「教育の目標」を新設することによって、「義務教育」を教育を受ける権利を持つ子どもに親や国家がそれを保障する義務を持つという意味での「権利・義務」の教育から、国家が立

第Ⅷ章　21世紀の生活指導を求めて

てた教育の目標を習得する義務を子どもが負うという「強制・義務」の教育にすり替えてしまった。教基法改正を推進した新自由主義者によって、「国家の統治行為」としての「義務教育」に変えられてしまった。この条文化した教育目標の達成に学校と教師が取り組むことを課したのが、第16条「教育行政」、第17条「教育振興基本計画」である。これによって、旧法10条に定められていた「教育は、不当な支配に服することなく、国民全体に対して直接に責任を負うて行われるべきものである」（傍点竹内）という条項を換骨奪胎し、「教育はこの教育基本法及び他の法律に定めるところにより行わなければならない」と改め、教育行政に「教育振興基本計画」作成を義務付けることによって、教育への「行政的な指導・介入」を可能にしたのである。

そして、この改正にもとづいて、国と自治体の教育行政は、「行政指導」を通じて教育内容を次々と改編すると同時に、そこに新しい競争のルールを次々と持ち込み、教育の競争化＝市場化を矢継ぎ早にすすめ、教師と子どもと保護者を緊縛することになった。

「このような教育行政が目的としていることは、『教育の目標』条項にみられるような新保守主義的な道徳規範を内面化した従順な『規律主体』に子どもを教育することよりも、それ以上に市場的・競争的な原理を内面化して、自分自身の人的能力の向上を排他的に追求する『競争主体』に子どもを教育することである。」（同46頁）

それは、フーコー[※86]がいう「自分自身の企業家」（『生政治の誕生』筑摩書房、2008年）となることが目指されているのだ。「新自由主義教育が目的としているのは、『自己選択・自己責任』を原則とする『自律的人間』であるとされているが、その実態は自己を管理・統御（マネージメント）する排他的な『経済主体』であるといってよい。

その場合、新自由主義の教育改革は、すべての子どもを強制義務教育のなかに過剰包摂はするものの、全教育を通して、市場原理を内面化して自己を統治することに適応したものは社会のなかに生きさせ、適応しえないものは社会の外に打ち棄てる。つまり、それは教育を通じて子どものなかに包摂と排除の切断線を埋

86）ミシエル・フーコー――（1926～1984）フランスの哲学者。『言葉と物』『狂気の歴史』『監獄の誕生』『性の歴史』などの著書あり。

めこむことでもって、子どもたちを『自己自身のための自己自身の経営者』に教育することを企てるものである。」(同46,47頁)

では、1985〜88年の臨教審答申に始まり、1995年の日経連の「新しい日本的経営」宣言を受けて、2006年の教基法改正へと展開された新自由主義的な「構造改革」は、子どものなかに何をもたらしたか。

そのなかで子どものなかに広がり、今なお終わる見込みのないものが「学級崩壊」と「いじめ・迫害」である。「包摂と排除」を事とする新自由主義教育の陰画として続いている。

竹内常一『いまなぜ教育基本法の改正か』(桜井書店、2006年)によれば、「授業崩壊」「学級崩壊」の大量出現は、今から30年ほど前に、K市N区の小学校で有名私立N中学校受験者の子たちが、教師の問いに答えられない子に「早く答えろよ」と言ったり、もたもたしているものを「ドジ」と野次ったり、考えさせようとする教師に「早く答えを教えろよ」というなど、やりたい放題をしたことから始まったという。

「授業破壊」の顕在的又は潜在的な中心にいる者は、この手の「できる子ども」たち、すなわち、教室のなかに設計された競争的なゲームのなかで「一人勝ち」を追求してやまない子どもたちである。かれら・彼女らは、自分たちの支配権を守り抜くために、ときには露骨に、またときには陰険に競争相手に対する「いじめ」を仕掛ける。そればかりか、リーダー的な子や教師をもいじめの対象とする。

だが「勝ち抜き」競争のゲームの裏側には、「つぶしあい」というもう一つの「競争的なゲーム」が付随してくる。競争的なゲームを通じて排除されたもののなかの更なる排除の競争がそれである。

この二つの競争的なゲームはつぎつぎといじめの標的をとりかえ引き換えて進められるために、いじめられないために常にいじめに与する子どもも出てくる。そして、「いじめ」と「報復(いじめ)」が入り乱れ、加害者と被害者が入れ替わり、関係が修復されずに何年も続くことも出てくる。その果てに、いじめられた子が自殺に追いやられる「迫害」ともなる。

こうした関係が子どものなかに蔓延し、子どもを苦しめているのが現代の学校である。

(3) 生活指導と集団づくりの脱構築へ

このような問題事態のなかで、どう子どもに対し、取り組んでいくべきなのだろうか。そのことを、京都大会の後に開かれた新潟生研第45回大会の基調提案「子どもたちの苦悩や葛藤に応答する集団づくりの世界を」(文責　木村哲郎)の第二部「八木実践からケアと自治の集団づくりを考える」で取り上げられた八木優子の実践をもとに検討している。

ここに取り上げられている八木の実践とは「付き合いながら出会いなおす」で、2013年6／7月号708号にも掲載されている。そして、この基調提案と実践記録の題名には、「私たちのめざしている生活指導の脱構築に関するキーワードのいくつかが並んでいる。それは、『苦悩や葛藤に応答する』『出会い・出合い直す』『ケアと自治』である。」と竹内はいう。これに、八木優子が京都大会に提出した「つぶしあいをやめるまで」(2013年12／1月号711号に掲載)の「つぶしあい」をこのキーワードの冒頭に置くと、八木がどのような文脈の中で実践しているかが見えてくるという。

「基調提案で取り上げている八木優子の実践記録は、両親の葛藤に巻き込まれて中一のときから学校の秩序に従えなかった亜美、中二の夏休みに母親が家族を残して家を出てからは登校・不登校をくり返し、逸脱行動をエスカレートするようになった亜美に対して、中三の学級担任になった八木がどのようにかかわったのかを書いたものである。」(同49頁)

そこで、八木のどういうかかわり方が亜美と八木、亜美とクラスの関係を変えていったのかを次のように考察している。

①「受け入れること」

「八木は、家族の葛藤に巻き込まれ、母に『捨てられ』て混乱のうちにある亜美を『まるごと受け入れる』ことから彼女との関係を始めている。これと同じ実践のスタンスは、『つぶしあいをやめるまで』のなかでは、『ありのままに見守る』といわれている。」(同49頁)

「『ありのままに見守る』ということは、『子どもの好きなようにさせる』『好き勝手を許す』ことではない。それは、子どものありのままを、その矛盾を含めてまるごと受け入れ、見守ることである。つまり、『ケアする』ことである。」「『あなたはそこにいるのね』『私はあなたのそばにいるよ』と見守る。傷つき、問題を抱えこんでいる他者としての子どもの傍らにいることによって、子どもがその

ありのままの自分に向かい合い、新しい自分を生みだしてくることを待つことである。」と竹内はいう。(同50頁)

②担任としての宣言—教室を亜美の居場所にする

その次に、八木はクラスと教師集団に対して、「私はしばらくの間、亜美が教室で何をしても、いっさい叱らないことにしました。彼女にとっては、ここが居場所になることが一番大事なことだと思うからです。今の彼女は私が叱ると心を閉じてしまいます。彼女が安心してここで過ごせるようになるまで、いっさい叱りません。」と宣言した。

「この『宣言』は表面上の意味以上のことを含んでいる。それは行政権力の『目標管理』と『説明責任』に縛られるのではなく、『応答責任』にもとづいて彼女とクラスの子どもたちが必要としている生活と教育を共同してつくり出すという『宣言』である」。(同50頁) この背後には、「亜美は学校でしか学べないから、彼女がどんな状態でも、受け入れることを最優先にしましょう」と八木を励ましてくれた前校長の声があったという。ここには、小・中学校は子どもの「生存権」を保障すると同時に、「教育への権利」を保障する「権利・義務」教育の学校でなければならないという前校長の抵抗が込められているという。

③ケアを通じて「呼びかけと応答」の関係を紡ぐ

八木は、このようなケア的なかかわりあいの中で、亜美の目線で学校を見直すことを学ぶ。そのことによって、亜美との間に「呼びかけと応答」の関係が断続的にはじまり、深まっていった。そうした関係が深まる中で、授業中席をかわり、学習に取り組まない亜美に迫るときが来たと判断し、「なぜ授業中前を向いて坐っていられないのか」と問いただすと、「やったって、すぐに（勉強ができない）壁にぶち当たるもん」と抗弁した。彼女のことばによれば、これは〈八木と「ケンカ」をすることができた〉ということだったらしいが、これは、「呼びかけと応答」の「ケア」の関係が「相互応答」的な「対話」に変化し始めたことを示しているという。

「このやりとりのなかで、『勉強ができないという壁』は実は教室のなかに埋めこまれている『包摂と排除』の切断線であることが子どもたちに意識されていく。」(同51頁)

④担任とクラスに対する亜美の抗議—当事者主権

第Ⅷ章　21世紀の生活指導を求めて

　12月になって、班長会は「今なら誰と一緒になっても大丈夫」と判断して、くじによる班替えをした。それが亜美の欠席の日に行なわれた。その結果、亜美はこれまでの班員と別の班になったが、彼女はその班替えを断固拒否し、これまでの班員のいる班に居座った。
　亜美はやっと「不利益には黙っていない」ということができた。また、八木が「みんなで決めて、みんなで守る」という約束を反故にして、自分が欠席した日に班替えを決め、自分に押しつけたのは不当だと主張できた。「それができたということは、彼女が当事者主権を行使して、教室のなかに埋めこまれている『包摂と排除』の切断線を越えて、問題をクラス自治の対象とすることを要求することができたということである。」(同51頁)
　⑤ケアと自治の相互浸透―当事者主権と集団自治
　八木は、亜美がどのように学校とクラスを見ているか、どのように関わろうとしているかをクラスに伝え、亜美の問題提起を意識させ、それをクラスやリーダーたちの討論の対象にしている。その中で、クラスの子どもたちは班を彼女の居場所にする「付き合い」をはじめ、彼女の学習をゆるやかに支援するようになり、彼女の班替えの不当性の主張を受け入れて、彼女の納得のいく新しい班替えを決定していった。
　「つまり、子どもたちは、亜美の当事者主権を尊重し、亜美の問題提起とニーズに応える討論を組織することのなかでクラスを自治集団につくりかえていった。
　それと同時に、子どもたちは、人間という存在は傷つきやすくもろい存在であること、ケアし、ケアされる関係性が人間存在の基底になければ、人間は存在することができないことを学び、自治集団はケアと福祉実践をつうじて一人ひとりの生存権と幸福追求権を保障しなければならないことを自覚できたといっていいだろう。」(同52頁)
　ここまでが八木実践の検討である。ここから後、八木実践にかかわって、「呼びかけと応答の関係性」、「ケアの倫理」という二つのキーワードの意味することの検討をしている。
　まず、「呼びかけと応答の関係性」についていえば、教師が子どもとかかわるときに、二つの関係の立場に分かれる。その一つは、子どもを管理の対象とみなす関係である。教師は子どもという他者を自分の意思に従うものとみて、子ども

を「我有化」し、「私とそれ（対象物・所有物）」の関係とみなす立場である。

　もう一つは、教師が子どもを自分とは異なる独立した人間存在としてとらえて、「私とそれ」ではなく、「私とあなた」の関係を結ぼうとする立場である。子どもを「我有化」するのではなく、「他者化」し、その他者と「呼びかけと応答」の関係を取り結ぼうとする。

　このとき「他者」は、「私」に呼びかけてくる「あなた」として現われてくる。傷つきやすく、もろい人間存在はつねに「私」に呼びかけてくる「あなた」として現われ、何ごとかを私に委託するものとして現われてくる。それに対して、「私」もまた自己中心的な自分を越えて受け入れることができるとき、「あなた」と出会い、「あなた」の「呼びかけ」に「応答する」ことができる。それを、「出会い・出会い直し」というのは、他者理解は一回の「出会い」だけでできるものではなく、呼びかける方も、応答する方も繰り返し自己中心的な自分から脱して向き合ったときに生まれてくるからである。

　「このように教師と子ども、子どもと子どもとの間に『呼びかけと応答の関係性』が結ばれ、『出会いと出会い直し』が進むとき、両者の間に相互に分かちあう世界が立ち上がってくる。そうしたとき、教師と子どもたちもその世界に生きていることの悦びに恵まれ、他者と共にその世界をもっと意味深いものにつくり上げようとする。それと同時に、このようにしてつくられた世界は、傷つきやすく、もろい存在である自己と他者をケアするものとなることを知る。

　ここにおいて子どもたちは、ケアと自治、共感的な関係と共闘的な関係が相互に浸透する子ども集団をつくり出すとともに、共に生きてある世界を取りもどし、新自由主義的な統治と教育を越えていく『ちから』をもちはじめるのだ。」（同53,54頁）

　次に、「ケアの倫理」を問題にするのは、「ケア」という言葉が新自由主義の文脈の中でも使われるようになったからであるという。

　ケアが、新自由主義教育の、子どもを「自分自身にとっての自分自身の企業家」にするという経済的文脈に取り込まれると、ケアは、もろさを抱え、傷つきやすく、ケアのニーズをもっている他者に応答するものではなくなり、排他的な個人主義者であるものに対する「ケア・サービス」、自己肯定感が低いものを高いものにする「ケア・サービス」となる。つまり、「ケア」は、自己をマネージ

メントする経済主体にしてしまう新自由主義の道具となっていくのである。
　「この文脈の中にある『ケア』において狙われていることは、自分自身を管理・統御する『主体』としての『私』をつくること、言い換えれば、政治経済社会の権力を内面化して、自己自身を支配する『内的権力』をつくりあげることであるといっていいだろう。」（同54頁）
　「だが、私たちが実践を通じてたぐり寄せた『ケア的なアプローチ』とは、フェミニストたちが主張している『ケアの倫理』に立つものである。」（同55頁）
　それによると、リベラリズムやネオリベラリズムでは、わたしたちは依存することのない自立した主体、自分自身に全面的な責任をもつ主体になることが目指されるが、「ケアの倫理」では、人間は弱く脆い存在であるととらえ、他者の配慮や世話に依存することなしには生存できない存在ととらえる。
　だから、「ケア」の倫理的アプローチは、一人の他者を心配し、一人の他者のニーズに関心をもつことから始まる。その際、「ケアの倫理」は、ケアされるべきこの他者が最も必要としている基本的なことは、危害や暴力からの保護、不必要な苦痛を押しつけられないことである。ということは、権力的・暴力的なものの支配の対象・客体にさらされることから保護するということだ、という。それは、自分の力では満たすことのできないニーズの充足を求める「この」他者からの呼びかけに応答するものである。
　ケアを求めるものは、労苦を共に引き受けてくれる「共在的他者」の応答のなかで、自分の存在を確かなものとするのである。その自分は、これまでの「自分」ではなく、応答してくれるものに応答を返す「もう一人の自分」なのである。同時に、この「もう一人の自分」は、自分自身の依存のニーズの主体、ケアされる権利の主体、また、不適切なケアを拒否する権利の主体として立ち上がってくるのである。
　「呼びかけていたものは、依存をめぐる当事者主体として自己決定権を実質的に行使し、『ケアされる者』と『ケアする者』との非対称的な関係を、相互応答的な関係に転換していく。それが『当事者主権』といわれるものであり、弱く、傷つきやすい子どもたちの自治の始まりである。」（同56頁）

　以上、竹内は、八木実践のなかで、八木と亜美、亜美とクラス集団との間に

つくられていった関わり方をもとにして、新自由主義の文脈下の「ケア・サービス」とは違う、「ケアの倫理」にもとづいた「ケアする」ことがなされるならば、「ケアされる者」と「ケアする者」との間に「呼びかけと応答の関係」が結ばれ、「出会いと出会い直し」が進み、「ケアされる者」のなかに「共在的他者」としての「ケアする者」に応答し返す「もう一人の自分」が生まれてくることを明らかにした。そのなかで、この「もう一人の自分」が依存をめぐる当事者主体として自己決定権を行使するようになり、相互応答的な関係に転換していったとき、「当事者主権」が確立してくる。つまり、自分のことを自分で決めるという意味での「自治」がはじまるのである、とした。

そして、亜美が権利主体として登場したときに、クラス集団もそれに触発されて、亜美を排除しない集団決定をやり直したように、自分たちみんなのことを自分たちみんなで決めていく「集団自治」に進み出たのである。

こうしてみると、新自由主義の教育改革が子どもたちに何をもたらしたかに始まり、それがつくった「包摂と排除の切断線」の外にはじかれた亜美への取り組みの八木実践の検討を通して、傷つき挫折している子どものなかに「ケア」によって「もう一人の自分」を立ち上げ、当事者主権をもった主体に育てていくことによって「自治」が生みだされていくのだ、というのがこの竹内の基調報告が言いたいことのようである。

だが、ここから先はまだはっきりさせられないということを最終章で正直に語っている。

「このようにみてくると、今大会を含めて三回の大会における『集団づくりのケア的転回』は、生活指導、集団づくりに何を要求しているのか、それをどのようなものに脱構築するのかを検討することを求めている。だが、それを全面的に行なうのは荷が重いし、新たに稿を起こさなければならないので、これまで述べてきたことをまとめてこの課題に応えたい。」という。(同56頁)

(4) 学級集団づくりの実践的・理論的課題

上に述べたように、それを全面的には語れないので、三つの方向性だけを述べている。

第一は、「亜美に対する指導は特別扱いか」として、一人ひとりの個別具体性

に即して「呼びかけと応答」の関係性をとりむすぶことの必要性を述べている。

「もしすべての子どもを所与の道徳や規則にしたがわせることをもって『指導』だとする考え方からすれば、それは確かに『例外扱い』であるかもしれない。しかし、『ケアの倫理』にしたがって子どもに関与するということは、個別具体性を抱えている一人ひとりの子どもに応答し、道徳や規則を子どもの必要・要求にかなったものに変えていく道をひらくものであるという面からみると、これは『例外扱い』どころか、指導原則の一つであるということができるのではないか。」(同 56, 57 頁)

第二は、「『班づくり』をとらえなおす」ということである。

このような観点からすると、「班づくり」も一人ひとりの子どもが個別具体的な存在であることを保障するものでなければならない。班づくりは「呼びかけと応答」「相互応答」の関係を班員たちの間につくり上げていくことを課題にすべきである。

班員たちが、互いに関心を持ち合い、それぞれの主体性を尊重し、親しい交わりを交わすことを通じて、だれもが安心して自分を出せる「場」、そうしても排除や暴力を受けない「場」、つまり、それぞれの「居場所集団」にしていくのである。しかし、今日そうした「場」は自然にできはしない。班員たちが教師の指導を受けてそれぞれの社会的な葛藤やトラブルにかかわり、対立的な関係を平和的な関係に「修復」することのなかでつくられる。子どもたちと教師の意識的な努力を必要とする。

班がこのような「居場所集団」であるとき、一人ひとりに「もう一人の自分」を現すことを励まし、「当事者主権」にもとづいて自分の必要を要求できる「場」、つまり「ベースキャンプ」「根拠地」になっていくことができる。

第三は、このようなかかわりを他の子たちと取り結ぶリーダーをどう発見するかである。

それには、これまでのようなリーダー像を見直していく必要がある。新自由主義的な教育改革に翻弄されて、教師は行政指導の「独裁化」に屈して自己を「疎外」して生きている。しかし、個別具体性を抱えている子どもとの関係のなかで、これでいいのかと倫理的に問う主体が生まれてきている。それと同じく、いじめられている子どもを守ることができないで、客観的に加担している自分に苦しん

でいる子どもがいる。

　そうした教師や子どもたちのなかに、他者を「もの」とみなしてしまう自分自身からの解放、つまり自己疎外からの解放を求めて、他者の生活と生き方に関与し、集団や世界のあり方に批判的に参加しようとするものが現われているのではないか。

　そうだとすれば、そういう人に注目して、いま人びとに求められているリーダーシップとフォロアーシップとはどういうものかを探っていく必要がある。

　「こうした観点からみるとき、リーダーを育てるために求められることは、友だちと相互応答的な関係性を結びながら、友だちがどのように生きてあり、どのような生き方を願って行動しているかを学ぶことが大切になる。そして、クラスのなかに埋め込まれている包摂と排除の切断線を亜美のような子どもが越えてきたように、自分たちもまたその切断線を越えて、共に生きることができるかを自問することが求められている。

　集団づくりは、所与の民主的な秩序のなかに子どもを包摂するものではない。それは、新自由主義的な競争と排除の中にあって自己を疎外せざるを得ない生き方を強いられているものが「呼びかけと応答」の関係性をとり結び、その相互応答的な『活動』をつうじて生きるに値する世界をつくりあげることである。言い換えれば、それは所与の『民主主義』といわれているものを当事者主権にもとづいてさらに『民主化』しつづけて、自由と平和な世界をつくり出していくことである。」（同59頁）

　最後に、私的な感想を述べさせていただきたい。

　竹内が「ケアと自治の相互浸透性」を提示したことの意味についてである。

　一般に、自治というと自分たちのことは自分たちで決め、自分たちで解決することと解釈する。しかし、いま、新自由主義の政治・経済・教育体制の下で、おとなも子どもも一人ひとりがバラバラな個人として自己責任をもって生きることを強いられている。それが、いじめ・迫害の人間関係を蔓延させ、傷つけられた者たちに他者不信と自己否定感を抜きがたく植えつけている。こうしたなかで、自分たちのことを自分たちで決めるべき、一人ひとりの「自分」の主体性が失われている。この失われた「自分」の主体性を立ち上がらせないでは、自分たちで

決める「自治」も生まれてこない。

　傷つき、無力化された者の中に主体性を立ち上げていくためには、「ケアする」ことが必要になる。「ケア」によって「もう一人の自分」が立ち上がってきてこそ、自分のことを自分で決める「自分」の主体性が立ち上がるのだ。そうして立ち上がった主体が互いにケアしあうことによって、自分たちで決める「当事者主権」を持った「集団自治」が生まれてくるのだ。竹内のいう「ケアと自治との相互浸透性」というのはそういうことだと思う。

　ケアによって自治を立ち上げることも並大抵ではないが、その先にどのようにして自治集団を築いていくかを明らかにするのは、もっと大変なことである。「それを全面的に行なうのは荷が重い」と竹内が言うのは、齢を考えれば無理からぬことである。後続のものが探究していく重たい課題として残されたといえよう。

　ただ、私たちの前にはいま希望の光が見えてきている。

　安倍政権が、解釈改憲により憲法の戦争放棄の平和条項をふみにじって、「安全保障関連法案」（戦争法案）を無理やり成立させようとする、その違憲の企てに多くの国民が怒りに燃えて自主的に立ち上がり、連日自主的に国会に押し寄せて声をあげた。また、強行成立された後も、ただちにその戦争法の廃止を要求して、国会周辺や街頭でのデモ、2000万署名の運動に多くの人が立ち上がった。その姿を見ると、そこには、国民一人ひとりが自らの主権のもとに行動する、下からの民主主義の昂揚が感じられる。かつて、竹内が地域生活指導運動に見出してきた、一人ひとりが自らの要求にもとづいてネットワークを組んで要求実現を図ろうとする、国民自身の自治する力が大きく湧き上がってきているといえる。

　8月30日の国会包囲10万人大行動の場で、学習院大学の佐藤学は、「1960年、70年の安保闘争は政党や労組中心の運動でした。今の動きは、個人個人が主権者として立ち上がって民主主義の危機に立ち向かい、それを政党や労組が支えています。新しい社会変革の動きです。このうねりのすそ野は広く根は深く張っています。」と語ったという。また、ここに参加したSEALDsの学生も、「ここにいる若者全員、自分の頭で考えて、自分の意思で自分の足でここまで来ている。一人ひとりが自分で責任を負って主権者として声をあげている。日本の民主主義の成長スピードは、今ここから半端じゃなく加速して、どんどん良くなると思う。

スイッチ入っちゃいましたよ。」と語ったという。(9月1・2日新聞報道)
　日本に真正の「民主主義」をうち立てようとする国民の胎動が確実に始まっているのである。「市民革命」の始まりという声もある。
　この国民の立ち上がりのちからが、どういう自治集団に形づくられていくかが、竹内が提示したことの解答を生みだしていくのだろうと思うのである。

戦後教育関連年表

西暦	歴史的出来事	世相	教育施策	教育問題	全生研の動向
1945	ポツダム宣言受諾，終戦	インフレ，失業，飢餓			
1946	憲法制定	食糧メーデー			
1947	2・1ゼネスト中止命令	戦災孤児，浮浪児	教育基本法，新学制施行，学習指導要領（試案）発表	体験学習，問題解決学習	
1948	教育勅語失効決議		公選制教育委員会発足		
1949	中華人民共和国成立	保守反動攻勢	第二次アメリカ教育使節団	《第1期非行》貧困を背景とする「生活型・現実反抗型」非行	
1950	ストックホルム・アッピール，朝鮮戦争始，警察予備隊発足	朝鮮特需，レッドパージ			
1951	サンフランシスコ講和条約，日米安保条約締結		学習指導要領改訂（試案），児童憲章制定		
1952	メーデー事件，保安隊発足				
1953	朝鮮戦争休戦協定成立，池田・ロバートソン会談				
1954	自衛隊発足		教育二法成立		
1955	保守合同，左右社会党統一				
1956		神武景気	任命制教育委員会へ		
1957	人工衛星スプートニク打上げ				
1958	勤評反対闘争	岩戸景気	学習指導要領改訂（文部省告示，道徳特設・法的拘束力）		全国生活指導研究者協議会結成
1959	沖縄返還運動				全生研第1回大会（東京）代表　宮坂哲文に
1960	安保条約改定反対闘争		所得倍増計画		
1961	アフリカ諸国独立	〈高度経済成長期〉	全国一斉学力テスト	八尾中事件	仲間づくりから集団づくりへ
1962		三種の神器（テレビ，電気洗濯機，冷蔵庫）	人的能力開発政策		4回大会基調（竹内）
1963					『学級集団づくり入門』刊行

年	政治・社会	経済・生活	教育行政	学校・子ども	生活指導運動
1964	東京オリンピック	新幹線, 高速道路開通			大西忠治『核のいる学級』『班のある学級』刊行
1965	ベトナム戦争反対運動	急激な都市化, 過疎化, 公害問題	中教審「期待される人間像」		宮坂哲文逝去 代表 春田正治に
1966		核家族化, 共働き, 少子化			8回大会基調(竹内)集団の人格形成作用
1967	革新都政成立				
1968	革新府県政の拡大		学習指導要領改訂(教育の現代化)	詰め込み教育→落ちこぼれ問題	10回大会基調(竹内)教師の指導性と集団のちから
1969					竹内常一『生活指導の理論』刊行
1970		一億総中流化時代 3C時代(カー・クーラー・カラーテレビ)		大学紛争《第2期非行》遊び型, 薬物吸引	
1971					『学級集団づくり第二版』刊行
1972				高校紛争	『全校集団づくりのすじみち』刊行
1973	第二次オイルショック	〈低成長経済期〉		乱塾時代	
1974	ユネスコ教育勧告				
1975		企業合理化管理強化			17回大会基調(竹内)子どもの発達を保障する学校
1976					「文化としてのからだ」の未発達 竹内常一『教育の構図』刊行
1977		自治体財政赤字	学習指導要領改訂(ゆとりの時間、時数削減)	《第3期非行》自閉的, 自己破壊的, 攻撃的, 破壊的傾向 自殺多発, 校内暴力, いじめ自殺, 登校拒否	「ゆとりの時間」批判展開
1978	保守都政へ	国鉄民営化			小岩四中校内暴力事件
1979	第二次オイルショック				
1980				奥戸中事件, 尾鷲中事件	現代非行の問題探究
1981	サッチャー・レーガニズム(小さな政府, 自助努力)	新自由主義			23回大会基調(竹内)校内暴力のメカニズム解明

年					
1982	中曽根内閣行財政改革	労働運動再編			
1983		〈バブル経済期〉		横浜浮浪者殺傷事件 町田忠生中事件	いじめ問題の構造解明
1984			臨時教育審議会設置		「登校拒否」問題の探究
1985	ユネスコ「学習権宣言」プラザ合意				27回大会基調(竹内)地域生活指導運動の提起
1986	ウルグアイ・ラウンド		臨教審二次答申	中野富士見中いじめ自殺事件	
1987			臨教審四次最終答申		竹内常一『子どもの自分くずしと自分つくり』刊行
1988					集団づくりの新しい展開の探究
1989	天安門事件，ベルリンの壁崩壊，子どもの権利条約採択	バブル崩壊	学習指導要領改訂(新学力観，生涯学習)		
1990	マンデラ釈放				『新版学級集団づくり入門・小学校編』刊行
1991	湾岸戦争 ソ連崩壊，冷戦終結	〈平成不況期〉		《第4期非行》	『新版学級集団づくり入門・中学校編』刊行
1992		不良債権→長期不況	月1回学校五日制実施	攻撃的破棄の傾向の一般化，凶悪化いじめ迫害自殺，殺傷事件，学級崩壊	33回大会基調(竹内)人類的課題にいどむ教育を
1993					新しい学力観と対峙する
1994		倒産 企業リストラ 失業，就職難 労働市場流動化		愛知西尾中いじめ自殺事件	
1995			月2回学校五日制実施		竹内常一『教育のしごと』刊行
1996					「パワーゲーム」としてのいじめの解読
1997				神戸児童殺害事件	
1998			学習指導要領改訂(総合学習の時間，選択教科拡大)		竹内常一『子どもの自分くずし，その後』刊行
1999					子どもの深部での発達異変の探究
2000					ムカつき，キレる子，学級崩壊

年					
2001	アメリカ同時多発テロ				「教育改革」を読み解く
2002	アフガニスタン紛争（戦争）		学校五日制完全実施		90年代の実践から21世紀の生活指導をさぐる
2003	イラク戦争		中教審教育基本法改正答申	長崎中1男児殺害事件	発達障害児への取り組み探求
2004			文科相ゆとり教育見直し談話	佐世保小6同級生殺害事件	
2005			学習指導要領改訂具申		
2006			教育基本法改正		
2007					
2008	リーマン・ショック		学習指導要領改訂		
2009			教科時数増，ゆとりの時間廃止，総合・選択教科削減		
2010	アラブの春	子どもの貧困率6％		貧困と虐待の中で傷つき、苦しむ子どもたち	
2011	東日本大震災		学習指導要領小学校実施		
2012			学習指導要領中学校実施		
2013					
2014	消費税8％に増税			不登校12万人で高止まり	56回大会基調(竹内)ケアと自治を基本とする生活指導
2015	安保関連法案成立パリ同時多発テロ			川崎中1男児殺害事件	

人名索引

【ア行】

秋枝　茂夫　361
秋田大三郎　76,102,150
浅野　　誠　310,311,362,396
芦田恵之助　125
阿部　　進　135
新居　　琴　416,417,418
荒川　勇喜　36,69,100,101,103
池上　芳彦　36
石田　一宏　252
乾　　彰夫　362
上原　専禄　51,358
梅垣　　弘　270
江部　　満　70
遠藤　豊吉　308
遠藤　　亮　36
太田　昭臣　102,103
太田　　堯　18,457
大西　忠治　29,30,31,32,36,37,38,44,48,
　　　　　　49,59,66,69,77,84,87,91,96,
　　　　　　97,100,106,108,109,122,176,
　　　　　　182,309,311,312,315,316,317,
　　　　　　451,454
大畑　佳司　70,71,78
大平　　健　387
小川　太郎　43,72,80,81,82,83,84,86,87,88,
　　　　　　91,92,93,98,99,122,170
奥田　真丈　344
小此木啓吾　389
小沢　　勲　273,277
小田　志朗　71
折出　健二　362

【カ行】

海部　俊樹　331

柏木　　修　418,419,421
勝田　守一　27,30
加藤　俊二　300
川合　　章　40,41,42,44
河合　　洋　273
川辺　一弘　303,304,305,306
川辺　克己　212,213
菊池　　啓　48,49
岸本　裕史　303
北嶋　節子　393
北村　陽英　269
木村　哲郎　439
キャノン　　391
楠　　正明　308,309,310,311,318
熊沢　　誠　412
グムールマン　84,86
クループスカヤ　88
国土　　喬　190,193
国分一太郎　16
小西健二郎　38,107
五味　義武　125
コリガン　　388,391
ゴルバチョフ　317
近藤　益雄　19

【サ行】

坂田　和子　396,397
坂本　光男　149,190,193
小砂丘忠義　124,125,126,130,132
佐々木　昂　125
里見　　実　359
篠崎　純子　422,423,424,425,426
清水　　智　373,374
ジュゲ　　411

城丸　章夫	70,109,110,112,179	
神保　　映	311,312	
親　　　鸞	124,126,128	
鈴木　和夫	311,332,334	
鈴木　和仁	383	
鈴木　道太	125	
関　　　誠	3,4,76,97,102,150,181,215,216,219,303,304,311	
相馬　勇二	303,304,305,306	

【タ行】

高岡　浩二	344
高垣忠一郎	281
高木　隆郎	270,271,274,276
高桑　康雄	70
高橋　　廉	311
高浜　介二	80,88,90,91,92,93,94,95,98,99
田上　新吉	125
田所恵美子	426,427,428,434
田中　敏夫	148
田中豊太郎	125,126,130
デカルト	134
寺島美紀子	222,223,224
照本　祥敬	366,369
道　　　元	126
東上　高志	88
豊田健三郎	429,430,432,434

【ナ行】

ナイ	405
内藤　義道	91
中内　敏夫	64
中曽根康弘	246
中西新太郎	362
中野　　譲	413,414
永廣　正治	374,375
中村　勝彦	177
成田　善弘	389
能重　真作	189,219
野口　祥子	372,373
野田　正彰	384,386
野村芳兵衛	124,125,126,127,128,129,130,132

【ハ行】

パーソンズ	273,292,293,295
ハーマン	399,401
ハーリー	385
橋本三太郎	83
橋本龍太郎	404,408
八田　良一	182,183
服部　　潔	36,69,175176,177
林友三郎	135,184
春田　正治	27,39,40,42,43,44,67,68,69,70,77,93,95,96,97,99,108,109,111,145,148,150,170,179,181,182,183,451
ピアジェ	361
平井　信義	250,251,252,254
広河　隆一	419
フーコー	437
深沢　晟雄	301
藤本　　卓	362
藤本　文朗	281
ブッシュ	331
船越　　勝	393
フレイレ	367
フロム	218

【マ行】

前沢　泰	76,93,94,98,102,150
マカレンコ	20,30,32,34,35,36,37,43,44,50,51,53,55,56,58,69,81,82,83,84,85,86,92
正木　健雄	380,381,383,385
松延　正之	383
マンデラ	312,318,324,358,452
水内　宏	213
溝部　清彦	335
ミッチャーリッヒ	389
峰地　光重	125
宮坂　哲文	19,20,22,26,30,31,37,39,42,43,44,47,66,67,68,70,72,83,97,98,102,103,104,105,120,121,122,123,124,125,126,127,129,130,131,132,302,450,451
無着　成恭	16
村山俊太郎	105,125

【ヤ行】

矢川　徳光	51,55,84,92
八木　優子	439,440,441,443,444
山中　康裕	272
湯浅　恭正	434
由井　鈴枝	3,4
横湯　園子	281
吉岡　時男	36
吉田　脩二	274,275
吉田　昇	100

【ラ行】

リスター	399
ローウェン	390
ロック	388,391

【ワ行】

渡辺　位	250,251,252,254,255,270,271,273,274,276,277,278,279
ワロン	382

おわりに

　こうして、竹内常一先生の足跡をたどり、してきた仕事を振り返ってみると、先生は、真正の「戦後民主主義教育」を体験した数少ない世代として、常に民主主義教育の探究の先頭に立たれた人であったと思う。その軌跡をいまいちど位置づけてみたい。
　まず、先生が、はじめに「集団主義教育」から始まって「集団づくり」の理論構築を手がけた1950年代末から1960年代初頭は、日本の針路をめぐって、勤評・学テ・安保改定反対闘争を経て、高度成長下の賃上げ闘争をたたかう、政治・労働運動が高揚した時期だった。
　「みんなのちからを合わせて要求を実現していく」ためには、民主主義という理念だけでなく、それを実現するちからを形成する方法が問われたのだった。それを高揚する政治・労働運動から学んで教育の場につくり出したのが集団づくりの方法体系だった。先生は、実践家の大西忠治氏と組んでその理論構築に取り組まれた。その成果が『学級集団づくり入門　第二版』として実り、全国の実践家に歓迎されて、集団づくりが燎原之火の如く広がった。
　しかし、その後、方法体系のうち、わかりやすい「班づくり」と「核づくり」の実践が先行し、本当にみんなのちからを結集するはずの「討議づくり」が後回しになるなかで、実践が形式主義・操作主義に走っているという批判も生まれ、「討議づくり」をもとにして「集団のちから」を築くことに力を注ぐように再構築を図った。
　ところが、70年代の二度のオイル・ショックを受けて、経済は低成長時代に入り、60～70年代の住民の要求運動の昂揚で築かれた革新自治体は反動によって潰え去られ、国策としての行政改革と労働組合の右翼的再編がはじまり、国民生活も労働運動も厳しい時代を迎えた。そうしたなかで、社会や教育制度・教育環境の矛盾が激しくなって、子どもたちの成長・発達に様々な異変がもたらされるようになった。その結果、70年代末から80年代にかけて非行、校内暴力、いじめ・迫害、不登校・登校拒否などの問題行動が噴き出てきて社会問題化した。
　そこで、この時期、先生は、子どもの問題行動の底にある子どもの発達問題の

おわりに

解明と問題提起に鋭意務められた。その結晶が『子どもの自分くずしと自分つくり』だった。

　同時に、教育問題の社会問題化を受けて、国は「臨教審」を設けて、国家的プロジェクトとして教育改革を断行しようとしてきた。しかし、それは本当に子どもを窮状から救うものではなく、国の政治・経済体制に奉仕する人間を育成するものに捻じ曲げられたものであったことを竹内先生が論破されてきたことは、本論の中でみてきたとおりである。

　そのようなまやかしの教育改革では通用しないような、国民生活の窮迫や社会の停滞によって、子どもの問題状況は解消できず、われわれの教育実践も壁にぶつかってきた。全生研の実践も、自治活動を標榜しながら、子どもたちの要求とずれた上滑りを感じさせていたのだ。それは、日本の民主主義の停滞と同じ土壌にあると感じられた。

　そのなかで、先生が注目したのが「地域住民運動」だった。これは、国の経済・社会政策によって自分たちの生活土台を掘り崩された人々が、その生活土台を取りもどそうという要求のもとに結集し、国や地方行政、企業にみんなの力を合わせて改善を要求していく運動をつくったものだ。そのなかで、人びとが生活を改善する運動に育てられて当事者主権を自覚していく、という意味で「地域生活指導運動」と先生は名づけた。

　ここには、60年代・70年代のツリー型民主主義（上のリーダーから下のフォロアーに指導を下すことによって人びとのちからを結集しようとする）が機能しなくなった中で、人びとが下から自分たちの要求を掲げて、それを横につなげて結集していく主体になっていくネットワーク型の民主主義の萌芽の姿が見られた。

　80年代の様々な社会矛盾の蓄積に疎外された子どもたちは、簡単にはリーダーの笛には踊らなくなって、ツリー型民主主義を体系化した『学級集団づくり入門　第二版』ではやれなくなったところから実践の行きづまりも生まれてきていたと見えた。

　そこで、現場の実践家のなかから、子どもたちの下からの要求を掘りおこし、つなげて実践をくんでいく「集団づくりの新しい展開」を模索するものが出てきた。地域生活指導運動の提唱に学んだものだといえよう。この延長線上で、『学級集団づくり入門　第二版』の改訂が必要になり、『新版学級集団づくり入門』

が竹内先生を中心に作り上げられたのだ。だから、『新版』にはネットワーク型の民主主義の手法が各所にちりばめられている。

　その『新版』作成の真ったダ中に、まさにツリー型民主主義の実験場であったソ連や東欧の「社会主義国」の崩壊が起こった。リーダーたちが、人民の要求に立つ討議を形式化し、リーダー主導を絶対化し、官僚化して自己保身の体制を作ったのだから、民主主義でもなんでもなくなり、人民の不満の爆発によって崩壊していったのは当然だった。

　このソ連・東欧の崩壊と踵を合わせて、日本ではバブル経済が崩壊し、また、新興諸国の台頭に伴うグローバル経済の進行により、国民はより厳しい経済環境に置かれることになった。政府・財界あげての新自由主義の推進は、規制緩和による市場主義・競争主義を徹底して、勝ち組と負け組を作り、格差拡大と同時に多くの貧困家庭をつくった。それが、家庭崩壊や虐待を生み、子どもの貧困を進行させた。それとともに進められた新自由主義的教育改革もあって、傷つき、苦しむ子どもたちが増大し、新たな教育問題を多発させた。

　この中で、子ども自身が主人公になり、要求を掲げて立ち上がる民主主義を実現していくためには、「包摂と排除の切断線」に傷ついた子どもを受けとめ、立ち上がらせるための「ケア」が必要だし、「ケア」されたもの同士の連帯から立ち上がる「自治」を追求していく必要がある。そのことによって、集団づくりの脱構築を図っていく。これが現代民主主義教育への先生の最近の提言になっている。

　先にも書いたが、最近の戦争法に反対・廃止の要求を掲げ、立憲主義の回復を求めた国民の自主的立ち上がりの広さと深さを見るとき、地域生活指導運動以来先生が思い描き、『新版学級集団づくり入門』以来追求してきた市民的民主主義の前進に意を強くされているのではないかと推し測ってみるのである。

　さて、おわりにあと二つのことを記しておきたい。

　一つは、この研究を本にしようと思った動機についてである。「はじめに」で記したように、この研究は、竹内先生の研究の跡をたどり、自分の教師生活への影響を振り返ってみたいと思って2012年6月から始めたものである。だから、自分のためのまとめのつもりで、はじめは出版の意図は持っていなかった。

　ところが、本文で触れたように、先生の紹介で参加した2013年8月の第72

おわりに

回日本教育学会大会の特別課題研究において、「戦後教育学の遺産」の担い手として、太田堯先生と竹内常一先生が取り上げられていた。発表者の報告を拝聴してみると、お二人の先生への聞き書きによって、「『生きられた教育学』の検証を図るための基本資料の作成を行うもの」で、「竹内氏への調査は、社会変動や政治状況を背景とした竹内氏自らの個人史と教育研究の関係、主導した生活指導運動の展開とそれへの関わりが軸となった」(72回大会発表要旨収録374頁)ということだった。

　発表の時間の関係とはいえ、その報告では、竹内先生の長年の研究が戦後教育学をどのようにリードしてきたのかという点で、遺産の位置づけとしては内容的にあまり踏み込まれていず、私の期待したものとは違っていた。

　それなら、私がそれまで1年余進めてきた、あるいはこれから進めようとしている先生の研究のまとめの方が内容的な具体性を持っていると思えてきた。

　そして、自分がやっている竹内先生の仕事のまとめを本にして、「戦後教育学の遺産」の顕彰の一つとして役立てたいという思いが湧いてきた。そうした大それた思いを持って後の2年間も作業を続けた結果、やっとこうして世に問うところとなったのである。

　竹内先生の主なお仕事については、2002年から2003年に『生活指導』に連載された「90年代の実践から21世紀の生活指導をさぐる」のまとめで終わりにしようと思ったが、最近になってまた、「ケアと自治」の問題を提起なさった。そこに至る間、全生研は、21世紀になっての十数年間に顕著になった子どもたちの問題、すなわち、発達不全を背負った軽度発達障害児の増加や、新自由主義の社会経済体制の進行の中での貧困と虐待のために傷つき、苦悩する子どもたちの問題の解明に鋭意取り組んできた。先生の新しい提起はそれにつながっていると考え、その間の研究動向も入れてまとめてみたが、そのために、A4で480枚という大部のものになってしまい、出版のために切りつめるなかで、最終的にはその部分はカットせざるを得なかった。

　二つめは、本にするについてお世話になったことについてである。

　出来上がったら見せてほしいと竹内先生に言われていたので、とりあえずA4 480枚を全部先生のところにお送りしてご意見を聞かせてもらうことにした。すると、長大な文章に目を通してくださった上に、先生のお宅に呼んでいただいて、

「内容について言うとルール違反になるからそれは言わないよ」とおっしゃりながら、本にするについてのいくつかの観点の助言をしてくださった。そして、高文研の飯塚直社長さんへの口利きもしてくださった。

　飯塚社長さんには、私の方から出版のお願いをしたら、出版界の厳しい状況をお話しなさりながらも快く承諾をしていただけて、大変ありがたく思った。そして、原稿をＡ４で300枚余まで切り詰めることに始まり、若い読者も念頭に入れて脚注や年表、人名索引の付け足しを助言くださるなど、さまざまなご指導を頂き、やっとまとめあげることができた。

　このお二人のご尽力について、記して感謝申し上げておきたい。

　　　2016年6月

　　　　　　　　　　　　　　　　　　　　　　　　　　　　　　宮原　廣司

宮原 廣司（みやはら・ひろし）
1938年、東京都生まれ。東京学芸大学卒業。
東京都江戸川区立小松川第一中学校、鹿本中学校、西葛西中学校に勤務。1992年、東京都教員研究生として東京大学教育学部に国内留学。1999年〜2000年都留文科大学、1999年〜2006年國學院大學非常勤講師。全国生活指導研究協議会会員、元常任委員。
著書：『学校は生きてるか―感動と連帯を生みだす「学校づくり」』（高文研）『生徒会の流れを君が変える』（明治図書）
共著：『中学生の生活指導2年生編・3年生編』『班会議をどう高めるか』『いま、学級の討論をどう起こすか』（以上、明治図書）『非行をとらえ直す』（民衆社）『登校拒否・不登校 中学生編』（労働旬報社）など。

戦後教育学と教育実践
竹内常一に導かれて

● 2016年 6月20日──────第1刷発行

著　者／宮原　廣司
発行所／株式会社 高 文 研
　　　　東京都千代田区猿楽町2－1－8　〒101-0064
　　　　TEL 03-3295-3415　振替 00160-6-18956
　　　　http://www.koubunken.co.jp
印刷・製本／モリモト印刷株式会社
★乱丁・落丁本は送料当社負担でお取り替えします。

ISBN978-4-87498-597-7　C0037

◆教師のしごと・より豊かな実践をめざして◆

◆シリーズ教師のしごと①
生活指導とは何か
竹内常一・折出健二編　2,300円
教育現場に持ち込まれた「新自由主義的価値観」や「教員統制」のなかで、悩む教師に応える、教師のための新しいテキスト。

◆シリーズ教師のしごと②小学校
生活指導と学級集団づくり
竹内常一・小渕朝男編　2,100円
遊びや学び合いのなかでこそ子どもたちは成長する。現代の小学校生活指導の課題を実践記録から読み解く入門書。

◆シリーズ教師のしごと③中学校
生活指導と学級集団づくり
竹内常一・照本祥敬編著　1,900円
それぞれの事情を抱えながら、頑張って登校してくる子どもたち。彼らの荒れや貧困、進路と向き合う教師たちの実践記録と解説。

◆シリーズ教師のしごと④
学びに取り組む教師
竹内常一・子安潤編著　2,100円
子どもの生活の中から現代の課題に取り組む学びをどう創るのか。教育のスタンダード化が進む中、豊かな学びの実践と理論を示す。

イラストで見る
楽しい「指導」入門
家本芳郎著　1,400円
怒鳴らない、脅かさないで子どもの力を引き出すにはどうしたらいい？ 豊かな「指導」の世界をイラスト付きで展開。

子どもの心にとどく指導の技法
家本芳郎著　1,500円
なるべく注意しない、怒らないで、子どものやる気・自主性を引き出す指導の技法を、エピソード豊かに具体例で示す！

教師のための「話術」入門
家本芳郎著　1,400円
教師は〈話すこと〉の専門職だ。だが、軽視されてきたこの大いなる"盲点"に〈指導論〉の視点から切り込んだ本。

教師のための「聞く技術」入門
家本芳郎著　1,500円
先生は教え好きで話し好き。でも聞くのはどうも下手。ではどうしたら子どもの声を聞き取れるのか。そのわざを伝授！

若い教師への手紙
竹内常一著　1,400円
荒れる生徒を前にした青年教師の苦悩に深く共感しつつ、管理主義を超えた教育の新しい地平を切り拓く鋭く暖かい〈24章〉。

これで成功！
魔法の学級イベント
猪野善弘・永廣正治他著　1,200円
教師に向かって「なんでおめなんかにとすぐむ女の子。そんな時、教師はどうする？ 苦悩の手記、実践とその分析。

教師を拒否する子、友達と遊べない子
竹内常一＋全生研編　1,500円
子どもたちが燃えリーダーが育つ、とっておきの学級イベント24例を紹介！

子どものトラブルをどう解きほぐすか
宮崎久雄著　1,600円
パニックを起こす子どもの感情のもつれ、人間関係のもつれを深い洞察力で鮮やかに解きほぐし、自立へといざなう12の実践。

※表示価格は税抜きです（このほかに別途消費税が加算されます）。